इलाहाबाद उच्च न्यायालय

ग्रुप D परीक्षा

नवीनतम संस्करण
अभ्यास किट

16 टेस्ट्स
08 सेक्शनल टेस्ट्स
08 मॉक टेस्ट्स

वास्तविक परीक्षा प्रारूप पर आधारित टेस्ट

✓ पूर्णतः संशोधित और अद्यतन

✓ सभी बहुविकल्पीय प्रश्नो का विस्तृत विश्लेषण

शीर्षक	: इलाहाबाद उच्च न्यायालय ग्रुप D परीक्षा
लेखक का नाम	: Mr. Rohit Manglik
प्रकाशक	: EduGorilla Community Pvt. Ltd.
प्रकाशक का पता	: 12/651 प्रथम तल, अरविन्दो पार्क के सामने, निकट जामा मस्जिद, इंदिरा नगर लखनऊ, उत्तर प्रदेश, 226016, भारत।

कॉपीराइट EduGorilla

अस्वीकरण EduGorilla

रोहित मांगलिक
सीईओ, EduGorilla

प्रिय छात्रों,

एक बहुत ही प्रचलित कहावत है कि "सफलता उन्हीं को मिलती है जो उसके लिए कड़ी मेहनत करते हैं।" लेकिन मैंने लोगों को उनकी परीक्षाओं के लिए दिन-रात एक करके मेहनत करते हुए देखा है, पर फिर भी वे सफल नहीं हो पाते। तो वहीं दूसरी ओर, कुछ लोग बस आधी मेहनत करके परीक्षा में सफलता प्राप्त करते हैं। तो, क्या वे किस्मत वाले हैं? नहीं मेरा मानना है, कि ऐसा इसलिए है क्योंकि वे सिर्फ कड़ी नहीं बल्कि कुशल तरीके से अपनी तैयारी करते हैं। इसी तरह आपको भी अपनी परीक्षाओं की तैयारी के लिए अपनी योजना बनानी चाहिए, ताकि आपकी भी सफलता की संभावना बढ़ सके। तो तैयार हो जाइये EduGorilla के साथ अपनी परीक्षा में चयन होने की संभावना को 16 गुना बढ़ाने के लिए।

EduGorilla आपको न केवल कड़ी मेहनत करने में मदद करता है, बल्कि एक स्मार्ट और योजनाबद्ध तरीके से तैयारी करने में भी सहायता प्रदान करता है। EduGorilla की तैयारी पैकेज के साथ आप अपने परीक्षा में चयन होने के रास्ते को सहज और मनोरंजक बना सकते हैं। अपनी तैयारी के लिए सही रास्ता खोजना मुश्किल हो सकता है, यदि आप ये नहीं जानते कि आपको किस दिशा में जाना है। चिंता न करें हम आपके साथ खड़े हैं! EduGorilla आपकी सफलता में आपका मार्गदर्शक बनेगा। हमारे तैयारी पैकेज के साथ आप रणनीतिक रूप से तैयारी कर, अपनी परीक्षा में सिर्फ एक ही प्रयास में सफल हो सकते हैं।

EduGorilla के तैयारी पैकेज में शामिल हैं-

• टेस्ट सीरीज़　　　　　• किताबें

हमारे तैयारी पैकेज को सभी तरह के नये बदलवों, विशेषज्ञों की राय एवं छात्रों के प्रतिक्रिया के अनुसार तैयार किया गया है। जो आपको परीक्षा के प्रत्येक चरण की चयन प्रक्रिया को पार करने के योग्य बनाता है।

हमारी किताबें शिक्षकों और विशेषज्ञों द्वारा आपकी परीक्षा के लिए तैयार की गई हैं, 150+ वर्षों के अनुभव के साथ; ताकि आपको आसान, कुशल और प्रभावी शिक्षण प्रदान किया जा सके। हमारी स्मार्ट किताबें न सिर्फ आपको प्रश्नों के उत्तर देने की समझ देती हैं, अपितु आपके अभ्यास के लिए समान रूप के प्रश्न भी प्रदान करती हैं।

EduGorilla की सक्षम टेस्ट सीरीज आपको वास्तविक अनुभव और आत्मविश्वास प्रदान करती हैं, जिसके माध्यम से आप केवल एक प्रयास में अपनी ऑफलाइन अथवा ऑनलाइन परीक्षा पास कर सकते हैं। वर्तमान में हम 83,000+ मॉक टेस्ट्स और 1,440+ प्रतियोगी एवं शैक्षणिक परीक्षाओं की तैयारी कराते हैं।

अर्थात, EduGorilla आपकी तैयारी में आपकी सहायता करने का कोई भी मौका नहीं छोड़ता है और परीक्षा के सभी चरणों को कवर करता है, ताकि परीक्षा की तैयारी के लिए आपको कहीं और भटकना ना पड़े।

हम आपको डिफेन्स, बैंकिंग, टीचिंग और अन्य राष्ट्रीय एवं राज्य स्तरीय परीक्षाओं के लिए सम्पूर्ण तैयारी पैकेज प्रदान करते हैं। अतः इससे कोई फर्क नहीं पड़ता कि आप किस परीक्षा के लिए तैयारी कर रहे हैं, क्योंकि आप सफलता हासिल करेंगे।

आपको परीक्षा की शुभकामनाएं!

रोहित मांगलिक,
संस्थापक और मुख्य कार्यकारी अधिकारी, EduGorilla

प्रस्तावना

EduGorilla छात्रों को उनकी परीक्षा में सफल होने के लिए मार्गदर्शन प्रदान करता है। जिसको ध्यान में रखते हुए हमारे कुल 150+ वर्षों का अनुभव रखने वाले प्रतिष्ठित विशेषज्ञों ने कड़े प्रयासों के द्वारा "इलाहाबाद उच्च न्यायालय : ग्रुप D परीक्षा" को तैयार किया है। इस किताब के प्रश्नों को हाल ही में परीक्षा के पाठ्यक्रम और पैटर्न में हुए सभी बदलावों को ध्यान में रखकर बनाया गया है। वो प्रश्न जिनकी इलाहाबाद उच्च न्यायालय ग्रुप D पुस्तक परीक्षा में आने कि संभवना काफी प्रबल है, उनको इस किताब मे रखा गया है। आप EduGorilla की "इलाहाबाद उच्च न्यायालय : ग्रुप D परीक्षा" के माध्यम से अपनी सफलता की संभावना को 16 गुना बढ़ा सकते हैं।

EduGorilla ये अपनी संपूर्ण तैयारी पैकेज के माध्यम से साकार करता है। इस किट में आपको प्रश्न अच्छी तरह अवधारित एवं संरचित रूप मे मिलेंगे जिन्हे आपकी जरूरतों के अनुसार बनाया गया है। इसके माध्यम से आपको स्मार्ट तरीके से परीक्षा के लिए अभ्यास करने में मदद मिलेगी। साथ ही आपको सहायक, समाधान और स्मार्ट उत्तर पत्रिका भी प्रदान की जायेंगी। जिससे आप अपना मूल्यांकन स्वयं कर सकते हैं। आप स्वयं की समीक्षा कर, उन सभी बिन्दुओं पर खुद को बेहतर तरीके से तैयार कर सकते हैं।

EduGorilla आपको अपनी परीक्षा में सफलता दिलाने और आपके लक्ष्य को हासिल करने में आपकी सहायता करने का वादा करता हैं। हम अपने प्रतिभागियों पर पूरा भरोसा करते हैं और उन्हें मेरिट सूची के शीर्ष पर देखते हैं। शीर्ष स्थान की ओर आपका पहला कदम है हमारे साथ तैयारी शुरू करना। EduGorilla की "इलाहाबाद उच्च न्यायालय : ग्रुप D परीक्षा" की विशेषताएं कुछ इस प्रकार हैं।

➤ अच्छी तरह से शोध किया हुआ पाठ्यक्रम

➤ उच्च गुणवत्ता

➤ विस्तृत उत्तर और विश्लेषण

➤ स्मार्ट उत्तर पत्रिका

➤ परीक्षा सुसंगत प्रश्न

इस प्रकार EduGorilla आपकी तैयारी को मजबूत और आपको परीक्षा में सफल होने के योग्य बनाता है।

इलाहाबाद उच्च न्यायालय ग्रुप **D** पुस्तक
परीक्षा की योग्यता, परीक्षा पैटर्न, विषय को जानने
के लिए **QR** कोड को स्कैन करें।

Book ID: 1204

विषय-सूची

Hindi

Q.1 "तृषा ने खाना लगाया"। में कौन सा काल है ?

A. सामान्य भूतकाल   B. संदिग्ध भूतकाल

C. संभाव्य भविष्य काल   D. संदिग्ध वर्तमान काल

Q.2 किस वाक्य में विराम चिन्हों का प्रयोग सही किया गया है?

A. राजा-दशरथ, के चार पुत्र थे।

B. दोनों साथ-साथ खेलते, खाते, पढ़ते और टहलते है।

C. राधिका बहुत खुश हुई "वह माँ बननेवाली थी न"

D. दोनों साथ साथ खेलते, खाते, पढ़ते, और टहलते है।

Q.3 इनमें से भाववाचक संज्ञा कौन सी है?

A. अच्छा   B. मधुर   C. सुंदर   D. अच्छाई

Q.4 'थाली का बैंगन' मुहावरे का अर्थ है:

A. कभी यहाँ और कभी वहाँ बैठे रहना।

B. कभी एक पक्ष और कभी दूसरे कोने में रहना।

C. कभी एक पक्ष और कभी दूसरे पक्ष में रहना।

D. कभी एक पक्ष और कभी दूसरे पिंजरे में रहना।

Q.5 'तोता डाली पर बैठा है' इस वाक्य में कौन-सा कारक है?

A. करण   B. सम्बन्ध   C. अधिकरण   D. अपादान

Q.6 इनमें से कौन सा शब्द 'गार' प्रत्यय से बना शब्द है?

[MP Sub Inspector (MPSI), 2017]

A. मदगार   B. मददगार   C. कमगर   D. कामगर

Q.7 'दुबई कितना <u>सुंदर</u> देश है।' रेखांकित पद ____ है।

[Allahabad High Court Review Officer (RO), 2017]

A. प्रविशेषण   B. संख्यावाची विशेषण

C. परिमाण वाचक विशेषण   D. विधेय विशेषण

Q.8 निम्नलिखित में से कौनसा शब्द अनिश्चियवाचक सर्वनाम नहीं है?

A. कुछ   B. किसी   C. कोई   D. किसका

Q.9 निम्नलिखित में से जीभ के मध्य भाग से निकलने वाला स्वर कौन सा है?

A. ई   B. ऊ   C. आ   D. अ

Q.10 जो एक या एक से ज्यादा वस्तुओं अथवा व्यक्तियों का बोध कराता हो उसे क्या कहते हैं?

[UP Police ASI, 2018]

A. मिथ्यावचन   B. सत्यवचन

C. बहुवचन   D. एकवचन

Q.11 'ब्रह्मास्त्र' का संधि-विच्छेद है:

A. ब्रह्म + अस्त्र   B. ब्रह्मा + अस्त्र

C. बह्म + अस्त्र   D. ब्रह्मः + अस्त्र

Q.12 'तरल' का विलोम शब्द है:

[UP Police Sub Inspector, 2021]

A. सरल   B. ठोस   C. तीक्षण   D. जटिल

Q.13 निम्नलिखित में से कौन-सा मिश्र वाक्य है?

[UPTET Social Studies, 2019], [UPTET Science and Maths, 2019]

A. यज्ञदत्त देवदत्त को व्याकरण पढ़ता है।

B. वह उड़ती हुई चिड़िया पहचानता है।

C. उसमें न पत्ते थे, न फुल थे।

D. मैंने सुना है कि आपके देश में अच्छा राजप्रबंध है।

Q.14 निम्नलिखित प्रश्न में, चार विकल्प दिए गए हैं, जिनमें से एक शब्द दिए गए शब्द का सही तद्भव रूप है।

'अम्लिका'

A. आंवला   B. आमला   C. इमली   D. ईमली

Q.15 "जिसे भय नहीं है" इस वाक्यांश के लिए एक सार्थक शब्द दीजिए।

A. बहादुर   B. श्रेष्ठ   C. निर्दय   D. निर्भय

Q.16 कम बोलने वाले व्यक्ति इस वाक्यांश के लिए एक सार्थक शब्द दीजिए।

A. मितभाषी   B. व्याख्याता   C. मितव्ययी   D. वाचाल

Ques (17-18): निर्देश: दिए गए विकल्पों में से सही विकल्पों का चयन करके वाक्य पूर्ण करें।

Q.17 बड़ा ____ लड़का है, काले साँप को भी पकड़ लेता है।

A. मूर्ख   B. निःशंक   C. निर्भीक   D. बेवकूफ

Q.18 हमें एक अत्यंत मानवीय, न्यायशील, सत्यप्रेम तथा सौहार्द्र के प्रति ____ समाजसूत्र का निर्माण करना है।

A. प्रेम   B. विशुद्ध   C. प्रबुद्ध   D. समृद्ध

Q.19 निम्नलिखित में से अशुद्ध वर्तनी का चयन कीजिए:-

A. नुकसानदेह   B. नौकरी

C. निलंवित   D. निःशुल्क

Q.20 "इंद्र" का पर्यायवाची शब्द क्या है?

A. बाजिगर   B. राजराज   C. मधवा   D. विनायक

Q.21 दिए गए विकल्पों में से निम्नलिखित वाक्य का भेद बताइए।

वाह ! भारत ने विश्वकप जीत लिया।

A. विस्मयादिबोधक वाक्य   B. इच्छाबोधक वाक्य

C. विधानवाचक वाक्य   D. निषेधवाचक वाक्य

Q.22 निम्नलिखित में से अर्द्धविराम का चिह्न कौन-सा है?

A. :-   B. _   C. -   D. ;

Q.23 'संकल्प' शब्द में उपसर्ग बताइए।

A. सम्   B. सक्   C. सन्   D. सन्क

Q.24 'दिखावा कुछ और गुण कुछ भी नहीं' का अर्थ प्रकट करने के लिए सर्वोचित लोकोक्ति है:

A. नौ सौ चूहे खाके बिल्ली हज को चली

B. ढोल के अंदर पोल

C. नाच न जाने आँगन टेढ़ा

D. अधजल गगरी छलकत जाए

Q.25 'भय' किस रस का स्थायी भाव है?

A. अद्भुत रस   B. वीभत्स रस

C. रौद्र रस   D. भयानक रस

English

Ques (26-33):Direction: Select the most appropriate option to fill in the blank.

Q.26 Neither of the brothers has brought _______ notebook.
A. Their   **B.** Hers   **C.** His   **D.** You

Q.27 My house is _____________as yours.
[Sainik School Entrance Class VI, 2018]

A. big   **B.** as big   **C.** bigger   **D.** biggest

Q.28 You ___ book the tickets for the play in advance; they sell out quickly.
A. must   **B.** should   **C.** have to   **D.** would

Q.29 I expected to fail the exam, but I ______ after all.
A. passes   **B.** passed
C. pass   **D.** will be passing

Q.30 He refused to work _____ the new boss.
A. from   **B.** into   **C.** under   **D.** between

Q.31 Her parents are anxious ____ her safety.
A. to   **B.** about   **C.** at   **D.** for

Q.32 It's also the _______ and most nerve-wracking purchase you'll make as well.
A. scarier   **B.** scary
C. most scariest   **D.** scariest

Q.33 I _______ my work before the boss called me.
A. am finishing   **B.** finish
C. was finishing   **D.** had finished

Q.34 Choose the correctly punctuated sentence.
A.   Stop, Are you out of your mind.
B.   Stop; Are you out of your mind?
C.   Stop! Are you out of your mind?
D.   Stop! Are you out of your mind!

Q.35 Which of the following words is a material noun?
[UPTET Paper - I, 2018]

A. Cow   **B.** Gold   **C.** Air   **D.** Class

Q.36 Out of the given words, one word is misspelt find the misspelt word.
A. Malignancy   **B.** Frequency
C. Emergancy   **D.** Consistency

Q.37 Choose the correct option which has the same relation as that given in the words.
Dexterity : Ability :: Timid : _______
A. Bold   **B.** Energetic
C. Afraid   **D.** Agility

Ques (38-39):Direction: Choose the correct word that is opposite in meaning to the word.

Q.38 Discourage
A. Crushed   **B.** Demoralize

C. Dishearten   **D.** Encourage

Q.39 Consecutive
A. Discontinuous   **B.** Successive
C. Following   **D.** Succeeding

Q.40 Choose the word that can substitute the given sentence.
The art or practice of garden cultivation and management is known as
A. Demography   **B.** Aviculture
C. Horticulture   **D.** Apiculture

Q.41 Direction: Change the gender of the underlined noun and rewrite the sentence:
When her <u>aunt</u> died, Katie moved in with Carmen.
A. brother   **B.** father   **C.** uncle   **D.** mother

Q.42 Direction: Which of the words is not an adjective?
A. learn   **B.** beautiful
C. fast   **D.** enormous

Q.43 Direction: Write the full form of:
Couldn't
A. cannot   **B.** would not
C. could not   **D.** could

Q.44 Direction: Choose the meaningful word from the given jumbled words:
URTHT
A. truht   **B.** thurt   **C.** turth   **D.** truth

Q.45 Direction: Identify the interjection in the following sentence:
Oh, what a beautiful house!
A. Oh   **B.** what   **C.** beautiful   **D.** house

Q.46 Read the given statement carefully and choose the correct tense.
I feel great!
A. Past Perfect   **B.** Simple Past
C. Simple Present   **D.** Future Progressive

Q.47 Direction: Choose the correct option:
The basic _____ (principal/principle) was that those who worked _____ (quite/quiet) hard would be rewarded.
A. principal, quiet   **B.** principal, quite
C. principle, quite   **D.** principle, quiet

Ques (48-49):Direction: Select the most appropriate synonym of the given word.

Q.48 Maintain
A. Care   **B.** Ignore   **C.** Release   **D.** Neglect

Q.49 Bias
A. Prejudice   **B.** Justice
C. Advantage   **D.** Tolerance

Q.50 Direction: Fill in the blank with the correct form of the verb.
We _____ for a drive next week.

A. went
B. will go
C. will have been going
D. had gone

General Studies

Q.51 केरल पर्यटन ने निम्नलिखित में से किस परियोजना के लिए नवंबर 2022 में लंदन वर्ल्ड ट्रैवल मार्ट में कोवेटेड रिस्पॉन्सिबल टूरिज्म ग्लोबल अवार्ड जीता?
A. स्वच्छ शहर, हरित शहर परियोजना
B. स्ट्रीट परियोजना
C. केरल में आपका स्वागत है परियोजना
D. ये सभी

Q.52 निम्नलिखित में से किसने राष्ट्रमंडल खेल 2022 में बैडमिंटन महिला एकल में स्वर्ण पदक जीता है?
A. मिशेल ली
B. कैरोलिना मारिन
C. ताई तजु-यिंग
D. पी.वी. सिंधु

Q.53 किस भारतीय प्रबंधन संस्थान (IIM) ने जून 2022 में देश का पहला कृषि भूमि मूल्य सूचकांक लॉन्च किया है?
A. IIM बैंगलोर
B. IIM कलकत्ता
C. IIM लखनऊ
D. IIM अहमदाबाद

Q.54 पांचवीं बांग्लादेश-भारत सांस्कृतिक बैठक किस शहर में संपन्न हुई?
A. नई दिल्ली
B. राजशाही
C. शिलांग
D. ढाका

Q.55 "हस्तनिर्मित कागज" को "एक जिला एक उत्पाद" योजना के तहत उत्तर प्रदेश के _____ जिले से एक उत्पाद के रूप में चुना गया है।
A. अमेठी
B. जालौन
C. देवरिया
D. कुशीनगर

Q.56 पटारी जनजाति उत्तर प्रदेश के किस जिले में पायी जाती है?
A. सोनभद्र
B. प्रयागराज
C. ललितपुर
D. महोबा

Q.57 उत्तर प्रदेश राज्य में "इलेक्ट्रॉनिक्स सिटी" की स्थापना कहाँ की जा रही है?

[UPSSSC Forest Guard, 2015]

A. आगरा
B. नोएडा
C. बरेली
D. कानपुर

Q.58 शिलिंग _____ की मुद्रा है।
A. जॉर्डन
B. केन्या
C. इजराइल
D. किरिबाती

Q.59 व्यक्तित्व का अंतर्मुखता-बहिष्कार लक्षण प्रतिपादित है:
[Rajasthan Teachers Eligibility Test - Level 1 Primary Level (RTET), 2017]
A. हैंस ईसेनक
B. आरबी मवेशी
C. गॉर्डन ऑलपोर्ट
D. कार्ल जुंग

Q.60 जल जीवन सर्वेक्षण-2023 में निम्नलिखित में से उत्तर प्रदेश का कौन सा जिला नल कनेक्शन देने में अव्वल रहा है?
A. बुलंदशहर
B. बरेली
C. मिर्जापुर
D. शाहजहाँपुर

Q.61 मेजर जनरल _________, जिन्होंने युद्ध के मैदान में स्वयं ही अपना पैर काट दिया था, उन्होंने नवंबर 2022 में अपनी नई किताब 'कार्टूस साब: ए सोल्जर स्टोरी ऑफ रेजिलिएंस इन एडवर्सिटी' लॉन्च की।
A. अनिल चौहान
B. योगेंद्र डिमरी
C. अजय सिंह
D. इयान कार्डोज़ो

Q.62 डांडिया रास किसका प्रसिद्ध नृत्य रूप है?
A. आंध्र प्रदेश
B. गुजरात
C. मिजोरम
D. हरियाणा

Q.63 "EVM" का पूर्ण रूप क्या है?
A. इलेक्ट्रॉनिक वोटिंग मशीन
B. इलेट्रिकल वोटर मशीन
C. इलेट्रिकल वोट मशीन
D. इलेक्ट्रॉनिक वोट मशीन

Q.64 भारत और अफगानिस्तान के बीच सीमा रेखा है:
A. डूरंड रेखा
B. सिगफ्राइड रेखा
C. रैडक्लिफ रेखा
D. मेसन-डिक्सन रेखा

Q.65 श्री राजीव गांधी की पहली पुण्यतिथि दिवस के रूप में मनाया गया:
A. राष्ट्रीय एकता दिवस
B. शांति और प्रेम दिवस
C. धर्मनिरपेक्षता दिवस
D. आतंकवाद विरोधी दिवस

Q.66 गीज़ा के ग्रेट पिरामिड किस देश में स्थित है?
A. सीरिया
B. मिस्र
C. सऊदी अरब
D. ईरान

Q.67 'देवानांपिय पियदस्सी (देवों का प्यारा)' के नाम से किसे जाना जाता था?
A. अशोक मौर्य
B. बिन्दुसार मौर्य
C. चंद्रगुप्त मौर्य
D. महापद्म नंद

Q.68 दिल्ली सल्तनत का पहला राजवंश कौन सा राजवंश था?
A. खिलजी राजवंश
B. गुलाम राजवंश
C. तुगलक राजवंश
D. सैय्यद राजवंश

Q.69 काली मिट्टी को _____ मिट्टी के रूप में भी जाना जाता है।
A. भंगार
B. ह्यूमस
C. क्रिस्टलीय
D. रेगुर

Q.70 भारत नाम _____ नदी से लिया गया है।
A. सिंधु
B. इरावदी
C. ब्रह्मपुत्र
D. गंगा

Q.71 निम्नलिखित में से कौन सा भौतिक परिवर्तन है?

[MP Jail Prahari, 2018]

A. बर्फ का पिघलना
B. दूध से दही बनना
C. फलों का पकना
D. अंगूरों का किण्वन होना

Q.72 तड़ित चालक बनाने के लिए प्रयोग की जाने वाली धातु कौन-सी है:
A. लोहा
B. अल्युमिनियम
C. तांबा
D. जस्ता

Q.73 विटामिन A की कमी के कारण क्या होता है?
A. रात के समय दृष्टि संबंधी समस्याएं (रतौंधी)
B. स्कर्वी
C. बेरी बेरी
D. रिकेट्स

Q.74 उत्तर प्रदेश के किस शहर में उत्तर प्रदेश वस्त्र प्रौद्योगिकी संस्थान स्थित है?
A. कानपुर
B. मुरादाबाद
C. लखनऊ
D. फैजाबाद

Q.75 "उत्तर प्रियदर्शी" नाटक _____ द्वारा लिखा गया था।
A. सच्चिदानंद वात्स्यायन
B. विद्या निवास मिश्र
C. कैफ़ी आज़मी
D. मजरूह सुल्तानपुरी

Mathematics

Q.76 दिया है $(16,100)$ का म.स. $= 4, (6,100)$ का ल.स. क्या होगा?

[RRB/RRC Group D, 2018]

A. 400　　B. 398　　C. 440　　D. 300

Q.77 726 और 462 का HCF ज्ञात कीजिए।

A. 66　　B. 67　　C. 68　　D. 69

Q.78 रोहन ने मोहित से 3% प्रति वर्ष की दर से साधारण ब्याज पर $6,000$ ₹ उधार लिए। उसने 240 ₹ ब्याज के रूप में दिए, तो वह कर्ज कब चुकाएगा?

A. 14 महीने　　B. 15 महीने　　C. 16 महीने　　D. 18 महीने

Q.79 किसी संख्या के दहाई और इकाई अंक समान होते हैं। जब संख्या को इसके विपरीत जोड़ा जाता है, तो योग 110 होता है। संख्या क्या है?

A. 44　　B. 33　　C. 55　　D. 66

Q.80 यदि $\sqrt{2^n} = 32$, है, तो n का मान क्या होगा?

A. 2　　B. 4　　C. 6　　D. 10

Q.81 यदि वितरण 10, 8, 15, 12, K, 25 का मध्य 12 है, तो K का मान ज्ञात कीजिए।

A. 2　　B. 1　　C. 4　　D. 3

Q.82 यदि 1620 का $n \times \left(\frac{4}{9}\right) = 72$ का $(n+1)$, तब n का 125% है:

A. $\frac{1}{36}$　　B. $\frac{5}{36}$　　C. $\frac{25}{9}$　　D. $\frac{9}{25}$

Q.83 $\frac{2}{5} \times 350 + 250$ का 30% का मान है:

A. 115　　B. 125　　C. 215　　D. 225

Q.84 यदि $x - \frac{2}{x} = 15$ है, तो $\left(x^2 + \frac{4}{x^2}\right)$ का मान क्या है?

A. 223　　B. 227　　C. 229　　D. 221

Q.85 x का मान ज्ञात कीजिये।

60 का $x\% = 48$

A. 70　　B. 65　　C. 80　　D. 40

Q.86 एक वस्तु का क्रय मूल्य उसके अंकित मूल्य से 25% कम है। वस्तु को क्रय मूल्य से कितने प्रतिशत अधिक पर अंकित किया गया है?

A. 36　　B. 30　　C. 35　　D. $33\frac{1}{3}$

Q.87 $1.\overline{23} = ?$ का सही व्यंजक ज्ञात कीजिए:

A. $\frac{56}{33}$　　B. $\frac{122}{99}$　　C. $\frac{123}{99}$　　D. $\frac{66}{33}$

Q.88 मान ज्ञात कीजिए: $0.6\overline{23}$

A. $6\frac{23}{999}$　　B. $\frac{623}{999}$　　C. $\frac{617}{990}$　　D. $6\frac{23}{990}$

Q.89 $78 - [5 + (25 - 2 \times 10)$ का $3] = ?$

A. 58　　B. 38　　C. 48　　D. 56

Q.90 निम्नलिखित में से कौन सी संख्या 99 से पूर्णतः विभाज्य है?

A. 51579　　B. 51557　　C. 55036　　D. 49984

Q.91 निम्नलिखित में से कौन सी अभाज्य संख्या नहीं है?

A. 853　　B. 953　　C. 553　　D. 653

Q.92 वह संख्या ज्ञात कीजिये जिसका आठ गुना 40 से 8 कम है।

A. 2　　B. 3　　C. 4　　D. 5

Q.93 460 सेमी $+0.6$ किमी $+20$ मीटर $=$ का रूपांतरण क्या है?

A. 72560 सेमी　　B. 62460 सेमी
C. 62760 सेमी　　D. 68700 सेमी

Q.94 एक समचतुर्भुज की भुजाओं के वर्ग का योग 1600 सेमी ^{2} है। तो समचतुर्भुज की भुजा क्या है?

A. 25 सेमी　　B. 10 सेमी　　C. 15 सेमी　　D. 20 सेमी

Q.95 यदि एक गोले का व्यास 56 सेमी है, तो उसका पृष्ठीय क्षेत्रफल क्या होगा? ($\pi = \frac{22}{7}$ लीजिए)

A. 9856 सेमी ^{2}　　B. 9556 सेमी ^{2}
C. 9756 सेमी ^{2}　　D. 9806 सेमी ^{2}

Q.96 $0.9 \div (0.3 \times 0.3)$ का मान है:

[Jawahar Navodaya Entrance Class VI, 2020]

A. 0.01　　B. 0.1　　C. 1　　D. 10

Q.97 प्रश्न चिह्न ? के स्थान पर क्या आएगा?

$\frac{15}{7}$ का 70% का $0.15 = ?$

A. 0.225　　B. 0.256　　C. 0.656　　D. 0.144

Q.98 प्रश्नवाचक चिन्ह के स्थान पर क्या आएगा?

$4, 7, 12, 19, 28, ?$

A. 49　　B. 36　　C. 30　　D. 39

Q.99 वह छोटी से छोटी संख्या ज्ञात कीजिए जिसे 8, 12, 16 और 20 से विभाजित करने पर शेषफल 5 बचे।

A. 240　　B. 245　　C. 265　　D. 235

Q.100 निम्नलिखित प्रश्न में प्रश्न चिह्न '?' के स्थान पर क्या आएगा?

$2112 + 692 \times 2 - 1111 \times 5 + 7324 \times 8 = ?$

A. 56533　　B. 57533　　C. 49533　　D. 45653

// स्मार्ट उत्तर पुस्तिका //

सही उत्तर उन छात्रों का प्रतिशत जिन्होंने प्रश्नों का सही उत्तर दिया था। **छोड़ दिया** उन छात्रों का प्रतिशत जिन्होंने प्रश्नों को छोड़ दिया था।

प्रश्न संख्या	उत्तर	सही उत्तर / छोड़ दिया	प्रश्न संख्या	उत्तर	सही उत्तर / छोड़ दिया	प्रश्न संख्या	उत्तर	सही उत्तर / छोड़ दिया	प्रश्न संख्या	उत्तर	सही उत्तर / छोड़ दिया	प्रश्न संख्या	उत्तर	सही उत्तर / छोड़ दिया
1	A	41.83 % / 3.92 %	17	C	79.08 % / 6.54 %	33	D	45.75 % / 15.69 %	49	A	30.07 % / 15.68 %	65	D	29.41 % / 15.03 %
2	B	59.48 % / 4.57 %	18	C	26.14 % / 6.54 %	34	C	46.41 % / 15.03 %	50	B	52.29 % / 14.38 %	66	B	63.4 % / 15.68 %
3	D	52.29 % / 5.88 %	19	C	68.63 % / 3.92 %	35	B	63.4 % / 16.34 %	51	B	16.34 % / 15.03 %	67	A	33.33 % / 15.04 %
4	C	67.32 % / 6.54 %	20	C	32.03 % / 6.53 %	36	C	39.22 % / 15.03 %	52	D	52.29 % / 15.68 %	68	B	50.33 % / 13.72 %
5	C	56.21 % / 5.88 %	21	A	76.47 % / 2.61 %	37	C	26.14 % / 11.11 %	53	D	20.26 % / 15.69 %	69	D	43.14 % / 15.03 %
6	B	88.24 % / 5.22 %	22	D	79.08 % / 6.54 %	38	D	63.4 % / 16.34 %	54	B	13.07 % / 15.03 %	70	A	57.52 % / 13.07 %
7	D	25.49 % / 5.88 %	23	A	52.29 % / 5.88 %	39	A	49.67 % / 16.34 %	55	B	26.14 % / 15.04 %	71	A	55.56 % / 14.37 %
8	D	30.07 % / 5.88 %	24	B	50.98 % / 7.84 %	40	C	44.44 % / 13.73 %	56	A	39.22 % / 14.37 %	72	C	35.29 % / 15.69 %
9	D	24.18 % / 5.23 %	25	D	61.44 % / 6.53 %	41	C	48.37 % / 16.34 %	57	B	67.32 % / 14.38 %	73	A	63.4 % / 14.38 %
10	C	81.7 % / 7.19 %	26	C	32.68 % / 15.69 %	42	A	33.99 % / 16.34 %	58	B	27.45 % / 15.03 %	74	A	53.59 % / 14.38 %
11	A	33.99 % / 7.84 %	27	B	42.48 % / 15.69 %	43	C	69.93 % / 16.34 %	59	A	20.26 % / 14.38 %	75	A	41.18 % / 15.03 %
12	B	71.24 % / 6.54 %	28	B	28.76 % / 15.03 %	44	D	62.75 % / 16.33 %	60	D	19.61 % / 13.72 %	76	D	24.84 % / 15.68 %
13	D	52.94 % / 5.23 %	29	B	52.29 % / 15.68 %	45	A	49.67 % / 17.0 %	61	D	20.26 % / 15.03 %	77	A	43.79 % / 15.69 %
14	C	28.76 % / 7.19 %	30	C	57.52 % / 15.68 %	46	C	56.86 % / 12.42 %	62	B	77.12 % / 13.73 %	78	C	39.87 % / 16.34 %
15	D	83.01 % / 6.53 %	31	D	25.49 % / 15.69 %	47	C	28.76 % / 16.34 %	63	A	75.82 % / 15.03 %	79	C	62.75 % / 12.41 %
16	A	58.17 % / 5.88 %	32	D	24.84 % / 15.68 %	48	A	61.44 % / 15.68 %	64	A	54.25 % / 13.72 %	80	D	30.72 % / 13.72 %

प्रश्न संख्या	उत्तर	सही उत्तर / छोड़ दिया
81	A	42.48 % 13.73 %
82	B	44.44 % 13.73 %
83	C	45.1 % 16.34 %
84	C	27.45 % 15.69 %

प्रश्न संख्या	उत्तर	सही उत्तर / छोड़ दिया
85	C	50.33 % 17.64 %
86	D	46.41 % 16.34 %
87	B	29.41 % 12.42 %
88	C	25.49 % 17.65 %

प्रश्न संख्या	उत्तर	सही उत्तर / छोड़ दिया
89	A	39.87 % 16.34 %
90	A	43.14 % 16.34 %
91	C	28.76 % 15.68 %
92	C	54.25 % 15.03 %

प्रश्न संख्या	उत्तर	सही उत्तर / छोड़ दिया
93	B	41.83 % 16.34 %
94	D	33.99 % 16.99 %
95	A	32.03 % 15.68 %
96	D	32.03 % 16.34 %

प्रश्न संख्या	उत्तर	सही उत्तर / छोड़ दिया
97	A	43.14 % 16.34 %
98	D	59.48 % 15.03 %
99	B	55.56 % 15.03 %
100	A	31.37 % 15.69 %

//संकेत और समाधान//

1. "तृषा ने खाना लगाया"। में सामान्य भूतकाल है।

सामान्य भूतकाल: क्रिया के जिस रूप से काम के सामान्य रूप से बीते हुए समय में होने का बोध हो, उसे सामान्य भूतकाल कहते है।

अत: विकल्प (A) सही है।

2. "दोनों साथ-साथ खेलते, खाते, पढ़ते और टहलते हैं।" वाक्य में विराम चिन्हों का प्रयोग सही किया गया है। साथ साथ के मध्य में हाइफ़न(-) का चिह्न लगेगा। खेलते, खाते, शब्द पे ज़ोर देने के लिए अल्प विराम प्रयोग किया है।

अल्प विराम का प्रयोग: एक अल्पविराम आमतौर पर समन्वय वाक्यांशों (यानी क्रियाविशेषण) को अलग करने के लिए प्रयोग किया जाता है। यदि क्रिया और विषय अलग हो रहे थे, उदाहरण के लिए, "महिला ने कहा कि उसे कल बैठक में पहनने के लिए एक पोशाक होगी," अल्पविराम क्रमशः "कहा" और "से" शब्दों पर जोर देने में मदद करता है।

अतः विकल्प (B) सही है।

3. अच्छाई भाववाचक संज्ञा है। जो शब्द किसी चीज़ या पदार्थ की अवस्था, दशा या भाव का बोध कराते हैं, उन शब्दों को भाववाचक संज्ञा कहते हैं। जैसे- बचपन, बुढ़ापा, मोटापा, मिठास, उमंग, चढ़ाई, थकावट, मानवता, चतुराई, जवानी, लम्बाई, मित्रता, मुस्कुराहट, अपनापन, परायापन, भूख, प्यास, चोरी, क्रोध, सुन्दरता आदि।

अत: विकल्प (D) सही है।

4. 'थाली का बैंगन' मुहावरे का अर्थ है: कभी एक पक्ष और कभी दूसरे पक्ष में रहना।

- वाक्य प्रयोग: आजकल के नए-नए नेता तो थाली के बैंगन हैं।

मुहावरा: हिन्दी में ऐसे वाक्यांशों को मुहावरा कहा जाता है, जो अपने साधारण अर्थ को छोड़कर विशेष अर्थ को व्यक्त करते हैं।

उदाहरण: अंक भरना: स्नेह से लिपटा लेना।

अत: विकल्प (C) सही है।

5. 'तोता डाली पर बैठा है' इस वाक्य में अधिकरण कारक है। अन्य विकल्प असंगत है।

कारक		
* संज्ञा या सर्वनाम के जिस रूप से उनका (संज्ञा या सर्वनाम का) क्रिया से सम्बन्ध सूचित हो, उस रूप को 'कारक' कहते हैं। * संज्ञा अथवा सर्वनाम को क्रिया से जोड़ने वाले चिह्न अथवा परसर्ग ही कारक कहलाते हैं।		
कारक	**परिभाषा**	**उदाहरण**
सम्बन्ध कारक	शब्द के जिस रूप से संज्ञा या सर्वनाम के संबंध का ज्ञान हो, उसे सम्बन्ध कारक कहते है।	जैसे- सीता का भाई आया है। वह किसका भाई है ? गीता का।
अधिकरण कारक	शब्द के जिस रूप से क्रिया के आधार का ज्ञान होता है, उसे अधिकरण कारक कहते हैं।	जैसे- मोहन मैदान में खेल रहा है। मनमोहन छत पर खेल रहा है।
करण कारक	वाक्य में जिस शब्द से क्रिया के सम्बन्ध का बोध हो, उसे करण कारक कहते हैं।	जैसे- वह कुल्हाड़ी से वृक्ष काटता है। मुझे अपनी कमाई से खाना मिलता है। साधुओं की संगति से बुद्धि सुधरती है।
अपादान कारक	संज्ञा के जिस रूप से किसी वस्तु के अलग होने का भाव प्रकट होता है, उसे अपादान कारक कहते है।	जैसे- हिमालय से गंगा निकलती है। मोहन ने घड़े से पानी ढाला। बिल्ली छत से कूद पड़ी चूहा बिल से बाहर निकला।

अतः विकल्प (C) सही है।

6. मददगार शब्द 'गार' प्रत्यय से बना शब्द है।

मददगार = मदद + गार। इसमें कृत् प्रत्यय है।

प्रत्यय वे शब्द हैं जो दूसरे शब्दों के अन्त में जुड़कर, अपनी प्रकृति के अनुसार, शब्द के अर्थ में परिवर्तन कर देते हैं। प्रत्यय शब्द दो शब्दों से मिलकर बना है – प्रति + अय। प्रति का अर्थ होता है 'साथ में, पर बाद में" और अय का अर्थ होता है "चलने वाला", अत: प्रत्यय का अर्थ होता है साथ में पर बाद में चलने वाला।

उदाहरण: ता, औना, अन, अत

श्रो + ता = श्रोता

अतः विकल्प (B) सही है।

7. जो विशेषण विशेष्य और क्रिया के बीच आये, वहाँ विधेय विशेषण होता हैं। जैसे- मेरा कुत्ता लाल हैं।, मेरा लड़का आलसी है।

उपर्युक्त वाक्य का रेखांकित पद 'सुंदर' विधेय विशेषण है। यह वाक्य के विधेय पद 'देश' की विशेषता बताता है।

अत: विकल्प (D) सही है।

8. किसका शब्द प्रश्न का बोध कराता है अतः यह प्रश्नवाचक सर्वनाम है।

अन्य सभी विकल्प अनिश्चितता का बोध कराते हैं। अतः अनिश्चियवाचक सर्वनाम के उदाहरण हैं।

अतः विकल्प (D) सही है।

9. 'अ' स्वर का उच्चारण जीभ के मध्य भाग से किया जाता है। जीभ के उपयोग के आधार पर स्वर तीन प्रकार से उच्चारित होते हैं:

- अग्र स्वर – इसके उच्चारण में जीभ का अगला भाग कार्य करता है। जैसे- इ, ई, ए, ऐ।
- मध्य स्वर – जिनके उच्चारण में जीभ का मध्य वाला भाग कार्य करता है। जैसे- अ।
- पश्च स्वर – जिनके उच्चारण में जीभ का पिछला भाग कार्य करता है। जैसे- आ, उ, ऊ, ओ, औ।

अतः विकल्प (D) सही है।

10. 'जो एक या एक से ज्यादा वस्तुओं अथवा वय्क्तियों का बोध कराता हो उसे बहुवचन कहते हैं।

जो शब्द एक ही वस्तु/व्यक्ति का बोध कराता है, उसे 'एकवचन' कहते हैं। मिथ्यावचन और सत्यवचन परस्पर विलोमार्थी शब्द हैं।

अत: विकल्प (C) सही है।

11. 'ब्रह्मास्त' का संधि-विच्छेद है - ब्रह्म + अस्त्र।

'ब्रह्मास्त्र' में दीर्घ संधि है।

जब दो शब्दों की संधि करते समय (अ, आ) के साथ (अ, आ) हो तो 'आ' बनता है, जब (इ, ई) के साथ (इ, ई) हो तो 'ई' बनता है, जब (उ, ऊ) के साथ (उ, ऊ) हो तो 'ऊ' बनता है। उसे दीर्घ संधि कहते है। जैसे- विद्या + अभ्यास = विद्याभ्यास (आ + अ = आ) आदि।

अत: विकल्प (A) सही है।

12. 'तरल' का विलोम शब्द ठोस है।

किसी शब्द का विलोम शब्द उस शब्द के अर्थ से उल्टा या विपरीत अर्थ वाला होता है।

शब्द	विलोम
तरल	ठोस
सरल	जटिल/कठिन
तीक्ष्ण	कुन्द

अत: विकल्प (B) सही है।

13. 'मैंने सुना है कि आपके देश में अच्छा राजप्रबंध है।' एक मिश्र वाक्य है। यह प्रधान वाक्य और आश्रित वाक्य से मिलकर बना है।

अत: विकल्प (D) सही है।

14. दिए गए विकल्पों में से 'अम्लिका' शब्द का शुद्ध तद्भव रूप 'इमली' है। अन्य विकल्प अनुचित हैं।

- इमली स्त्रीलिंग शब्द है।
- यह एक खट्टा फल जिसकी चटनी बनाई जाती है।
- इमली को 'चिंचा या तेतर' भी कहा जाता है।

अत: विकल्प (C) सही है।

15. 'जिसे भय नहीं है' वाक्यांश के लिए एक शब्द है- निर्भय

अन्य विकल्प-

- बहादुर- जो वीर हो
- श्रेष्ठ- जो पद में सबसे बड़ा हो
- निर्दय- जिसके अंदर दया नहीं हो

अत: विकल्प (D) सही है।

16. कम बोलने वाले व्यक्ति वाक्यांश के लिए एक सार्थक शब्द - मितभाषी होगा।

अन्य विकल्पों का विश्लेषण:-

- व्याख्याता वह जो किसी विषय की व्याख्या करता हो
- मितव्ययी वह जो कम खर्च करता हो
- वाचाल बहुत अधिक बोलने वाला

अत: विकल्प (A) सही है।

17. पूर्ण वाक्य है- बड़ा निर्भीक लड़का है, काले साँप को भी पकड़ लेता है।

- दिए गए विकल्पों में से रिक्त स्थान के लिए उचित शब्द 'निर्भीक' होगा।
- 'निर्भीक' विशेषण शब्द है जिसका अर्थ 'निडर' होता है।
- निः + भीक = निर्भीक। यह विसर्ग संधि का उदाहरण है।

अन्य शब्द -

- मूर्ख - नासमझ
- बेवकूफ - नासमझ
- निःशंक - बिना शंका का

अत: विकल्प (C) सही है।

18. हमें एक अत्यंत मानवीय, न्यायशील, सत्यप्रेम तथा सौहार्द्र के प्रति प्रबुद्ध समाजसूत्र का निर्माण करना है।

- प्रबुद्ध का अर्थ है : ज्ञानी , जाग्रत
- अन्य विकल्प असंगत है।

अत: विकल्प (C) सही है।

19. उपरोक्त विकल्पों में 'निलंवित' शब्द वर्तनीगत अशुद्ध है।

इसका शुद्ध रूप है 'निलंबित'।

जिसका अर्थ होता है- पदच्युत किया गया।

अत: विकल्प (C) सही है।

20. "इंद्र" का पर्यायवाची शब्द 'मधवा' है।

'इंद्र' का अन्य पर्यायवाची शब्द है - सुरपति, पुरंदर, वासव, महेंद्र, देवराज, सुराधिप, शचीपति, शक्र, शतमन्यु।

- 'जादूगर' का पर्यायवाची शब्द है - बाजीगर, ऐंद्रजालिक।
- 'कुबेर' का पर्यायवाची शब्द है - किन्नरेश, यक्षराज, धनद, धनाधिप, राजराज।
- 'गणेश' का पर्यायवाची शब्द है - लंबोदर, एकदंत, मूषकवाहन, गजवदन, गजानन, विनायक, गणपति, विघ्ननाशक।

अत: विकल्प (C) सही है।

21. वाह ! भारत ने विश्वकप जीत लिया। इसमें विस्मयादिबोधक वाक्य है।

ऐसे वाक्य जिनमे हमें आश्चर्य, शोक, घृणा, अत्यधिक खुशी, स्तब्धता आदि भावों का बोध हो, ऐसे वाक्य विस्मयादिबोधक वाक्य कहलाते हैं। इन वाक्यों में जो शब्द विस्मय के होते हैं उनके पीछे (!) विस्मयसूचक चिन्ह लगता है। इस चिन्ह से हम इस वाक्य की पहचान कर सकते हैं।

अत: विकल्प (A) सही है।

22. अर्द्धविराम का चिह्न - (;) है।

जब बीच में हल्का सा विराम लेना हो पर वाक्य को खत्म न किया जाये तो वहाँ पर अर्द्ध विराम (;) चिन्ह का प्रयोग किया जाता है।

उदाहरण - जिसे मैंने अपना दोस्त समझा; वही आस्तीन का सांप निकला।

अत: विकल्प (D) सही है।

23. 'संकल्प' शब्द में 'सम्' उपसर्ग का प्रयोग हुआ है। 'सम्' उपसर्ग से बनने वाले अन्य शब्द हैं - संस्कृत, संस्कार, संगीत, संहार आदि हैं।

उपसर्ग उस अक्षर या अक्षर समूह को कहते हैं जो किसी शब्द के पहले जुड़कर उसके अर्थ में परिवर्तन लाता है।

अत: विकल्प (A) सही है।

24. "ढोल के अंदर पोल", लोकोक्ति का अर्थ 'दिखावा कुछ और गुण कुछ भी नहीं' हैं।

वाक्य प्रयोग- कविता अंग्रेजी में कुछ भी बोलती रहती है, अभी उससे पूछो कि 'सेंटेन्स' कितने प्रकार के होते है 'तब ढोल के भीतर पोल' दिखना शुरू हो जाएगा।

अत: विकल्प (B) सही है।

25. भयानक रस 'भय' नामक स्थायी भाव 'भयानक रस' का है।

जब किसी भयानक व्यक्ति या वस्तु को देखने, उससे संबंधित वर्णन सुनने या किसी दुखद घटना का स्मरण करने से मन में जो व्याकुलता उत्पन्न होती है उसे भयानक रस कहते हैं।

अत: विकल्प (D) सही है।

26. Correct sentence: Neither of the brothers has brought his notebook.

- Pronouns that stand for the three persons are known as personal pronouns.

- For eg.- I, me, we, her, it, they, them, etc.
- When each, every, neither, either. anyone is used as the subject, 3rd person singular is used as a possessive case.
- For eg.- Each one is doing his duty properly.
- We will thus use the possessive pronoun 'his' to fill in the blank.

Hence, the correct option is (C).

27. My house is **as big** as yours.

The given sentence needs to be filled with the most suitable adjective. Looking at 'as yours' we can understand that the sentence is about a comparison between the size of houses and is to a positive degree. 'As' states equality here, which means both the houses are of the same size. Thus we can say 'as big as'.

Hence, the correct option is (B).

28. Correct sentence: You 'should' book the tickets for the play in advance; they sell out quickly.

Modal Verbs show us the attitude of the speaker to what is being said or done. The term "modal" means expressing mood and mood is a way to express the attitude of the speaker.

- Option (B) is the correct answer because it expresses the mood of duty or correctness.
- Option (A) suggests obligation;
- Option (C) is similar to option (A);
- Option (D) expresses unsure certainty with which certain act is to be done in future.

Hence, the correct option is (B).

29. Correct sentence: I expected to fail the exam, but I passed after all.

The given sentence is in simple past form. Simple past tense tells us about an action completed in the past time. For writing sentences in simple past form, the general rule followed:

- Subject + 2nd form of the verb + object.

Hence, the correct option is (B).

30. Correct sentence: He refused to work under the new boss.

The meaning of the phrase "work under someone" is to have someone else supervise or manage your work or perform some work while physically underneath someone or something. The given sentence says that the person objected to working under the supervision of the new manager.

Hence, the correct option is (C).

31. The correct sentence: Her parents are anxious for her safety.

- The above sentence is an example of a preposition.
- A preposition is a word used to link nouns, pronouns, or phrases to other words within a sentence.
- 'Anxious for' indicates a positive concern or a desire for something.
- 'Anxious about' refers to the subject of worry, and 'anxious at' refers to the cause of worry.
- 'Anxious to' also indicates eagerness and is followed by a verb.
- The given sentence implies that her parents have a concern for her safety.
- Thus, the appropriate preposition to be filled in the blank will be 'for'.

Hence, the correct option is (D).

32. Correct sentence: It's also the scariest and most nerve-wracking purchase you'll make as well.

- Now 'scary' is an adjective that has two syllables.
- Adjectives with two syllables can form the superlative by adding -est.
- Also, for adjectives ending in y, change the 'y' to an 'i' before adding the ending.
- So, 'scariest' is the superlative degree of the adjective and is appropriate for the given blank.
- Also, the same degree of adjectives are used on either side of a conjunction (here, and).

Hence, the correct option is (D).

33. Correct Sentence: I had finished my work before the boss called me.

The correct word to be used in the filler is had finished. The sentence is in the past perfect tense which follows the following structure:

- Subject + had + past participle + the rest of the sentence

Hence, the correct option is (D).

34. The given sentence is in the tone of exclamation and interrogative.

Here 'stop' conveys a strong emotion to halt a certain act.

'Stop' is followed by an exclamation mark,

- Stop!

Further, 'Are you out of your mind' is a question sentence and it should be followed by a question mark (?).

- Are you out of your mind?

Correct sentence: 'Stop! Are you out of your mind?'

Hence, the correct option is (C).

35. Gold is a material noun because gold is a material.

Material nouns are materials or substances out of which things are made.

Cows and air are not materials and class is not something you can make something of.

Thus, the correct answer is gold.

Hence, the correct option is (B).

36. Emergancy is the misspelt word.

Correct spelling is the emergency.

Emergency: a serious, unexpected, and often dangerous situation requiring immediate action.

Hence, the correct option is (C).

37. The above-given pair of words i.e. Dexterity: Ability are synonyms of each other.

Timid(adjective) - showing a lack of courage or confidence; easily frightened.

The correct synonym of Timid is Afraid.

Afraid(adjective) - feeling fear or anxiety; frightened.

Therefore, the correct pair will be Dexterity: Ability :: Timid : Afraid.

Hence, the correct option is (C).

38. The correct word that is opposite in meaning to the word discourage is encourage.

Discourage - cause (someone) to lose confidence or enthusiasm.

Encourage - give support, confidence, or hope to (someone).

Hence, the correct option is (D).

39. The correct word that is opposite in meaning to the word consecutive is discontinuous.

The meaning of the word 'Consecutive' is 'following one after the other in regular order; continuous'.

The meaning of the word 'discontinuous' is 'not continuous or having gaps'.

From the given meanings, we can understand that 'discontinuous' is the antonym of the given word.

Hence, the correct option is (A).

40. The art or practice of garden cultivation and management is known as horticulture.

Horticulture - the science and art of growing fruits, vegetables, flowers, or ornamental plants.

For Example - The treatment in horticulture of the peach and nectarine is the same in every respect.

Hence, the correct option is (C).

41. An opposite word can be defined as a word that expresses a meaning as opposed to the meaning of a particular word.

In this case, the two words are called antonyms of each other.

Let us explore the antonyms of the given options:

- Brother: Sister
- Father: Mother
- Uncle: Aunt
- Mother: Father

Therefore, the gender of the underlined noun is "uncle."

Hence, the correct option is (C).

42. Learn is not an adjective.

Adjectives describe or modify that is, they limit or restrict the meaning of—nouns and pronouns.

They may name qualities of all kinds: huge, red, angry, tremendous, unique, rare, etc. An adjective usually comes right before a noun: "a red dress," or "fifteen people."

- Learn: (Verb) (to get knowledge, a skill, etc. (from somebody/something).
- Beautiful: (Adjective) (very pretty or attractive; giving pleasure to the senses.
- Fast: Adjective, (Adverb) (able to move or act at great speed.
- Enormous: (Adjective) (very big or very great.

Therefore, the word which is not an adjective is "learn."

Hence, the correct option is (A).

43. The full form of couldn't is could not.

"Couldn't" is the usual spoken form of 'could not.'

It is also the short form of "could not."

Example: I couldn't find my keys this morning.

Hence, the correct option is (C).

44. The meaningful word from the words "URTHT" is "truth."

"Truth" means what is true; the facts.

Example: Please tell me the truth.

Hence, the correct option is (D).

45. An interjection is a part of speech used to convey or express sudden feelings and emotions.

Oh (Exclamation): used for reacting to something that somebody has said, for emphasizing what you are saying, or when you are thinking of what to say next.

Hence, the correct option is (A).

46. The correct tense I feel great! is Simple Present.

Let us see the structure of the given options:

Past Perfect: Subject + had + V3 + Object.

Example: She had left the city.

Simple Past: Subject + V2 + Object.

Example: She left the city.

Simple Present: Subject + V2(s/es) + Object

Example: She leaves the city.

Future Progressive: Subject + will + be + the present participle (the root verb + -ing)

Example: She will be leaving the city.

"I" is a singular pronoun and takes a plural verb "feel".

Hence, the correct option is (C).

47. The basic principle was that those who worked quite hard would be rewarded.

Principle (noun): a basic truth that explains or controls how something happens or works.

Quite (Adverb): not very; to a certain degree; rather.

The given sentence wants to convey that the main premise was that individuals who worked really hard would be rewarded.

Hence, the correct option is (C).

48. The most appropriate synonym of the given word is care.

Maintain: cause or enable (a condition or situation) to continue.

Care: the provision of what is necessary for the health, welfare, maintenance, and protection of someone or something.

Hence, the correct option is (A).

49. The meaning of 'Bias' is inclination or prejudice toward or against one person or group, especially in a way considered to be unfair.

Prejudice: an unfair and unreasonable opinion or feeling, especially when formed without enough thought or knowledge.

Therefore, the exact synonym of the given word 'Bias' is 'Prejudice.'

Hence, the correct option is (A).

50. We will go for a drive next week.

In simple future tense, the first form of the verb(V_1) is used with 'will/shall.' In the above sentence, the verb 'will go' is used as the action will take place in the future.

Hence, the correct option is (B).

51. केरल पर्यटन ने अपने स्ट्रीट परियोजना के लिए नवंबर 2022 में लंदन वर्ल्ड ट्रैवल मार्ट में कोवेटेड रिस्पॉन्सिबल टूरिज्म ग्लोबल अवार्ड जीता।

'स्ट्रीट' पहल सार्वजनिक भागीदारी के साथ कार्यान्वित पर्यटन क्षेत्र में एक जल संरक्षण और संरक्षण परियोजना है। स्ट्रीट सस्टेनेबल, टैंजिबल, रिस्पॉन्सिबल, एक्सपेरिमेंटल, एथनिक एंड टूरिज्म हब के लिए एक संक्षिप्त शब्द है और इसे मार्च 2022 में लागू किया गया था।

अतः विकल्प (B) सही है।

52. पी.वी. सिंधु ने राष्ट्रमंडल खेल 2022 में बैडमिंटन महिला एकल में स्वर्ण पदक जीता है।

- पी.वी. सिंधु बैडमिंटन विश्व चैंपियन बनने वाली पहली और एकमात्र भारतीय हैं और ओलंपिक खेलों में लगातार दो पदक जीतने वाली भारत की दूसरी व्यक्तिगत खिलाड़ी हैं।
- पीवी सिंधु ने 8 अगस्त, 2022 को बर्मिंघम में राष्ट्रमंडल खेलों 2022, के फाइनल में कनाडा की मिशेल ली को हराकर स्वर्ण पदक जीता।
- उन्होंने मिशेल ली को 21-15 और 21-13 से हराया।
- वह अप्रैल 2017 में करियर की उच्च विश्व रैंकिंग नंबर 2 पर पहुँच गई।
- सिंधु सितंबर 2012 में 17 साल की उम्र में BWF विश्व रैंकिंग के शीर्ष 20 में शामिल हो गई।

अतः विकल्प (D) सही है।

53. भारतीय कृषि-भूमि बाज़ार एसफार्म्सइंडिया के सहयोग से भारतीय प्रबंधन संस्थान अहमदाबाद ने IIMA-एसफार्म्सइंडिया कृषि भूमि मूल्य सूचकांक (ISALPI) के शुभारंभ की घोषणा की है। यह अपनी तरह का पहला भूमि मूल्य सूचकांक है जो देश भर में कृषि भूमि की कीमतों के 'गुणवत्ता नियंत्रित' डेटा को रिकॉर्ड और प्रस्तुत करेगा।

अतः विकल्प (D) सही है।

54. पांचवीं बांग्लादेश-भारत सांस्कृतिक बैठक 28 फरवरी 2022 को राजशाही में संपन्न हुई। समारोह की अध्यक्षता राजशाही शहर के मेयर एएचएम खैरुज्जमां लिटन ने की। फरवरी 25 – 28 के बीच चार दिवसीय कार्यक्रम बंगबंधु शेख मुजीबुर रहमान की जन्म शताब्दी, बांग्लादेश की मुक्ति की स्वर्ण जयंती और बांग्लादेश भारत मैत्री के 50वें वर्ष का जश्न मनाने के लिए आयोजित किया गया था।

अतः विकल्प (B) सही है।

55. वन डिस्ट्रिक्ट, वन प्रोडक्ट प्रोग्राम का उद्देश्य भारत में स्वदेशी और विशेष उत्पादों और शिल्प को प्रोत्साहित करना है। इसे सबसे पहले उत्तर प्रदेश सरकार ने शुरू किया था। यह योजना राज्य भर के 25 लाख बेरोजगार उम्मीदवारों को नौकरी के अवसर प्रदान करेगी।

उत्पाद की गुणवत्ता और कौशल विकास में सुधार वन डिस्ट्रिक्ट, वन प्रोडक्ट प्रोग्राम के मुख्य उद्देश्य में से एक है। उत्तर प्रदेश सरकार ने 24 जनवरी 2018 को यह योजना शुरू की थी।

"हस्तनिर्मित कागज" को "एक जिला एक उत्पाद" योजना के तहत उत्तर प्रदेश के जालौन जिले से एक उत्पाद के रूप में चुना गया है।

अतः विकल्प (B) सही है।

56. पटारी एक समुदाय है जो मुख्य रूप से भारत के उत्तर प्रदेश के सोनभद्र जिले में पाया जाता है।

जनजाति के अनुसार, पटारी मूल गोंड आदिवासियों के हैं, जो गौड राजाओं के अनुष्ठान विशेषज्ञ और सलाहकार थे। वे देवगौड उप-मंडल से संबंधित हैं।

पटारी कभी छत्तीसगढ़ी बोलते थे, लेकिन अब हिंदी बोलते हैं।

पटारी को आगे चार उप-विभाजनों में विभाजित किया गया है, जिनमें से प्रत्येक में अलग-अलग कुलदेवता जिन्हें कुरु कहा जाता है।

पटारी पुजारी हैं, जिन्हें स्थानीय रूप से दक्षिण-पूर्व उत्तर प्रदेश में कई आदिवासी समूहों जैसे कि मझवार, चेरो और भुइयार के बैगाओं के रूप में जाना जाता है।

अतः विकल्प (A) सही है।

57. उत्तर प्रदेश राज्य में "इलेक्ट्रॉनिक्स सिटी" की स्थापना नोएडा में जा रही है।

योगी आदित्यनाथ सरकार की योजना ताइवान, जापान और दक्षिण कोरिया की कंपनियों के लिए अलग-अलग समूह स्थापित करने की है क्योंकि इन तीन देशों का इलेक्ट्रॉनिक्स में मजबूत आधार है। यमुना एक्सप्रेसवे प्राधिकरण की एक टीम जिसमें "इलेक्ट्रॉनिक सिटी" स्थित है, संभावित निवेशकों के साथ बातचीत करने के लिए इन देशों की यात्रा करेगा। सरकार "इलेक्ट्रॉनिक्स सिटी" में 40,000 करोड़ रुपये के संभावित निवेश को देख रही है।

अतः विकल्प (B) सही है।

58. शिलिंग केन्या की मुद्रा है।

शिलिंग केन्या की मुद्रा है। शिलिंग एक ऐतिहासिक सिक्का है, और पूर्व में यूनाइटेड किंगडम, आयरलैंड, ऑस्ट्रेलिया, न्यूजीलैंड और अन्य ब्रिटिश राष्ट्रमंडल देशों में उपयोग की जाने वाली आधुनिक मुद्राओं की एक इकाई का नाम है।

वर्तमान में शिलिंग का उपयोग पांच पूर्वी अफ्रीकी देशों केन्या, तंजानिया, युगांडा, सोमालिया के साथ-साथ सोमालीलैंड के वास्तविक देश में मुद्रा के रूप में किया जाता है।

अत: विकल्प (B) सही है।

59. व्यक्तित्व का अंतर्मुखता-बहिष्कार गुण हंस एसेनक द्वारा प्रतिपादित किया गया है।

हैंस ईसेनक (1916-1997): ब्रिटिश मनोवैज्ञानिक हैंस ईसेनक ने व्यक्तित्व का एक मॉडल विकसित किया जो केवल तीन सार्वभौमिक लक्षणों पर आधारित था; अंतर्मुखता / बहिर्मुखता, विक्षिप्तता / भावनात्मक स्थिरता और मनोविकृति। ईसेनक केवल दो प्रमुख प्रकार या लक्षणों को अंतर्निहित व्यक्तित्व संरचना के रूप में देखता है: अंतर्मुखता-बहिष्कार और स्थिरता-विक्षिप्तता। अंतर्मुखता में आंतरिक अनुभवों पर ध्यान देना शामिल है। जबकि अपव्यय अन्य लोगों और पर्यावरण पर ध्यान केंद्रित करने से संबंधित है। इसलिए, अंतर्मुखता में उच्च व्यक्ति शांत और आरक्षित हो सकता है, जबकि बहिर्मुखता में उच्च व्यक्ति मिलनसार और आउटगोइंग हो सकता है।

अत: विकल्प (A) सही है।

60. नल कनेक्शन देने में शाहजहाँपुर अव्वल रहा है।

जल जीवन सर्वेक्षण-2023 में शाहजहाँपुर, बुलंदशहर, बरेली और मिर्जापुर सहित उत्तर प्रदेश के कई जिलों ने अच्छा प्रदर्शन किया है।शाहजहाँपुर 689,990 अंकों के साथ दो श्रेणियों में पहले स्थान पर रहा। 28,419 नल कनेक्शन सुनिश्चित करने के लिए आकांक्षी श्रेणी में इसे शीर्ष स्थान दिया गया। सर्वश्रेष्ठ प्रदर्शन श्रेणी में बुलंदशहर दूसरे स्थान पर और तेजी से आगे बढ़ने वाले जिलों में तीसरे स्थान पर है।

अत: विकल्प (D) सही है।

61. युद्ध के मैदान में स्वयं ही अपना पैर काटने वाले मेजर जनरल इयान कार्डोज़ो ने नवंबर 2022 में अपनी नई किताब का शुभारंभ किया।

किताब का शीर्षक 'कार्टूस साब: ए सोल्जर स्टोरी ऑफ रेजिलिएंस इन एडवर्सिटी' है। वह भारतीय सेना के पहले युद्ध-विकलांग अधिकारी थे जिन्होंने एक बटालियन और एक ब्रिगेड की कमान संभाली थी। यह किताब मेजर जनरल इयान कार्डोजो के एक बटालियन को कमांड करने के लिए युद्ध-विकलांग अधिकारी के रूप में श्रमसाध्य प्रयासों को याद करने के लिए पढ़ी जाएगी।

अत: विकल्प (D) सही है।

62. डांडिया रास गुजरात और राजस्थान का एक पारंपरिक लोक नृत्य है। यह वृंदावन में होली और कृष्ण और राधा की लीला के दृश्यों से जुड़ा है। यह पश्चिमी भारत में नवरात्रि की शाम का विशेष रूप से प्रदर्शित नृत्य है।

अत: विकल्प (B) सही है।

63. "EVM" का पूर्ण रूप इलेक्ट्रॉनिक वोटिंग मशीन है।

इलेक्ट्रॉनिक वोटिंग मशीन (EVM) मतों को दर्ज करने का एक इलेक्ट्रॉनिक उपकरण है। इलेक्ट्रॉनिक वोटिंग मशीन (EVM) 1999 के चुनावों से भाग में इलेक्ट्रॉनिक वोटिंग के कार्यान्वयन के लिए भारतीय जनरल और राज्य चुनावों में इस्तेमाल हो रही है।

अत: विकल्प (A) सही है।

64. डूरंड रेखा 1893 ई. में हिन्दुकुश में स्थापित सीमा रेखा, जो अफ़ग़ानिस्तान और ब्रिटिश भारत के जनजातीय क्षेत्रों से उनके प्रभाव वाले क्षेत्रों को रेखांकित करती हुई गुज़रती थी। आधुनिक काल में यह रेखा अफ़ग़ानिस्तान और पाकिस्तान के बीच की सीमा रेखा है। इस रेखा का नाम सर मॉर्टिमेर डूरंड, जिन्होंने अफ़ग़ानिस्तान के अमीर अब्दुर रहमान ख़ां को इसे सीमा रेखा मानने पर राज़ी किया था, के नाम पर पड़ा था। संभवत: इसे भारत-अफ़ग़ान सीमा समस्या का, शेष ब्रिटिश काल के लिए समाधान कहा जा सकता है।

अत: विकल्प (A) सही है।

65. श्री राजीव गांधी की पहली पुण्यतिथि दिवस को आतंकवाद विरोधी दिवस के रूप में मनाया गया। 21 मई 1997 के दिन भारत के युवा प्रधानमंत्री राजीव गांधी की हत्या के बाद पूर्व प्रधानमंत्री वीपी सिंह ने इस दिन को आतंकवाद विरोधी दिवस के रूप में मनाने की घोषणा की थी। उसी दिन से यह राष्ट्रीय आतंकवाद विरोधी दिवस मनाया जाता है।

अत: विकल्प (D) सही है।

66. गीज़ा के ग्रेट पिरामिड मिस्र में स्थित है जिसे चीप्स या खुफू के पिरामिड के रूप में भी जाना जाता है और जो 2560-2540 ईसा पूर्व बनाया गया। गीज़ा पिरामिड परिसर या गीज़ा पिरामिड कॉम्पलेक्स मिस्र की राजधानी काहिरा के बाहरी इलाके में गीज़ा पठार पर एक पुरातात्विक स्थल है। प्राचीन स्मारकों के इस परिसर में तीन पिरामिड परिसरों को शामिल किया गया है जो ग्रेट पिरामिड के नाम से जाना जाता है, जो महान स्फिंक्स के रूप में बड़े पैमाने पर मूर्तिकला, कई कब्रिस्तान, एक श्रमिक गांव और एक औद्योगिक परिसर शामिल है।

अत: विकल्प (B) सही है।

67. अशोक मौर्य को 'देवानांपिय पियदस्सी (देवों का प्यारा)' के नाम से जाना जाता था।

"देवानांपिय" का अर्थ है 'देवताओं का प्रिय' और "पियदस्सी" अर्थात देखने में सुन्दर।

अत: विकल्प (A) सही है।

68. दिल्ली सल्तनत का पहला राजवंश गुलाम राजवंश था।

दिल्ली सल्तनत में पाँच राजवंशों का शासन था। ये पांच राजवंश थे: गुलाम वंश (1206-90), खिलजी वंश (1290-1320), तुगलक वंश (1320-1412), सैय्यद वंश (1414-50), और लोधी वंश (1451-1526)।

अत: विकल्प (B) सही है।

69. काली मिट्टी को रेगुर मिट्टी के रूप में भी जाना जाता है।

- यह दक्कन पठार के एक बड़े हिस्से को आच्छादित करता है जिसमें आंध्र प्रदेश, गुजरात, मध्य प्रदेश, महाराष्ट्र और तमिलनाडु राज्य शामिल हैं।
- इसे काली कपास की मिट्टी के रूप में भी जाना जाता है।
- ये अभेद्य, गहरे, और चिकने होते हैं और ये एल्यूमिना, मैग्नेशिया, लोहा और चूने से समृद्ध होते हैं।
- इस पर उगाई जाने वाली कुछ फसलों में कपास, ज्वार, गेहूं और अलसी आदि शामिल हैं।

अत: विकल्प (D) सही है।

70. भारत नाम सिंधु नदी से लिया गया है।

- यह तिब्बती क्षेत्र में मानसरोवर झील के पास बोखर चू के पास एक ग्लेशियर से निकलती है।
- तिब्बत में इसे सिंगी खंबन या शेर के मुंह के नाम से जाना जाता है।
- जम्मू और कश्मीर में, इसकी हिमालय की सहायक नदियाँ ज़ांस्कर, द्रास, गिलगित आदि हैं।
- विभिन्न स्थानों पर सिंधु में शामिल होने वाली सहायक नदियाँ झेलम, चिनाब, रावी, ब्यास और सतलुज हैं।

अत: विकल्प (A) सही है।

71. बर्फ का पिघलना एक भौतिक परिवर्तन है।

- किसी पदार्थ की रासायनिक संरचना में परिवर्तन का नेतृत्व नहीं करने वाले परिवर्तन को भौतिक परिवर्तन कहा जाता है।
- भौतिक परिवर्तनों से भौतिक गुणों में परिवर्तन होता है और प्रायः प्रकृति में प्रतिवर्ती होते हैं।

- भौतिक परिवर्तनों के उदाहरण हैं: बर्फ का पिघलना, गैस में संक्रमण, बनावट संबंधी परिवर्तन, आकार, रचना, रंग आदि में परिवर्तन।

अत: विकल्प (A) सही है।

72. तड़ित चालक बनाने के लिए प्रयोग की जाने वाली धातु तांबा है।

तड़ित चालक:

- एक धातु की छड़ है जो एक इमारत के ऊपर लगाई जाती है, जो तार या विद्युत चालक का उपयोग करके इलेक्ट्रोड के माध्यम से जमीन या "धरती" से जुड़ी होती है। इसकी मदद से बिजली गिरने की स्थिति में इमारत की रक्षा होती है।

- इसकी मदद आकाश से गिरने वाली बिजली इमारत पर गिरने के बजाय छड़ से टकराती है और तार या छड़ के माध्यम से जमीन पर चली जाती है। यदि यह बिजली इमारत पर गिरती तो इमारत में आग लग सकती है या प्राण जाने का भी खतरा होता है।

- तांबा एक बहुत अच्छा विद्युत चालक है।

अत: विकल्प (C) सही है।

73. विटामिन A की कमी से रात के समय दृष्टि संबंधी समस्याएं (रतौंधी) होती है।

- विटामिन A को रेटिनॉल भी कहा जाता है।

- इसकी कमी से हाइपरकेरेटोसिस और केराटोमेलेशिया होता है।

- अंडे, मछली, दूध, दही आदि विटामिन A से परिपूर्ण भोजन हैं।

अत: विकल्प (A) सही है।

74. उत्तर प्रदेश वस्त्र प्रौद्योगिकी संस्थान (पहले सरकारी केंद्रीय वस्त्र संस्थान के रूप में जाना जाता था) कानपुर में स्थित है।

यह उत्तर भारत का एक प्रमुख कपड़ा संस्थान है। हालाँकि 1937 में, सरकार। सेंट्रल टेक्सटाइल इंस्टीट्यूट अपने मौजूदा स्वरूप में दो प्रमुख टेक्सटाइल संस्थानों यानी एक कानपुर में और दूसरा रुड़की में यानी टेक्सटाइल टेक्नोलॉजी विभाग के विलय से अस्तित्व में आया था।

अत: विकल्प (A) सही है।

75. "उत्तर प्रियदर्शी" नाटक सच्चिदानंद वात्स्यायन ने लिखा था।

सच्चिदानंद वात्स्यायन को उनके उप नाम अज्ञेय के नाम से जाना जाता था। सच्चिदानंद वात्स्यायन का जन्म कुशीनगर जिले, उत्तर प्रदेश में हुआ था।

अत: विकल्प (A) सही है।

76.

```
2    6,100
2    3,50
3    3,25
5    1,25
5    1,5
     1,1
```

$6 = 2 \times 3$

$100 = 2 \times 2 \times 5 \times 5$

$6,100$ का ल.स. $= 2 \times 2 \times 3 \times 5 \times 5 = 300$

अत: विकल्प (D) सही है।

77. 726 का गुणनखंड $= 2 \times 3 \times 11 \times 11$

426 का गुणनखंड $= 2 \times 3 \times 7 \times 11$

इसलिए, HCF $(726, 426) = 2 \times 3 \times 11 = 66$

अत: विकल्प (A) सही है।

78. दिया गया है:

मूलधन $(P) = 6,000$ ₹

दर $(R) = 3\%$

साधारण ब्याज $(SI) = 240$ ₹

समय $(T) = ?$

हम जानते हैं कि:

साधारण ब्याज $SI = \dfrac{P \times R \times T}{100}$

$\Rightarrow 240 = \dfrac{6000 \times 3 \times T}{100}$

$\Rightarrow 240 = 180T$

$\Rightarrow T = \dfrac{4}{3}$ वर्ष

$\Rightarrow T = \left(\dfrac{4}{3}\right) \times 12$ महीने

$\Rightarrow T = 16$ महीने

$\therefore$ रोहन कर्ज 16 महीने बाद चुकाएगा।

अत: विकल्प (C) सही है।

79. माना इकाई का अंक x है।

तब दहाई का अंक भी x होता है।

अत: संख्या $10x + x = 11x$ है।

अंकों के क्रम को उलटने पर संख्या $10x + x = 11x$ हो जाती है।

इसलिए दी गई शर्त से, हमारे पास है,

$11x + 11x = 110$

$22x = 110$

$x = 5$

अत: अभीष्ट संख्या $11x = 11 \times 5 = 55$ है।

अत: विकल्प (C) सही है।

80. दिया गया है,

$\sqrt{2^n} = 32$

$\Rightarrow (2^n)^{\frac{1}{2}} = 32$

$\Rightarrow 2^{\frac{n}{2}} = 32$

$\Rightarrow 2^{\frac{n}{2}} = 2^5$

घातों की तुलना करने पर, हम प्राप्त करते हैं

$\Rightarrow \dfrac{n}{2} = 5$

$\Rightarrow n = 10$

अतः विकल्प (D) सही है।

81. दिया हुआ,

वितरण 10, 8, 15, 12, K, 25 का मध्य 12 है।

जैसा कि हम जानते हैं,

मध्य = सभी संख्याओं का योग/कुल संख्या

$\therefore \dfrac{(10+8+15+12+K+25)}{6} = 12$

$\Rightarrow 70 + K = 72$

$\Rightarrow K = 2$

$\therefore$ K का मान 2 है।

अत: विकल्प (A) सही है।

82. दिया गया है:

1620 का $n \times \left(\dfrac{4}{9}\right) = 72$ का $(n+1)$

$\Rightarrow n \times 4 \times 180 = (n+1) \times 72$

$\Rightarrow n \times 180 = (n+1) \times 18$

$\Rightarrow n \times 10 = n + 1$

$\Rightarrow 10n - n = 1$

$\Rightarrow n = \dfrac{1}{9}$

अब,

$\dfrac{1}{9}$ का 125%

$125\% = 100\% + 25\%$

$= \dfrac{100}{100} + \dfrac{25}{100}$

$= 1 + \dfrac{1}{4}$

$= \left(1 + \dfrac{1}{4}\right) \times \dfrac{1}{9}$

$= \dfrac{5}{36}$

इसलिए, n का $125\% = \dfrac{5}{36}$

अत: विकल्प (B) सही है।

83. दिया गया है:

$= \dfrac{2}{5} \times 350 + 250$ का 30%

$= \dfrac{2}{5} \times 350 + \dfrac{30}{100} \times 250$

$= 140 + 75$

$= 215$

अत: विकल्प (C) सही है।

84. दिया गया है:

$x - \dfrac{2}{x} = 15$

हम जानते है कि,

$\left(A - \dfrac{1}{A}\right)^2 = A^2 - 2 + \dfrac{1}{A^2}$

अब,

$x - \dfrac{2}{x} = 15$

$\Rightarrow x^2 - 4 + \dfrac{4}{x^2} = 225$ (दोनों ओर वर्ग करने पर)

$\Rightarrow x^2 + \dfrac{4}{x^2} = 229$

अत: विकल्प (C) सही है।

85. दिया गया है:

60 का $x\% = 48$

$\Rightarrow \left(\dfrac{x}{100}\right) \times 60 = 48$

$\Rightarrow \dfrac{3x}{5} = 48$

$\Rightarrow x = 80$

अत: विकल्प (C) सही है।

86. दिया गया है:

एक वस्तु का क्रय मूल्य उसके अंकित मूल्य से 25% कम है।

माना अंकित मूल्य $100a$ है।

तो, क्रय मूल्य $= 100a - 100a \times 25\%$

$\Rightarrow 75a$

अब,

अंकित मूल्य $(100a - 75a) =$ क्रय मूल्य से $25a$ अधिक है।

तो, अभीष्ट $\% = \left(\dfrac{25a}{75a}\right) \times 100$

$\Rightarrow 33\dfrac{1}{3}$

$\therefore$ अभीष्ट उत्तर $33\dfrac{1}{3}\%$ है।

अत: विकल्प (D) सही है।

87. दिया गया है:

$x = 1.\overline{23}$

$\Rightarrow x = 1.232323$ ...(1)

$\Rightarrow 100x = 123.232323\ldots$ ...(2) [समीकरण 1×100]

समीकरण (2) से समीकरण (1) को घटाने पर, हमें प्राप्त होता है,

$99x = 122$

$\Rightarrow x = \dfrac{122}{99}$

$\therefore ? = \dfrac{122}{99}$

अत: विकल्प (B) सही है।

88. माना $x = 0.6\overline{23}$ ... (1)

समीकरण (1) में 10 से गुणा करने पर,

$10x = 6 + 0.232323 ...$ ... (2)

समीकरण (1) में 1000 से गुणा करने पर,

$1000x = 623 + 0.2323 ...$ ... (3)

समीकरण (3) में से समीकरण (2) को घटाने पर,

$990x = 617$

$\Rightarrow x = \dfrac{617}{990}$

अत: विकल्प (C) सही है।

89. दिया गया है:

$78 - [5 + (25 - 2 \times 10)$ का $3]$

$= 78 - [5 + (25 - 20)$ का $3]$

$= 78 - [5 + (5)$ का $3]$

$= 78 - [5 + 15]$

$= 78 - [20]$

$= 58$

अत: विकल्प (A) सही है।

90. हम जानते है कि,

9 का विभाज्यता नियम:

दी गई संख्या के अंकों का योग 9 से विभाज्य होना चाहिए।

11 का विभाज्यता नियम:

विषम और सम स्थानों के अंकों के योग का अंतर शून्य या 11 का गुणज होता है।

अब,

99 इस रूप में लिखा जा सकता है,

$\Rightarrow 99 = 9 \times 11$

अब विकल्प लेते हुए,

विकल्प (A),

9 के लिये,

$\Rightarrow 51579 = 5 + 1 + 5 + 7 + 9 = 27$

27 जो 9 से विभाज्य है,

इसलिए संख्या 9 से विभाज्य है।

11 के लिये,

$\Rightarrow 51579 = (5 + 5 + 9) - (1 + 7)$

$\Rightarrow 19 - 8 = 11$

इसलिए संख्या 11 से विभाज्य है।

$\therefore$ 51579,99 से विभाज्य है।

अत: विकल्प (A) सही है।

91. हम जानते है कि,

अभाज्य संख्याएँ: ऐसी संख्या जिसके केवल दो गुणनखंड, एक और संख्या स्वयं होते हैं, उन्हें अभाज्य संख्या कहते हैं।

$\Rightarrow 853 = 1 \times 853$

853 एक अभाज्य संख्या है।

$\Rightarrow 953 = 1 \times 953$

953 एक अभाज्य संख्या है।

$\Rightarrow 553 = 1 \times 7 \times 79$

553 एक अभाज्य संख्या नहीं है, क्योंकि इसके दो से अधिक गुणनखंड हैं।

$\Rightarrow 653 = 1 \times 653$

653 एक अभाज्य संख्या है।

$\therefore$ 553 एक अभाज्य संख्या नहीं है।

अत: विकल्प (C) सही है।

92. माना कि संख्या x है।

प्रश्न के अनुसार,

$8x = 40 - 8$

$\Rightarrow 8x = 32$

$\Rightarrow x = 4$

अत: विकल्प (C) सही है।

93. हम जानते है कि,

1 किमी $= 1000$ मीटर

1 मीटर $= 100$ सेमी

अब,

460 सेमी $+0.6$ किमी $+20$ मीटर

$\Rightarrow 500$ सेमी $+(0.6 \times 100000)$ सेमी $+(20 \times 100)$ सेमी

$\Rightarrow 460$ सेमी $+60000$ सेमी $+2000$ सेमी

$\Rightarrow 62460$ सेमी

अत: विकल्प (B) सही है।

94. दिया गया है:

एक समचतुर्भुज की भुजाओं के वर्ग का योग $= 1600$ सेमी^{2}

माना समचतुर्भुज की भुजा a है।

समचतुर्भुज की भुजा का योग $= 4a$

अब,

प्रश्नानुसार,

$4a^2 = 1600$ सेमी^{2}

$\Rightarrow a^2 = \left(\frac{1600}{4}\right)$

$\Rightarrow a^2 = 400$

$\Rightarrow a = 20$ सेमी

$\therefore$ समचतुर्भुज की भुजा 20 सेमी है।

अत: विकल्प (D) सही है।

95. दिया गया है:

एक गोले का व्यास $= 56$ सेमी

हम जानते है कि,

एक गोले का पृष्ठीय क्षेत्रफल $= 4\pi R^2$ (R गोले की त्रिज्या है)

त्रिज्या $=$ व्यास $\div 2$

गोले की त्रिज्या $= \frac{56}{2} = 28$ सेमी

अब, गोले का पृष्ठीय क्षेत्रफल $= 4\pi \times 28^2$

$\Rightarrow 9856$ सेमी^{2}

$\therefore$ इसका पृष्ठीय क्षेत्रफल 9856 सेमी^{2} है।

अत: विकल्प (A) सही है।

96. दिया गया है:

$0.9 \div (0.3 \times 0.3)$

$= 0.9 \div (0.09)$

$= \frac{0.9}{0.09} = \frac{0.90}{0.09} = \frac{90}{9} = 10$

$0.9 \div (0.3 \times 0.3)$ का मान 10 है।

अत: विकल्प (D) सही है।

97. दिया है:

$\frac{15}{7}$ का 70% का $0.15 = ?$

$\Rightarrow \frac{15}{7} \times \frac{70}{100} \times \frac{15}{100} = ?$

$\Rightarrow \frac{15}{7} \times \frac{7}{10} \times \frac{3}{20} = ?$

$\Rightarrow ? = \frac{3}{2} \times \frac{3}{20} = \frac{9}{40}$

$\Rightarrow ? = 0.225$

$\therefore$ अभीष्ट मान 0.225 है।

अत: विकल्प (A) सही है।

98. दिया गया,

$4, 7, 12, 19, 28, ?$

पहला पद: 4

दूसरा पद: $4 + 3 = 7$

तीसरा पद: $7 + 5 = 12$

चौथा पद: $12 + 7 = 19.$

पांचवा पद: $19 + 9 = 28.$

इसलिए,

अगला पद: $28 + 11 = 39$

अत: विकल्प (D) सही है।

99. हमें सबसे छोटी संख्या ज्ञात करनी है, इसलिए हम $8, 12, 16$ और 20 का लघुत्तम समापवर्त्य ज्ञात करते हैं।

$8 = 2 \times 2 \times 2$

$12 = 2 \times 2 \times 3$

$16 = 2 \times 2 \times 2 \times 2$

$20 = 2 \times 2 \times 5$

लघुत्तम समापवर्त्य $= 2 \times 2 \times 2 \times 2 \times 3 \times 5 = 240$

यह सबसे छोटी संख्या है जो $8, 12, 16$ और 20 से पूरी तरह विभाजित होती है

इस प्रकार, अभीष्ट संख्या जो 5 शेष छोड़ती है, वह है,

$240 + 5 = 245$

अत: विकल्प (B) सही है।

100. दिया गया,

$\Rightarrow 2112 + 692 \times 2 - 1111 \times 5 + 7324 \times 8 = ?$

$\Rightarrow 2112 + 1384 - 5555 + 58592 = ?$

$\Rightarrow ? = 62088 - 5555 = 56533$

$\therefore ? = 56533$

अत: विकल्प (A) सही है।

मॉक टेस्ट 02

Hindi

Ques (1-2):निर्देश: निम्नलिखित प्रश्न में दिए गए वाक्य के लिए एक शब्द चुनिए।

Q.1 'जो विनीत या नरम न हो'

A. प्रियभाषी   B. अभूतपूर्व   C. अविनीत   D. सर्वव्यापक

Q.2 जिसे किसी वस्तु की इच्छा न हो

A. निःस्पृह   B. निस्पृहीन   C. नीस्पृह   D. निःस्पृहा

Q.3 निम्नलिखित में कौन सा विकल्प सही है?

A. आश्रिता ने पत्र लिखा – पूर्ण भूतकाल
B. लड़की गाँव जाती है – सामान्य वर्तमानकाल
C. लड़का जा रहा है – अपूर्ण भूतकाल
D. पिताजी जाएंगे – संभाव्य भविष्यतकाल

Q.4 दिए गए विराम चिह्नों में से अर्द्ध विराम चिह्न है:

A. ,   B. :   C. :-   D. ;

Q.5 जब किसी कथन को अलग दिखाना हो तो किसका प्रयोग करते हैं?

A. योजक चिह्न   B. उपविराम चिह्न
C. आदेश चिह्न   D. रेखांकन चिह्न

Q.6 समुदायवाचक संज्ञा किसे कहते हैं?

A. जो शब्द किसी एक जाति के व्यक्तियों, वस्तुओं के समूह का बोध कराते है।
B. वह शब्द जो किसी द्रव्य, धातु या पदार्थ का बोध कराते हैं।
C. वे शब्द जिनसे भाव का बोध होता है।
D. इनमें से कोई नहीं

Q.7 'आँसू पीकर रह जाना' मुहावरे का सही अर्थ है-

[UPSSSC Junior Assistant, 2020]

A. आँसू बहने न देना।
B. अन्न के अभाव में आँसू से भूख मिटाना।
C. गुस्सा होना।
D. चुपचाप दुःख सह लेना।

Q.8 'आँधी आवे बैठ गंवावे' लोकोक्ति का उपयुक्त अर्थ है:

[UPSSSC Junior Assistant, 2020]

A. संकट से मुँह फेरना
B. विपरीत परिस्थिति में उपयुक्त समय आने का इंतजार करना
C. विपत्ति से टकराने का हौसला रखना
D. आँधी के बाद पानी बरसने का इंतजार करना

Q.9 इनमें से कर्म कारक का चिह्न कौन-सा है?

[UP Police Sub Inspector, 2021]

A. को   B. ने   C. से   D. में

Q.10 'अलंकार' में किस उपसर्ग का प्रयोग है?

[UPTET Paper - I, 2018]

A. अलू   B. अल   C. अलन्   D. अलम्

Q.11 'संकल्प' शब्द में उपसर्ग बताइए:

A. सम्   B. सक्   C. सन्   D. सन्क

Q.12 'पर्वतीय' कौन-सा विशेषण है?

[UPSSSC Village Development Officer, 2018]

A. गुणवाचक विशेषण   B. संख्यावाचक विशेषण
C. परिमाण वाचक विशेषण   D. सार्वनामिक विशेषण

Q.13 निम्नलिखित प्रश्न में, चार विकल्पों में से, उस सही विकल्प का चयन करें जो बताता है कि – वह सर्वनाम का भेद नहीं है।

A. पुरूषवाचक सर्वनाम   B. निश्चयवाचक सर्वनाम
C. प्रश्नवाचक सर्वनाम   D. जातिवाचक सर्वनाम

Ques (14-15):निर्देश: रिक्त स्थान की पूर्ति कीजिए।

Q.14 भाव दशा के कारण वचन में आये परिवर्तन को _____ कहते हैं।

A. वाचिक उद्दीपन   B. वाचिक अनुभाव
C. वाचिक विभव   D. वाचिक आलंबन

Q.15 पल्लवन में सूत्र वाक्य, विचार या भाव को _____।

A. मात्रा विस्तार दिया जाता है
B. मात्र विस्तार दिया जाता है
C. मात्र विस्तार नहीं दिया जाता है
D. मात्र विस्तारा दिया जाता है

Q.16 स्वर तंत्रियों के आधार पर व्यंजनों को कितने वर्गों में बाँटा गया है?

A. एक   B. दो   C. तीन   D. चार

Q.17 अकारांत स्त्रीलिंग शब्द का बहुवचन बनाने के लिए क्या किया जाता है?

[UPSSSC Junior Assistant, 2020]

A. अन्त्य स्वर के बदले 'ओं' कर देते हैं।
B. अन्त्य स्वर के साथ 'अयें' लगा देते हैं।
C. अन्त्य स्वर के बदले 'एँ' कर देते हैं।
D. अन्त्य स्वर के बदले आएँ कर देते हैं।

Q.18 निम्न में से शुद्ध वर्तनी वाले शब्द का चयन कीजिए।

A. वाल्मीकी   B. वाल्मिकि   C. वालमीकी   D. वाल्मिकि

Q.19 'यथोचित' का सही संधि-विच्छेद है-

[UPSSSC Junior Assistant, 2020]

A. यथो + उचित   B. यथा + उ + चित
C. यथा + उचित   D. यथा + ओचित

Q.20 'रति' किस रस का स्थायी भाव है?

A. शांत रस   B. वीर रस
C. श्रृंगार रस   D. वीभत्स रस

Q.21 'मूर्त' शब्द का विलोम है-

[UPSSSC Junior Assistant, 2020]

A. अमूर्त   B. प्रतिमूर्त   C. सम्मूर्त   D. अदृष्ट

Q.22 कौन सा शब्द 'व्योम' का पर्यायवाची नहीं है?

A. अन्तरिक्ष   B. अम्बर   C. पीयूष   D. नभ

Q.23 "ईश्वर तुम्हें सफलता प्रदान करे।" यह किस प्रकार का वाक्य है?

[Rajasthan Teachers Eligibility Test - Level 1 Primary Level (RTET), 2015]

A. संकेतवाचक **B.** विधानवाचक
C. इच्छावाचक **D.** इच्छावाचक

Q.24 निम्नलिखित में से कौन सा शब्द तत्सम नहीं है?

[UPSSSC Junior Assistant, 2020]

A. परतीत **B.** प्रतीत **C.** प्रतिमान **D.** प्रतिबिम्ब

Q.25 निम्नलिखित में से कौन सा शब्द तद्भव है?

[UPSSSC Junior Assistant, 2020]

A. उल्लास **B.** उच्छवास **C.** निःश्वास **D.** उजास

English

Ques (26-33):Direction: Fill in the blank in the given sentence by choosing the correct option.

Q.26 A person suffering from chronic neurodegenerative disease _______ short-term memory loss.
A. experienced **B.** has experienced
C. is experiencing **D.** experiences

Q.27 In all probability, it _______ rain tonight.
A. will **B.** can **C.** may **D.** ought

Q.28 Owing to his consistent practice he is _______ well in this particular sport.
A. getting at **B.** getting off
C. getting on **D.** getting in

Q.29 Annu, though ill-equipped for the project, had _______ tried her best.
A. for **B.** nevertheless
C. last **D.** if

Q.30 You have to submit a copy of______ school leaving certificate.
A. hers **B.** yours **C.** theirs **D.** your

Q.31 I wish I _______ a car. It would make life so much easier.
A. have **B.** had
C. would have **D.** will have

Q.32 "He lived a hand ____ mouth existence, surviving on just a few rupees a week".
A. in **B.** to **C.** for **D.** inside

Q.33 Only a small fraction are convicts; the rest are _______.
A. Undertrials **B.** Underpopulated
C. Understated **D.** Underwhelmed

Q.34 Choose the correctly punctuated sentence.
A. What a beautiful house!
B. What a beautiful house?
C. What a beautiful house.
D. What a beautiful house,

Q.35 Choose the correctly punctuated sentence.
A. You should listen to her? otherwise you will regret.
B. You should listen to her, otherwise you will regret.
C. You should listen to her. otherwise you will regret.
D. You should listen to her! otherwise you will regret.

Q.36 Direction: Please choose one of the 4 alternatives that can be substituted for the given sentence.

A person who believes in God.

[Intelligence Bureau Security Assistant, 2019]

A. Theist **B.** Cynic
C. Atheist **D.** none of these

Q.37 Choose the correctly spelled word.
A. Simanticist **B.** Semanticist
C. Simenticist **D.** Symanticist

Q.38 Direction: Identify the tense used in the sentence given below.

Shakespeare has written dramas appealing to all people of all ages.
A. Simple Present **B.** Present Continuous
C. Past Perfect **D.** Present Perfect

Q.39 Direction: Find out the adjective of the given word.
Custom
A. Customer **B.** Customise
C. Customary **D.** Costume

Q.40 Direction: Match the following verbs to their past participle:

Simple Present	Past participle
1. Write	a. Wrote
2. Wear	b. Wore
3. Wake	c. Woke

A. 1-a, 2-c, 3- b **B.** 1-b, 2- a, 3-b
C. 1-b, 2-a, 3-c **D.** None of these

Q.41 Direction: Identify the interjection in the given sentence.
Uh-oh! Dude, I think we're in serious trouble.
A. Dude **B.** Trouble **C.** Uh-oh **D.** Think

Q.42 Direction: A word with letters jumbled has been given. Choose the correct order of letters from the options.
SPTRECE
A. RESTPCE **B.** RESTPEC
C. SPTCERE **D.** RESPECT

Q.43 Direction: Change the gender of the underlined noun and rewrite the sentence:
My <u>brother</u> is going out of town.
A. My <u>niece</u> is going out of town.
B. My <u>aunt</u> is going out of town.
C. My <u>uncle</u> is going out of town.
D. My <u>sister</u> is going out of town.

Q.44 Direction: Choose the correct alternative which is related to the third term in the same way as the second term is related to the first term.
Sheep : Lamb :: Butterfly : ?
A. Caterpillar **B.** Nymph
C. Tadpole **D.** Larva

Q.45 Direction: Fill in the blank with the correct pronoun.
I have nobody _____ I can confide in.

A. whom   **B.** who   **C.** which   **D.** whose

Q.46 Direction: Fill in the blanks with the correct prepositions.
The tourists were ___ the car; the car was passing ______ the tunnel.

A. in, through
B. on, through
C. at, through
D. under, through

Ques (47-48):Direction: In the following question, out of the given alternatives, choose the one which best expresses the meaning of the given word.

Q.47 Assertion

A. Discussion
B. Rejection
C. Declaration
D. Continuation

Q.48 Sentiment

A. Antipathy
B. Concrete
C. Hatred
D. Feeling

Ques (49-50):Direction: In the following question, choose the word opposite in meaning to the given word.

Q.49 Conducive

A. Favourable
B. Unfavourable
C. Propitious
D. Opportune

Q.50 Audacious

A. Vulgar   **B.** Extinct   **C.** Timid   **D.** Fickle

General Studies

Q.51 उत्तर प्रदेश के निम्नलिखित में से किस मण्डल में प्रथम समाजवादी अभिनव विद्यालय खोला गया था?

A. इलाहाबाद   **B.** अलीगढ़   **C.** आगरा   **D.** वाराणसी

Q.52 उत्तर प्रदेश के किस महानगर में सबसे अधिक जनसंख्या है?

A. लखनऊ
B. कानपुर
C. गाज़ियाबाद
D. गोरखपुर

Q.53 बाएं हाथ के स्पिनर कुलदीप यादव उत्तर प्रदेश के किस जिले से हैं?

A. कानपुर
B. आगरा
C. गाजियाबाद
D. मेरठ

Q.54 प्रधानमंत्री मोदी चित्तौरा झील के विकास कार्यों का शिलान्यास करेंगे। यह उत्तर प्रदेश के किस जिले में है?

A. मुरादाबाद   **B.** गोरखपुर   **C.** मऊ   **D.** बहराइच

Q.55 कम्पिल मेला निम्नलिखित में से किस जिले में मनाया जाता है?

A. आगरा   **B.** फर्रुखाबाद   **C.** कानपुर   **D.** हमीरपुर

Q.56 निम्न में से कौन सी पहाड़ी भारत और म्यांमार के बीच स्थित है?

A. माउंट एवरेस्ट
B. गारो
C. नागा
D. खासी

Q.57 राज्य राजमार्ग का अनुरक्षण करते हैं:

A. राज्य सरकार
B. केंद्र सरकार
C. केंद्र और राज्य सरकार संयुक्त रूप से
D. राज्य सरकार द्वारा चुनी गई प्राइवेट पार्टियाँ

Q.58 _____ माइंड स्पोर्ट्स ओलंपियाड में मेंटल कैलकुलेशन वर्ल्ड चैम्पियनशिप में भारत के लिए गोल्ड हासिल करने के बाद दुनिया में सबसे तेज मानव कैलकुलेटर बन गया है।

A. आनंद महिंद्रा
B. किरन कार्णिक
C. उदय के सौंधी
D. नीलकंठ भानु प्रकाश

Q.59 _________ उत्तर कोरिया की मुद्रा है।

A. येन   **B.** दीनार   **C.** डॉलर   **D.** वॉन

Q.60 भारत में नीली क्रांति का जनक किसे कहा जाता है?

A. वर्गिज कुरियन
B. सैम पित्रोदा
C. हीरालाल चौधरी
D. एम.एस. स्वामीनाथ

Q.61 IPL 2022 का फाइनल मैच किस स्टेडियम में खेला गया था?

A. ईडन गार्ड
B. वानखेड़े स्टेडियम
C. अरुण जेटली स्टेडियम
D. नरेंद्र मोदी स्टेडियम

Q.62 किस मुग़ल शासक ने 1857 के विद्रोह में भाग लिया था जिन्हें बाद में रंगून निर्वासित कर दिया गया था?

A. बहादुर शाह ज़फ़र
B. अकबर द्वितीय
C. अहमद शाह
D. शाह आलम द्वितीय

Q.63 झीलों का शहर कौन सा है?

A. जोधपुर   **B.** रायपुर   **C.** उदयपुर   **D.** मेवाड़

Q.64 धन्वंतरि और कालीदास किस गुप्त सम्राट के दरबार में थे?

A. कुमार गुप्त प्रथम
B. समुद्र गुप्त
C. चंद्रगुप्त द्वितीय
D. स्कन्द गुप्त

Q.65 भारत के निम्नलिखित में से कौन सा क्षेत्र शीत मरुस्थल के रूप में जाना जाता है?

A. मरुस्थली
B. तमिलनाडु का तिरुनेलवेली क्षेत्र
C. कच्छ क्षेत्र
D. लद्दाख

Q.66 काली मिट्टी के लिए सर्वाधिक उपयुक्त नकदी फसल कौन सी है?

A. कपास   **B.** चाय   **C.** जूट   **D.** तिलहन

Q.67 कर्क रेखा निम्नलिखित में से किस भारतीय राज्य से नहीं गुजरती है?

A. छत्तीसगढ़   **B.** असम   **C.** त्रिपुरा   **D.** झारखंड

Q.68 दी गई आकृति में A को पहचानिए:

A. यकृत
B. गुर्दा
C. फेफड़ा
D. श्वास नलिका

Q.69 दिए गए आरेख में A, B और C को पहचानें:

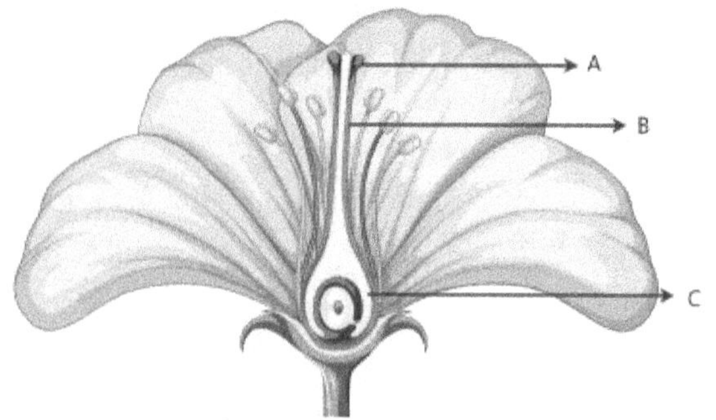

A. A. अंडाशय B. शैली C. कलंक
B. A. कलंक B. शैली C. अंडाशय
C. A. शैली B. अंडाशय C. कलंक
D. A. शैली B. गर्भकेशर चक्र C. कलंक

Q.70 सितंबर 2022 में जारी 2022 ग्लोबल इनोवेशन इंडेक्स में भारत का रैंक क्या है?
A. 30वीं   B. 10वीं   C. 20वीं   D. 40वीं

Q.71 वायनाड वन्यजीव अभयारण्य कहाँ स्थित है?
A. आंध्र प्रदेश   B. तमिलनाडु   C. कर्नाटक   D. केरल

Q.72 भारत में पहले "अमृत सरोवर" का उद्घाटन भारत के किस राज्य में किया गया था?
A. कर्नाटक   **B.** असम
C. मध्य प्रदेश   **D.** उत्तर प्रदेश

Q.73 भारत के पूर्व क्रिकेटर युवराज सिंह को नेत्रहीनों के लिए तीसरे टी20 विश्व कप का ब्रांड एंबेसडर नियुक्त किया गया है। नेत्रहीनों के लिए तीसरा टी20 विश्व कप _________ में आयोजित किया जाएगा।
A. भारत   **B.** बांग्लादेश
C. ऑस्ट्रेलिया   **D.** न्यूजीलैंड

Q.74 किस राज्य को 'आयुष्मान उत्कृष्ट पुरस्कार 2022' से सम्मानित किया गया है?
A. आंध्र प्रदेश   **B.** उत्तर प्रदेश
C. कर्नाटक   **D.** हिमाचल प्रदेश

Q.75 IPL 2022 में इमर्जिंग प्लेयर ऑफ द सीजन का खिताब किसने जीता?
A. दिनेश कार्तिक   **B.** उमरान मलिक
C. जोस बटलर   **D.** एविन लुइस

Mathematics

Q.76 दो संख्याएं $1:2$ के अनुपात में हैं और उनका म.स.प. 16 है। उनका ल.स.प. ज्ञात कीजिए।

[RRB (NTPC), 2017]

A. 16   B. 23   C. 32   D. 60

Q.77 एक समबाहु त्रिभुज के परिवृत्त और अंतःवृत्त के क्षेत्रफलों का अंतर 66 मी ^{2} है तो त्रिभुज का क्षेत्रफल ज्ञात कीजिये $\left(\pi = \frac{22}{7}\right)$
A. $21\sqrt{3}$ मी ^{2} **B.** $14\sqrt{3}$ मी ^{2}
C. 21 मी ^{2} **D.** 24 मी ^{2}

Q.78 5 क्रमागत संख्याओं का योग 140 है। सबसे बड़ी संख्या ज्ञात कीजिए।
A. 26   B. 30   C. 40   D. 28

Q.79 3920 का वर्गमूल क्या है?
A. $28\sqrt{5}$ **B.** $26\sqrt{5}$
C. $24\sqrt{5}$ **D.** इनमें से कोई नहीं

Q.80 राम ने 890 रुपये में 70 वस्तुएँ खरीदी और 890 रुपये में 60 वस्तुएं बेची। उसका लाभ प्रतिशत क्या है?
A. $17\frac{1}{3}\%$ B. 25%   C. 20%   D. $16\frac{2}{3}\%$

Q.81 दिए गए आँकड़ों {a, b, a, a, b, a, b, c, a, b, a, c, a, b, a} का माध्य ज्ञात कीजिए, जहाँ a, b से कम है और b, c से कम है।
A. $\frac{(3a+2b+4c)}{9}$ **B.** $\frac{(8a+4b+2c)}{15}$
C. $\frac{(8a+5b+2c)}{15}$ **D.** $\frac{(8a+5b+c)}{15}$

Q.82 एक संख्या और उसके $\frac{2}{7}$ वें भाग के बीच का अंतर 100 है। संख्या क्या है:
A. 130   B. 140   C. 150   D. 160

Q.83 सरल कीजिए: $(2^2)^3 \times (2^3)^2$
A. 4096   B. 4046   C. 3096   D. 3046

Q.84 $121 \div 5 + (8740 \div 5 - 4) \div 5$ का मान ज्ञात कीजिए।
A. 373   **B.** 473
C. 543   **D.** इनमें से कोई नहीं

Q.85 निर्देश: निम्नलिखित व्यंजक को सरलीकृत कीजिये।
$2.06 - 3.16 + 4.59 - 1.79$
A. 1.75   B. 1.65   C. 1.80   D. 1.70

Q.86 k का मान ज्ञात कीजिए यदि $(-5)^{k+2} \times (-5)^4 = (-5)^9$ है।
A. 3   B. 4   C. 1   D. 2

Q.87 सरल कीजिए: $21 \times (23 - 12) - \{(-1 \times 10) + 21\}$
A. 210   B. 190   C. 220   D. 0

Q.88 2.1, 10.5, 1.89 का महत्तम समापवर्तक ज्ञात कीजिये।
A. 0.21   B. 1.05   C. 0.3   D. 0.6

Q.89 यदि एक वर्ग की विकर्ण की लम्बाई 12 सेमी है, तो उस वर्ग का क्षेत्रफल क्या होगा?
A. $24\sqrt{2}$ सेमी ^{2} **B.** 24 सेमी ^{2}
C. 72 सेमी ^{2} **D.** 36 सेमी ^{2}

Q.90 यदि P का P% 36 है, तो P किसके बराबर है?

[UPTET Paper - I, 2018]

A. 3600   B. 60   C. 15   D. 600

Q.91 16 या 12 या 8 से भाग देने पर प्रत्येक स्थिति में 6 शेषफल प्रदान करने वाली न्यूनतम संख्या कौन सी है?
A. 102   B. 78   C. 54   D. 70

Q.92 4 अंकों वाली वह सबसे छोटी संख्या ज्ञात कीजिये, जो 12, 15 और 18 से विभाज्य है?
A. 1040   B. 1000   C. 1080   D. 1020

Q.93 9876 में 9 के स्थानीय मान और वास्तविक मान के योग और 7 के स्थानीय मान और वास्तविक मान के योग के बीच कितना अंतर है?
A. 8932   B. 8392   C. 8931   D. 8391

Q.94 720 रुपये पर 9% वार्षिक की दर से 5 वर्ष का साधारण ब्याज कितना होगा?

A. 250 रु   **B.** 520 रु   **C.** 540 रु   **D.** 324 रु

Q.95 निम्नलिखित संख्या श्रृंखला में प्रश्न चिह्न (?) के स्थान पर क्या आएगा?

9, 13, 21, 33, ?, 69

A. 47   **B.** 48   **C.** 49   **D.** 50

Q.96 यदि $a + b = 7$ और $ab = 12$ हो, तो $a^2 + b^2$ का मान क्या होगा?

A. 40   **B.** 25   **C.** 39   **D.** 45

Q.97 दो अंकों की सबसे बड़ी सम संख्या जब तीन अंकों की सबसे छोटी अभाज्य संख्या में जोड़ दी जाती है तो ___ प्राप्त होता है।

A. 198   **B.** 199   **C.** 200   **D.** 201

Q.98 दो संख्याओं का गुणनफल 0.432 है। यदि उनमें से एक संख्या 1.6 है, दो दूसरी संख्या क्या है?

A. 0.027   **B.** 0.27   **C.** 2.7   **D.** 27

Q.99 10.09 का मान प्राप्त करने के लिए 16.7 और 12.38 के योग से क्या घटाया जाना चाहिए?

A. 17.89   **B.** 18.99   **C.** 16.98   **D.** 20.09

Q.100 12345 में संख्या 3 के स्थानीय मान और अंकित मान का अंतर क्या है?

A. 0   **B.** 295   **C.** 297   **D.** 405

// स्मार्ट उत्तर पुस्तिका //

सही उत्तर	उन छात्रों का प्रतिशत जिन्होंने प्रश्नों का सही उत्तर दिया था।	छोड़ दिया	उन छात्रों का प्रतिशत जिन्होंने प्रश्नों को छोड़ दिया था।

प्रश्न संख्या	उत्तर	सही उत्तर / छोड़ दिया	प्रश्न संख्या	उत्तर	सही उत्तर / छोड़ दिया	प्रश्न संख्या	उत्तर	सही उत्तर / छोड़ दिया	प्रश्न संख्या	उत्तर	सही उत्तर / छोड़ दिया	प्रश्न संख्या	उत्तर	सही उत्तर / छोड़ दिया
1	C	52.94% / 1.35%	17	C	54.71% / 1.05%	33	A	51.91% / 1.23%	49	B	48.38% / 1.85%	65	D	66.71% / 1.65%
2	A	41.28% / 1.8%	18	B	45.53% / 1.81%	34	A	82.64% / 0.0%	50	C	56.68% / 1.43%	66	A	47.1% / 1.18%
3	B	13.93% / 3.74%	19	C	40.49% / 1.38%	35	B	83.64% / 0.0%	51	A	48.95% / 1.99%	67	B	51.15% / 1.23%
4	D	88.89% / 0.0%	20	C	78.61% / 0.0%	36	A	40.08% / 1.33%	52	B	53.76% / 1.37%	68	A	53.35% / 1.82%
5	B	82.37% / 0.0%	21	A	78.93% / 0.0%	37	B	60.72% / 1.52%	53	A	41.85% / 1.48%	69	B	50.5% / 1.49%
6	A	62.6% / 1.18%	22	C	43.45% / 1.98%	38	D	49.39% / 1.22%	54	D	57.86% / 1.51%	70	D	52.91% / 1.5%
7	D	65.98% / 1.5%	23	C	22.07% / 4.95%	39	C	53.22% / 1.23%	55	B	78.39% / 0.0%	71	D	57.91% / 1.81%
8	B	76.95% / 0.0%	24	A	88.95% / 0.0%	40	D	48.61% / 1.01%	56	C	57.37% / 1.45%	72	D	53.85% / 1.72%
9	A	58.85% / 1.09%	25	D	77.02% / 0.0%	41	C	53.46% / 1.14%	57	A	82.87% / 0.0%	73	A	49.57% / 1.44%
10	D	80.24% / 0.0%	26	D	41.54% / 1.24%	42	D	59.48% / 1.38%	58	D	49.61% / 1.92%	74	B	57.78% / 1.2%
11	A	64.0% / 1.04%	27	A	64.27% / 1.13%	43	D	51.01% / 1.72%	59	D	27.19% / 3.44%	75	B	55.13% / 1.51%
12	A	56.46% / 1.94%	28	C	65.36% / 1.55%	44	A	51.24% / 1.2%	60	C	88.02% / 0.0%	76	C	57.74% / 1.97%
13	D	78.16% / 0.0%	29	B	57.13% / 1.98%	45	A	60.0% / 1.34%	61	D	46.19% / 1.79%	77	A	49.81% / 1.59%
14	B	51.06% / 1.88%	30	D	60.93% / 1.58%	46	A	68.73% / 1.99%	62	A	48.15% / 1.73%	78	B	89.11% / 0.0%
15	B	89.95% / 0.0%	31	B	64.89% / 1.86%	47	C	51.9% / 1.75%	63	C	85.7% / 0.0%	79	A	66.38% / 1.82%
16	B	41.19% / 1.32%	32	B	52.5% / 1.38%	48	D	48.01% / 1.92%	64	C	60.58% / 1.51%	80	D	51.19% / 1.9%

प्रश्न संख्या	उत्तर	सही उत्तर / छोड़ दिया		प्रश्न संख्या	उत्तर	सही उत्तर / छोड़ दिया		प्रश्न संख्या	उत्तर	सही उत्तर / छोड़ दिया		प्रश्न संख्या	उत्तर	सही उत्तर / छोड़ दिया		प्रश्न संख्या	उत्तर	सही उत्तर / छोड़ दिया
81	C	55.61 %	1.34 %	85	D	58.19 %	1.95 %	89	C	43.31 %	1.3 %	93	A	55.97 %	1.91 %	97	B	51.52 %	1.71 %
82	B	86.64 %	0.0 %	86	A	67.74 %	1.43 %	90	B	68.54 %	1.17 %	94	D	49.14 %	1.39 %	98	B	51.79 %	1.85 %
83	A	57.22 %	1.82 %	87	C	66.42 %	1.09 %	91	C	57.88 %	1.21 %	95	C	49.73 %	1.94 %	99	B	53.83 %	1.71 %
84	A	62.67 %	1.93 %	88	A	83.33 %	0.0 %	92	C	68.12 %	1.99 %	96	B	54.68 %	1.07 %	100	C	52.09 %	1.88 %

//संकेत और समाधान//

1. दिये गए विकल्पों में से 'जो विनीत या नरम न हो' के लिए एक शब्द 'अविनीत' है।

'अविनीत' का पर्यायवाची: अभद्र, अशिष्ट, असभ्य, अकुलीन होगा।

'अविनीत' का विलोम 'विनीत' होगा।

अत: विकल्प (C) सही है।

2. 'जिसे किसी वस्तु की इच्छा न हो' वाक्यांश के लिए सार्थक शब्द 'निःस्पृह' है।

निःस्पृह – अर्थ: जिसे किसी प्रकार का लोभ या लालसा न हो।

उदाहरण: सच्चे साधु-संत निस्पृह होते हैं।

अत: विकल्प (A) सही है।

3. दिए गये विकल्पों में 'लड़की गाँव जाती है – सामान्य वर्तमानकाल' सही विकल्प है क्योंकि सामान्य वर्तमानकाल अर्थात क्रिया के जिस रूप से क्रिया का वर्तमान समय में सामान्य रूप से होने का पता चले। इसमें क्रिया के साथ ता है, ते है, ती है आदि आते है।

अत: विकल्प (B) सही है।

4. ' ; ' अर्द्ध विराम चिह्न है।

विराम चिह्न: विराम चिह्न का अर्थ ठहराव, रुकना है, अर्थात वाक्य लिखते समय विराम को प्रकट करने के लिए लगाए जाने वाले चिह्न को विराम चिह्न कहते हैं।

अत: विकल्प (D) सही है।

5. जब किसी कथन को अलग दिखाना हो तो 'उपविराम चिह्न' का प्रयोग करते हैं। उपविराम चिह्न (:) होता है।

अन्य विकल्प:

- योजक चिह्न (-)
- आदेश चिह्न (:-)
- रेखांकन चिह्न (_)

अत: विकल्प (B) सही है।

6. जिन संज्ञा शब्दों से किसी भी व्यक्ति या वस्तु के समूह का बोध होता है, उन शब्दों को समूहवाचक या समुदायवाचक संज्ञा कहते हैं।

अत: विकल्प (A) सही है।

7. 'आँसू पीकर रह जाना' मुहावरे का सही अर्थ चुपचाप दुःख सह लेना है।

वाक्य- सबके सामने बिना वजह जली-कटी सुनकर भी राजू आंसू पीकर रह गया।

अत: विकल्प (D) सही है।

8. 'आँधी आवे बैठ गंवावे' लोकोक्ति का उपयुक्त अर्थ 'विपरीत परिस्थिति में उपयुक्त समय आने का इंतजार करना' है।

वाक्य: परीक्षा की तिथि ज्ञात होने पर भी तैयारी न करना, आंधी आवे बैठ गंवावे के समान है।

अत: विकल्प (B) सही है।

9. दिये गये विकल्पों में 'को' परसर्ग कर्म कारक का चिन्ह है।

संज्ञा या सर्वनाम के जिस रूप से वाक्य के अन्य शब्दों के साथ उनका संबंध सूचित हो उसे कारक कहते हैं। हिंदी व्याकरण में कुल 8 प्रकार के कारकों का विधान किया गया है, जो परसर्ग सहित इस प्रकार हैं-

कारक	परसर्ग
कर्ता	ने
कर्म	को
करण	से/के द्वारा
सम्प्रदान	के लिए
अपादान	से (अलगाव)
संबंध	का, के, की, ना, ने, नी, रा, रे, री
अधिकरण	में, पर
सम्बोधन	हे!, ओ!, अरे!, अजी!

अत: विकल्प (A) सही है।

10. 'अलंकार' में 'अलम्' उपसर्ग का प्रयोग किया गया है।

'अलम्' का अर्थ 'पर्याप्त' होता है।

उपसर्ग: उपसर्ग ऐसे शब्दांश जो किसी शब्द के पूर्व जुड़ कर उसके अर्थ में परिवर्तन कर देते हैं या उसके अर्थ में विशेषता ला देते हैं।

उदाहरण: प्र + हार = प्रहार, 'हार' शब्द का अर्थ है पराजय। परंतु इसी शब्द के आगे 'प्र' शब्दांश को जोड़ने से नया शब्द बनेगा - 'प्रहार' (प्र + हार) जिसका अर्थ है चोट करना।

अत: विकल्प (D) सही है।

11. 'संकल्प' शब्द में 'सम्' उपसर्ग का प्रयोग हुआ है।

'सम्' उपसर्ग से बनने वाले अन्य शब्द हैं- संस्कृत, संस्कार, संगीत, संहार आदि हैं।

उपसर्ग: उपसर्ग उस अक्षर या अक्षर समूह को कहते हैं जो किसी शब्द के पहले जुड़कर उसके अर्थ में परिवर्तन लाता है।

जैसे- प्र, सु, अति, अधि, अनु, नि, आदि।

अत: विकल्प (A) सही है।

12. 'पर्वतीय' में 'गुणवाचक विशेषण' है।

वे शब्द जो संज्ञा या सर्वनाम के गुण, धर्म, स्वभाव आदि का बोध कराते हैं, गुणवाचक विशेषण कहलाते हैं।

जैसे- बलशाली, पुराण, नया, तीक्ष्ण, कमजोर, मोटा, दुर्बल, पठारी आदि।

अत: विकल्प (A) सही है।

13. सर्वनाम उस विकारी शब्द को कहते है, जो पूर्वापरसंबंध से किसी भी संज्ञा के बदले आता है।

सर्वनाम के छ: भेद होते है-

- पुरुषवाचक सर्वनाम
- निश्चयवाचक सर्वनाम
- अनिश्चयवाचक सर्वनाम
- संबंधवाचक सर्वनाम
- प्रश्नवाचक सर्वनाम
- निजवाचक सर्वनाम

अत: विकल्प (D) सही है।

14. 'भाव दशा के कारण वचन में आये परिवर्तन को वाचिक अनुभव कहते हैं।'

काव्य में नायक अथवा नायिका द्वारा भाव-दशा के कारण वचन में आए परिवर्तन को वाचिक अनुभव कहते हैं।

अत: विकल्प (B) सही है।

15. पल्लवन में सूत्र वाक्य, विचार या भाव को मात्र विस्तार दिया जाता है।

किसी निर्धारित विषय जैसे सूत्र-वाक्य, उक्ति या विवेच्य-बिन्दु को उदाहरण, तर्क आदि से पुष्ट करते हुए प्रवाहमयी, सहज अभिव्यक्ति-शैली में मौलिक, सारगर्भित विस्तार देना पल्लवन कहलाता है। इसे विस्तारण, भाव-विस्तारण, भाव-पल्लवन आदि भी कहा जाता है।

सूत्र रूप में लिखी या कही गई बात के गर्भ में भाव और विचारों का एक पुंज छिपा होता है। विद्वान् जन एक पंक्ति पर घंटों बोल लेते हैं और कई बार तो एक पूरी पुस्तक ही रच डालते हैं। यही कला 'पल्लवन' कहलाती है।

अतः विकल्प (B) सही है।

16. स्वर तंत्रियों के आधार पर व्यंजनों को दो वर्गों में बाँटा गया है - घोष व्यंजन और अघोष व्यंजन।

- घोष व्यंजन: जिन वर्णों के उच्चारण में केवल नाद(मधुर ध्वनि) का उपयोग होता है, उन्हें घोष वर्ण कहते हैं। इनकी संख्या 31 होती है। इसमें सभी स्वर अ से ओ तक और ग, घ, ङ , झ, ज, ड, ढ, ण, द, ध, न, ब, भ, म, य, र, ल, व, ह है।
- अघोष व्यंजन - जिन वर्णों के उच्चारण में नाद(मधुर ध्वनि) की जगह केवल श्वाँस का उपयोग होता हैं, उन्हे अघोष वर्ण कहते हैं। इनकी संख्या 13 होती है। जो इस प्रकार है: क, ख, च, छ, ट, ठ, त, थ, प, फ, श, ष, स।

अतः विकल्प (B) सही है।

17. अकारांत स्त्रीलिंग शब्द का बहुवचन बनाने के लिए अन्त्य स्वर के बदले 'एँ' कर देते हैं।

जैसे - गाय - गायें, बात - बातें, बहन - बहनें, रात - रातें, आदि।

अतः विकल्प (C) सही है।

18. दिए गए विकल्पों में 'वाल्मीकि' शब्द की वर्तनी शुद्ध है। अन्य सभी शब्दों की वर्तनी त्रुटि पूर्ण हैं।

'वाल्मीकि' का अर्थ 'ऋषि का नाम' है। 'वाल्मीकि' संस्कृत रामायण के प्रसिद्ध रचयिता हैं जो आदिकवि के रूप में प्रसिद्ध हैं। उन्होंने संस्कृत मे रामायण की रचना की।

वाक्य - महर्षि वाल्मीकि को प्राचीन वैदिक काल के महान ऋषियों की श्रेणी में प्रमुख स्थान प्राप्त है।

अतः विकल्प (B) सही है।

19. 'यथोचित' का सही संधि विच्छेद यथा + उचित (अ/आ + उ = ओ) है।

इसमें गुण संधि है इसमें अ, आ के बाद इ, ई हो तो ए, उ, ऊ हो तो ओ, तथा ऋ हो तो अर् हो जाता है। उदाहरण : महा + इंद्र = महेंद्र।

गुण संधि का सूत्र आद्गुण: होता है। यह संधि स्वर संधि के भागो में से एक है।

अतः विकल्प (C) सही है।

20. 'रति' श्रृंगार रस का स्थायी भाव है।

श्रृंगार रस की विशेषताएँ निम्नलिखित है:

- नायक और नायिका के मन में संस्कार रूप में स्थित रति या प्रेम जब रस की अवस्था को पहुँचकर आस्वादन के योग्य हो जाता है, तब वह 'श्रृंगार रस' कहलाता है।
- श्रृंगार रस को रसराज कहा जाता है।
- श्रृंगार रस का विषय नायक या नायिका है।
- उद्दीपन विभाव – नायिका के कुच, नितम्बादि अंग, एकान्त, वन-उपवन, चन्द्र-ज्यौत्सा, वसन्त, पुष्प, नायिका अथवा अनुभाव की चेष्टाएँ – हावभाव, तिरछी चितवन, मुस्कान।

- संचारी भाव – तैंतीस संचारियों में उग्रता, मरण, आलस्य, जुगुप्सा को छोड़कर शेष सभी संचारी भाव, मुख्यतः लज्जा, शर्म, चपलता।

अतः विकल्प (C) सही है।

21. दिए गए विकल्पों में से 'मूर्त' शब्द का विलोम शब्द 'अमूर्त' होगा।

मूर्त तत्सम शब्द है जिसका अर्थ 'आकार वाला' होता है।

'मूर्त' शब्द में 'अ' उपसर्ग के योग से 'अमूर्त' शब्द बना जिसका अर्थ 'अप्रत्यक्ष या निराकार' होगा।

अतः विकल्प (A) सही है।

22. 'व्योम' का पर्यायवाची शब्द 'पीयूष' नहीं हैं। 'पीयूष' शब्द 'अमृत' का पर्यायवाची हैं। अन्य विकल्प 'अंतरिक्ष, अम्बर और 'नभ' व्योम के ही पर्यायवाची हैं।

अतः विकल्प (C) सही है।

23. "ईश्वर तुम्हें सफलता प्रदान करे।" वाक्य में कोई व्यक्ति किसी अन्य व्यक्ति के लिए इच्छा व्यक्त कर रहा है। इस प्रकार यह 'इच्छावाचक' वाक्य है।

इच्छावाचक वाक्य अर्थात ऐसे वाक्य जिनसे हमें वक्ता की कोई इच्छा, कामना, आकांक्षा, आशीर्वाद आदि का बोध हो।

अतः विकल्प (C) सही है।

24. 'परतीत' शब्द तत्सम शब्द नहीं है।

- परतीत तद्भव शब्द है जिसका तत्सम रूप 'प्रतीत' होगा।
- अन्य सभी शब्द तत्सम हैं।

अतः विकल्प (A) सही है।

25. 'उजास' शब्द तद्भव है जिसका अर्थ प्रकाश या उजाला होता है।

- उजास का तत्सम उज्ज्वल है।
- अन्य सभी शब्द तत्सम हैं।

अतः विकल्प (D) सही है।

26. Complete sentence: A person suffering from chronic neurodegenerative disease **experiences** short-term memory loss.

The given sentence is giving a general information about what happens to a person diagnosed with neurodegenerative disease.

Present Indefinite Tense represents an action which is regular or normal or true and uses the base form of the verb. In case of the third person singular number, 's or es' is added with the verb.

- Example: We watch movies in this Cineplex.

Among the given options, **'experiences'** is the verb form of present indefinite tense.

Hence, the correct option is (D).

27. In all probability, it **will** rain tonight.

Let us explore the given options:

Will is used for expressing a strong intention or assertion about the future.

Can means to have the opportunity or possibility to.

May is used when admitting that something is so before making another, more important point.

Ought is used to indicate something that is probable.

Hence, the correct option is (A).

28. Owing to his consistent practice he is **getting on** well in this particular sport.

'Getting on' is a phrasal verb that means perform or make progress in a specified way. Example: She is getting on well in her new job.

In the given sentence, the phrasal verb is used to show his progress in a particular sport.

Hence, the correct option is (C).

29. The most appropriate word to fill in the given blank is 'nevertheless'.

- The word **'nevertheless'** means 'in spite of that. Example: It was a cold, rainy day. **Nevertheless,** more people came than we had expected.

- We use **'nevertheless'** when saying something that contrasts with what has just been said.

Hence, the correct option is (B).

30. In the given sentence, we have to use a possessive adjective.

Possessive adjectives are used when we have to show who or what owns something.

Examples of the possessive adjective: are my, our, your, his, her, its, and their.

Possessive adjectives are used before nouns in a sentence to modify the noun.

Here the word school is a noun so we need to use 'your' to show possession.

The complete sentence is: You have to submit a copy of your school leaving certificate.

Hence, the correct option is (D).

31. We use the past perfect to talk about wishes for the past:

- For example: I wish I had worked harder when I was at school.

In the given sentence, the wish is mentioned for the past.

So, the answer will be "I wish I had a car. It would make life so much easier".

Hence, the correct option is (B).

32. "He lived a hand **to** mouth existence, surviving on just a few rupees a week."

A hand-to-mouth existence is a way of life in which you have hardly enough food or money to live on. To live (from) hand to mouth is a phrase which means to have just enough money to live on and nothing extra.

Hence, the correct option is (B).

33. The given sentence is talking about a fraction of people who are guilty and the others.

Therefore, the most appropriate word to be filled in the blank is 'Undertrials'.

The word 'Undertrials' means People who are being held in custody awaiting trial for a crime.

- Example: The Supreme Court ordered the release of undertrials who have already served half their sentence.

Complete Sentence: Only a small fraction are convicts; the rest are undertrials.

Hence, the correct option is (A).

34. What a beautiful house!

Option (A) is a correctly punctuated sentence.

Option (B) is incorrect. The question mark is used after asking a question. Example: What is her name?

Option (C) is incorrect. A full stop is used at the end of a sentence. Example: She is my sister.

Option (D) is incorrect. A comma is used when someone is directly addressed/to separate two clauses/to separate ideas, objects, names in a sentence. Example: I will go to Goa, Mumbai and Pune.

Hence, the correct option is (A).

35. You should listen to her, otherwise you will regret.

Option (A) is incorrect. The question mark is used after asking a question. Example: What is her name?

Option (B) is a correctly punctuated sentence.

Option (C) is incorrect. A full stop is used at the end of a sentence. Example: She is my sister.

Option (D) is incorrect. The exclamation mark is used to express wonder, surprise or to emphasize. Example: I have found the lost photo album!

Hence, the correct option is (B).

36. A 'Theist' is a person who believes in the existence of a god or gods, specifically of a creator who intervenes in the universe.

Example: 'I am a hardcore theist and the person most close to me is my God'.

Hence, the correct option is (A).

37. 'Semanticist' is the correct spelling of the word.

It means 'the branch of semiotics dealing with the relations between signs and what they denote'.

Hence, the correct option is (B).

38. The Present Perfect tense is a verb tense which is primarily used to express an action that took place at some indefinite time in the past. The present perfect tense can also be used to express an action that began in the past and continues now.

The verb structure Present Perfect tense aspect usually follows is: has/have (depending on the subject) + Past Participle form of the verb.

1. For example, 'He and his wife have travelled all over the world.'

2. For example, 'My dog has stolen the cat's food.'

The given sentence follows the structure of the Present Perfect verb structure.

Hence, the correct option is (D).

39. Let's see the meaning of the options given.

- Customary(Adjective): According to custom
- Customer(Noun): A person who buys goods or services in a shop, restaurant, etc.
- Customise(Verb): Modify (something) to suit a particular individual or task.
- Costume(Noun): A set or style of clothes worn by people in a particular country or in a particular historical period.

Thus, the adjective form of Custom is 'Customary'.

Hence, the correct option is (C).

40. The past forms of the words are given. The past participle forms are as follows,

Write = Written

Wear = Worn

Wake = Woken

Hence, the correct option is (D).

41. Interjection is a part of speech which is more commonly used in informal language than in formal writing or speech.
Basically, the function of interjections is to express emotions or sudden bursts of feelings. They can express a wide variety of emotions such as excitement, joy, surprise, or disgust.

Different kinds of interjections:

Adjectives that are used as interjections.

Nice! You got a perfect score in your GRE!

Nouns or noun phrases that are used as interjections.

Holy cow! I forgot to bring my wallet!

Short clauses that are used as interjections.

Rishi is our mechanical engineering professor. Oh, the horror!

Some sounds can work as interjections as well.

Yay! I got the job!

In this sentence, the interjection is that of sound: uh-oh!

Hence, the correct option is (C).

42. SPTRECE is the jumbled form of RESPECT.

Respect means that you accept somebody for who they are, even when they're different from you or you don't agree with them.

Hence, the correct option is (D).

43. The feminine gender of the noun brother is sister.

Let's look at the gender change of the other option:

Noun	Gender	Changed gender

Niece	Feminine	Nephew
Aunt	Feminine	Uncle
Sister	Feminine	Brother

Therefore, after understanding the above table it is clear that the correct answer is option (D).

Hence, the correct option is (D).

44. 1st word is "name of the animal" and 2nd word is "young ones of that animal".

- Sheep : Lamb

Here, 'Lamb' is the young one of the 'Sheep'.

Similarly,

- Butterfly : Caterpillar

Here, 'Caterpillar' is the young one of the 'Butterfly'.

Hence, the correct option is (A).

45. Here, in the given fill-in-the-blank the most appropriate answer is 'whom'.

'Whom' is used instead of 'who' as the object of a verb or preposition.

- Example: I met a man with whom I used to work.

Correct Sentence: I have nobody whom I can confide in.

Hence, the correct option is (A).

46. In the given blanks, the correct prepositions are 'in, though' i.e. option (A) is the correct answer.

The preposition 'in' is used with something that surrounds.

- The group will meet at 7:30 in the park.

The preposition 'through' is used for a movement inside something.

- They walked slowly through the woods. (the wood means 'forest')

So, the correct sentence is: The tourists were in the car; the car was passing through the tunnel.

Hence, the correct option is (A).

47. The word 'Assertion' means a solemn and often public declaration of the truth or existence of something.

- The synonyms of the word 'Assertion' are "declaration, affirmation, claim".
- From the synonym of the given word, we can say that the word 'Declaration' is the same in meaning.
- The word 'Declaration' means a formal or explicit statement or announcement.

Let's see the meaning of other given options:

WORDS	MEANING
Discussion	a conversation or debate about a specific topic
Rejection	the dismissing or refusing of a proposal, idea, etc
Continuation	the action of carrying something on overtime or the state of being carried on

Hence, the correct option is (C).

48. The most appropriate synonym of the given word 'Sentiment' is 'Feeling'.

- Sentiment: feelings such as pity, romantic love, sadness, etc. that influence somebody's action or behaviour (sometimes in situations where this is not appropriate).
    - Example: There's no room for sentiment in business.
- Feeling: something that you feel in your mind or body.
    - Example: I've got a funny feeling in my leg.

Let's look at the meaning of other words:

- Antipathy: a strong feeling of not liking somebody/something; dislike.
- Concrete: real or definite; not only existing in the imagination.
- Hatred: a very strong feeling of not liking somebody/something; hate.

Hence, the correct option is (D).

49. The word 'Conducive' is an adjective; it means making a certain situation or outcome likely, possible or favourable.

- For example, A quiet room is a more conducive atmosphere for studying.

The marked option 'Unfavourable' means not giving you an advantage or a good chance of success.

- For example, Current conditions in the state are very unfavourable for new businesses.

So, we can say that 'Unfavourable' can function as the opposite word of 'Conducive.'

- Favourable: giving one the advantage or a good chance of success.
- Propitious: giving or indicating a good chance of success.
- Opportune: (of a time) especially convenient or appropriate for a particular action or event.

Hence, the correct option is (B).

50. The word 'Audacious'(adjective) means- "willing to take risks or do something shocking".

- E.g. He described the plan as ambitious and audacious.

Let's have a look at the meaning of the words that are given in the options:

- Vulgar(adjective)- "rude and likely to upset or anger people, especially by referring to sex and the body in an unpleasant way".
- Extinct(adjective)- "not now existing".
- Timid(adjective)- "shy and nervous; without much confidence; easily frightened".
- Fickle(adjective)- "always changing your mind or your feelings so you cannot be trusted".

Therefore, as per the points mentioned above, we find that 'Timid' is the correct antonym of the given word.

Hence, the correct option is (C).

51. 23 अप्रैल 2016 को उत्तर प्रदेश के तत्कालीन मुख्यमंत्री अखिलेश यादव ने इलाहाबाद के दांडूपुर में राज्यों के पहले समाजवादी अभिनव विद्यालय का उद्घाटन किया।

ये स्कूल छठी से बारहवीं कक्षा तक होंगे, जहां अधिकतम 35 छात्रों को छठी से आठवीं कक्षा में नामांकित किया जाएगा, जबकि लगभग 40 छात्रों को नौवीं से बारहवीं कक्षा में प्रवेश दिया जाएगा।

अतः विकल्प (A) सही है।

52. बड़े महानगरीय क्षेत्र की श्रेणी में कानपुर की जनसंख्या सबसे अधिक है।

- माना जाता है कि उत्तर प्रदेश के एक शहर कानपुर का नाम कान्ह-पुर से लिया गया है जिसका अर्थ है कृष्णा या कान्हा का शहर।
- कुछ सिद्धांतों से यह भी पता चलता है कि इसका नाम कर्ण के शहर कर्णपुर से मिला है।
- कानपुर यूपी का दूसरा सबसे बड़ा आबादी वाला शहर है।

अतः विकल्प (B) सही है।

53. कुलदीप यादव (जन्म 14 दिसंबर 1994) कानपुर जिले के एक भारतीय अंतर्राष्ट्रीय क्रिकेटर हैं।

- वह घरेलू क्रिकेट में भारत के लिए और उत्तर प्रदेश के लिए और आईपीएल में कोलकाता नाइट राइडर्स के लिए खेलते हैं।
- वह भुवनेश्वर कुमार के अतिरिक्त दूसरे भारतीय और इमरान ताहिर और अजंता मेंडिस के अतिरिक्त तीसरे स्पिनर थे, जिन्होंने तीनों प्रारूपों में 5 विकेट लिए।
- 21 सितंबर, 2017 को, वह चेतन शर्मा और कपिल देव के बाद एक वनडे में हैट्रिक लेने वाले भारत के तीसरे गेंदबाज बने।

अतः विकल्प (A) सही है।

54. चित्तौरा झील, जिसे अश्वात्कर्क झील भी कहा जाता है, उत्तर प्रदेश की एक झील है।यह बहराइच शहर से लगभग 8 किमी दूर गोंडा रोड पर, जितोरा या चित्तौरा गाँव के पास स्थित है।

- एक छोटी नदी, तेरी नाडी, इस झील से बहती है।
- चित्तौड़ झील एक हिंदू तीर्थ स्थल है। स्थानीय किंवदंतियों के अनुसार, महाराजा जनक के गुरु अष्टवक्र मुनि यहां उनके आश्रम में रहते थे।
- झील के पास का क्षेत्र हिंदू राजा सुहेलदेव और मुस्लिम आक्रमणकारी गाजी सैय्यद सालार मसूद के बीच 11 वीं शताब्दी की लड़ाई का स्थल भी है।

अतः विकल्प (D) सही है।

55. कम्पिल मेला एक जैन मेला है जो प्रत्येक वर्ष उत्तर प्रदेश के फर्रुखाबाद जिले में आयोजित किया जाता है।

- यह मेला कम्पिल नामक स्थान से लिया जाता है जहाँ यह मनाया जाता है।
- कम्पिल एक प्राचीन ऐतिहासिक शहर है जिसका उल्लेख हमारे महाकाव्यों में मिलता है।
- इस स्थान को पहले कम्पिल्या के नाम से जाना जाता था और यह राजा द्रौपद की राजधानी थी।

अतः विकल्प (B) सही है।

56. नागा पहाड़ी भारत और म्यांमार के बीच स्थित है। गारो और खासी पहाड़ियां निचली पहाड़ियां हैं जो असम और बांग्लादेश के बीच स्थित हैं। माउंट एवरेस्ट नेपाल-चीन सीमा पर स्थित है।

अतः विकल्प (C) सही है।

57. राज्य राजमार्ग राज्य सरकारों की जिम्मेदारी हैं और इनका रखरखाव विभिन्न एजेंसियों के माध्यम से किया जाता है। राज्य राजमार्ग आमतौर पर ऐसी सड़कें होती हैं जो राज्य के भीतर महत्वपूर्ण शहरों, कस्बों और जिला मुख्यालयों को जोड़ती हैं और उन्हें पड़ोसी राज्यों के राष्ट्रीय राजमार्गों या राज्य राजमार्गों से जोड़ती हैं।

अतः विकल्प (A) सही है।

58. हैदराबाद के नीलकंठ भानु प्रकाश (20 वर्ष) लंदन में आयोजित माइंड स्पोर्ट्स ओलंपियाड (MSO) में मानसिक गणना विश्व चैम्पियनशिप 2020 में स्वर्ण पदक जीतने वाले पहले भारतीय बन गए हैं। उनके पास दुनिया के सबसे तेज मानव कैलकुलेटर के 4 विश्व और लिम्का रिकॉर्ड हैं।

अतः विकल्प (D) सही है।

59. उत्तर कोरियाई वॉन उत्तर कोरिया की मुद्रा है। यह 100 चोन में समविभाजित है। वॉन कोरिया लोकतांत्रिक जनवादी गणराज्य के केंद्रीय बैंक द्वारा जारी किए जाते हैं। वॉन चीनी युआन और जापानी येन से जुड़ा हुआ है।

अतः विकल्प (D) सही है।

60. हीरालाल चौधरी को भारत में नीली क्रांति का जनक कहा जाता है।

क्रांति	संबंधित	क्रांति के जनक
सफेद	दूध उत्पादन	वर्गीज कुरियन
नीली	मछली उत्पादन	हीरालाल चौधरी और अरुण कृष्णन
हरित	खाद्यान्न	एम.एस. स्वामीनाथ
चांदी	अंडा उत्पादन	इंदिरा गांधी

अतः विकल्प (C) सही है।

61. इंडियन प्रीमियर लीग (IPL) 2022 का समापन नरेंद्र मोदी स्टेडियम, अहमदाबाद में गुजरात टाइटन्स (GT) द्वारा उद्घाटन चैंपियन राजस्थान रॉयल्स (RR) को हराकर ट्रॉफी उठाने के साथ किया गया।

इंडियन प्रीमियर लीग (IPL) 2022, भारतीय क्रिकेट कंट्रोल बोर्ड (BCCI) द्वारा स्थापित पेशेवर ट्वेंटी -20 क्रिकेट लीग का 15वां संस्करण था। IPL 2022 का प्रायोजक टाटा था।

अतः विकल्प (D) सही है।

62. बहादुर शाह ज़फ़र (1837-1857): बहादुर शाह द्वितीय के रूप में भी जाने जाते थे। वे भारत के अंतिम मुगल सम्राट थे जिनका शासनकाल 1837-58 तक था। अपने शासनकाल के अधिकांश समय वे वास्तविक अधिकारों के बिना अंग्रेजों के अधीन थे। उन्हें 1857 के विद्रोह में सांकेतिक नेतृत्व के लिए चुना गया था। अंग्रेजों द्वारा विद्रोह के दमन के बाद उन्हें रंगून निर्वासित कर दिया गया था जहाँ बाद में उनकी मृत्यु हो गई।

अतः विकल्प (A) सही है।

63. उदयपुर शहर, जो पहले मेवाड़ साम्राज्य की राजधानी के रूप में कार्य करता था, पश्चिमी भारत के एक राज्य राजस्थान में स्थित है। एक लोकप्रिय पर्यटन स्थल होने के अलावा, उदयपुर अपनी राजपूत-युग की वास्तुकला, इतिहास, संस्कृति और भव्य स्थानों के लिए भी जाना जाता है। इसकी परिष्कृत झील प्रणाली के कारण इसे "झीलों के शहर" के रूप में जाना जाता है। महाराणा उदय सिंह द्वितीय ने 1559 में इसे घेरने के लिए कई कृत्रिम झीलों का निर्माण किया।

इस प्रकार, झीलों का शहर उदयपुर है।

अतः विकल्प (C) सही है।

64. चंद्रगुप्त द्वितीय का दरबार नवरत्नों द्वारा सम्मानित था इसलिए वह काफी प्रसिद्ध था।

- वह नौ लोगों का एक समूह था जो साहित्य कला में अग्रगण्य थे।
- धन्वंतरि और कालीदास चंद्रगुप्त द्वितीय के दरबार में थे।
- कालिदास भारत के अमर कवि और नाटककार हैं और वह एक अद्वितीय प्रतिभा हैं जिनकी रचनाएँ आधुनिक दुनिया में प्रसिद्ध हुईं।
- धन्वंतरि एक महान चिकित्सक थे।

अतः विकल्प (C) सही है।

65. लद्दाख भारत का ठंडा रेगिस्तान है जो वृहत हिमालय में स्थित है। लद्दाख जम्मू और कश्मीर के पूर्व की ओर है। लद्दाख चीन के साथ सीमा साझा करता है। लद्दाख का ठंडा रेगिस्तान दक्षिण में ज़ांस्कर पहाड़ों और उत्तर में काराकोरम पर्वत श्रृंखला से घिरा हुआ है।

अतः विकल्प (D) सही है।

66. काली मिट्टी के लिए कपास सबसे उपयुक्त नकदी फसल है। भारत में कपास का सबसे बड़ा उत्पादक महाराष्ट्र है, जिसके बाद गुजरात और तेलंगाना हैं। विश्व में कपास का सबसे बड़ा उत्पादक भारत है जिसके बाद चीन और संयुक्त राज्य अमेरिका (यूएसए) है।

- नकदी फसल को लाभ फसल के रूप में भी जाना जाता है, यह एक कृषि फसल है जिसे लाभ के लिए बेचने के लिए उगाया जाता है।
- नकदी फसलों के कुछ उदाहरण चाय, कॉफी, रबड़, नारियल और मसाले हैं।
- भारत में पाई जाने वाली काली मिट्टी एल्युमिनियम, मैग्नीशियम, लाइम, कैल्शियम और आयरन जैसी धातुओं में समृद्ध है।
- यह फॉस्फोरस, पोटेशियम, नाइट्रोजन और कार्बनिक पदार्थों में असमृद्ध है।
- काली मिट्टी को रेगुर और काली कपास मिट्टी भी कहा जाता है क्योंकि कपास इन मिट्टी पर उगाई जाने वाली सबसे महत्वपूर्ण फसल है।
- यह मिट्टी मुख्य रूप से तमिलनाडु, महाराष्ट्र, गुजरात, मध्य प्रदेश, आंध्र प्रदेश और कर्नाटक के कुछ हिस्सों में पाई जाती है।
- इसकी जल-धारण क्षमता सबसे अधिक है।
- काली मिट्टी की बनावट चिकनी मिट्टी जैसी है।

अतः विकल्प (A) सही है।

67. कर्क रेखा असम राज्य से नहीं गुजरती है।

कर्क रेखा (23½° उत्तर) देश के मध्य से होकर गुजरती है।

- देश का स्थान उत्तरी और पूर्वी गोलार्ध में है।
- यह भारत को लगभग दो समान जलवायु क्षेत्रों में विभाजित करता है, अर्थात् उत्तरी क्षेत्र और दक्षिणी क्षेत्र।
- यह गुजरात, राजस्थान, मध्य प्रदेश, छत्तीसगढ़, झारखंड, पश्चिम बंगाल, त्रिपुरा और मिजोरम राज्यों से होकर गुजरती है।

अतः विकल्प (B) सही है।

68. दिए गए आकृति में (A) के स्थान पर यकृत होगा।

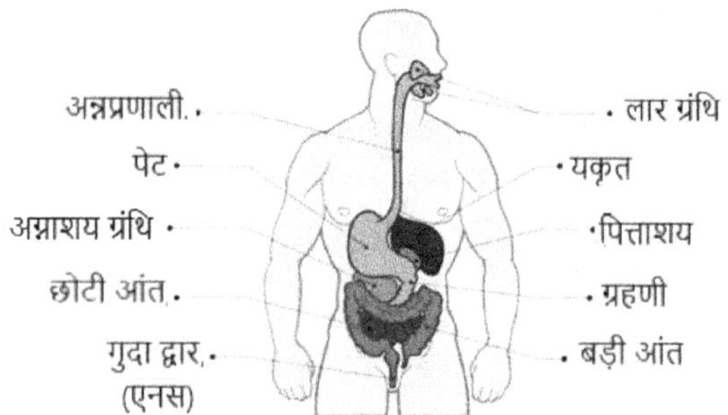

पाचन तंत्र पाचन प्रक्रिया में महत्वपूर्ण भूमिका निभाता है, जो आहार नाल और अन्य संबंधित ग्रंथियों से बना होता है। आहार नाल को पाँच मुख्य भागों में बांटा गया है- लार ग्रंथियाँ, अन्नप्रणाली, पेट, पित्ताशय, ग्रहणी, अग्याशय ग्रंथि, यकृत, छोटी आंत, बड़ी आंत और गुदा द्वार (एनस)।

अत: विकल्प (A) सही है।

69. गर्भकेशर चक्र फूल का मादा प्रजनन अंग है और पौधे के यौन प्रजनन के लिए आवश्यक है।

अंडाशय, शैली, और कलंक गाइनोकेशियम के तीन भाग होते हैं। अंडाशय फूला हुआ बेसल भाग होता है जिसमें बीजांड होते हैं। कलंक वह भाग है जो परागण के दौरान पराग कणों को प्राप्त करता है। शैली वह भाग है जो वर्तिकाग्र और अंडाशय को जोड़ता है।

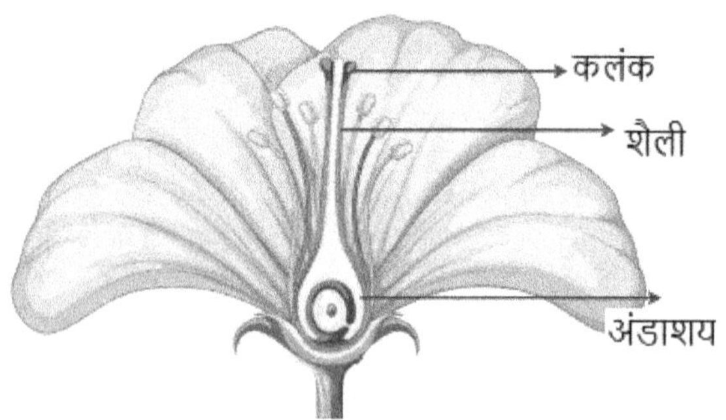

अत: विकल्प (B) सही है।

70. जिनेवा स्थित विश्व बौद्धिक संपदा संगठन की एक रिपोर्ट के अनुसार, भारत वैश्विक नवाचार सूचकांक 2022 में छह पायदान चढ़कर 40वें स्थान पर पहुंच गया है। तुर्की भारत ने पहली बार शीर्ष 40 में प्रवेश किया, क्रमशः 37वें और 40वें स्थान पर रहा। स्विट्जरलैंड लगातार 12वें साल रैंकिंग में शीर्ष पर है। सूचकांक 2007 में शुरू किया गया था सौमित्र दत्ता द्वारा बनाया गया था।

अत: विकल्प (D) सही है।

71. वायनाड वन्यजीव अभयारण्य केरल में स्थित है।

- वायनाड वन्यजीव अभयारण्य (WWS) नीलगिरि जैव आरक्षित क्षेत्र का एक अभिन्न अंग है।
- इसकी स्थापना 1973 में हुई थी।
- नीलगिरि जैव आरक्षित क्षेत्र भारत से यूनेस्को द्वारा नामित जैव आरक्षित क्षेत्र का विश्व नेटवर्क (2012 में नामित) में शामिल होने वाला पहला था।

अत: विकल्प (D) सही है।

72. केंद्रीय अल्पसंख्यक मामलों के मंत्री मुख्तार अब्बास नकवी ने पटवई, रामपुर, उत्तर प्रदेश में भारत के पहले "अमृत सरोवर" का उद्घाटन किया।

- 24 अप्रैल 2022 को पीएम मोदी ने मिशन अमृत सरोवर का शुभारंभ किया। मिशन का उद्देश्य भारत के प्रत्येक जिले में 75 जल निकायों का विकास और कायाकल्प करना है।

- इस मिशन के लिए तकनीकी सहायता भास्कराचार्य राष्ट्रीय अंतरिक्ष अनुप्रयोग और भू-सूचना विज्ञान संस्थान द्वारा प्रदान की जाती है।
- मिशन अमृत सरोवर के 15 अगस्त 2023 तक पूरा होने की उम्मीद है। मिशन आजादी का अमृत महोत्सव उत्सव का एक हिस्सा है।

अत: विकल्प (D) सही है।

73. क्रिकेट एसोसिएशन फॉर द ब्लाइंड इन इंडिया (सीएबीआई) ने भारत के पूर्व क्रिकेटर युवराज सिंह को नेत्रहीनों के लिए तीसरे टी 20 विश्व कप के लिए ब्रांड एंबेसडर घोषित किया। नेत्रहीनों के लिए तीसरा टी20 विश्व कप 5 से 17 दिसंबर 2022 तक भारत में होगा। इसमें भाग लेने वाले देश: भारत, नेपाल, बांग्लादेश, ऑस्ट्रेलिया, दक्षिण अफ्रीका, पाकिस्तान और श्रीलंका।

अत: विकल्प (A) सही है।

74. स्वास्थ्य सुविधा रजिस्टर में विभिन्न स्वास्थ्य सुविधाओं को जोड़ने के लिए उत्तर प्रदेश को आयुष्मान उत्कृष्ट पुरस्कार 2022 से सम्मानित किया गया है।

यह राष्ट्रीय स्वास्थ्य सुविधा रजिस्टर में 28728 स्वास्थ्य सुविधाओं के साथ देश का सबसे अच्छा प्रदर्शन करने वाला राज्य है। यह लगभग 2 करोड़ ABH खातों के साथ आयुष्मान भारत स्वास्थ्य खाता (ABHA) बनाने में दूसरा सबसे अच्छा राज्य है।

अत: विकल्प (B) सही है।

75. उमरान मलिक ने IPL 2022 में इमर्जिंग प्लेयर ऑफ द सीजन का खिताब जीता।

- वह जम्मू के गुज्जर नगर के रहने वाले है।
- उन्हें जम्मू एक्सप्रेस के नाम से भी जाना जाता है।
- वह IPL में सनराइजर्स हैदराबाद के लिए खेले थे।

अत: विकल्प (B) सही है।

76. दिया गया है,

दो संख्याओं का अनुपात $= 1:2$

म.स.प. $= 16$

जैसा कि हम जानते हैं,

यदि हम दो संख्याओं के म.स.प. को उनके संबंधित अनुपात से गुणा करते हैं, तो हमें संख्याएं प्राप्त होती हैं।

$\therefore$ पहली संख्या $= 1 \times 16 = 16$

दूसरी संख्या $= 2 \times 16 = 32$

म.स.प. $\times$ ल.स.प. $=$ पहली संख्या $\times$ दूसरी संख्या

$\Rightarrow 16 \times$ ल.स.प. $= 16 \times 32$

$\Rightarrow$ ल.स.प. $= \frac{16 \times 32}{16}$

$\Rightarrow$ ल.स.प. $= 32$

इसलिए, उनका ल.स.प. 32 है।

अत: विकल्प (C) सही है।

77. माना परिवृत्त की त्रिज्या R है और अंत:वृत्त की त्रिज्या r है,

दिया है,

$$\pi R^2 - \pi r^2 = 66$$

$$R^2 - r^2 = 66 \times \frac{7}{22} = 21$$

हम जानते हैं कि,

$$R = \frac{a}{\sqrt{3}} \text{ और } r = \frac{a}{2\sqrt{3}}$$

(a समबाहु त्रिभुज की भुजा है)

$$\Rightarrow \frac{a^2}{3} - \frac{a^2}{12} = 21$$

$$\Rightarrow \frac{3a^2}{12} = 21$$

$$\Rightarrow a^2 = 21 \times 4$$

समबाहु त्रिभुज का क्षेत्रफल:

$$= \frac{\sqrt{3}}{4} a^2 = \frac{\sqrt{3}}{4} \times 21 \times 4 = 21\sqrt{3} \text{ मी}^2$$

अतः विकल्प (A) सही है।

78. मान लीजिए कि 5 क्रमागत संख्याएँ $x, x + 1, x + 2, x + 3, x + 4$ हैं।

$$x + x + 1 + x + 2 + x + 3 + x + 4 = 140$$

$$5x + 10 = 140$$

$$5x = 130$$

$$x = 26$$

इसलिए संख्याएँ $26, 27, 28, 29, 30$ हैं।

तो, सबसे बड़ी संख्या है 30

अतः विकल्प (B) सही है।

79. दिया गया है:

हमें एक संख्या 3920 प्राप्त है।

3920 के अभाज्य गुणनखंडन $= 2 \times 2 \times 2 \times 2 \times 7 \times 7 \times 5$

केवल 5 अयुगल बचा है।

$\therefore 3920$ का वर्गमूल $28\sqrt{5}$ है।

अतः विकल्प (A) सही है।

80. दिया गया है,

70 वस्तु का CP (क्रय मूल्य) $= 890$ रुपये

60 वस्तु का SP (विक्रय मूल्य) $= 890$ रुपये

लाभ % = [(विक्रय मूल्य - क्रय मूल्य)/क्रय मूल्य] × 100

70 वस्तु का CP, 890 है

$\Rightarrow 420$ वस्तु का CP $= 5340$ रुपये

$\Rightarrow 60$ वस्तु का SP $= 890$

$\Rightarrow 420$ वस्तु का SP $= 6230$ रुपये

लाभ $= 6230 - 5340 = 890$ रुपये

$$\therefore \text{लाभ } \% = \frac{890}{5340} \times 100$$

$$= 16\frac{2}{3} \%$$

अतः विकल्प (D) सही है।

81. अवधारणा:

माध्य = सभी मानों का कुल योग/ मानों की संख्या

गणना:

दिए गए आँकड़ों का योग $= a + b + a + a + b + a + b + c + a + b + a + c + a + b + a$

$$\Rightarrow 8a + 5b + 2c$$

मानों की संख्या $= 15$

$$\text{माध्य} = \frac{(8a + 5b + 2c)}{15}$$

अतः विकल्प (C) सही है।

82. माना संख्या X है।

$$\Rightarrow X - \frac{2X}{7} = 100$$

$$\Rightarrow \frac{7X - 2X}{7} = 100$$

$$\Rightarrow X = 140$$

अतः विकल्प (B) सही है।

83. दिया है:

$(2^2)^3 \times (2^3)^2$

अवधारणा:

$(a^b)^c = (a)^{bc}$

गणना:

यहां,

$= (2^2)^3 \times (2^3)^2$

$= (2)^6 \times (2)^6$

$= 64 \times 64$

$= 4096$

अतः विकल्प (A) सही है।

84. दिया है:

$? = 121 \div 5 + (8740 \div 5 - 4) \div 5$

$\Rightarrow ? = 121 \div 5 + 1744 \div 5$

$$\Rightarrow ? = \frac{121}{5} + \frac{1744}{5}$$

$$\Rightarrow ? = \frac{1865}{5} = 373$$

अतः विकल्प (A) सही है।

85. दिया है:

2.06 - 3.16 + 4.59 - 1.79

= 2.06 + 4.59 - 3.16 - 1.79

= 6.65 - 4.95

= 1.70

∴ अभीष्ट उत्तर 1.70 है।

अतः विकल्प (D) सही है।

86. दिया है:

$(-5)^{k+2} \times (-5)^4 = (-5)^9$

$$(-5)^{k+2} = \frac{(-5)^9}{(-5)^4}$$

$(-5)^{k+2} = (-5)^{(9-4)}$

$(-5)^{k+2} = (-5)^5$

k + 2 = 5

k = 5 - 2 = 3

∴ उत्तर 3 है।

अतः विकल्प (A) सही है।

87. दिया है:

21 × (23 - 12) - {(-1 × 10) + 21}

= 21 × (11) - [-10 + 21]

= 231 - 11

= 220

∴ अभीष्ट उत्तर = 220

अतः विकल्प (C) सही है।

88. पहले प्रत्येक संख्या को 100 से गुणा करके उनके दशमलव को हटायें।

तब वे संख्याएं 210, 1050, 189 होंगी

210 के गुणनखंड 2, 5, 3, 7 हैं

1050 के गुणनखंड 2, 3, 5, 5, 7 हैं

189 के गुणनखंड 3, 3, 3, 7 हैं

⇒ महत्तम समापवर्तक = 3 × 7 = 21 होगा

अब 21 को 100 से विभाजित कीजिये।

∴ हमें 0.21 प्राप्त होता है।

अतः विकल्प (A) सही है।

89. दिया है: एक वर्ग के विकर्ण की लंबाई = 12 सेमी

सिद्धांत: एक वर्ग का विकर्ण $= \sqrt{2} \times$ भुजा

एक वर्ग का क्षेत्रफल = भुजा × भुजा

गणना:

विकर्ण $= \sqrt{2} \times$ भुजा

∴ $\sqrt{2} \times$ भुजा $= 12$

⇒ भुजा $= 6\sqrt{2}$ सेमी ^{2}

क्षेत्रफल $= 6\sqrt{2} \times 6\sqrt{2}$

⇒ क्षेत्रफल $= 7$ सेमी ^{2}

इसलिए, वर्ग का क्षेत्रफल 72 सेमी ^{2} होगा।

अतः विकल्प (C) सही है।

90. यदि P का P%, 36 है।

$$\Rightarrow \frac{P}{100} \times P = 36$$

⇒ $P^2 = 36 \times 100$

⇒ $P = \sqrt{3600}$

⇒ P = 60

∴ P का मान 60 है।

अतः विकल्प (B) सही है।

91. वह संख्या जो 16 या 12 या 8 से भाग देने पर प्रत्येक स्थिति में 6 शेषफल प्रदान करती है।

∴ संख्या को जब 16 या 12 या 8 के ल.स.प. अर्थात् 48 से भाग देने पर भी शेषफल 6 बचेगा।

⇒ जब संख्या को 48 से भाग दिया जाता है, तब शेषफल = 6

∴ संख्या = 48n + 6, जहाँ n ∈ N

∴ दी गयी शर्तों को पूरा करने वाली न्यूनतम संख्या = 48 × 1 + 6 = 48 + 6 = 54

अतः विकल्प (C) सही है।

92. हम सभी जानते हैं कि 4 अंकों की सबसे छोटी संख्या = 1000

12, 15 और 18 का ल.स.प. = 180

1000 ÷ 180 ⇒ शेषफल = 100

ल.स.प. का अंतर – शेषफल = 180 – 100 = 80

∴ आवश्यक संख्या = 1000 + 80 = 1080

अतः विकल्प (C) सही है।

93. अवधारणा:

स्थानीय मान को उस अंक के रूप में परिभाषित किया जाता है जहां इसे सैकड़ों या हजारों से गुणा किया जाता है। अंकित मान को केवल एक संख्या के अंदर ही अंक के रूप में परिभाषित किया जाता है।

उदाहरण के लिए: 256 में, 2 का स्थानीय मान 200 है और 2 का अंकित मान 2 है।

गणना:

9876 में 9 का स्थानीय मान और अंकित मान = 9000 और 9 क्रमशः

स्थानीय मान और अंकित मान का योग = 9000 + 9 = 9009

9876 में 7 का स्थानीय मान और अंकित मान = 70 और 7

स्थानीय मान और अंकित मान का योग = 70 + 7 = 77

योगों के बीच का अंतर = 9009 - 77

= 8932

अतः विकल्प (a) सही है।

94. दिया है:

मूलधन = 720 रु

दर = 9%

समय = 5 वर्ष

सूत्र:

साधारण ब्याज (SI) $= \dfrac{P \times t \times R}{100}$

जहाँ P = मूलधन

R = ब्याज की दर

t = समय

गणना:

साधारण ब्याज $= \dfrac{720 \times 9 \times 5}{100}$

⇒ साधारण ब्याज $= \dfrac{32400}{100}$

⇒ साधारण ब्याज = रु 324

∴ साधारण ब्याज रु 324 है।

अतः विकल्प (D) सही है।

95. दिया है:

9, 13, 21, 33, ?, 69

दी गई श्रृंखला निम्नलिखित स्वरुप का अनुसरण करती है।

⇒ 9 + 4 = 13

⇒ 13 + 8 = 21

⇒ 21 + 12 = 33

⇒ 33 + 16 = 49

⇒ 49 + 20 = 69

∴ '?' के स्थान पर 42 आएगा।

अतः विकल्प (C) सही है।

96. दिया है:

a + b = 7 और ab = 12

सूत्र:

$(a + b)^2 = a^2 + b^2 + 2ab$

प्रश्न के अनुसार,

$(a + b)^2 = a^2 + b^2 + 2ab$

⇒ $(7)^2 = a^2 + b^2 + 2 \times 12$

⇒ $49 = a^2 + b^2 + 24$

⇒ $a^2 + b^2 = 49 - 24 = 25$

अतः विकल्प (B) सही है।

97. सम संख्या वह होती है जो 2 से विभाज्य होती है।

एक अभाज्य संख्या वह होती है जिसके ठीक दो गुणनखंड होते हैं।

गणना:

दो अंकों की सबसे बड़ी सम संख्या 98 है।

तीन अंकों की सबसे छोटी अभाज्य संख्या 101 है।

जोड़ने पर हमें प्राप्त होता है,

= 98 + 101

= 199

अतः विकल्प (B) सही है।

98. दिया है:

दो संख्याओं का गुणनफल 0.432 है।

उनमें से एक 1.6 है।

गणना:

माना दूसरी संख्या P है।

प्रश्नानुसार,

1.6 × P = 0.432

⇒ P = 0.27

∴ दूसरी संख्या 0.27 है।

अतः विकल्प (B) सही है।

99. माना कि आवश्यक संख्या X है।

⇒ 16.7 और 12.38 का योग = 29.08

ऊपर के योग से 10.09 प्राप्त करने के लिए X घटाया गया है

⇒ 29.08 − x = 10.09

⇒ x = 18.99

अतः विकल्प (B) सही है।

100. दिया है:

संख्या = 12345

3 का अंकित मान = 3

12345 में 3 का स्थानीय मान = 3 × 100 = 300

⇒ अभीष्ट अंतर = 300 - 3 = 297

∴ अभीष्ट परिणाम 297 होगा।

अतः विकल्प (C) सही है।

Hindi

Q.1 निर्देश: दिए गए वाक्य के लिए एक शब्द का चयन कीजिए।
'जो परिणय सूत्र में न बँधा हो'

A. अज्ञ   **B.** अभियोगी   **C.** अल्पज्ञ   **D.** अपरिणीत

Q.2 'रेखा घर में है' वाक्य में कारक पहचानिए।

A. कर्ता   **B.** करण   **C.** अधिकरण   **D.** कर्म

Q.3 रिक्त स्थान को भरने के लिए उपयुक्त शब्द का चयन करें।
नेता ने बहुत ही बढ़िया _______ दिया।

A. वाद-विवाद   **B.** प्रवचन   **C.** आख्यान   **D.** भाषण

Q.4 निर्देश: रिक्त स्थान को भरने के लिए उपयुक्त शब्द का चयन करें।
साहिल को पाँच _______ दूध चाहिए।

A. लीटर   **B.** मीटर   **C.** किलो   **D.** दर्जन

Q.5 'आगरा' का बहुवचन होगा-

A. आगरे   **B.** आगरों
C. आगरें   **D.** बहुवचन नहीं होगा

Q.6 निम्नलिखित में से शुद्ध वर्तनी वाला शब्द कौन सा है?

[SSC Constable (GD), 2021]

A. संसारीक   **B.** सांसारीक   **C.** सांसारिक   **D.** संसारिक

Q.7 'विद्यार्थी' का सही संधि-विच्छेद है-

[UPSSSC Junior Assistant, 2020]

A. विद्या + रथी   **B.** विद्या + अर्थी
C. विद्य + अर्थी   **D.** विद्या + आर्थी

Q.8 'सम्मुख' शब्द का विलोम है-

[UPSSSC Junior Assistant, 2020]

A. विमुख   **B.** प्रमुख   **C.** पार्श्व   **D.** समक्ष

Q.9 'वाह! कितना सुन्दर दृश्य है।' वाक्य का प्रकार है?

[Rajasthan Teachers Eligibility Test - Level 1 Primary Level (RTET), 2017]

A. संदेहवाचक   **B.** विस्मयादिबोधक
C. संकेतार्थक   **D.** प्रश्नवाचक

Q.10 निम्नलिखित में से कौन सा शब्द तत्सम नहीं है?

[UPSSSC Junior Assistant, 2020]

A. किशन   **B.** कटि   **C.** कर्क   **D.** कृशकाय

Q.11 निम्नलिखित में से कौन सा शब्द तद्भव नहीं है?

[UPSSSC Junior Assistant, 2020]

A. दाँत   **B.** अधर   **C.** आँख   **D.** कान

Q.12 रस के कितने अंग हैं:

A. पांच   **B.** नौ   **C.** चार   **D.** तीन

Q.13 'पसीना पसीना होना' मुहावरे का सही अर्थ है:
A. क्रोधित होना   **B.** बहुत थक जाना
C. प्यासा होना   **D.** भयभीत होना

Q.14 'जैसी करनी वैसी भरनी' लोकोक्ति का उपयुक्त अर्थ है:
A. अपने किए का फल पाना
B. कम श्रम में अधिक लाभ प्राप्त करना
C. काम करने से बचाना
D. दूसरो को कष्ट देना

Q.15 निर्देश: वाक्यांश के लिए एक शब्द बताइए:
"किसी की सहायता करने वाला"

A. सहायक   **B.** सहृदय   **C.** सहचर   **D.** सहकार

Q.16 विराम-चिह्न की दृष्टि से शुद्ध वाक्य का चयन कीजिए।
A. मेरी मित्र जो एक, लेखिका है, आजकल एक पुस्तक लिख रही है।
B. मेरी मित्र जो, एक लेखिका है, आजकल एक पुस्तक लिख रही है।
C. मेरी मित्र, जो एक लेखिका है, आजकल एक पुस्तक लिख रही है।
D. मेरी मित्र जो एक लेखिका है, आजकल एक पुस्तक लिख रही है।

Q.17 निम्नलिखित प्रश्न में, चार विकल्पों में से, उस विकल्प का चयन करें जो विराम चिह्न युक्त वाक्य का सही विकल्प हो।
A. देवियों, आप हमारे देश की आशाएँ है!
B. देवियों-आप हमारे देश की आशाएँ है।
C. देवियो आप हमारे देश की आशाएँ है
D. देवियो, आप हमारे देश की आशाएँ है।

Q.18 'अत्युक्ति' में उपसर्ग है:
A. अत्य   **B.** अत   **C.** अति   **D.** अत्यु

Q.19 'गुजारा' में प्रत्यय बताये।
A. आऊ   **B.** आडी   **C.** अक   **D.** आ

Q.20 "मैं उस लड़की से मिला था जिसकी किताब खो गई थी।"– यह किस प्रकार का वाक्य है?
A. सरल वाक्य है।   **B.** मिश्र वाक्य है।
C. संयुक्त वाक्य है।   **D.** कर्तृवाच्य वाक्य है।

Q.21 वाक्य के कितने प्रकार है?

[UP Police Constable, 2018]

A. तीन   **B.** चार
C. एक   **D.** कोई प्रकार नहीं

Q.22 हिंदी वर्णमाला में स्वरों की संख्या है?
A. आठ   **B.** नौ   **C.** ग्यारह   **D.** चौदह

Q.23 दिए गए विकल्पों में से कौन सा विकल्प काल का भेद नहीं है?
A. वर्तमान काल   **B.** रीतिकाल
C. भूतकाल   **D.** भविष्यत काल

Q.24 'परदेसिया' शब्द में कौनसा प्रत्यय है?
A. इया   **B.** इय   **C.** आइय   **D.** सिया

Q.25 निम्नलिखित में से 'अधोलोक' का पर्यायवाची क्या है?
A. वायु   **B.** गगन   **C.** पाताल   **D.** परलोक

English

Q.26 Direction: Choose which part of speech the underlined part belongs to.

Bravo! Well done players.

A. Interjection **B.** Adjective
C. Verb **D.** Adverb

Q.27 Choose the correctly punctuated sentence.
A. However, David did not achieve his goal.
B. However; David did not achieve his goal.
C. However: David did not achieve his goal.
D. However! David did not achieve his goal.

Q.28 Direction: Choose the correctly punctuated sentence.
A. How do you prepare a burger,
B. How do you prepare a burger!
C. How do you prepare a burger?
D. How do you prepare a burger.

Q.29 Direction: Choose the appropriate word that can substitute the sentence or phrase given below.

To stay with to the end
A. See through
B. See about
C. See a person through
D. Set about

Q.30 Direction: Fill in the blank with the appropriate option given below.
She was beaten _______ a bat.
A. on **B.** with **C.** to **D.** of

Q.31 Select the option that spells the word correctly.
A. Profesor **B.** Professar
C. Professor **D.** Proffesor

Q.32 Direction: In each of the following questions find out the alternative which will replace the question mark.
Carbon : Diamond :: Corundum : ?
A. Garnet **B.** Ruby **C.** Pukhraj **D.** Pearl

Q.33 Direction: Identify the part of speech the underlined word belongs to.
She yelled when she hit her toe.
A. Verb **B.** Noun
C. Conjunction **D.** Adverb

Ques (34-35):Directions: Select the most appropriate antonym of the given word.

Q.34 Modest
A. Unhappy **B.** Conceited
C. Sullen **D.** Glum

Q.35 INSTANT
A. Similar **B.** Gradual **C.** Prompt **D.** Diverse

Ques (36-37):Direction: Select the most appropriate synonym of the given word.

Q.36 PLEASANT
A. Tiresome **B.** Tedious
C. Refreshing **D.** Exasperating

Q.37 PRIORITY
A. Inference **B.** Deference
C. Subservience **D.** Preference

Q.38 Direction: Select the correct form of the tense for the given sentence.
Anand goes to TCS every day.
A. Simple Present **B.** Present perfect
C. Past perfect **D.** Future perfect

Q.39 Direction: In the following question, out of the four alternatives, choose the one which can be substituted for the given sentence.
The life history of a person written by himself.
A. Essay **B.** Biography
C. Travelogue **D.** Autobiography

Q.40 Direction: Change the gender of the underlined noun and rewrite the sentence:
Her brother was a vamp.
A. Her aunt was a vamp.
B. Her niece was a vamp.
C. Her sister was a vamp.
D. Her uncle was a vamp.

Q.41 Which of the words is not an adjective?
A. Snake **B.** Happy **C.** Faster **D.** Long

Q.42 Direction: Fill in the blank with the plural form of the word given in the bracket:
They had to travel everywhere by _______. (bus)
A. busis **B.** buses **C.** busses **D.** busess

Q.43 Directions: Fill in the blanks with the correct prepositions.
I was born _______ Thursday, the 25th of March.
A. in **B.** at **C.** on **D.** since

Q.44 Direction: Insert proper preposition in the sentence.
He hinted _____ some loss of treasure.
A. of **B.** for **C.** with **D.** at

Q.45 Direction: Select the most appropriate option to fill in the blank.
I watched him _____.
A. fell **B.** fall **C.** to falling **D.** to fell

Q.46 Direction: Choose the appropriate word to fill in the blank.
What time is the news _____ T.V.?
A. in **B.** with **C.** on **D.** at

Q.47 Direction: Choose which part of speech the underlined word belongs to:
Time is money.
A. Noun **B.** Pronoun
C. Verb **D.** Adjective

Q.48 Direction: Choose the correct option:
I met my friend while I _____ the road.

A. am crossing   **B.** crossed
C. were crossing   **D.** was crossing

Q.49 Direction: Fill in the blank with the correct conjunction.
I obeyed her _______ she should be angry.
A. because   **B.** so   **C.** if   **D.** lest

Q.50 Direction: Choose the appropriate word to fill in the blank.

Is everyone_______ (here/hear)? Do we have a full
____(compliment/complement)?
A. here, complement   **B.** here, compliment
C. hear, compliment   **D.** hear, complement

General Studies

Q.51 निम्नलिखित में से किस देश के चंद्र जांच मिशन ने जनवरी 2022 में चंद्रमा पर पानी के साक्ष्य खोजे हैं?
A. भारत   **B.** चीन   **C.** रूस   **D.** जापान

Q.52 भारत के समस्त राज्यों में क्षेत्रफलानुसार उत्तर प्रदेश का क्या स्थान है?
A. पहला   **B.** दूसरा   **C.** तीसरा   **D.** चौथा

Q.53 उत्तर प्रदेश में ललित कला अकादमी (राष्ट्रीय कला अकादमी) का क्षेत्रीय केंद्र _______ में स्थित है।

[UPSSSC Village Development Officer, 2018]

A. इलाहाबाद   **B.** लखनऊ   **C.** अलीगढ़   **D.** कानपुर

Q.54 यूनेस्को ने 1983 में विश्व धरोहर स्थलों की सूची में अजंता की गुफाओं को शामिल किया है। यह _______ में स्थित है।
A. महाराष्ट्र   **B.** तमिलनाडु   **C.** गुजरात   **D.** मध्य प्रदेश

Q.55 पेनिसिलिन, पहला एंटीबायोटिक, द्वारा खोजा गया था:
A. जोनास साल्क   **B.** एडवर्ड जेनर
C. लुई पास्चर   **D.** अलेक्जेंडर फ्लेमिंग

Q.56 "विंग्स ऑफ फायर" नामक पुस्तक के लेखक कौन हैं?
A. डॉ. ए.पी.जे. अब्दुल कलाम
B. डॉ. इंदु आनंद
C. अरुणिमा सिन्हा
D. राजदीप सरदेसाई

Q.57 निम्नलिखित में से वह कवि कौन हैं, जिन्होंने बुद्ध की जीवनी, 'बुद्धचरित' की रचना की थी?
A. अश्वघोष   **B.** भवभूति   **C.** वासुमित्र   **D.** नागार्जुन

Q.58 पल्लवों के राज्य की राजधानी _______ थी।
A. मैसूर   **B.** मद्रास   **C.** कन्नौज   **D.** कांचीपुरम

Q.59 कौन सा राज्य उत्तर पूर्व की 'सात बहनों' का हिस्सा नहीं है?
A. मेघालय   **B.** सिक्किम
C. अरुणाचल प्रदेश   **D.** त्रिपुरा

Q.60 कौन सा देश 2027 में दक्षिण पूर्व एशियाई खेलों (SEA) की मेजबानी करेगा?
A. मलेशिया   **B.** सिंगापुर   **C.** थाईलैंड   **D.** म्यांमार

Q.61 लग्जरी ब्रांड लूई वीटॉन के पहले भारतीय ब्रांड एंबेसडर कौन बने?
A. आमिर खान   **B.** दिशा पटानी
C. शाहरुख खान   **D.** दीपिका पादुकोण

Q.62 भारत का पहला 'अमृत सरोवर' किस राज्य में स्थापित किया गया है?
A. गुजरात   **B.** पंजाब
C. ओडिशा   **D.** उत्तर प्रदेश

Q.63 अक्टूबर 2022 में, वित्तीय कार्रवाई कार्य बल (FATF) ने किस देश को चार साल बाद अपनी ग्रे सूची से हटा दिया है?
A. ओमान   **B.** पाकिस्तान
C. सऊदी अरब   **D.** इंडोनेशिया

Q.64 2023 में G-20 की अध्यक्षता के दौरान भारत किस देश को अतिथि देश के रूप में आमंत्रित करेगा?
A. बांग्लादेश   **B.** थाईलैंड   **C.** म्यांमार   **D.** नेपाल

Q.65 उत्तर प्रदेश में वर्षा ऋतु में निम्नलिखित में से कौन सा गीत गाया जाता है?
A. बिरहा   **B.** रसिया   **C.** चैती   **D.** कजरी

Q.66 निम्नलिखित में से कौन-से विटामिन की कमी के कारण रतौंधी होती है?
A. विटामिन A   **B.** विटामिन B_1
C. विटामिन C   **D.** विटामिन E

Q.67 बल्ब द्वारा प्रकाश छोड़ने वाली एक पतली तार को _______ कहा जाता है।
A. टर्मिनल   **B.** टिप   **C.** स्रोत   **D.** फिलामेंट

Q.68 साइना नेहवाल किस क्षेत्र से जुड़ी है?
A. अभियंत्रण   **B.** खेल   **C.** सेना   **D.** शिक्षा

Q.69 गेटवे ऑफ इंडिया _______ में है।
A. मुंबई   **B.** चेन्नई   **C.** बैंगलोर   **D.** नई दिल्ली

Q.70 भोक्सा लोग _______ भाषा बोलते हैं।
A. संस्कृत भाषा   **B.** गारो भाषा
C. खासिया भाषा   **D.** बुक्सा भाषा

Q.71 माड़ मिट्टी उत्तर प्रदेश के किस भाग में पाई जाती है?
A. उत्तरी उत्तर प्रदेश   **B.** दक्षिणी उत्तर प्रदेश
C. पूर्वी उत्तर प्रदेश   **D.** इनमें से कोई भी नहीं

Q.72 मलेशिया की मुद्रा क्या है?
A. मलेशियाई दिनारी   **B.** मलेशियाई डॉलर
C. मलेशियाई यूरो   **D.** मलेशियाई रिंगित

Q.73 दिए गए पत्ते को पहचानें।

A. नीम
B. गुलाब
C. केले का पत्ता
D. इनमें से कोई नहीं

Q.74 माता टीला बांध किस नदी में स्थित है?
A. नर्मदा
B. सोन
C. केन
D. बेतवा

Q.75 कौन सा शहर पारंपरिक रूप से कुंभ मेला आयोजित नहीं करता है?
A. उज्जैन
B. वाराणसी
C. हरिद्वार
D. प्रयागराज

Mathematics

Q.76 दो प्रमुख संख्याओं का गुणा करने से 493 मिलता है। इन दोनो अंकों का ल.स.प. क्या होगा?
A. 493
B. 17
C. 29
D. इनमें से कोई नहीं

Q.77 15000 रुपये की राशि साधारण ब्याज पर 4 वर्षों में 18600 रुपये हो जाती है। ब्याज दर क्या है?
A. 6.5%
B. 5%
C. 6%
D. 8%

Q.78 एक समद्विबाहु त्रिभुज की असमान भुजा उसकी एक समान भुजा से 3 cm अधिक है। यदि त्रिभुज का परिमाप 18 cm है, तो बराबर भुजाओं की लंबाई ज्ञात कीजिए।
A. 3 cm
B. 8 cm
C. 5 cm
D. 6 cm

Q.79 एक अंक को दोगुना करने पर और उसी अंक के व्युत्क्रम संख्या को तिगुना करके जोड़ने पर $\frac{25}{2}$ होता है तो वह संख्या क्या होगी?

[Territorial Army Officer, 2021]

A. 7
B. 6
C. 5
D. 4

Q.80 भाजक भागफल के 25 गुना और शेषफल के 5 गुना है। यदि भागफल 16 है, तो भाज्य क्या है?
A. 6400
B. 6480
C. 480
D. 960

Q.81 निम्नलिखित में से कौन सी संख्या 11 से विभाज्य है?
A. 1516
B. 1452
C. 1011
D. 1121

Q.82 एक चुनाव में, 70,000 योग्य मतदाताओं में से 42,000 ने अपना मत डाला। मत डालने वाले मतदाताओं के प्रतिशत की गणना कीजिए।
A. 60 प्रतिशत
B. 55 प्रतिशत
C. 61 प्रतिशत
D. 59 प्रतिशत

Q.83 एक आयताकार मैदान की लंबाई उसकी चौड़ाई की दुगुनी है। यदि मैदान का क्षेत्रफल 288 वर्ग मीटर है, तो मैदान की लंबाई कितनी है?
A. 14 मीटर
B. 12 मीटर
C. 24 मीटर
D. 16 मीटर

Q.84 $11.3\overline{30}$ को एक साधारण भिन्न के रूप में व्यक्त कीजिए।
A. $11\frac{109}{330}$
B. $11\frac{327}{330}$
C. $11\frac{109}{990}$
D. $11\frac{330}{900}$

Q.85 $\sqrt{12996}$ का वर्ग मूल क्या होगा?
A. 106
B. 126
C. 124
D. 114

Q.86 $\frac{10(1+13-4-8)}{5}$ का मान ज्ञात कीजिये।
A. 2.5
B. 1.5
C. 2.2
D. 4

Q.87 $648 \div 54 \times 14 = ?$
A. 134
B. 146
C. 152
D. 168

Q.88 $60 + 5 \times \frac{12}{\left(\frac{180}{3}\right)} = ?$
A. 60
B. 120
C. 13
D. 61

Q.89 $100 + 50 \times 2 = ?$
A. 75
B. 150
C. 200
D. 300

Q.90 यदि किसी संख्या के 60% का तीन-पाँचवां भाग 36 है, तो वह संख्या है:
A. 100
B. 90
C. 80
D. 75

Q.91 16,18,24 और 36 का LCM ज्ञात कीजिए।
A. 144
B. 145
C. 154
D. 14

Q.92 निर्देश: निम्नलिखित श्रृंखला में लुप्त पद ज्ञात कीजिये।
100,200,310,430,?
A. 506
B. 512
C. 560
D. 566

Q.93 रामू ने 900 रुपये में एक वस्तु खरीदी। उसने 600 रुपये में उसे बेच दिया। उसका लाभ या हानि प्रतिशत ज्ञात कीजिये।
A. $33\frac{1}{3}\%$
B. 30%
C. 45%
D. 51%

Q.94 संख्याओं के दिए गए समुच्चय 2,6,6,8,4,2,7,9 का माध्यिका ज्ञात कीजिए।
A. 6
B. 8
C. 4
D. 5

Q.95 17 तक की प्राकृत संख्याओं का योग कितना होगा?
A. 153
B. 72
C. 90
D. 81

Q.96 55 से कम सभी अभाज्य संख्याओं की संख्या ज्ञात कीजिए।

[RRB (NTPC), 2020]

A. 15
B. 17
C. 18
D. 16

Q.97 दो संख्याओं का योग 23 है और उनका गुणनफल 216 है। उनके वर्गों का योग ज्ञात कीजिए।
A. 961
B. 313
C. 97
D. 529

Q.98 एक वृत्त की परिधि 308 मीटर है। वृत्त का क्षेत्रफल क्या होगा?
$\left[\pi = \frac{22}{7}\right]$, प्रयोग करें
A. 7646 मीटर^2
B. 7546 मीटर^2
C. 7556 मीटर^2
D. 7446 मीटर^2

Q.99 निर्देश: 18 के लिए रोमन प्रतिनिधित्व चुनें।

A. VII   **B.** IX   **C.** XX   **D.** XVIII

Q.100 0.18 को भिन्न में लिखिए:

A. $\frac{18}{100}$ **B.** $\frac{18}{10}$ **C.** $\frac{18}{1000}$ **D.** $\frac{2}{1000}$

// स्मार्ट उत्तर पुस्तिका //

सही उत्तर उन छात्रों का प्रतिशत जिन्होंने प्रश्नों का सही उत्तर दिया था। **छोड़ दिया** उन छात्रों का प्रतिशत जिन्होंने प्रश्नों को छोड़ दिया था।

प्रश्न संख्या	उत्तर	सही उत्तर / छोड़ दिया	प्रश्न संख्या	उत्तर	सही उत्तर / छोड़ दिया	प्रश्न संख्या	उत्तर	सही उत्तर / छोड़ दिया	प्रश्न संख्या	उत्तर	सही उत्तर / छोड़ दिया	प्रश्न संख्या	उत्तर	सही उत्तर / छोड़ दिया
1	D	89.44 % / 0.0 %	17	D	66.52 % / 1.96 %	33	A	56.63 % / 1.51 %	49	D	61.03 % / 1.56 %	65	D	53.07 % / 1.07 %
2	C	44.34 % / 1.12 %	18	C	58.83 % / 1.81 %	34	B	57.28 % / 1.28 %	50	A	47.92 % / 1.9 %	66	A	54.15 % / 1.63 %
3	D	77.99 % / 0.0 %	19	D	60.84 % / 1.5 %	35	B	61.06 % / 1.29 %	51	B	61.92 % / 1.86 %	67	D	47.94 % / 1.33 %
4	A	89.68 % / 0.0 %	20	B	64.69 % / 1.52 %	36	C	40.17 % / 1.64 %	52	D	84.05 % / 0.0 %	68	B	58.42 % / 1.32 %
5	D	79.73 % / 0.0 %	21	A	57.21 % / 1.81 %	37	D	46.67 % / 1.99 %	53	B	82.04 % / 0.0 %	69	A	44.81 % / 1.42 %
6	C	43.79 % / 1.82 %	22	C	66.68 % / 1.71 %	38	A	64.4 % / 1.81 %	54	A	76.06 % / 0.0 %	70	D	48.87 % / 1.09 %
7	B	64.02 % / 1.33 %	23	B	54.67 % / 1.13 %	39	D	57.24 % / 1.71 %	55	D	84.67 % / 0.0 %	71	B	44.02 % / 1.21 %
8	A	59.59 % / 1.62 %	24	A	52.69 % / 1.64 %	40	C	51.44 % / 1.64 %	56	A	85.21 % / 0.0 %	72	D	43.54 % / 1.07 %
9	B	18.63 % / 4.4 %	25	C	40.11 % / 1.57 %	41	A	50.66 % / 1.64 %	57	A	41.03 % / 1.24 %	73	A	54.43 % / 1.54 %
10	A	86.27 % / 0.0 %	26	A	78.6 % / 0.0 %	42	B	47.06 % / 1.87 %	58	D	66.18 % / 1.13 %	74	D	54.01 % / 1.48 %
11	B	87.87 % / 0.0 %	27	A	86.78 % / 0.0 %	43	C	41.62 % / 1.73 %	59	B	67.98 % / 1.23 %	75	B	57.98 % / 1.53 %
12	C	58.39 % / 1.28 %	28	C	85.47 % / 0.0 %	44	D	49.14 % / 1.61 %	60	A	42.29 % / 1.44 %	76	A	86.42 % / 0.0 %
13	B	62.32 % / 1.29 %	29	A	49.51 % / 1.63 %	45	B	54.82 % / 1.34 %	61	D	62.31 % / 1.79 %	77	C	76.6 % / 0.0 %
14	A	63.26 % / 1.2 %	30	B	59.59 % / 1.17 %	46	C	56.43 % / 1.04 %	62	D	67.58 % / 1.62 %	78	C	52.5 % / 1.95 %
15	A	48.2 % / 1.21 %	31	C	40.91 % / 1.64 %	47	A	57.57 % / 1.82 %	63	B	64.17 % / 1.58 %	79	B	58.42 % / 1.51 %
16	C	42.39 % / 1.9 %	32	B	68.27 % / 1.57 %	48	D	58.08 % / 1.81 %	64	A	69.46 % / 1.4 %	80	B	47.35 % / 1.43 %

प्रश्न संख्या	उत्तर	सही उत्तर / छोड़ दिया
81	B	46.09 % / 1.22 %
82	A	61.24 % / 1.49 %
83	C	69.5 % / 1.72 %
84	A	43.38 % / 1.21 %

प्रश्न संख्या	उत्तर	सही उत्तर / छोड़ दिया
85	D	45.94 % / 2.0 %
86	D	45.61 % / 1.08 %
87	D	56.45 % / 1.65 %
88	D	46.07 % / 1.25 %

प्रश्न संख्या	उत्तर	सही उत्तर / छोड़ दिया
89	C	49.98 % / 1.09 %
90	A	43.7 % / 1.19 %
91	A	60.05 % / 1.19 %
92	C	42.66 % / 1.33 %

प्रश्न संख्या	उत्तर	सही उत्तर / छोड़ दिया
93	A	41.46 % / 1.09 %
94	A	54.73 % / 1.67 %
95	A	55.26 % / 1.0 %
96	D	84.37 % / 0.0 %

प्रश्न संख्या	उत्तर	सही उत्तर / छोड़ दिया
97	C	61.74 % / 1.03 %
98	B	64.28 % / 1.84 %
99	D	63.06 % / 1.22 %
100	A	66.29 % / 1.69 %

//संकेत और समाधान//

1. 'अपरिणीत' अर्थत 'जो परिणय सूत्र में न बँधा हो'।

'अज्ञ' का अर्थ क्या है - जो कुछ भी नहीं जानता हो।

अभियोगी : जिस पर अभियोग लगाया गया हो।

अल्पज्ञ : जो बहुत थोड़ा जानता हो।

अतः विकल्प (D) सही है।

2. दिये गए विकल्पों में से 'रेखा घर में है' में अधिकरण कारक है।

अधिकरण का मतलब आश्रय होता है, संज्ञा का वह स्वरूप जिसमें किया कि आधार का बोध होता हो, उसे अधिकरण कारक कहते हैं। अधिकरण कारक में विभक्ति चिन्ह में, भीतर, अंदर, ऊपर, बीच, इत्यादि शब्दों का प्रयोग होता है।

कर्ता - जो क्रिया का सम्पादन करे।

करण - जिस माध्यम से क्रिया का सम्पादन होता है।

कर्म - जिस पर क्रिया का फल पड़े।

अतः विकल्प (C) सही है।

3. भाषण, यहाँ सही विकल्प हैं, अन्य विकल्प असंगत है। वाक्य के अनुसार भाषण यहाँ सही उत्तर है, क्योंकि नेताओ द्वारा किए गये संवाद को भाषण कहा जाता है। इसलिए, भाषण यहाँ सही विकल्प होगा।

अतः विकल्प (D) सही है।

4. लीटर, यहाँ सही विकल्प हैं, अन्य विकल्प असंगत है। चूँकि सभी द्रव्य पदार्थो को लीटर में मापा जाता है, इसलिए, उचित विकल्प 'लीटर' होगा।

अतः विकल्प (A) सही है।

5. 'आगरा' का बहुवचन नहीं होगा।

किसी स्थान या जगह का कोई बहुवचन नहीं होता है।

अतः सही विकल्प (D) है।

6. शुद्ध वर्तनी वाला शब्द 'सांसारिक' है।

सांसारिक का अर्थ है: संसार संबंधी, लौकिक।

शुद्ध वर्तनी का अर्थ है: शब्दों में मात्राओं का सही प्रयोग करके सही शब्द लिखना। जैसे अकाश – आकाश, इद – ईद, उष्मा- ऊष्मा आदि।

अतः विकल्प (C) सही है।

7. 'विद्यार्थी' का सही संधि विच्छेद विद्या + अर्थी (आ + अ = आ) है।

इसमें दीर्घ स्वर संधि है। इस संधि को हम हस्व संधि भी कह सकते हैं।

दीर्घ स्वर संधि: जब दो शब्दों की संधि करते समय (अ, आ) के साथ (अ, आ) हो तो 'आ' बनता है, जब (इ, ई) के साथ (इ, ई) हो तो 'ई' बनता है, जब (उ, ऊ) के साथ (उ, ऊ) हो तो 'ऊ' बनता है।

जैसे: पुस्तक + आलय = पुस्तकालय बनता है। यहाँ अ + आ मिलकर आ बनाते हैं।

अतः विकल्प (B) सही है।

8. 'सम्मुख' का विलोम शब्द 'विमुख' होता है।

सम्मुख का अर्थ: सामने, समक्ष, आगे, आदि।

विमुख का अर्थ: विरत, प्रतिकूल, आदि।

'मुख' शब्द में 'वि' उपसर्ग लगाकर 'विमुख' शब्द का निर्माण हुआ है।

अतः विकल्प (A) सही है।

9. 'वाह! कितना सुन्दर दृश्य है।' यह विस्मयादिबोधक वाक्य का उदाहरण है। विस्मयादिबोधक वाक्य अर्थत ऐसे शब्द जो वाक्य में आश्रर्य, हर्ष, शोक, घृणा आदि भाव व्यक्त करने के लिए प्रयुक्त हों। ऐसे शब्दों के साथ विस्मयादिबोधक चिन्ह (!) का प्रयोग किया जाता है। जैसे: अरी!, ओह!, शाबाश!, काश! आदि।

अतः विकल्प (B) सही है।

10. 'किशन' शब्द तत्सम नहीं है। 'किशन या किसन' का तत्सम 'कृष्ण' होता है। अन्य सभी शब्द तत्सम रूप में हैं।

अन्य विकल्प:

- 'कटि' का तद्भव शब्द 'कमर' है।
- 'कर्क' का तद्भव शब्द 'केकड़ा' है।
- 'कृशकाय' का तद्भव शब्द 'कमजोर' है।

अतः विकल्प (A) सही है।

11. दिए गए शब्दों में से 'अधर' शब्द तद्भव नहीं है यह तत्सम शब्द है।

- 'अधर' का तद्भव 'ओठ' होता है।
- अन्य सभी शब्द तद्भव रूप में है।

अतः विकल्प (B) सही है।

12. रस के चार अंग हैं।

स्थाई भाव	स्थाई भाव रस का पहला एवं सर्वप्रमुख अंग है। भाव शब्द की उत्पत्ति ' भू ' धातु से हुई है। जिसका अर्थ है संपन्न होना या विद्यमान होना। आचार्य भरतमुनि ने स्थाई भाव आठ ही माने हैं – रति, हास्य, शोक, क्रोध, उत्साह, भय, जुगुप्सा और विस्मय। वर्तमान समय में इसकी संख्या 9 कर दी गई है तथा निर्वेद नामक स्थाई भाव की परिकल्पना की गई है।
विभाव	रस का दूसरा अनिवार्य एवं महत्वपूर्ण अंग है। भावों का विभाव करने वाले अथवा उन्हें आस्वाद योग्य बनाने वाले कारण विभाव कहलाते हैं। विभाव कारण हेतु निर्मित आदि से सभी पर्यायवाची शब्द हैं। विभाव का मूल कार्य सामाजिक हृदय में विद्यमान भावों की महत्वपूर्ण भूमिका मानी गई है। विभाव के अंग – १ आलंबन विभाव और २ उद्दीपन विभाव
अनुभाव	रस योजना का तीसरा महत्वपूर्ण अंग है। आलंबन और उद्दीपन के कारण जो कार्य होता है उसे अनुभव कहते हैं। शास्त्र के अनुसार आश्रय के मनोगत भावों को व्यक्त करने वाली शारीरिक चेष्टाएं अनुभव कहलाती है। भावों के पश्चात उत्पन्न होने के कारण इन्हें अनुभव कहा जाता है। अनुभवों की संख्या 4 कही गई है - सात्विक, कायिक, मानसिक और आहार्य। इनकी संख्या 8 मानी गई है – स्तंभ, स्वेद, रोमांच, स्वरभंग, कंपन, विवरण, अश्रु, प्रलय
संचारी भाव	मानव रक्त संचरण करने वाले भाव ही संचारी भाव कहलाते हैं यह तत्काल बनते हैं एवं मिटते हैं संचारी भावों की संख्या 33 मानी गई है - निर्वेद, स्तब्ध, गिलानी, शंका या भ्रम, आलस्य, दैन्य, चिंता, स्वप्र, उन्माद, बीड़ा, सफलता, हर्ष, आवेद, जड़ता, गर्व, विषाद, निद्रा, स्वप्र, उन्माद, त्रास, धृति, समर्थ, उग्रता, व्याधि, मरण, वितर्क आदि।

अतः विकल्प (C) सही है।

13. 'पसीना पसीना होना' मुहावरे का सही अर्थ 'बहुत थक जाना' है।

पसीना पसीना होना मुहावरे से बना वाक्य:-

- सुबह से लगातार काम करते-करते तो मैं पसीना- पसीना हो गया हूं।

अन्य विकल्पों का विश्लेषण:-

- क्रोधित होना के लिए मुहावरा है - 'आग बबूला होना'।
- भयभीत होना के लिए मुहावरा है - 'पसीना छूटना'।

- प्यासा होना के लिए मुहावरा है - 'गला सूखना'।

अतः विकल्प (B) सही है।

14. 'जैसी करनी वैसी भरनी' लोकोक्ति का उपयुक्त अर्थ 'अपने किए का फल पाना' है।

लोकोक्ति का वाक्य प्रयोग:-

- शेर ने जानवरों को पकड़ने के लिए गड्ढा खोदा और उसे पत्तों से ढक दिया, लेकिन अज्ञानतावश वह स्वयं ही उस गड्ढे में गिर गया, इसे कहते हैं जैसी करनी वैसी भरनी।

- बहुत अधिक प्रचलित और लोगों के मुँहचढ़े वाक्य लोकोक्ति के तौर पर जाने जाते हैं। इन वाक्यों में जनता के अनुभव का निचोड़ या सार होता है। इनकी उत्पत्ति एवं रचनाकार ज्ञात नहीं होते।

अन्य विकल्पों का विश्लेषण:-

- कम श्रम में अधिक लाभ प्राप्त करना - के लिए लोकोक्ति हो सकती है - आम के आम, गुठलियों के दाम।

- काम करने से बचाना - फेर से भागना।

- दूसरो को कष्ट देना - के लिए लोकोक्ति या मुहावरा है - कान सेकना।

अतः विकल्प (A) सही है।

15. किसी की सहायता करने वाले को 'सहायक' कहते हैं।

जो हृदयवान हो 'सहृदय' कहलाता है। साथ चलने वाला 'सहचर' तथा साथ कार्य करने वाला 'सहकार' कहलाता है।

अतः विकल्प (A) सही है।

16. अन्य विकल्पों में "अल्प विराम" सम्बंधित अशुद्धि है।

शुद्ध वाक्य : मेरी मित्र, जो एक लेखिका है, आजकल एक पुस्तक लिख रही है।

उपर्युक्त वाक्य में तीन अलग - अलग वाक्यों को अल्प विराम के द्वारा जोड़ा गया है।

वाक्य : मेरी मित्र

वाक्य : जो एक लेखिका है

वाक्य : आजकल एक पुस्तक लिख रही है।

अन्य विकल्पों में विराम चिन्ह उचित स्थान पर नहीं है।

अतः विकल्प (C) सही है।

17. उपर्युक्त विकल्पों में से विकल्प "देवियो, आप हमारे देश की आशाएँ हैं।" सही है तथा अन्य विकल्प असंगत हैं।

- "देवियो, आप हमारे देश की आशाएँ हैं।" वाक्य सही है।
- देवियो के आगे अल्पविराम सम्बोधन करने के कारण लगा है।
- तथा अंत में पूर्ण विराम लगेगा।

अतः विकल्प (D) सही है।

18. 'अत्युक्ति' शब्द में 'अति' उपसर्ग है।

इसका उचित संधि विच्छेद 'अति + उक्ति = अत्युक्ति' होगा।

यह यण संधि का उदाहरण है।

जो शब्दांश शब्दों के प्रारम्भ में जुड़ कर उनके अर्थ में कुछ विशेषता लाते हैं, वे उपसर्ग कहलाते हैं।

अतः विकल्प (C) सही है।

19. 'गुजारा' में 'आ' प्रत्यय है।

प्रत्यय उस शब्दांश को कहते हैं, जो किसी शब्द के अंत में आकर उस शब्द के विभिन्न अर्थ में प्रकट करते हैं। प्रत्यय शब्द के अंत में आता है, जैसे 'भला' शब्द के अंत में आई प्रत्यय लगाकर 'भलाई' शब्द बनता है।

अतः विकल्प (D) सही है।

20. जिस वाक्य में एक से अधिक वाक्य मिले हों, किन्तु एक प्रधान उपवाक्य तथा शेष आश्रित उपवाक्य हों, मिश्रित वाक्य कहलाता है।

- प्रधान उपवाक्य - 'मैं उस लड़की से मिला था'
- आश्रित उपवाक्य - 'जिसकी किताब खो गयी थी'

अतः विकल्प (B) सही है।

21. वाक्य तीन प्रकार के होते हैं सरल वाक्य, सयुंक्त वाक्य तथा मिश्र वाक्य इसलिए विकल्प (A) सही है।

वाक्य के प्रकार
सरल वाक्य: सरल वाक्य में एक उद्देश्य के साथ-2 केवल एक ही समायिका और एक विधेय होते हैं सरल वाक्य कहलाते हैं। उदाहरण:- बच्चे क्रिकेट खेलते हैं।
संयुक्त वाक्य: दो या दो से अधिक सरल वाक्य योजक शब्दों के द्वारा जुड़कर बनते हैं संयुक्त वाक्य को विभाजित करने पर पुनः सरल वाक्य प्राप्त होते हैं। उदाहरण:- राम आया और सो गया।
मिश्र वाक्य: जिन वाक्यों में एक प्रधान उपवाक्य और इस उपवाक्य पर एक या एक से अधिक आश्रित उपवाक्य होते हैं यह सभी आपस में कि, जो, की, इतना, उतना, इधर, उधर, कब, कितना, जब ,तब जैसा, वैसा, वह, आदि, शब्दों, से जुड़े होते हैं।

अतः विकल्प (A) सही है।

22. स्वरों की कुल संख्या - 11 (अ, इ, उ, ऋ, आ, ई, ऊ, ए, ऐ, ओ, औ)

- ह्रस्व स्वरों की कुल संख्या - 6 (अ, इ, उ, ऋ)
- दीर्घ स्वरों की कुल संख्या - 7 (आ, ई, ऊ, ए, ऐ, ओ, औ)

अतः विकल्प (C) सही है।

23. 'रीतिकाल' काल का भेद नहीं बल्कि हिन्दी साहित्य के काल विभाजन का भेद है।

अन्य सभी काल के भेद हैं।

सामान्यत: हिन्दी साहित्य के इतिहास को चार भागों में विभाजित किया गया है-

- आदिकाल
- भक्ति काल
- रीतिकाल और
- आधुनिक काल

अतः विकल्प (B) सही है।

24. 'परदेसिया' शब्द में 'इया' प्रत्यय है।

- परदेसिया = परदेस + इया (प्रत्यय)।
- 'इया' प्रत्यय से अन्य शब्द - दिवालिया, सवालिया, नगरिया आदि।

अतः विकल्प (A) सही है।

25. 'अधोलोक' का पर्यायवाची 'पाताल' है। इसका अन्य पर्यायवाची शब्द 'रसताल' है। अन्य विकल्प असंगत हैं। इसलिए, सही विकल्प 'पाताल' है।

परलोक - देवलोक

भू-लोक - पृथ्वी लोक

गगन - व्योम

वायु - पवन

अत: विकल्प (C) सही है।

26. The underlined part belongs to Interjection.

The underlined word '**bravo**' is used to express 'well done'. So, it is an **interjection**.

Interjection: It is used to show a sudden feeling of happiness, anger, sorrow, etc. Example - Alas! I am ruined.

Hence, the correct option is (A).

27. However, David did not achieve his goal.

- The comma (,) is used to separate ideas or elements. Also, it is used after the salutation, or when a brief pause is required after a word or phrase. In the question, we require a brief pause after however as it is the introductory adverb.

- A semicolon (;) is used when we need to separate independent clauses and to show a close relationship between them.

- A colon (:) is used to provide a pause before introducing related information, or when we want to define or introduce something and join unequal parts of sentences.

- An exclamation mark (!) is used to denote a sudden outcry or emphasis.

Hence, the correct option is (A).

28. How do you prepare a burger?

- Question mark (?) is used after asking a question. So, it is a correctly punctuated sentence.

- A comma is used when someone is directly addressed/to separate two clauses/to separate ideas, objects, names in a sentence. For example, I will go to Goa, Mumbai, and Pune.

- The exclamation mark is used to express wonder, surprise or to emphasize. For example, I have found the lost photo album!

- A full stop is used at the end of a sentence. For example, She is my sister.

Hence, the correct option is (C).

29. See-through means to stay with to the end or until completion; persevere: to see a difficult situation through.

Other words:

See about means attend to or deal with something.

See a person through means to cause or help someone to manage or survive

Set about means to start doing something with vigor or determination.

Hence, the correct option is (A).

30. She was beaten **with** a bat.

With used to show the way in which somebody does something.

Example: He behaved **with** great dignity.

Hence, the correct option is (B).

31. Professor is the correctly spelled word.

Professor means a university teacher of the highest level.

Example: The professor is an academic rank at universities and other post-secondary education and research institutions in most countries.

Hence, the correct option is (C).

32. As Diamond is made of Carbon similarly Ruby is made of Corundum.

Hence, the correct option is (B).

33. The underlined word 'yelled' is a verb that means 'shouted in a loud, sharp way'. For example, You heard me losing my temper and yelling at her.

As we have to identify which part of speech the word belongs to, we need to know the significance of the parts of speech.

Parts of Speech:

- A category to which a word is assigned in accordance with its syntactic functions.

- In English, the main parts of speech are noun, pronoun, adjective, determiner, verb, adverb, preposition, conjunction, and interjection.

Here, the word 'yelled' is an action. So, 'yelled' will be categorized as a verb.

Hence, the correct option is (A).

34. The most appropriate antonym of the given word 'Modest' is 'Conceited'.

Modest: not talking too much about your own abilities, good qualities, etc.

- Example: She got the best results in the exam but she was too modest to tell anyone.

Conceited: excessively proud of oneself; vain.

- Example: He's so conceited—he thinks he's the best at everything!

Hence, the correct option is (B).

35. Let's see the meanings of the given words:

- Instant→ Happening immediately.

- Similar→ Of the same kind in appearance.

- Gradual→ Taking place over an extended period.

- Prompt→ cause or bring about.

- Diverse→ widely varied

- So according to the meaning of the given words the correct sentence is 'Gradual'

Hence, the correct option is (B).

36. The most appropriate synonym of the given word 'Pleasant' is 'Refreshing'.

Let's look at the meaning and examples of the given words:

Words	Meaning	Example
Pleasant	enjoyable, attractive, friendly, or easy to like	Harold did his best to be pleasant to the old man.
Refreshing	making you feel less hot or tired	There's nothing more refreshing on a hot day than a cold beer.
Tiresome	annoying and making you lose patience	He has the tiresome habit of finishing your sentences for you.
Tedious	boring and tiring, esp. because long or often repeated	Learning a new computer program can be a tedious process.
Exasperating	annoying, because we can do nothing to solve a problem	It's so exasperating when he won't listen to a word that I say.

Hence, the correct option is (C).

37. The word 'Priority' means 'the state of being more important than somebody/something or of coming before somebody/something else'.

The synonyms of the word 'Priority' are "preference, antecedency, anteriority, precedence, precedency, antecedence, precession.".

From the synonym of the given word, we can say that the word 'Preference' is the most similar in meaning.

The word 'Preference' means 'an interest in or desire for one thing more than another'.

Hence, the correct option is (D).

38. The given sentence 'Anand goes to TCS every day' is in the Simple Present Tense.

We know that the structure of the Simple Present Tense. is

Structure: Sub + V_1 + s/es + Obj

Example: He goes to the temple daily.

By comparing the given sentence with this structure we can say that the sentence is in the Simple Present Tense.

Hence, the correct option is (A).

39. Autobiography- an account of a person's life written by that person

- Essay- a short piece of writing on a particular subject
- Biography- an account of someone's life written by someone else
- Travelogue- a movie, book, or illustrated lecture about the places visited and experiences encountered by a traveler

Hence, the correct option is (D).

40. Correct Sentence: Her <u>sister</u> was a vamp.

The feminine gender of '<u>brother</u>' is '<u>sister</u>'.

Hence, the correct option is (C).

41. Let's look at the meaning of the given words and to which part of speech do they belong:

- Snake (noun) - a long limbless reptile which has no eyelids, a short tail, and jaws that are capable of considerable extension. Some snakes have a venomous bite.
- Happy (adjective) - feeling or showing pleasure or contentment.
- Faster (adjective) - comparative degree of 'fast'.
- Long (adjective) - measuring a great distance from end to end.

Hence, the correct option is (A).

42. Correct sentence: They had to travel everywhere by buses.

- The plural of "bus" is "buses."
- "Busses" is an archaic plural now considered a spelling mistake.

Hence, the correct option is (B).

43. Correct sentence is- I was born on Thursday, the 25th of March.

The meaning of the preposition 'on' is- used for saying the day or date when something happens

- Example- He's coming home on Wednesday.

The meaning of the preposition 'in' is- within an area, city, or country

- Example- The books are printed in Hong Kong.

The meaning of the preposition 'at' is- in a particular place

- Example- There's a telephone box at the crossroads.

Hence, the correct option is (C).

44. Correct Sentence: He hinted at some loss of treasure.

- Here, in the given sentence the most appropriate preposition is 'at'.
- In the given sentence 'hinted at' is a phrasal verb.
- It means 'to talk about (something) in an indirect way

Example: He's been hinting at the possibility of running for mayor.

Therefore, as per the points mentioned above, we find that the correct answer is Option (D).

Hence, the correct option is (D).

45. The main verb of the sentence is 'watched' with this verb we always use the bare infinitive that is don't use 'to + v_1'

There are some other verbs that take the bare infinitive- Watch, Let, help, etc.

So the correct sentence is- I watched him fall.

Hence, the correct option is (B).

46. The sentence is What time is the news <u>on</u> T.V.?

Hence, the correct option is (C).

- In general, we use on for a surface.
- The preposition "on" is used to show something that is "located in the general surface area."
- The characters on TV can be seen on the surface area of the TV.
- Thus, the preposition 'on' should be used.

Hence, the correct option is (C).

47. As we have to identify the part of the speech of the word, we need to know the significance of the parts of the speech.

Parts of speech:

- A category to which a word is assigned in accordance with its syntactic functions.
- In English, the main parts of speech are noun, pronoun, verb, adjective, adverb, preposition, conjunction, and interjection.

Let's understand the definitions of parts of speech given in the options:

Parts of speech	Function	Example
Noun	It is the name of a person, place, animal, feeling, etc.	Ram is a good boy. Meena is studying
Pronoun	To replace a noun to avoid repetition.	Shalini is Intelligent. She can stand first.
Verb	It is the word that expresses the action word in the sentence.	Let's work hard. It is very competitive.
Adjective	It is used to qualify the noun or the pronoun in the sentence.	Khushbu is an intelligent girl. She is a nice girl.

Thus the correct answer is: Noun

Hence, the correct option is (A).

48. Complete Sentence: I met my friend while I <u>was crossing</u> the road.

The past continuous tense, also known as the past progressive tense, refers to a <u>continuing action or state that was happening at some point in the past.</u>

- Example: Ritesh was watching television yesterday evening.

"I were" is called the subjunctive mood, and is used when <u>we're are talking about something that isn't true or when we wish something will true or some condition.</u> If not a subjunctive one then we use "I was" <u>instead</u> of "I were".

Formula for past continuous tense:

- Subject + was/were + Ving + Object

Hence, the correct option is (D).

49. Correct Sentence: I obeyed her lest she <u>should</u> be angry.

- In the given sentence, the most appropriate conjunction to fill-in-the-given blank is 'lest'.

- Lest is generally followed by a verb clause in the subjunctive mood.
- The word 'should' is just a way to put a clause into the future subjunctive.
- Here, the word 'subjunctive mood' means 'a form that refers to actions that are possibilities rather than facts'.
- The conjunction 'lest' means 'in order to prevent any possibility that something will happen'.
- 'Lest...should' is a pair of conjunction. We can use 'lest' without 'should' also but in that case, we have to use the base form of the verb.

Hence, the correct option is (D).

50. Let us see the meanings of the words in the brackets:

- Here(adverb) : in, at, or to this place or position.
- Hear(verb) : perceive with the ear the sound made by (someone or something).
- Complement(noun) : a thing that contributes extra features to something else in such a way as to improve or emphasize its quality.
- Compliment(noun) : a polite expression of praise or admiration.

Correct sentence : Is everyone here? Do we have a full complement.

Hence, the correct option is (A).

51. चीन के चांग'ई 5 चंद्र लैंडर को चंद्रमा की सतह पर पानी का पहला ऑन-साइट सबूत मिला है।

यह अध्ययन साइंस एडवांसेज जर्नल में प्रकाशित हुआ था। इससे पता चला कि लैंडिंग स्थल पर चंद्र मृदा में पानी 120 भाग-प्रति-मिलियन (ppm) से कम है या 120 ग्राम प्रति टन से कम है, और एक हल्की, वेस्फोटगर्ती शैल (वेसिकुलर रॉक) में 180 ppm है, जो पृथ्वी की तुलना में बहुत अधिक शुष्क है।

अत: विकल्प (B) सही है।

52. भारत में उत्तर प्रदेश 240928 वर्ग किमी क्षेत्रफल के साथ चौथे स्थान पर है। राजस्थान 342240 वर्ग किलोमीटर क्षेत्रफल के साथ प्रथम स्थान पर, मध्य प्रदेश 308252 वर्ग किमी क्षेत्र के साथ दूसरे स्थान पर तथा महाराष्ट्र 307713 वर्ग किलोमीटर क्षेत्रफल के साथ तीसरे स्थान पर है।

अतः विकल्प (D) सही है।

53. उत्तर प्रदेश में ललित कला अकादमी (राष्ट्रीय कला अकादमी) का क्षेत्रीय केंद्र लखनऊ में स्थित है।

- ललित कला अकादमी का कार्यालय लाल बारादरी भवन में स्थित है जो कि एक ऐतिहासिक स्मारक है।
- उत्तर प्रदेश की राज्य ललित कला अकादमी 8 फरवरी 1962 को, उत्तर प्रदेश सरकार के संस्कृति विभाग के अंतर्गत पूरी तरह से वित्त पोषित स्वायत्त निकाय के रूप में स्थापित किया गया था।
- ललित कला अकादमी या राष्ट्रीय कला अकादमी भारत की ललित कला की राष्ट्रीय अकादमी है।
- इसका मुख्य उद्देश्य देश के साथ-साथ देश के बाहर भी भारतीय कला की समझ को बढ़ावा देना और प्रचारित करना है।

अतः विकल्प (B) सही है।

54. अजंता की गुफाएँ 30 शैलकर्तित बौद्ध गुफाएँ हैं जो महाराष्ट्र के औरंगाबाद में स्थित हैं।

- ये गुफाएँ सतवाहन राजवंशों और वाकाटक राजवंश के दो राजवंशों के संरक्षण में बनाई गई हैं।
- गुफाओं में बौद्ध धर्म के चित्र और शैलकर्तित मूर्तियां शामिल हैं।
- इससे पहले, ये गुफाएँ भारतीय पुरातत्व सर्वेक्षण द्वारा संरक्षित हैं और 1983 में अजंता की गुफाएँ यूनेस्को की विश्व धरोहर में शामिल की गयी हैं।

अतः विकल्प (A) सही है।

55. अलेक्ज़ेंडर फ्लेमिंग एक स्कॉटिश चिकित्सक, माइक्रोबायोलॉजिस्ट और फ़ार्माकोलॉजिस्ट थे जिन्हें पहली एंटीबायोटिक, बेंज़िलपेनिसिलिन (पेनिसिलिन जी) की खोज करने का श्रेय दिया जाता है।

इस खोज के लिए, अलेक्ज़ेंडर फ्लेमिंग को 1945 में फिजियोलॉजी या मेडिसिन में नोबेल पुरस्कार दिया गया था।

अतः विकल्प (D) सही है।

56. डॉ. ए.पी.जे. अब्दुल कलाम 'विंग्स ऑफ फायर' पुस्तक के लेखक हैं।

यह कहानी हमें एक निम्न-मध्यम-वर्गिय परिवार से कलाम के उदय और रॉकेटरी और अंतरिक्ष प्रौद्योगिकी में भारत के प्रयासों के बारे में बताती है।

अतः विकल्प (A) सही है।

57. अश्वघोष वह कवि हैं जिन्होंने बुद्ध की जीवनी 'बुद्धचरित' की रचना की।

- अश्वघोष एक दार्शनिक और कवि थे, जिन्हें कालिदास (5वीं शताब्दी) से पहले भारत का सबसे बड़ा कवि और संस्कृत नाटक का जनक माना जाता है।
- उन्होंने काव्य के नाम से जानी जाने वाली संस्कृत कविता की शैली को लोकप्रिय बनाया।
- अश्वघोष ने कनिष्क के दरबार को सुशोभित किया।
- उनका जन्म उत्तर भारत के साकेत में हुआ था।
- यद्यपि बौद्ध धर्म में पालि भाषा का साहित्य लोकप्रिय था परन्तु अश्वघोष ने शास्त्रीय संस्कृत में लिखा।
- अश्वघोष ने चतुर्थ बौद्ध परिषद में महायान बौद्ध सिद्धांतों का विस्तृत वर्णन किया व्यवस्थित करने में मदद की।
- अश्वघोष द्वारा लिखित बुद्धचरित बुद्ध के जीवन पर आधारित एक महाकाव्य है।
- उन्होंने बुद्ध के सौतेले भाई नंद के रूपांतरण के विषय पर 'सौंदरानंद' भी लिखा ताकि वे मोक्ष तक पहुंच सकें।
- उन्हें सूत्रालंकार का लेखक भी माना जाता है।

अतः विकल्प (A) सही है।

58. पल्लवों के राज्य की राजधानी कांचीपुरम थी।

- पल्लव चौथी शताब्दी ईस्वी के आसपास दक्षिण में एक दुर्जेय शक्ति के रूप में उभरे और सातवीं शताब्दी ईस्वी में अपनी शक्ति के चरम पर थे।
- वे लगभग 500 वर्षों तक अपने शासन को बनाए रखने में सक्षम थे।
- वे निर्माण करते हैं महान शहरों, शिक्षा के केंद्रों, मंदिरों और मूर्तियों ने संस्कृति में दक्षिण पूर्व एशिया के एक बड़े हिस्से को प्रभावित किया।

अतः विकल्प (D) सही है।

59. सिक्किम राज्य उत्तर पूर्व की 'सात बहनों' का हिस्सा नहीं है।

सात बहनों के बारे में महत्वपूर्ण तथ्य:

- सबसे बड़ा क्षेत्र - अरुणाचल प्रदेश

- सबसे छोटा क्षेत्र - त्रिपुरा
- सबसे अधिक जनसंख्या - असम
- सबसे कम जनसंख्या - मिजोरम
- सबसे अधिक जनसंख्या घनत्व - असम
- सबसे कम जनसंख्या घनत्व - अरुणाचल प्रदेश
- उच्चतम साक्षरता - मिजोरम
- सबसे कम साक्षरता - अरुणाचल प्रदेश
- विश्व का सबसे बड़ा नदी द्वीप - असम में स्थित माजुली
- भारत का सबसे लंबा पुल - असम में लोहित नदी पर बना भूपेन हजारिका ब्रिज।

अतः विकल्प (B) सही है।

60. मलेशिया 2027 SEA खेलों की मेजबानी करेगा और सिंगापुर 2029 संस्करण की मेजबानी करेगा।

- वियतनाम की राजधानी हनोई में 2021 होने वाले खेलों को कोविड के कारण छह महीने के लिए टाल दिया गया था। और अब यह आधिकारिक तौर पे 19 मई, 2022 से आयोजित किया गया है।
- 2023 SEA खेल कंबोडिया में आयोजित होने वाले हैं और 2025 थाईलैंड की राजधानी, बैंकाक में होंगे।

अतः विकल्प (A) सही है।

61. अभिनेत्री दीपिका पादुकोण लग्जरी ब्रांड लूई वीटॉन की पहली भारतीय ब्रांड एंबेसडर बन गई हैं।

- पादुकोण प्रमोशनल शॉट्स के लिए अभिनेता एमा स्टोन और झोउ डॉंग्यू के साथ शामिल हुई हैं।
- वे 75वें कान्स फिल्म समारोह में फ्रांसीसी अभिनेता विंसेंट लिंडन की अध्यक्षता में आठ सदस्यीय जूरी का हिस्सा भी थीं।

अतः विकल्प (D) सही है।

62. भारत का पहला 'अमृत सरोवर' उत्तर प्रदेश के रामपुर में बना है।

- केंद्रीय अल्पसंख्यक मामलों के मंत्री मुख्तार अब्बास नकवी ने 13 मई 2022 को भारत के पहले "अमृत सरोवर" का उद्घाटन किया।
- प्रधानमंत्री नरेंद्र मोदी ने भारत की आजादी के 75वें वर्ष में हर जिले में कम से कम 75 तालाब बनाने का आह्वान किया था, जिन्हें 'अमृत सरोवर' कहा जाता है।
- तालाब न केवल पर्यावरण की रक्षा और पानी के संरक्षण में मदद करेगा बल्कि लोगों के लिए एक आकर्षण भी होगा।

अतः विकल्प (D) सही है।

63. अक्टूबर 2022 में, वित्तीय कार्रवाई कार्य बल (FATF) ने पाकिस्तान देश को चार साल बाद अपनी ग्रे सूची से हटा दिया है।

- पाकिस्तान जून 2018 से अपने आतंकवाद-रोधी वित्तपोषण और धन-शोधन रोधी शासनों में कमियों के लिए पेरिस स्थित निगरानी संस्था की ग्रे सूची में है।
- FATF ने 21 अक्टूबर 2022 को पेरिस में आयोजित अपनी पूर्ण बैठक में यह निर्णय लिया।

अतः विकल्प (B) सही है।

64. अतिथि देशों को आमंत्रित करने की G-20 परंपरा के अनुसार, भारत ने बांग्लादेश को अपनी अध्यक्षता के दौरान G-20 बैठक में भाग लेने के लिए अतिथि देश के रूप में आमंत्रित करने का निर्णय लिया है।

- बांग्लादेश के अलावा, भारत मिस्र, मॉरीशस, नीदरलैंड, नाइजीरिया, ओमान, सिंगापुर, स्पेन और यूएई को भी अतिथि देशों के रूप में आमंत्रित करेगा।
- भारत दिसंबर 2022 से नवंबर 2023 तक एक वर्ष के लिए G-20 की अध्यक्षता ग्रहण करेगा।

अतः विकल्प (A) सही है।

65. उत्तर प्रदेश में वर्षा ऋतु में कजरी गीत गाए जाते हैं।

- कजरी उत्तर प्रदेश के प्रसिद्ध लोक गीतों में से एक है।
- कजरी को आमतौर पर उत्तर प्रदेश में भोजपुरी भाषा में महिलाओं द्वारा गाया जाता है।
- कजरी को काले बादलों के सम्बोध-गीति के रूप में गाया जाता है, जो पोषण करता है और विनाश करता है, जीवन लाता है, और कभी-कभी मृत्यु भी लाता है।
- कजरी का उपयोग अक्सर अपने प्रेमी के लिए एक युवती की लालसा का वर्णन करने के लिए किया जाता है।

अतः विकल्प (D) सही है।

66. विटामिन A की कमी के कारण रतौंधी होती है। विटामिन A गाजर, पालक, ब्रोकोली, दूध, अंडा, यकृत और मछली सहित विभिन्न खाद्य पदार्थों में पाया जाता है।

अतः विकल्प (A) सही है।

67. बल्ब द्वारा प्रकाश छोड़ने वाली एक पतली तार को फिलामेंट कहा जाता है।

- प्रकाश बल्ब का फिलामेंट टंगस्टन धातु से बना होता है।
- टंगस्टन का उपयोग गलनांक बिंदु के उच्चतम के कारण फिलामेंट के निर्माण में किया जाता है।
- उद्दीप्त लैंप फिलामेंट लैंप हैं।
- फिलामेंट को ऑक्सीकरण के मुद्दों से बचाने के लिए एक बल्ब में संलग्न किया जाता है।
- आर्गन, नाइट्रोजन एक फिलामेंट लैंप को भरने के लिए उपयोग की जाने वाली गैसें हैं।
- एक फिलामेंट लैंप जीवनकाल 1000 घंटे है।

अतः विकल्प (D) सही है।

68. साइना नेहवाल खेल के मैदान से जुड़ी हुई हैं।

- साइना नेहवाल एक महिला भारतीय एकल बैडमिंटन खिलाड़ी हैं।
- पूर्व विश्व की नंबर 1 खिलाड़ी, उन्होंने 24 से अधिक अंतर्राष्ट्रीय खिताब जीते हैं, जिसमें सुपरसीरीज में ग्यारह खिताब शामिल हैं।
- जहाँ एक ओर वह 2009 में दूसरी विश्व रैंकिंग में पहुंची थी, वहीं दूसरी ओर 2015 में ही वह नंबर 1 विश्व रैंकिंग को पार करने में सक्षम थी।
- नेहवाल राष्ट्रमंडल खेलों में दो एकल स्वर्ण पदक (2010 और 2018) जीतने वाली पहली भारतीय हैं।
- 2016 में, भारत सरकार द्वारा उन्हें भारत के तीसरे सर्वोच्च नागरिक पुरस्कार पद्म भूषण से सम्मानित किया गया था।

अतः विकल्प (B) सही है।

69. गेटवे ऑफ इंडिया मुंबई में है।

- गेटवे ऑफ इंडिया मुंबई में स्थित है।
- इसका निर्माण 1924 में किया गया था।

- गेटवे ऑफ इंडिया के निर्माण के पीछे मुख्य उद्देश्य किंग जॉर्ज पंचम और क्वीन मैरी की बॉम्बे (मुंबई) की यात्रा का स्मरण करना था।
- मार्च 1911 में, सर जॉर्ज सिडेनहैम क्लार्क, जो उस समय बॉम्बे के गवर्नर थे, ने स्मारक की नींव रखी।
- गेटवे ऑफ इंडिया का वास्तुशिल्प डिजाइन वास्तुकार जॉर्ज विटेट द्वारा किया गया था।

अतः विकल्प (A) सही है।

70. भोक्सा लोग बुक्सा भाषा बोलते हैं।

भोक्सा लोग स्वदेशी लोग हैं जिन्हें अनुसूचित जनजाति का दर्जा दिया गया है। वे बुक्सा भाषा बोलते हैं जिसकी तुलना राणा थारू से की जा सकती है। अपनी जीववादी परंपराओं को त्यागने के बाद, वे अब मूल रूप से हिंदू हैं। वे अपनी सभी धार्मिक गतिविधियों के लिए ब्राह्मण पुजारियों का उपयोग करते हैं और शाकुंभरी देवी के आदिवासी देवता की पूजा करते हैं।

अतः विकल्प (D) सही है।

71. माड़ मिट्टी आमतौर पर उत्तर प्रदेश के दक्षिणी भाग में पाई जाती है।

- माड़ मिट्टी में सिलिका (60%), लोहा (15%), एल्यूमीनियम (25%) होता है।
- इस प्रकार की मिट्टी में कृषि करना कठिन होता है।
- दक्षिणी पठार कैंब्रियनपूर्व काल में बना था जिसे बुंदेलखंड और बघेलखंड क्षेत्रों के रूप में भी जाना जाता है।

अतः विकल्प (B) सही है।

72. मलेशिया की मुद्रा मलेशियाई रिंगित है। इसे आगे 100 सेन में विभाजित किया गया है। मलेशियाई रिंगित मलेशिया के केंद्रीय बैंक (बैंक नेगारा मलेशिया) द्वारा जारी किया जाता है। दीनार अल्जीरिया, बहरीन, इराक, जॉर्डन, कुवैत, लीबिया और ट्यूनीशिया सहित कई मध्य पूर्वी देशों में उपयोग की जाने वाली एक मौद्रिक इकाई है।

अतः विकल्प (D) सही है।

73. दिया हुआ पत्ता नीम है।

नीम में ऐसे रसायन होते हैं जो रक्त शर्करा के स्तर को कम करने, पाचन तंत्र में अल्सर को ठीक करने, गर्भावस्था को रोकने, बैक्टीरिया को मारने और मुंह में प्लाक बनने से रोकने में मदद कर सकते हैं।

अतः विकल्प (A) सही है।

74. माता टीला बांध बेतवा नदी पर स्थित है।

- माता टीला बांध उत्तर प्रदेश के ललितपुर जिले में स्थित है।
- माता टीला बांध 1958 में बनाया गया था।
- इसे बेतवा नदी पर बनाया गया था।
- बांध में लगभग 45 मेगावाट बिजली पैदा करने की क्षमता है।
- बांध की अधिकतम भंडारण क्षमता 1132 एमसीएम है।

अतः विकल्प (D) सही है।

75. वाराणसी शहर पारंपरिक रूप से कुंभ मेले का आयोजन नहीं करता है।

- कुंभ मेला आस्था का एक व्यापक हिंदू तीर्थ है जिसमें हिंदू पवित्र नदी में स्नान करने के लिए इकट्ठा होते हैं।
- परंपरागत रूप से, चार मेलों को व्यापक रूप से कुंभ मेले के रूप में पहचाना जाता है:
- हरिद्वार कुंभ मेला, इलाहाबाद कुंभ मेला, नासिक-त्र्यंबकेश्वर सिंहस्थ, और उज्जैन सिंहस्थ।

- इन चार मेलों को समय-समय पर रोटेशन के द्वारा निम्नलिखित स्थानों में से एक में आयोजित किया जाता है: हरिद्वार, इलाहाबाद (प्रयाग), नासिक जिला (नासिक और त्र्यंबक), और उज्जैन। (इसलिए विकल्प 2 सही)
- किसी भी स्थान पर, कुंभ मेला 12 वर्षों में एक बार आयोजित किया जाता है।
- हरिद्वार और नासिक में कुंभ मेले के बीच लगभग 3 साल का अंतर है; नासिक और उज्जैन में मेलों को एक ही वर्ष या एक वर्ष में अंतराल के बाद मनाया जाता है।

अतः विकल्प (B) सही है।

76. अगर दो अंक a और b है।

तो $a \times b = $ल.स.प. $(a, b) \times$ म.स.प. (a, b)

प्रश्न के अनुसार $a \times b = 493$

और हम जानते हैं की दो प्रमुख अंकों का म.स.प. $= 1$

इसलिए,

$493 = $ल.स.प. $(a, b) \times 1$

$\Rightarrow$ दोनो अंकों a, b का ल.स.प. $= 493$

अतः विकल्प (A) सही है।

77. दिया गया है:

$P = 15000$ रुपये,

$A = 18600$ रुपये,

$T = 4$ वर्ष

जहां,

A मिश्रधन है,

P मूलधन है,

SI साधारण ब्याज है,

N वर्षों की कुल संख्या है,

R ब्याज दर है,

हम जानते हैं कि:

$SI = A - P$

साधारण ब्याज $= 18600 - 15000 = 3600$ रुपये

$SI = \frac{(P \times N \times R)}{100}$

$\Rightarrow 3600 = \frac{(15000 \times 4 \times R)}{100}$

$\Rightarrow R = \frac{360000}{60000} = 6$

$\therefore$ ब्याज दर 6% है।

अतः विकल्प (C) सही है।

78. माना समान भुजाओं की लंबाई $x \, cm$ है।

तब असमान भुजाओं की लंबाई $(x + 3)cm$ होगी।

एक समद्विबाहु त्रिभुज का परिमाप है $18 \ldots x + x + 3 + x = 18$

$3x + 3 = 18$

$3x = 15$

$\therefore x = 5$

अतः त्रिभुज की बराबर भुजाएँ $5 \, cm$ और असमान भुजा $8 \, cm$ है।

अत: विकल्प (C) सही है।

79. माना संख्या x है तो इसका व्युत्क्रम $\frac{1}{x}$ है।

प्रश्न के अनुसार,

$2x + \frac{3}{x} = \frac{25}{2}$

$\Rightarrow 2x^2 + 3 = \frac{25x}{2}$

$\Rightarrow 4x^2 + 6 = 25x$

$\Rightarrow 4x^2 - 25x + 6 = 0$

$\Rightarrow (4x - 1)(x - 6) = 0$

$\Rightarrow x = 6, \frac{1}{4}$

संख्या का मान भिन्न नहीं हो सकता।

इसलिए, संख्या 6 है।

अत: विकल्प (B) सही है।

80. दिया गया है,

भागफल 16 और भाजक भागफल के 25 गुना है।

$\Rightarrow$ भाजक $= 25 \times 16 = 400$

साथ ही, भाजक शेषफल का 5 गुना है।

$\Rightarrow$ शेषफल $= $ भाजक $/5$

$\Rightarrow$ शेषफल $= \frac{400}{5} = 80$

हम जानते हैं कि, भाज्य $= $ भागफल $\times$ भाजक $+$ शेषफल

$\Rightarrow$ भाज्य $= 16 \times 400 + 80$

$\Rightarrow$ भाज्य $= 6480$

अत: विकल्प (B) सही है।

81. संकल्पना:

11 का विभाज्यता नियम:

11 से विभाज्यता नियम में कहा गया है कि, यदि विषम स्थानों पर अंकों के योग और संख्या के सम स्थानों पर अंकों के योग का अंतर 0 या 11 से विभाज्य है, तो दी गई संख्या भी 11 से विभाज्य है।

विकल्प (A): 1516

$(5 + 6) - (1 + 1)$

⇒ 11 - 2 = 9

विकल्प (B): 1452

(4 + 2) - (1 + 5)

⇒ 6 - 6 = 0

इसलिए, यह 11 से विभाज्य है।

विकल्प (C): 1011

(1 + 0) - (1 + 1)

⇒ 1 - 2 = -1

विकल्प (D): 1121

(1 + 1) - (1 + 2)

⇒ 2 - 3 = -1

∴ 1452, 11 से विभाज्य है।

अतः विकल्प (B) सही है।

82. दिया गया है:

योग्य मतदाता $= 70000$, डाले गए मत $= 42000$

प्रयुक्त सूत्र:

मतदाताओं का % = (डाले गए मत / योग्य मतदाता) × 100

मतदाताओं का % $= \dfrac{42000}{70000} \times 100$

$= \dfrac{42}{70} \times 100$

$= 6 \times 10$

$= 60\%$

∴ उत्तर 60% है।

अतः विकल्प (A) सही है।

83. दिया गया है:

एक आयताकार मैदान की लंबाई उसकी चौड़ाई की दुगुनी है।

यदि मैदान का क्षेत्रफल 288 वर्ग मीटर है।

प्रयुक्त अवधारणा:

एक आयत का क्षेत्रफल = लंबाई × चौड़ाई

माना, आयताकार मैदान की लंबाई और चौड़ाई क्रमशः 2d और d मीटर है।

अवधारणा के अनुसार,

2d × d = 288

⇒ $2d^2 = 288$

⇒ $d^2 = 144$

⇒ d = ± 12

⇒ d = +12 (लंबाई ऋणात्मक नहीं हो सकती)

⇒ 2d = 24

∴ मैदान की लंबाई 24 मीटर है।

अतः विकल्प (C) सही है।

84. दिया गया है:

$11.3\overline{30}$

प्रयुक्त संकल्पना:

सबसे पहले, अंश में एक बार केवल पुनरावृत्त अंकों को लिखिए और फिर हर में उतनी ही पंक्तियाँ रखिए जितने अंकों की पुनरावृत्ति हैं और जो संख्या चिह्नित नहीं है वह हर में उस संख्या के लिए शून्य मानती है और कुल संख्या को उस संख्या से घटाइए जो दशमलव के बाद अंकित नहीं है।

$11 + \dfrac{(330-3)}{990}$

$11 + \dfrac{327}{990}$

$11 + \dfrac{109}{330}$

∴ उत्तर $11\dfrac{109}{330}$ है।

अतः विकल्प (A) सही है।

85. दिया गया है:

$\sqrt{12996}$

विभाजन विधि

<pre>
          114
   1 | 1 29 96
     | 1
  21 | 029
     | 21
 224 | 896
     | 896
     | ______
     | 0
</pre>

∴ $\sqrt{12996}$ का मान 114 है।

अतः विकल्प (D) सही है।

86. दिया गया है:

$\dfrac{(10(1+13-4-8)}{5}$

BODMAS नियम का उपयोग करने पर:

$\Rightarrow \dfrac{10(1+13-4-8)}{5}$

$\Rightarrow \dfrac{10(14-4-8)}{5}$

$\Rightarrow \dfrac{10(14-12)}{5}$

$\Rightarrow 10 \times \dfrac{2}{5}$

$\Rightarrow \dfrac{20}{5} = 4$

अतः विकल्प (D) सही है।

87. दिया गया है:

$648 \div 54 \times 14 = ?$

$\Rightarrow 648 \div 54 \times 14$

$\Rightarrow 12 \times 14$

$\Rightarrow 168$

इसलिए, सही उत्तर "168" है।

अतः विकल्प (D) सही है।

88. दिया गया है:

$60 + 5 \times \dfrac{12}{\left(\frac{180}{3}\right)}$

$\Rightarrow 60 + 5 \times 12 \times \dfrac{3}{180}$

$\Rightarrow 60 + \left(\dfrac{180}{180}\right)$

$\Rightarrow 60 + 1$

अतः विकल्प (D) सही है।

89. दिया गया है:

$\Rightarrow 100 + 50 \times 2$

$\Rightarrow 100 + 100$

$\Rightarrow 200$

∴ सही उत्तर 200 है।

अतः विकल्प (C) सही है।

90. प्रयुक्त सूत्र:

$X\% = \dfrac{x}{100}$

माना संख्या x है।

$\Rightarrow \dfrac{3}{5} \times \dfrac{60}{100} \times x = 36$

$\Rightarrow \dfrac{9x}{25} = 36$

$\Rightarrow x = 100$

∴ सही उत्तर 100 है।

अतः विकल्प (A) सही है।

91. 16 का गुणनखंड $= 2 \times 2 \times 2 \times 2$

18 का गुणनखंड $= 2 \times 3 \times 3$

24 का गुणनखंड $= 2 \times 2 \times 2 \times 3$

36 का गुणनखंड $= 2 \times 2 \times 3 \times 3$

इसलिए, LCM $= 2 \times 2 \times 2 \times 2 \times 3 \times 3 = 144$

अत: विकल्प (A) सही है।

92. दिया गया है,

$100 + 100 = 200$

$200 + 110 = 310$

$310 + 120 = 430$

$430 + 130 = 560$

अत: विकल्प (C) सही है।

93. दिया है:

क्रय मूल्य $= 900$ रुपये

विक्रय मूल्य $= 600$ रुपये

हानि $\%$ = (हानि/क्रय मूल्य) $\times$ 100

$\Rightarrow$ हानि $= 900 - 600$

$\Rightarrow$ हानि $= 300$

हानि $\% = \dfrac{300}{900} \times 100$

$= \dfrac{1}{3} \times 100$

$= 33\dfrac{1}{3}\%$

∴ हानि $\% 33\dfrac{1}{3}\%$ है।

अत: विकल्प (A) सही है।

94. दिया गया मान $2,6,6,8,4,2,7,9$

आरोही क्रम में अवलोकनों को व्यवस्थित करने पर:

$2,2,4,6,6,7,8,9$

यहाँ, $n = 8 =$ सम

चूँकि हम जानते हैं, यदि n सम है तो,

मध्यिका $= ((\dfrac{n}{2})$वां अवलोकन का मान $+ \left(\dfrac{n}{2} + 1\right)$वां अवलोकन का मान)/ 2

(4वां अवलोकन $+ 5$वां अवलोकन)/ 2

$= \dfrac{6+6}{2} = 6$

इसलिए माध्यक $= 6$

अत: विकल्प (A) सही है।

95. दिया गया है:

17 तक की प्राकृत संख्याओं का योग

प्रयुक्त सूत्र:

n प्राकृत संख्याओं का योग $= \frac{n(n+1)}{2}$

अब,

n प्राकृत संख्याओं का योग $= \frac{n(n+1)}{2}$

$\Rightarrow \left[\frac{17(17+1)}{2}\right]$

$\Rightarrow \frac{(17 \times 18)}{2}$

$\Rightarrow (17 \times 9)$

$\Rightarrow 153$

$\therefore$ अभीष्ट संख्या 153 है।

अतः विकल्प (A) सही है।

96. 55 से कम अभाज्य संख्याएँ = 2, 3, 5, 7, 11, 13, 17, 19, 23, 29, 31, 37, 41, 43, 47, 53

$\therefore$ अभाज्य संख्याओं की अभीष्ट संख्या 16 है।

अतः विकल्प (D) सही है।

97. दिया गया है:

दो संख्याओं का योग 23 है

दो संख्याओं का गुणनफल 216 है

प्रयुक्त सूत्र:

a² + b² = (a + b)² - 2ab

माना कि संख्याएँ p और q हैं,

p + q = 23

pq = 216

उपरोक्त सूत्र का उपयोग करने पर,

p² + q² = (23)² - 2 × 216

p² + q² = 529 - 432 = 97

संख्या के वर्गों का योग 97 है।

अतः विकल्प (C) सही है।

98. दिया गया है:

एक वृत्त की परिधि 308 मीटर है।

प्रयुक्त अवधारणा:

वृत्त की परिधि $= 2\pi R$

एक वृत्त का क्षेत्रफल $= \pi R^2$

जहाँ R त्रिज्या है।

माना वृत्त की त्रिज्या R मीटर है।

प्रश्नानुसार,

$2\pi R = 308$

$\Rightarrow 2 \times \frac{22}{7} \times R = 308$

$\Rightarrow R = 49$

$\Rightarrow \pi R^2 = \frac{22}{7} \times 49^2$

$\Rightarrow \pi R^2 = 7546$

$\therefore$ वृत्त का क्षेत्रफल 7546 मीटर ^{2} है।

अतः विकल्प (B) सही है।

99. 18 का रोमन समकक्ष XVIII है।

अतः विकल्प (D) सही है।

100. 0.18 भिन्न में,

$0.18 \times \frac{100}{100} = \frac{18}{100}$

अतः विकल्प (A) सही है।

Hindi

Q.1 निर्देश: वाक्यांश के लिए एक शब्द का चयन कीजिये।
जिस पर अनुग्रह किया गया हो:

A. अनुग्रिहित
B. अनुगढ़ित
C. अनुगृहीत
D. अनुगरिहीत

Q.2 निर्देश: वाक्यांश के लिए एक शब्द का चयन कीजिये।
जो उत्तर ना दे सके

A. निउत्तर
B. निरुत्तर
C. निरुउत्तर
D. निरत्तर

Q.3 निम्नलिखित वाक्य में कौन सा वाक्य पूर्ण भूतकाल है?

A. यदि पढ़ा होता तो पास हो जाते
B. सचिन लिख रहा है
C. पंडित जी ने गीता समाप्त कर दी होगी
D. मैं कल मंजू के घर गयी थी

Q.4 किसी के कहे कथन या वाक्य को या रचना के अंश को ज्यों का त्यों प्रस्तुत करने के लिए जिस विराम चिह्न का प्रयोग किया जाता है उसे कहते है:

[Rajasthan Teachers Eligibility Test - Level 1 Primary Level (RTET), 2021]

A. निर्देशक चिह्न
B. उद्धरण चिह्न
C. विवरण चिह्न
D. हंस पद

Q.5 निर्देश: दिए गए वाक्य में उपयुक्त विराम चिह्न का चयन कीजिए।
क्या आप दिल्ली के रहनेवाले हैं

A. विस्मयादिबोधक
B. योजक
C. लोप
D. प्रश्नवाचक

Q.6 पंडित की भाववाचक संज्ञा है:

A. पंडिताई
B. पंडिताइन
C. पांडिल्य
D. इनमें से कोई नहीं

Q.7 'किताब का कीड़ा होना' का उपयुक्त अर्थ है-

[UPSSSC Junior Assistant, 2020]

A. बहुमूल्य वस्तु को नष्ट करने वाला
B. अनुपयुक्त जगह रहने वाला
C. बहुत अधिक पढ़ने वाला
D. ज्ञान का दुश्मन

Q.8 'कच्चा चिट्ठा खोलना' का उपयुक्त अर्थ है-

[UPSSSC Junior Assistant, 2020]

A. सारा भेद खोल देना
B. कच्चे काम को पक्का करना
C. भेद छिपाना
D. कान का कच्चा होना

Q.9 'खबरदार ! उससे बात नहीं करनी।' यह किस कारक का विकल्प होगा?

A. अपादान कारक
B. संबंध कारक
C. सम्बोधन कारक
D. संप्रदान कारक

Q.10 'विनियंत्रण' शब्द में उपसर्ग है:

A. विन
B. वि
C. विनिय
D. विनियां

Q.11 'पर' उपसर्ग किसमें है:

A. परिचय
B. परसाल
C. पराजय
D. प्रकंप

Q.12 इस कबूतर को पिंजरे से निकालो इसमें कौन सा विशेषण हैं?

A. गुणवाचक विशेषण
B. निश्चित संख्यावाचक विशेषण
C. अनिश्चित संख्यावाचक विशेषण
D. सार्वनामिक विशेषण

Q.13 हिन्दी में कुल कितने सर्वनाम हैं?

[UPSSSC Village Development Officer, 2018]

A. 9
B. 10
C. 11
D. 12

Q.14 निर्देश: रिक्त स्थान को भरने के लिए सबसे उपयुक्त शब्द का चयन करें।
बन्दूक एक बहुत ही उपयोगी __________ है।

[SSC Constable (GD), 2021]

A. वस्त्र
B. शास्त्र
C. शस्त्र
D. सर्वत्र

Q.15 निर्देश: रिक्त स्थान भरने के लिए सबसे उपयुक्त शब्द का चयन करें।
__________ खाना तैयार करती हैं।

[SSC Constable (GD), 2021]

A. भैया
B. लड़की
C. बहू
D. बहुएँ

Q.16 निम्नलिखित में से अनुनासिक स्वर का उदाहरण कौन सा है?

A. अँ
B. ख
C. है
D. इ

Q.17 'घोड़ा' शब्द का बहुवचन शब्द होगा-

A. घोड़ों
B. घोड़ें
C. घोड़े
D. घोड़ैं

Q.18 सही वर्तनी वाले शब्द का चयन करें।

A. स्थायीत्व
B. स्थायित्व
C. इस्थायित्व
D. स्थाईत्व

Q.19 'नाविक' का सही संधि-विच्छेद है-

[UPSSSC Junior Assistant, 2020]

A. नौ + विक
B. ना + विक
C. नौ + इक
D. न + आविक

Q.20 भयंकर प्राकृतिक दृश्यों को देखकर अथवा प्राणों के विनाशक बलवान् शत्रु को देखकर भय उत्पन्न होना कौन-सा रस है?

A. हास्य रस
B. वीभत्स रस
C. भयानक रस
D. वीर रस

Q.21 'वक्ता' शब्द का विलोम है-

[UPSSSC Junior Assistant, 2020]

A. आयोजक
B. प्रयोजक
C. श्रोता
D. व्याख्याता

Q.22 निम्नलिखित में से कौन सा शब्द तत्सम नहीं है?

[UPSSSC Junior Assistant, 2020]

A. धृष्ट
B. पृष्ठ
C. पानिप
D. पंक

Q.23 निम्नलिखित में से कौन सा शब्द तत्सम नहीं है?

[UPSSSC Junior Assistant, 2020]

A. गायक
B. नायक
C. शावक
D. उपखान

Q.24 "जो कलम तुम्हारे पास है वह मेरी है।" वाक्य का प्रकार बताइये।
A. मिश्रित **B.** सरल
C. संयुक्त **D.** विस्मयादिबोधक

Q.25 "मैंने उसे उठाया और खाना खिलाया।" वाक्य का प्रकार बताइये।
A. सरल **B.** संयुक्त
C. मिश्रित **D.** आज्ञावाचक

English

Ques (26-33):Direction: Fill in the blanks with an appropriate word.

Q.26 The bamboo clumps flower all at the same time only once ________ the plant's lifetime.
A. in **B.** into **C.** on **D.** over

Q.27 I am looking forward _____ you.
A. to seeing **B.** to see
C. to have seen **D.** for seeing

Q.28 Neither the boys nor the teacher ________ present.
A. is **B.** are
C. were **D.** have been

Q.29 _____ team member is expected to obey the rules of the competition.
A. All **B.** None **C.** Every **D.** Either

Q.30 Robert is ______ European.
A. one **B.** a **C.** an **D.** the

Q.31 This is in conformity ________ the rules laid down by the Corporation.
A. for **B.** against **C.** about **D.** with

Q.32 Children ________ online for more than a year now.
A. study **B.** are studying
C. have been studying **D.** studied

Q.33 He has been behaving in an eccentric manner ______.
A. later **B.** late **C.** early **D.** lately

Q.34 Direction: Identify the interjection in the given sentence.
Wow! John hit the ball far.
A. Wow **B.** John **C.** Hit **D.** Far

Q.35 Choose the correctly punctuated sentence.
A. All the passengers, with the driver, is killed in the accident.
B. All the passengers, with the driver, be killed in the accident.
C. All the passengers, with the driver, were killed in the accident.
D. All the passengers, with the driver, was killed in the accident.

Q.36 Choose the correctly punctuated sentence.
A. Between you and me, Mr Sharma is not to be trusted.
B. Between you and I, Mr Sharma is not to be trusted.
C. Between I and me, Mr Sharma is not to be trusted.
D. Between you and you, Mr Sharma is not to be trusted.

Q.37 Direction: Please choose one of the 4 alternatives that can be substituted for the given sentence.

Story of an individual by himself.
A. Biography **B.** Autobiography
C. History **D.** None of these

Q.38 Select the word spelled incorrectly.
A. mischeif **B.** belief **C.** thief **D.** grief

Q.39 Which word is an abstract noun?
"Honesty is the best policy."
A. Best **B.** Honesty **C.** Policy **D.** The

Q.40 Direction: Identify the tense used in the given sentence.
"Someone picked my pocket."
A. Present indefinite tense
B. Past indefinite tense
C. Past perfect tense
D. Present perfect tense

Ques (41-42):Direction: Select the most appropriate synonym of the given word.

Q.41 Assembly
A. Gathering **B.** Inquire
C. Conduct **D.** Accused

Q.42 Chore
A. Thief **B.** Relief **C.** Colour **D.** Task

Ques (43-44):Direction: Choose the word which best expresses the opposite meaning of the word.

Q.43 Arrogant
A. Humble **B.** Cowardly
C. Egoistic **D.** Gentlemanly

Q.44 EARN
A. Win **B.** Obtain **C.** Lose **D.** Derserve

Q.45 Direction: Choose the correct option to replace the word(s) given in brackets.
"Ten candidates ________ for the interview."
A. turned up **B.** turned down
C. turned over **D.** turned out

Q.46 Direction: In the following question, select the related word from the given alternatives.
Grain : Warehouse : : Water : ?
A. Drink **B.** Dam **C.** Canal **D.** River

Q.47 Direction: Choose the correct alternative to fill in the blank.
It is ________ useful ________ ornamental.
A. Whether, or **B.** Both, or
C. Neither, nor **D.** Either, but also

Q.48 Direction: Select the word which means the same as the group of words given.

An imaginary, perfect state or place
A. Utopia **B.** Dystopia

C. Arcadia   **D.** Nostalgia

Q.49 Direction: Change the gender of the underlined noun and rewrite the sentence.

my <u>father</u> is going.

A. My <u>mother</u> is going.
B. My <u>sister</u> is going.
C. My <u>aunt</u> is going.
D. My <u>sister in law</u> is going.

Q.50 Direction: Choose the meaningful word from the given jumbled words.

EMUOARYHJE

A. Mother   **B.** Mather   **C.** Mothar   **D.** Motar

General Studies

Q.51 आजादी के बाद से भारत में कितनी बार आपातकाल स्थिति घोषित की गई है?

[UP Police Sub Inspector, 2017]

A. तीन बार   **B.** एक बार   **C.** दो बार   **D.** चार बार

Q.52 ब्यानजना द्वादशी उत्सव निम्नलिखित में से किस राज्य में मनाया जाता है?

A. असम   **B.** उड़ीसा   **C.** मध्य प्रदेश   **D.** कर्नाटक

Q.53 ओंकारेश्वर मंदिर ____ नदी के किनारे स्थित है।

A. नर्मदा   **B.** ताप्ती   **C.** गोमती   **D.** गंगा

Q.54 जब हम आवर्त सारणी में ऊपर से नीचे की ओर बढ़ते हैं, तो क्षार धातुओं का आकार:

A. बढ़ता है
B. घटता है
C. कोई परिवर्तन नहीं
D. या तो बढ़ता है या घटता है

Q.55 निम्न में से किस देश की राष्ट्रीय मुद्रा नोंग्लुम है?

A. म्यांमार   **B.** अफ़्रगानिस्तान
C. भूटान   **D.** हॉगकॉग

Q.56 सभी ग्रह सूर्य के चारों ओर _________ में चक्कर लगाते हैं।

A. वृत्ताकार पथ   **B.** आयताकार पथ
C. दीर्घ वृताकार पथ   **D.** अतिपरवलयिक पथ

Q.57 30 सितंबर 2022 को गुजरात के अहमदाबाद में 36वें राष्ट्रीय खेलों में पुरुषों की रैपिड फायर पिस्टल स्पर्धा में स्वर्ण पदक किसने जीता है?

A. अनीश भानवाला   **B.** अंकुर गोयल
C. गुरमीत   **D.** सतीश गुप्ता

Q.58 संत कबीर दास, जो प्रसिद्ध कवि थे, उत्तर प्रदेश के किस स्थान से संबंधित थे?

A. वाराणसी   **B.** इलाहाबाद   **C.** कानपुर   **D.** लखनऊ

Q.59 निम्नलिखित में से कौन उत्तर प्रदेश का सबसे पुराना विश्वविद्यालय है?

A. अलीगढ मुस्लिम विश्वविद्यालय
B. बनारस हिंदू विश्वविद्यालय
C. महात्मा गांधी विद्यापीठ
D. इलाहाबाद विश्वविद्यालय

Q.60 निम्नलिखित में से कौन सा शहर उत्तर प्रदेश में चमड़ा उद्योग का मुख्य केंद्र है?

A. आगरा   **B.** इटावा
C. कानपुर   **D.** (A) और (C) दोनों

Q.61 प्रसिद्ध सूफी संत शेख सलीम चिश्ती की दरगाह उत्तर प्रदेश में _____ पर स्थित है।

A. जौनपुर   **B.** कन्नौज
C. फतेहपुर सीकरी   **D.** बाराबंकी

Q.62 महात्मा गांधी राष्ट्रीय ग्रामीण रोजगार गारंटी योजना (मनरेगा) के तहत लोकपाल के रूप में किसे नियुक्त किया गया है?

A. एस. एल. थाओसेन   **B.** अजय कुमार श्रीवास्तव
C. स्वरूप कुमार साहा   **D.** एन जे ओझा

Q.63 "चित्रकोट" जल प्रपात निम्नलिखित में से किस नदी पर स्थित है?

A. यमुना नदी   **B.** मंदाकिनी नदी
C. इंद्रावती नदी   **D.** नर्मदा नदी

Q.64 केंद्रीय मंत्री सर्बानंद सोनोवाल ने किस शहर में जुलाई 2022 में चाबहार दिवस सम्मेलन का उद्घाटन किया है?

A. चेन्नई   **B.** चाबहार   **C.** गांधीनगर   **D.** मुंबई

Q.65 6 जून 2022 को अंतर्राष्ट्रीय एल्युमिनियम संस्थान (IAI) के नए अध्यक्ष के रूप में किसे नियुक्त किया गया है?

A. स्वरूप कुमार साहा   **B.** माइल्स प्रोसर
C. बेन कहारस   **D.** सतीश पाई

Q.66 निम्नलिखित में से किस राज्य ने चीराग योजना शुरू की है?

A. उत्तर प्रदेश   **B.** हरियाणा
C. असम   **D.** झारखंड

Q.67 देश का पहला वन स्टार राइडर बनने की उपलब्धि किसने हासिल की है?

A. सुमन लता   **B.** सीमा मिश्रा
C. स्वाति राठौड   **D.** साइमा सैयद

Q.68 इलाहाबाद के अशोक स्तंभ में किस शासक के बारे में जानकारी दी गई है?

A. चंद्रगुप्त मौर्य   **B.** समुद्रगुप्त
C. चंद्रगुप्त मौर्य द्वितीय   **D.** चंद्रगुप्त मौर्य प्रथम

Q.69 कर्क रेखा निम्नलिखित में से किस राज्य से नहीं गुजरती है?

A. मिजोरम   **B.** त्रिपुरा   **C.** उड़ीसा   **D.** मध्य प्रदेश

Q.70 15 सितंबर 2022 को अंगोला के राष्ट्रपति के रूप में दूसरे कार्यकाल के लिए किसने शपथ ली?

A. जेरेमियास चिटुंडा   **B.** अर्लेट चिंबिंडा
C. अब्देलमदजिद तेब्बौने   **D.** जोआओ लौरेंको

Q.71 निम्नलिखित में से किसने 1857 का विद्रोह शुरू किया था?

A. जमींदारों ने   **B.** सिपाहियों ने
C. किसानों ने   **D.** बागान के मजदूरों ने

Q.72 चलती बस में एक यात्री को आगे धक्का लगता है जब बस अचानक रुक जाती है। यह किसके द्वारा समझाया गया है?

A. न्यूटन के पहले नियम द्वारा
B. न्यूटन के दूसरे नियम द्वारा
C. न्यूटन के तीसरे नियम द्वारा
D. संवेग के संरक्षण सिद्धांत द्वारा

Q.73 ग्रेफाइट को आमतौर पर _______ के रूप में जाना जाता है।

A. नकली सोना   **B.** काला सोना

C. काला सीसा   D. कोमल हीरा

Q.74 जयप्रभा मेनन निम्नलिखित में से किस शास्त्रीय नृत्य के लिए प्रसिद्ध हैं?

A. ओडिसी   B. मोहिनीअट्टम
C. कथकली   D. कुचिपुड़ी

Q.75 मंजीरा मगरमच्छ वन्यजीव अभयारण्य कहाँ स्थित है?

A. तमिलनाडु   B. उड़ीसा   C. तेलंगाना   D. केरल

Mathematics

Q.76 513, 1107 और 783 का महत्तम समापवर्तक (HCF) ज्ञात कीजिए।

A. 19   B. 22   C. 27   D. 21

Q.77 5760 रु. की एक धनराशि पर 3 वर्ष बाद 6% वार्षिक दर से साधारण ब्याज कितना होगा?

A. 1036.8 रु.   B. 1666.8 रु.
C. 1336.8 रु.   D. 1063.8 रु.

Q.78 एक व्यक्ति ने एक साइकिल को उस राशि पर बेचा, जो उसके द्वारा भुगतान की गई कीमत से 988 रुपये से अधिक थी और उसे 300 रुपये का लाभ हुआ। उसने साइकिल कितने में खरीदी?

A. 1376   B. 1300   C. 1476   D. 1576

Q.79 निर्देश: निम्नलिखित श्रृंखला में प्रश्नवाचक चिह्न '?' के स्थान पर क्या आएगा?

72, 56, 42, 30, 20, ?

A. 22   B. 26   C. 12   D. 62

Q.80 यदि 2365A, 9 से विभाज्य है, तो A का मान ज्ञात कीजिए।

A. 2   B. 3   C. 0   D. 1

Q.81 तीन क्रमागत सम संख्याओं में, पहली दो संख्याओं का योग तीसरी संख्या से 14 अधिक है। सबसे छोटी संख्या ज्ञात कीजिए।

A. 16   B. 18   C. 20   D. 14

Q.82 यदि दो निरंतर सम संख्याओं का योग 66 है, तो छोटी संख्या है:

A. 34   B. 32   C. 42   D. 24

Q.83 $36 - [18 - \{14 - (15 - 4 \div 2 \times 2)\}]$ सरलीकृत कीजिए।

A. 40   B. 30   C. 20   D. 21

Q.84 एक छात्र को 170 अंक मिलते हैं जो 34% के बराबर है। यदि वह 200 अंक प्राप्त करता है तो अंकों का तुल्य प्रतिशत कितना होगा?

A. 50%   B. 40%   C. 45%   D. 55%

Q.85 यदि कोई व्यक्ति अपनी कुर्सी 720 में बेचता है, तो उसे 25% का नुकसान होगा। 25% प्राप्त करने के लिए उसे इसे कितने में बेचना चाहिए?

A. 1200 रुपये   B. 1000 रुपये
C. 960 रुपये   D. 960 रुपये

Q.86 $150.75 \div 0.6$ विभाजित करें।

A. 251.25   B. 2512.5   C. 25125   D. 25.125

Q.87 900 के लिए रोमन अंक लिखिए।

A. CM   B. M   C. C   D. CMVIII

Q.88 रोमन प्रणाली में दोहराए जा सकने वाले अंक हैं:

A. I, X और C   B. I, V और X
C. V, L और D   D. D

Q.89 90 और 100 के बीच अभाज्य संख्याओं का योग है:

A. 97   B. 100   C. 99   D. 95

Q.90 101 और 120 के बीच भाज्य संख्याओं की संख्या हैं:

A. 11   B. 12   C. 13   D. 14

Q.91 80,90,100,110,120,130 का औसत ज्ञात कीजिए।

A. 100   B. 105   C. 110   D. 115

Q.92 $\frac{2}{3} + \frac{1}{11}$ हल करें।

A. $\frac{25}{33}$ B. $\frac{15}{21}$ C. $\frac{18}{25}$ D. $\frac{21}{37}$

Q.93 $16 - 2 \div 7 + 6 \times 2$ सरलीकृत कीजिए।

A. $27\frac{5}{7}$ B. $27\frac{2}{9}$ C. $27\frac{1}{7}$ D. $27\frac{2}{3}$

Q.94 यदि दो संख्याएँ 101 और 151 हैं। उनका HCF ज्ञात कीजिए।

A. 1   B. 101   C. 151   D. 251

Q.95 3 लिफाफों का मूल्य ₹ 15 है। 5 लिफाफों का मूल्य ज्ञात कीजिए।

A. ₹ 20   B. ₹ 25   C. ₹ 30   D. ₹ 40

Q.96 यदि $\frac{2x}{3} = 18$, तो x बराबर है:

A. 36   B. 54   C. 32   D. 27

Q.97 यदि एक वर्ग का परिमाप 36 सेमी है, तो उसका क्षेत्रफल है:

A. 6 वर्ग सेमी   B. 9 वर्ग सेमी
C. 18 वर्ग सेमी   D. 81 वर्ग सेमी

Q.98 यदि एक आयताकार भूखंड का क्षेत्रफल 180 वर्ग मीटर है और इसकी लंबाई 15 मीटर है, तो इसकी चौड़ाई है:

A. 12 मीटर   B. 14 सेमी   C. 60 मीटर   D. 9 मीटर

Q.99 3920 का वर्गमूल क्या है?

A. $28\sqrt{5}$ B. $26\sqrt{5}$
C. $24\sqrt{5}$ D. इनमें से कोई नहीं

Q.100 हल कीजिए $25 + \frac{3}{100} + \frac{4}{1000} = 0$

A. 25.34   B. 25.304   C. 25.034   D. 25.0034

// स्मार्ट उत्तर पुस्तिका //

सही उत्तर — उन छात्रों का प्रतिशत जिन्होंने प्रश्नों का सही उत्तर दिया था।   **छोड़ दिया** — उन छात्रों का प्रतिशत जिन्होंने प्रश्नों को छोड़ दिया था।

प्रश्न संख्या	उत्तर	सही उत्तर / छोड़ दिया	प्रश्न संख्या	उत्तर	सही उत्तर / छोड़ दिया	प्रश्न संख्या	उत्तर	सही उत्तर / छोड़ दिया	प्रश्न संख्या	उत्तर	सही उत्तर / छोड़ दिया	प्रश्न संख्या	उत्तर	सही उत्तर / छोड़ दिया
1	C	42.22 % / 1.56 %	17	C	86.09 % / 0.0 %	33	D	56.7 % / 1.33 %	49	A	57.59 % / 1.92 %	65	D	50.5 % / 1.5 %
2	B	51.66 % / 1.69 %	18	B	89.41 % / 0.0 %	34	A	87.01 % / 0.0 %	50	A	55.83 % / 1.46 %	66	B	51.11 % / 1.71 %
3	D	89.14 % / 0.0 %	19	C	68.31 % / 1.41 %	35	C	84.27 % / 0.0 %	51	A	85.1 % / 0.0 %	67	D	41.2 % / 1.37 %
4	B	49.08 % / 1.24 %	20	C	66.36 % / 1.37 %	36	A	44.26 % / 1.2 %	52	B	30.8 % / 3.7 %	68	B	43.44 % / 1.7 %
5	D	88.54 % / 0.0 %	21	C	41.02 % / 1.24 %	37	B	89.71 % / 0.0 %	53	A	68.55 % / 1.31 %	69	C	69.52 % / 1.88 %
6	C	55.33 % / 1.05 %	22	C	88.19 % / 0.0 %	38	A	56.97 % / 1.83 %	54	A	57.09 % / 1.04 %	70	D	63.64 % / 1.94 %
7	C	48.69 % / 1.05 %	23	D	56.85 % / 1.57 %	39	B	79.42 % / 0.0 %	55	C	65.73 % / 1.3 %	71	B	63.54 % / 1.81 %
8	A	83.58 % / 0.0 %	24	A	65.82 % / 1.12 %	40	B	61.21 % / 1.79 %	56	C	64.37 % / 1.57 %	72	A	40.1 % / 1.13 %
9	C	55.9 % / 1.81 %	25	B	67.48 % / 1.54 %	41	A	17.89 % / 3.52 %	57	A	55.88 % / 1.91 %	73	C	67.84 % / 1.93 %
10	B	66.4 % / 1.3 %	26	A	51.53 % / 1.22 %	42	D	69.84 % / 1.07 %	58	A	51.23 % / 1.17 %	74	B	60.44 % / 1.89 %
11	B	82.34 % / 0.0 %	27	A	44.45 % / 1.88 %	43	A	62.56 % / 1.72 %	59	D	68.5 % / 1.1 %	75	C	68.42 % / 1.4 %
12	D	58.42 % / 1.07 %	28	A	48.52 % / 1.18 %	44	C	40.84 % / 1.85 %	60	D	58.36 % / 1.83 %	76	C	56.8 % / 1.15 %
13	C	62.49 % / 1.79 %	29	C	59.19 % / 1.48 %	45	A	69.92 % / 1.85 %	61	C	47.12 % / 1.93 %	77	A	87.35 % / 0.0 %
14	C	49.37 % / 1.35 %	30	B	88.81 % / 0.0 %	46	B	68.97 % / 1.93 %	62	D	51.7 % / 1.95 %	78	A	67.49 % / 1.47 %
15	D	46.54 % / 1.46 %	31	D	58.21 % / 1.23 %	47	C	50.28 % / 1.87 %	63	C	58.2 % / 1.93 %	79	C	13.41 % / 3.73 %
16	A	46.28 % / 1.54 %	32	C	47.32 % / 1.79 %	48	A	56.45 % / 1.63 %	64	D	44.53 % / 1.9 %	80	A	53.06 % / 1.1 %

प्रश्न संख्या	उत्तर	सही उत्तर / छोड़ दिया
81	A	63.64 %
		1.18 %
82	B	88.66 %
		0.0 %
83	D	49.8 %
		1.63 %
84	B	46.15 %
		1.71 %

प्रश्न संख्या	उत्तर	सही उत्तर / छोड़ दिया
85	A	66.35 %
		1.7 %
86	A	55.7 %
		1.48 %
87	A	63.94 %
		1.44 %
88	A	43.42 %
		1.05 %

प्रश्न संख्या	उत्तर	सही उत्तर / छोड़ दिया
89	A	76.47 %
		0.0 %
90	D	46.93 %
		1.77 %
91	B	77.4 %
		0.0 %
92	A	81.81 %
		0.0 %

प्रश्न संख्या	उत्तर	सही उत्तर / छोड़ दिया
93	A	78.59 %
		0.0 %
94	A	80.31 %
		0.0 %
95	B	81.22 %
		0.0 %
96	D	85.32 %
		0.0 %

प्रश्न संख्या	उत्तर	सही उत्तर / छोड़ दिया
97	D	87.64 %
		0.0 %
98	A	49.08 %
		1.8 %
99	A	57.07 %
		1.01 %
100	C	69.67 %
		1.98 %

//संकेत और समाधान//

1. दिए गए विकल्पों में से 'जिस पर अनुग्रह किया गया हो' उसके लिए उचित शब्द 'अनुगृहीत' होगा।

अर्थात जिस पर अनुग्रह किया गया हो के लिए एक शब्द अनुग्रहीत है।

अनुगृहीत शब्द का अर्थ: उपकृत, एहसानमंद, कृतज्ञ।

अत: विकल्प (C) सही है।

2. 'जो उत्तर न दे सके' वाक्यांश के लिए एक शब्द 'निरुत्तर' होता है। अर्थात जो उत्तर न दे सके के लिए एक शब्द निरुत्तर है।

निरुत्तर का अर्थ: अनुत्तर, अनूतर, ज़बानबंद, बेजवाब, लाजवाब

उदाहरण: निरुत्तर छात्र एक दूसरे का मुँह देख रहे थे।

अत: विकल्प (B) सही है।

3. दिए गए विकल्पों में पूर्ण भूत काल का उदाहरण "मैं कल मंजू के घर गयी थी।" है।

पूर्ण भूतकाल: क्रिया के जिस रूप से काम के कुछ समय पूर्व ही पूरा होने का पता चले अर्थात काम अभी-अभी समाप्त हुआ कहते है।

उदाहरण:

- वह सो चूका था।
- वह रो चूका था।
- वह गा चूका था।

अत: विकल्प (D) सही है।

4. किसी और के लिखे गए वाक्य का प्रयोग करने के लिए उद्धरण चिह्न प्रयुक्त होता है।

जैसे - हरिवंश राय बच्चन ने कहा है - "मन का हो तो अच्छा, मन का न हो तो भी अच्छा"

अवतरण चिन्ह या उद्धरण चिन्ह	गांधी जी ने कहाँ था "अहिंसा परम धर्म है"	'....' "...."

अत: विकल्प (B) सही है।

5. वाक्य "क्या आप दिल्ली के रहनेवाले हैं" में 'प्रश्नवाचक चिन्ह का प्रयोग होता है

प्रश्नवाचक चिन्ह (?)	बातचीत के दौरान जब किसी से कोई बात पूछी जाती है अथवा कोई प्रश्न पूछा जाता है, तब वाक्य के अंत में प्रश्नसूचक-चिन्ह का प्रयोग किया जाता है।	तुम्हारी माताजी का नाम क्या है ?

अत: विकल्प (D) सही है।

6. 'पंडित' शब्द की भाववाचक संज्ञा 'पांडित्य' होगी जिससे पंडिताई के भाव का बोध हो रहा है।

जिन शब्दों से किसी प्राणी या पदार्थ के गुण भाव स्वभाव के अवस्था का बोध होता है, उन्हें भाववाचक कहते हैं।

जैसे- बचपन, बुढ़ापा, मोटापा, मिठास, उमंग, चढ़ाई, थकावट, मानवता, चतुराई, जवानी, लम्बाई, मित्रता, मुस्कुराहट, अपनापन, परायापन, भूख, प्यास, चोरी, क्रोध, सुन्दरता आदि।

अत: विकल्प (C) सही है।

7. 'किताब का कीड़ा होना' का उपयुक्त अर्थ 'बहुत अधिक पढ़ने वाला' है।

वाक्य प्रयोग- विद्यार्थी को केवल किताब का कीड़ा नहीं होना चाहिए, बल्कि स्वस्थ शरीर और उन्नत मस्तिष्क वाला होनहार युवक होना चाहिए।

अत: विकल्प (C) सही है।

8. 'कच्चा चिट्ठा खोलना' का उपयुक्त अर्थ 'सारा भेद खोल देना' है।

वाक्य प्रयोग- न्यूज चैनल ने नामी नेता का कच्चा चिट्ठा जनता के सामने खोल दिया।

अत: विकल्प (A) सही है।

9. 'खबरदार! उससे बात नहीं करनी।' यह सम्बोधन कारक का उदाहरण है।

संज्ञा या जिस रूप से किसी को पुकारने तथा सावधान करने का बोध हो, उसे सम्बोधन कारक कहते हैं।

इसका सम्बन्ध न क्रिया से और न किसी दूसरे शब्द से होता है।

यह वाक्य से अलग रहता है।

इसके लिए (!) इस चिह्न का प्रयोग किया जाता है।

अत: विकल्प (C) सही है।

10. 'विनियंत्रण' शब्द में 'वि' उपसर्ग है।

विनियंत्रण शब्द में मूल शब्द 'नियंत्रण' है और 'वि' उपसर्ग के योग से यह शब्द निर्मित हुआ है।

जो शब्दांश शब्दों के प्रारम्भ में जुड़ कर उनके अर्थ में कुछ विशेषता लाते हैं, वे उपसर्ग कहलाते हैं।

अत: विकल्प (B) सही है।

11. दिए गए विकल्पों में 'परसाल' शब्द में 'पर' उपसर्ग है।

'परसाल' शब्द 'पर + साल = परसाल'

परसाल का अर्थ पिछले साल या अगले साल है।

जो शब्दांश शब्दों के प्रारम्भ में जुड़ कर उनके अर्थ में कुछ विशेषता लाते हैं, वे उपसर्ग कहलाते हैं।

अत: विकल्प (B) सही है।

12. इस कबूतर को पिंजरे से निकालो इसमें सार्वनामिक विशेषण हैं।

ऐसे सर्वनाम शब्द जो संज्ञा से पहले लगकर उस संज्ञा शब्द की विशेषण की तरह विशेषता बताते हैं, वे शब्द सार्वनामिक विशेषण कहलाते हैं। यह शब्द सर्वनाम के लिए विशेषण का काम करते हैं। जैसे: मेरी पुस्तक , कोई बालक , किसी का महल , वह लड़का , वह बालक , वह पुस्तक , वह आदमी , वह लडकी आदि।

अत: विकल्प (D) सही है।

13. हिंदी में कुल '11' सर्वनाम हैं।

हिंदी के मूल सर्वनाम 11 हैं, जैसे- मैं, तू, आप, यह, वह, जो, सो, कौन, क्या, कोई, कुछ।

सर्वनाम उन शब्दों को कहा जाता है, जिन शब्दों का प्रयोग संज्ञा अर्थात किसी व्यक्ति, वस्तु, स्थान आदि, के नाम के स्थान पर करते हैं। इसके अंतर्गत मै, तुम, तुम्हारा, आप, आपका, इस, उस, यह, वह, हम, हमारा ,आदि शब्द आते हैं।

अत: विकल्प (C) सही है।

14. बन्दुक एक बहुत ही उपयोगी **शस्त्र** है।

संपूर्ण वाक्य: बन्दुक एक बहुत ही उपयोगी 'शस्त्र' है।

शस्त्र मतलब हथियार, कोई ऐसा यंत्र और औजार, जिससे युद्ध के समय शत्रु पर प्रहार किया जाता है।

- शास्त का अर्थ है: ज्ञान की कोई शाखा या हिंदू धर्म के पवित्र ग्रंथ।
- वस्त्र का अर्थ है: मतलब कपड़ा, पहनावा, परिधान और पोशाक।
- सर्वत्र का अर्थ है: हर स्थान पर और पूर्ण रूप से।

अतः विकल्प (C) सही है।

15. बहुएँ खाना तैयार करती हैं।

दिया गया वाक्य बहुवचन में है इसलिए रिक्त स्थान में बहुवचन शब्द का प्रयोग किया जाएगा।

संपूर्ण वाक्य: बहुएँ खाना तैयार करती हैं।

'करती हैं' के साथ बहू और लड़की नहीं आ सकता, क्योंकि यह दोनों एक वचन शब्द हैं।

भैया गलत उत्तर है क्योंकि 'करती' शब्द के साथ स्त्रीलिंग शब्द आएगा, और भैया पुल्लिंग शब्द है।

अतः विकल्प (D) सही है।

16. जिन स्वरों के उच्चारण में मुख के साथ-साथ नासिका की भी सहायता लेनी पड़ती है अर्थात् जिन स्वरों का उच्चारण मुख और नासिका दोनों से किया जाता है वे अनुनासिक स्वर कहलाते हैं। इनका चिह्न चन्द्रबिन्दु (ँ) है। 'अँ' अनुनासिक स्वर का उदाहरण है। जैसे-हँसना, आँख।

अतः विकल्प (A) सही है।

17. बहुवचन - शब्द के जिस रूप से उसके एक से अधिक होने का बोध हो, वह बहुवचन कहलाते हैं।

'घोड़ा' शब्द का बहुवचन शब्द 'घोड़े' होगा।

अतः विकल्प (C) सही है।

18. यहां सही वर्तनी वाला शब्द है - "स्थायित्व"। है। अन्य विकल्प असंगत हैं।

'स्थायीत्व, इस्थायित्व, स्थाईत्व' यह तीनों स्थायित्व शब्द की गलत वर्तनी है।

इन तीनों की सही वर्तनी 'स्थायित्व' शब्द में दिखाई देती है।

स्थायित्व शब्द का अर्थ है- स्थाई या पक्का होने का भाव।

अतः विकल्प (B) सही है।

19. 'नाविक' का सही संधि-विच्छेद 'नौ + इक' है। यहाँ औ + ई = आव् में परिवर्तित होने के कारण अयादि संधि है।

अयादि संधि: ए, ऐ, ओ, औ के बाद कोई भिन्न स्वर जाता है तो 'ए' का अय, 'ऐ' का आय्, 'ओ' का अव् तथा 'औ' का आव् हो जाता है, इसे अयादि संधि कहते हैं।

अतः विकल्प (C) सही है।

20. भयंकर प्राकृतिक दृश्यों को देखकर अथवा प्राणों के विनाशक बलवान् शत्रु को देखकर भय उत्पन्न होना भयानक रस है।

भयानक रस की विशेषताएँ निम्नलिखित है:

- भयानक रस का स्थायी भाव भय है।
- भयंकर प्राकृतिक दृश्यों को देखकर अथवा प्राणों के विनाशक बलवान् शत्रु को देखकर उसका वर्णन सुनकर भय उत्पन्न होता है।
- जैसे- "एक ओर अजगरहि लखि, एक ओर मृगराय। बिकल बटोही बीच ही, परयौ मूरछा खाय।।"

अतः विकल्प (C) सही है।

21. 'वक्ता' का विलोम शब्द 'श्रोता' होता है।

वक्ता के पर्यायवाची शब्द हैं - वाचक, व्याख्याता, भाषणकर्त्ता, तकरीर करने वाला।

श्रोता के पर्यायवाची शब्द हैं - सुनने वाला, श्रवणकर्ता।

अतः विकल्प (C) सही है।

22. दिए गए शब्दों में से 'पानिप' शब्द तत्सम नहीं है।

पानिप का अर्थ पानी होता है। अन्य सभी विकल्प तत्सम शब्द हैं।

अतः विकल्प (C) सही है।

23. दिए गए शब्दों में से 'उपखान' शब्द तत्सम नहीं है। अन्य सभी शब्द तत्सम हैं।

तत्सम शब्द संस्कृत भाषा के दो शब्दों, तत् + सम् से मिलकर बना है। तत् का अर्थ है – उसके, तथा सम् का अर्थ है – समान। अर्थात – ज्यों का त्यों। जिन शब्दों को संस्कृत से बिना किसी परिवर्तन के ले लिया जाता है, उन्हें तत्सम शब्द कहते हैं।

तत्सम शब्द में ध्वनि परिवर्तन नहीं होता है। जैसे – आम्र, अग्नि, अमूल्य, क्षेत्र, अज्ञान, अन्धकार, चंद्र, बांग्ला, मराठी, गुजराती, हिंदी, पंजाबी, कन्नड़, तेलगु, मलयालम आदि।

अतः विकल्प (D) सही है।

24. "जो कलम तुम्हारे पास है वह मेरी है।" मिश्रित वाक्य है।

जिस वाक्य में एक से अधिक वाक्य मिले हों, किन्तु एक प्रधान उपवाक्य तथा शेष आश्रित उपवाक्य हों, मिश्रित वाक्य कहलाता है।

"जो कलम तुम्हारे पास है" यह प्रधान उपवाक्य है, "वह मेरी है।" यह आश्रित उपवाक्य है। इसलिए यह एक मिश्रित वाक्य होगा।

उदाहरण: मुझे तुम पर विश्वास है कि तुम परीक्षा में पास हो जाओगे।

अतः विकल्प (A) सही है।

25. "मैंने उसे उठाया और खाना खिलाया।" संयुक्त वाक्य है।

जिस वाक्य में दो या दो से अधिक उपवाक्य मिले हों, परन्तु सभी वाक्य प्रधान हो तो ऐसे वाक्य को संयुक्त वाक्य कहते है।

उदाहरण: महेश खेलता है और रमेश पढ़ता है।

अतः विकल्प (B) सही है।

26. Correct sentence: The bamboo clumps flower all at the same time only once **in** the plant's lifetime.

The preposition 'in' is also used to express a period of time during which an event happens.

In the given sentence, we can see that the plant's lifetime is the period of time during which the event of flowering takes place.

- 'Into' is used for expressing movement or action with the result that someone or something becomes enclosed or surrounded by something else.
- 'On' is used when an object is physically in contact with and supported by a surface.
- 'Over' is used when the motion or position of an object is higher than another object but there is no physical contact between the two.

Hence, the correct option is (A).

27. Correct sentence: "I am looking forward **to seeing** you."

- Some words use V_1+ing after them.

- The given sentence is erroneous for the wrong usage of the main verb after the phrase looking forward.
- Gerund: It is denoted by 'V₁+ing'

For example:

Swimming is good exercise.

I learnt cooking.

When there are certain phrases in the sentence like addicted to, accustomed to, look forward to, taken to, with a view to, etc., then gerund is used with them.

Hence, the correct option is (A).

28. Correct sentence: 'Neither the boys nor the teacher **is** present.'

- If the subject is made up of both singular and plural words connected by or, nor, either ...or, neither ... nor, not only ... but also, the verb agrees with the nearer part of the subject. For example,
- 'Neither the salesmen nor the buyer is in favour of the proposed change.'
- 'Neither the buyer nor the salesmen are in favour of the proposed change.'
- In the given sentence, two subjects 'the boys' and 'the teacher' are connected with 'neither... nor.'
- As a result, the verb following will concord with its nearer subject, i.e. 'the teacher' and the verb will be third person singular.

Hence, the correct option is (A).

29. Correct sentence: '**Every**' is used with singular nouns to refer to all the members of a group of things or people.

Example:

- Every player wants to be in a winning team.
- We know every student in the school.
- According to the explanation and example that are given above, 'Every' is the correct choice for the blank.

Here, in the given sentence 'team member' is a singular noun. So, the usage of 'Every' is correct.

Hence, the correct option is (C).

30. Correct sentence: Robert is **a** European.

We use articles 'a' and 'an' for specific identity who is not known.

- Article 'a' for consonant sound words.
- Article 'an' for vowel sound words.

We use 'the' for specific identities that are known to us. 'One' is the number indicating a single unit.

For the given sentence, 'a' article will be grammatically and contextually correct. This is because it begins with a vowel e but it begins with the pronunciation yu.

Hence, the correct option is (B).

31. Correct sentence: This is in conformity with the rules laid down by the Corporation.

"With" means in the company or presence of somebody/something or in connection with; in the case of.

- Example: Be careful with the glasses.

In the given sentence, the conformity is in connection with the rules laid by the Corporation.

Thus, from the above explanation, it is clear that the correct preposition to use is "with."

Hence, the correct option is (D).

32. Correct sentence: Children **have been studying** online for more than a year now.

The given sentence is talking about an incident that started in the past and is continuing at the present time.

- So, we need to write this sentence in the Present Perfect Continous Tense.
- The present perfect continuous tense (also known as the present perfect progressive tense) shows that something started in the past and is continuing at the present time.
- The present perfect continuous is formed using the construction has/have been + the present participle (root + -ing).
- Example: I have been reading War and Peace for a month now.

Hence, the correct option is (C).

33. Correct Sentence: He has been behaving in an eccentric manner **lately**.

First of all, the given sentence is in the present perfect tense.

We need to choose the appropriate adverb from the given options which will be filled in the given blank.

Let us explore the given options:

- Later: Later is an adverb that means at a time in the near future; soon or afterward.
- Late: Later is an adverb that means after the expected, proper, or usual time.
- Early: in or during the first part of a period of time, before the usual or expected time.

The marked option 'Lately' is used for recent states, and repeated events, it goes mostly with the present perfect.

So, from the given usage of different adverbs, the most appropriate adverb is 'Lately'.

Hence, the correct option is (D).

34. 'Wow!' is an interjection used in the above statement which is used to express surprise or admiration. Interjections are usually accompanied by an exclamation mark (!)

Whereas other options are not the form of interjections.

Hence, the correct option is (A).

35. The correct answer is 'All the passengers, with the driver, were killed in the accident.'

A subject remains singular or plural regardless of any intervening expressions; the verb always maintains concord with that subject.

- For example, Gagan, as well as the rest of her family, was late.

The reported events usually take past tense.

- For example, The Indian team left for New Zealand yesterday.

Considering the above points and after reading the given variants of the sentence, we can see that the correct sentence is:

'All the passengers, with the driver, were killed in the accident.'

Hence, the correct option is (C).

36. The Object of a verb or of a preposition, when it is a pronoun, should be in the objective form.

- Example - Between you and me affairs look dark.

The phrase 'Between you and me' contains a preposition: the word between. That means it requires an object pronoun, or the word me, which functions as the object of the preposition.

The objective form of the Pronoun 'I' is 'me'.

Thus, the grammatically correct sentence is 'Between you and me, Mr Sharma is not to be trusted'.

Hence, the correct option is (A).

37. 'Autobiography' is the biography of a person narrated by himself or herself.

Example: Gandhi Ji's autobiography, which he had titled 'My experiments with Truth' can be rated as one of the most popular and the most influential books in recent history.

Hence, the correct option is (B).

38. 'Mischeif' is spelled incorrectly.

Mischief meaning: bad behaviour (usually of children) that is not very serious

The correct spelling is 'Mischief' which means "a specific injury or damage attributed to a particular agent".

Example: She wanted to explain how much mischief might be done by such reports.

Hence, the correct option is (A).

39. The word 'honesty' is an abstract noun. This word refers to the quality or characteristic of being honest and truthful.

Abstract nouns includes nouns which express ideas, concepts or qualities that cannot be seen or experienced. Examples include words like anger, liberty, freedom etc.

Hence, the correct option is (B).

40. Simple past tense is the tense used in the sentence "Someone picked my pocket".

- Simple tenses are the verbs used to describe things that had already occurred in the past.

- In simple past tense, the action present in it will always be done stating it past tense.

- The verbs which are being used should also be in simple past tense only.

- Usually, the simple past tense verbs end with "-ed".

- In the sentence, "Someone picked my pocket", "picked" is the verb used in the past tense.

Hence, the correct option is (B).

41. Assembly is the action of gathering together for a common purpose.

Often used to describing a gathering of people the word assembly can also refer to putting something together, such as a machine or a piece of furniture.

From the meaning of the given words, we can say that gathering is the synonym of assembly.

Hence, the correct option is (A).

42. The meaning of the given words:

Chore: a job or a piece of work that is often boring or is unpleasant but needs to be done regularly.

Task: a piece of work to be done.

So, from the meaning of the given words we can say that task is the synonyms of chore.

Hence, the correct option is (D).

43. Arrogant means 'a sense that one is more important or able than one actually is.

'Humble' means 'having a modest or low estimate of one's importance.

So, from the meaning of the words, we can say that humble is the opposite of arrogant.

Hence, the correct option is (A).

44. The meaning of the given words:

- EARN means to obtain money.

- LOSE means to be deprived of or to cease to have money.

- WIN means to be victorious.

- OBTAIN means to get something.

- DESERVE means to be worthy of.

From the meaning of the given words, we can say that lose is the antonym of earn.

Hence, the correct option is (C).

45. The given blank needs a phrasal verb that means to show up for the interview.

So, turned up which means (of a person) to arrive is the correct phrasal verb for the given blank.

The sentence would become: "Ten candidates turned up for the interview."

The meaning of the other options are as follows -

- turned down - to refuse or decline a request. - My credit card application was turned down by the bank because of my bad credit.

- turned over - to change position so that the other side is facing toward the outside or the top. - The car skidded and turned over.

- turned out - to happen in a particular way. - Despite our worries everything turned out well.

Hence, the correct option is (A).

46. The first word denotes a class of objects stored in the structure defined in the second word.

The grain is stored in a warehouse.

Similarly, Water is stored in a dam.

Hence, the correct option is (B).

47. By reading the sentence, we can see that the fillers need a pair of correlative conjunctions which indicate similar in their sense/polarity (both positive or negative).

- In the given options, the only correct correlative pair of conjunctions is 'neither... nor' which is used when you are talking about two or more things that are not true or that do not happen.

- So, the correct choice for the words to fill the blanks is 'neither, nor' and the correct sentence: 'It is neither useful nor ornamental.'

Hence, the correct option is (C).

48. The most appropriate word for the given group of words is 'utopia'.

It means 'a place or state that exists only in the imagination, where everything is perfect.'

- Example: We weren't out to design a contemporary utopia.

Hence, the correct option is (A).

49. The feminine of a **father** is a mother.

The word **father** describes a man.

Hence, the correct option is (A).

50. The meaningful word from the words "EMUOARYHJE" is "mother".

"Mother" is important member of a family. a woman in relation to her child or children. etc.

Example: I want to see your mother.

Hence, the correct option is (A).

51. स्वतंत्रता के बाद से भारत में तीन बार आपातकाल की स्थिति घोषित की गई है।

26 अक्टूबर 1962 से 10 जनवरी 1968 के बीच भारत-चीन युद्ध के दौरान आपातकाल लागू किया गया था, यह वह समय था जब "भारत की सुरक्षा" को "बाहरी आक्रमण से खतरा" घोषित किया गया था।

3 से 17 दिसंबर 1971 के बीच भारत-पाकिस्तान युद्ध के दौरान दूसरे आपातकाल की घोषणा भी की गई थी, बाद में इसे 25 जून 1975 को प्रधानमंत्री इंदिरा गांधी द्वारा लगाए गए तीसरे उद्घोषण के साथ बढ़ाया गया था। यह 'आपातकाल' आंतरिक गड़बड़ी के कथित खतरे के कारण लगाया गया था।

तीसरा आपातकाल नाटकीय रूप से समाप्त हो गया क्योंकि जैसे ही यह शुरू हुआ, इसके परिणामस्वरूप 1977 के लोकसभा चुनाव में कांग्रेस की हार हुई थी।

अतः विकल्प (A) सही है।

52. व्यंजन द्वादशी का पर्व खाद्य सुरक्षा को बढ़ावा देने की दिशा में यह ओडिशा में मनाया जाता है।

व्यंजन द्वादशी पर्व:

- यह त्यौहार कम से कम 701 व्यंजन तैयार किए जाने के साथ एक पाक कला संबंधी और स्वादलोलुप उत्सव है।

- यह मार्गशिरा (मध्य दिसंबर से मध्य जनवरी) के महीने में शुक्ल पक्ष या चंद्रमा के वर्धन चरण के 12वें दिन (द्वादशी) को विभिन्न प्रकार के भोजन (व्यंजन) बनाये जाते है।

- यह त्यौहार महाभारत के एक प्रसंग की याद दिलाता है जहां यशोदा देखती है कि उसका पुत्र कृष्ण पीला और कमजोर पड़ गया है।

अतः विकल्प (B) सही है।

53. ओंकारेश्वर महादेव मंदिर नर्मदा के उत्तरी तट पर स्थित है।

यह मध्य प्रदेश के खंडवा जिले में स्थित है। यह नर्मदा नदी के बीच मन्धाता या शिवपुरी नामक द्वीप पर स्थित है। यह भगवान शिव के बारह ज्योतिर्लिंगओं में से एक है।

अत: विकल्प (A) सही है।

54. जब हम आवर्त सारणी में ऊपर से नीचे की ओर बढ़ते हैं, तो क्षार धातुओं का आकार बढ़ता है।

क्षार धातु आवर्त सारणी में समूह 1 में मौजूद तत्व हैं। वे बहुत प्रतिक्रियाशील धातु हैं और उनकी प्रतिक्रियाशीलता बढ़ जाती है क्योंकि हम परमाणु आकार में वृद्धि के कारण समूह को ऊपर से नीचे की ओर ले जाते हैं। क्षारीय धातुओं में एक इलेक्ट्रॉन होता है जो उनके संबंधित संयोजी कोश में होता है। उनके पास इस इलेक्ट्रॉन को खोने और निकटतम नोबल गैस के स्थिर विन्यास को प्राप्त करने की एक मजबूत प्रवृत्ति है। इस प्रकार, क्षार धातुओं की प्रतिक्रिया इलेक्ट्रॉनों को खोने की उनकी क्षमता पर निर्भर करती है।

चूंकि इलेक्ट्रॉनों को खो देने की उनकी प्रवृत्ति समूह में वृद्धि करती है इसलिए उनकी प्रतिक्रिया समूह को बढ़ाती है।

अतः विकल्प (A) सही है।

55. भूटान की राष्ट्रीय मुद्रा नोंगुम है।

भूटान हिमालय के पर्वतीय क्षेत्र में तिब्बत और भारत के बीच स्थित एक छोटा सा देश है। यह चीन और भारत के बीच स्थित भूमि आबद्ध देश है। भूटान की मुद्रा भूटानी नोंगुम है। भूटान में एकमात्र आधिकारिक राष्ट्रीय भाषा ज़ोंगखा है।

अत: विकल्प (C) सही है।

56. सभी ग्रह सूर्य के चारों ओर दीर्घ वृताकार पथ में चक्कर लगाते हैं।

जब कोई वस्तु वृत्ताकार गति में नहीं बल्कि दीर्घ वृताकार पथ में दूसरी वस्तु के चारों ओर घूमती है, तो इसे दीर्घ वृताकार पथ या अण्डाकार कक्षा कहा जाता है।

अत: विकल्प (C) सही है।

57. 30 सितंबर, 2022 को हरियाणा के करनाल ज़िले के शूटर अनीश भानवाला ने गुजरात के अहमदाबाद में आयोजित हो रहे 36वें राष्ट्रीय खेलों में शूटिंग में गोल्ड मेडल हासिल किया।

अनीश भानवाला एक भारतीय निशानेबाज हैं। वे करनाल, हरियाणा से हैं। वे 25 मीटर रैपिड फायर पिस्टल, 25 मीटर पिस्टल तथा 25 मीटर स्टैंडर्ड पिस्टल स्पर्धाओं में भाग लेते हैं। अनीश 2017 से भारतीय निशानेबाजी टीम का हिस्सा हैं।

अत: विकल्प (A) सही है।

58. संत कबीर दास 15वीं शताब्दी के प्रसिद्ध हिंदी कवि थे, जो उत्तर प्रदेश के वाराणसी के हैं।

* उनका जन्म 1425 ई में वाराणसी में हुआ था।
* उनका प्रारंभिक जीवन एक मुस्लिम परिवार में था, लेकिन वे अपने शिक्षक, हिंदू भक्ति नेता रामानंद से काफी प्रभावित थे।
* कबीर की विरासत जीवित है और कबीर पंथ के माध्यम से जारी है, एक धार्मिक समुदाय जो उन्हें अपने संस्थापक के रूप में पहचानता है और संत मैट संप्रदायों में से एक है।
* कबीर की मुख्य रचना साखी, सबद, रमैनी थी।
* कबीर के छंद सिख धर्म के ग्रंथ गुरु ग्रंथ साहिब में पाए गए थे।

अत: विकल्प (A) सही है।

59. इलाहाबाद विश्वविद्यालय एक सार्वजनिक केंद्रीय विश्वविद्यालय है जो इलाहाबाद (अब प्रयागराज), उत्तर प्रदेश, भारत में स्थित है।

* यह 23 सितंबर 1887 को स्थापित किया गया था, यह भारत के सबसे पुराने आधुनिक विश्वविद्यालयों में से एक है।
* इसकी उत्पत्ति मुइर सेंट्रल कॉलेज में हुई, जिसका नाम 1876 में उत्तर-पश्चिमी प्रांतों के उपराज्यपाल सर विलियम मुइर के नाम पर रखा गया।
* एक समय पर, इसे "पूर्व का ऑक्सफोर्ड" के रूप में जाना जाता था।
* भारत की संसद द्वारा इलाहाबाद विश्वविद्यालय 2005 के माध्यम से केंद्रीय विश्वविद्यालय का दर्जा फिर से स्थापित किया गया।
* मुइर सेंट्रल कॉलेज की आधारशिला भारत के गवर्नर जनरल लॉर्ड नार्थब्रुक ने 9 दिसंबर 1873 को रखी थी।

अत: विकल्प (D) सही है।

60. उत्तर प्रदेश में कानपुर में चमड़ा उद्योग का मुख्य केंद्र है, लेकिन चमड़े के जूते, सूटकेस आगरा, बरेली, लखनऊ और मेरठ में निर्मित होते हैं।

कानपुर विश्व में चमड़ा उद्योग के लिए बहुत प्रसिद्ध है। जिले का मुख्य खनिज रेत है। रेत गंगा नदी के किनारे अधिक मात्रा में उपलब्ध है जिसका उपयोग घरों, पुलों और सड़कों आदि के निर्माण में किया जाता है। कानपुर नगर में ब्रिक सॉइल भी उपलब्ध हैं।

आगरा अपने चमड़े के काम के लिए प्रसिद्ध है। जूते, बेल्ट, बैग जैसे कई चमड़े के उत्पाद यहाँ निर्मित किए जाते हैं। कच्चा माल मुख्य रूप से कानपुर, कोलकाता, चेन्नई, ताइवान और चीन से आयात किया जाता है।

अत: विकल्प (D) सही है।

61. प्रसिद्ध सूफी संत शेख सलीम चिश्ती की दरगाह उत्तर प्रदेश के फतेहपुर सीकरी में स्थित है।

इस स्थान पर अजमेर के ख्वाजा मोइनुद्दीन चिश्ती के उत्तराधिकारी सूफी संत सलीम चिश्ती (1478 - 1572) की दरगाह है, जहाँ वे सीकरी में रिज पर एक गुफा में रहते थे। सूफी संत के सम्मान के लिए अकबर द्वारा मकबरा निर्मित करवाया गया।

अत: विकल्प (C) सही है।

62. एन जे ओझा को महात्मा गांधी राष्ट्रीय ग्रामीण रोजगार गारंटी योजना के तहत दो साल के लिए लोकपाल नियुक्त किया गया है।

एक लोकपाल के पास मनरेगा श्रमिकों से शिकायतें प्राप्त करने की शक्ति है, ऐसी शिकायतों पर विचार करें, शिकायत प्राप्त होने की तारीख से 30 दिनों के भीतर पुरस्कार पारित करें और मौके पर जांच करने के लिए निर्देश जारी करें और मजदूरी के विलंबित भुगतान या बेरोजगारी भत्ते के भुगतान से संबंधित मुद्दों सहित कोई शिकायत होने पर 'सू मोटो' कार्यवाही भी शुरू करें।

अत: विकल्प (D) सही है।

63. चित्रकोट जलप्रपात इंद्रावती नदी पर स्थित है। यह भारतीय राज्य छत्तीसगढ़ में स्थित है।

* चित्रकोट जलप्रपात को इसकी अविश्वसनीय चौड़ाई के कारण "भारत के नियाग्रा फॉल्स" के रूप में जाना जाता है।
* यह 30 मीटर की ऊँचाई से गिरता है और लगभग 985 फीट चौड़ा है, जो कि विशालकाय नियाग्रा फॉल्स का एक तिहाई है।

अत: विकल्प (C) सही है।

64. केंद्रीय मंत्री सर्बानंद सोनोवाल ने 31 जुलाई 2022 को मुंबई में चाबहार दिवस सम्मेलन का उद्घाटन किया।

इस उद्घाटन समारोह में कजाकिस्तान, ईरान, ताजिकिस्तान, किर्गिस्तान, उज्बेकिस्तान, तुर्कमेनिस्तान और अफगानिस्तान के गणमान्य व्यक्तियों ने भाग लिया।

"चाबहार दिवस" आईएनएसटीसी की शुरुआत- भारत और मध्य एशिया के बीच कार्गो की आवाजाही को किफायती बनाने की भारत की परिकल्पना के अवसर पर मनाया जाता है । ईरान स्थित चाबहार बंदरगाह क्षेत्र और विशेष रूप से मध्य एशिया के लिए वाणिज्यिक पारगमन केन्द्र है।

अत: विकल्प (D) सही है।

65. 6 जून 2022 को अंतर्राष्ट्रीय एल्युमिनियम संस्थान (IAI) के नए अध्यक्ष के रूप में सतीश पाई को नियुक्त किया गया है।

वैश्विक प्राथमिक एल्युमिनियम उद्योग का प्रतिनिधित्व करने वाली एकमात्र संस्था अंतर्राष्ट्रीय एल्युमिनियम इंस्टीट्यूट (IAI) ने सतीश पाई को अपना नया अध्यक्ष नियुक्त करने की घोषणा की। वह हिंडाल्को इंडस्ट्रीज के प्रबंध निदेशक हैं, जो दुनिया के सबसे बड़े एल्युमिनियम उत्पादकों में से एक है।

अत: विकल्प (D) सही है।

66. हरियाणा सरकार ने हाल ही में हरियाणा चीराग योजना शुरू की है। इस योजना के तहत, सरकार निजी स्कूलों में सरकारी स्कूलों के आर्थिक रूप से कमजोर वर्ग (ईडब्ल्यूएस) के छात्रों को मुफ्त शिक्षा प्रदान करेगी। चिराग योजना का अर्थ है, "मुख्यमंत्री समान शिक्षा राहत, सहायता और अनुदान"।

अत: विकल्प (B) सही है।

67. साइमा सैयद ने देश की पहली वन-स्टार राइडर बनने की उपलब्धि हासिल की है।

* साइमा सैयद नागौर, राजस्थान की एक घुड़सवार हैं।
* उन्होंने 80 किमी एंड्योरेंस रेस में कांस्य पदक जीतकर वन स्टार राइडर बनने की उपलब्धि हासिल कर देश में एक नया इतिहास रच दिया है।

- साइमा सैयद देश की पहली महिला घुड़सवार हैं जिन्हें यह श्रेणी मिली है
- साइमा सैयद ने 80 किमी एंड्योरेंस दौड़ में कांस्य पदक के साथ क्वालीफाई करके वन स्टार राइडर बनने की उपलब्धि हासिल की है।

अतः विकल्प (D) सही है।

68. इलाहाबाद के अशोक स्तंभ में गुप्त सम्राट समुद्रगुप्त (350-375 CE) की राजनीतिक और सैन्य उपलब्धियां शामिल थीं। यह उस युग के भू-राजनीतिक परिदृश्य का एक स्रोत भी है।

- यह लगभग पूरी तरह से स्तंभ को घेरे हुए है और अशोक के लघु संस्करण के आसपास लिखा गया है।
- इस शिलालेख को "प्रयाग प्रशस्ति" के रूप में भी जाना जाता है और इसे शास्त्रीय गुप्त युग के महत्वपूर्ण ऐतिहासिक दस्तावेजों में से एक माना जाता है।
- हरिसेन जो समुद्रगुप्त के दरबारी कवि थे, उन्होंने प्रयाग प्रशस्ति पर अपनी उपलब्धियों का उल्लेख किया।

अतः विकल्प (B) सही है।

69. कर्क रेखा उड़ीसा से नहीं गुजरती है। कर्क रेखा भूमध्य रेखा से 23.50 डिग्री के कोण पर उत्तर की ओर एक काल्पनिक रेखा है। कर्क रेखा 16 देशों, 3 महाद्वीपों और 6 जल निकायों से होकर गुजरती है। कर्क रेखा 8 भारतीय राज्यों गुजरात, राजस्थान, मध्य प्रदेश, छत्तीसगढ़, झारखंड, पश्चिम बंगाल, त्रिपुरा, मिजोरम से होकर गुजरती है।

अतः विकल्प (C) सही है।

70. 15 सितंबर 2022 को जोआओ लौरेंको ने अंगोला के राष्ट्रपति के रूप में दूसरे कार्यकाल के लिए शपथ ली।

68 वर्षीय लौरेंको ने राजधानी लुआंडा में अंगोला की पहली महिला उपाध्यक्ष, एस्पेरांका दा कोस्टा के साथ शपथ ली। 24 अगस्त को हुए चुनाव में सत्ताधारी MPLA पार्टी ने 220 सदस्यीय संसद में 51% वोट और 124 सीटें हासिल की थीं। अंगोला दक्षिणी अफ्रीका के पश्चिमी तट पर स्थित एक देश है।

अतः विकल्प (D) सही है।

71. सिपाहियों ने 1857 का विद्रोह शुरू किया था।

1857 का विद्रोह अंग्रेजों के औपनिवेशिक अत्याचार के खिलाफ स्वतंत्रता संग्राम की जागरूक शुरुआत थी। 10 मई 1857 को मेरठ में एक सिपाही विद्रोह के रूप में विद्रोह शुरू हुआ। यह ब्रिटिश अधिकारियों के खिलाफ बंगाल प्रेसीडेंसी में सिपाहियों द्वारा शुरू किया गया था।

अतः विकल्प (B) सही है।

72. न्यूटन के गति के नियम-

न्यूटन के पहले नियम के अनुसार, यदि एक पिंड विरामावस्था या एक सीधी रेखा में एक स्थिर गति से आगे बढ़ रहा है, यह विरामावस्था या स्थिर गति से एक सीधी रेखा में चलता रहेगा, जब तक कि कोई बाह्य बल द्वारा इस पर काम न किया जाय।

- इस परिकल्पना को जड़ता के नियम के रूप में जाना जाता है। जड़ता का नियम पहले गैलिलियो गैलिली द्वारा पृथ्वी पर क्षैतिज गति के लिए तैयार किया गया था और बाद में रेने डेकार्टेस द्वारा सामान्यीकृत किया गया था।
- गैलिलियो से पहले, यह सोचा गया था कि सभी क्षैतिज गति को प्रत्यक्ष कारण की आवश्यकता होती है। फिर भी, गैलिलियो ने अपने प्रयोगों से कहा कि गति में एक पिंड तब तक गति में रहेगा जब तक कि एक बल (जैसे घर्षण) के कारण उसे विराम नहीं मिलता।

अतः विकल्प (A) सही है।

73. ग्रेफाइट को काला सीसा और प्लंबगो के रूप में भी जाना जाता है। ब्लैक लेड (काला सीसा) शब्द आमतौर पर पाउडर या संसाधित ग्रेफाइट, रंग में मैट ब्लैक को संदर्भित करता है। ग्रेफाइट कार्बन का एक क्रिस्टलीय अलॉट्रोपे (अपरूप) है जिसमें कार्बन को षट्कोण संरचना में व्यवस्थित किया जाता है। यह बिजली का अच्छा संवाहक है और यह इसे इलेक्ट्रॉनिक उत्पादों जैसे इलेक्ट्रोड, बैटरी और सौर पैनल में उपयोगी बनाता है।

अतः विकल्प (C) सही है।

74. जयप्रभा मेनन मोहिनीअट्टम के लिए प्रसिद्ध हैं।

जयप्रभा मेनन ने भारतीय शास्त्रीय नृत्यों के क्षेत्र में एक गैर-प्रतिष्ठित प्रतिष्ठा हासिल की है। मोहिनीअट्टम का उनका प्रदर्शन कलामंडलम सरस्वती, सी वी चंद्रशेखर और भारती शिवाजी जैसे प्रतिष्ठित गुरूओं द्वारा सुसज्जित प्रतिभा प्रदर्शन के ओजस्वी प्रदर्शन के रूप में हुआ है। जयप्रभा मेनन इंटरनेशनल एकेडमी ऑफ मोहिनीअट्टम, नई दिल्ली की निदेशक हैं।

"मोहिनीअट्टम केरल की एक एकल नृत्य परंपरा है, जिसे प्रकृति नामक एक युवती ने, नृत्य और संगीत के माध्यम से स्वयं को मंदिर के देवता को समर्पित करने के लिए किया था।

अतः विकल्प (B) सही है।

75. मंजीरा मगरमच्छ वन्यजीव अभयारण्य तेलंगाना राज्य के मेडक जिले में स्थित है।

- मंजीरा अभयारण्य मंजीरा नदी के किनारे स्थित है।
- मंजीरा अभयारण्य की स्थापना जून 1978 में हुई थी।
- 1974 में, लुटेरा मगरमच्छ तेलंगाना में विलुप्त होने की दहलीज पर पहुंच गया था, मंजीरा वन्यजीव अभयारण्य में केवल चार जोड़ी मगरमच्छ बचे थे।
- आज इस अभयारण्य में लगभग 400 से 600 मगरमच्छ हैं, जो यहां किए जाने वाले मगरमच्छ प्रजनन कार्यक्रम की मदद से हैं।

अतः विकल्प (C) सही है।

76. 513 = (3 × 3 × 3) × 19

1107 = (3 × 3 × 3) × 41

783 = (3 × 3 × 3) × 29

∴ 513, 1107 और 783 का महत्तम समापवर्तक (HCF) 27 है।

अतः विकल्प (C) सही है।

77. दिया है:

राशि (P) = 5760, दर (R) = 3 और समय (T) = 6

हम जानते हैं,

$$साधारण\ ब्याज = \frac{P \times R \times T}{100}$$

$$इसलिए,\ साधारण\ ब्याज = \frac{5760 \times 3 \times 6}{100}$$

$$= 1036.8\ रु.$$

अतः विकल्प (A) सही है।

78. मान लीजिए क्रय मूल्य x रुपये

फिर विक्रय मूल्य $= 988 + \frac{1}{2}x$

लाभ $= 300$ रुपये

प्रश्न के अनुसार,

विक्रय मूल्य = क्रय मूल्य + लाभ

$$988 + \frac{1}{2}x = x + 300$$

दोनों पक्षों में 2 से गुणा करने पर

$$2 \times 988 + x = 2x + 600$$

$$1976 + x = 2x + 600$$

$$1976 - 600 = 2x - x$$

$$\therefore x = 1376$$

अत: विकल्प (A) सही है।

79. संख्याओं के बीच संबंध इस प्रकार है:

72 - 56 = 16

56 - 42 = 14

42 - 30 = 12

30 - 20 = 10

20 - 12 = 8

इस प्रकार, अनुक्रम पूरी करने वाली संख्या 12 है।

अत: विकल्प (C) सही है।

80. दिया है:

$2365A$, 9 से विभाज्य है।

यदि सभी अंकों का योग 9 से विभाज्य है, तो संख्या भी 9 से विभाज्य है।

सभी अंकों का योग $= 2 + 3 + 6 + 5 + A$

$$\Rightarrow 16 + A$$

चूंकि संख्या 9 से विभाज्य है, इसलिए $16 + A$ भी 9 से विभाज्य है।

16 के निकटतम 9 का गुणनफल 18 है।

$$\Rightarrow 16 + A = 18$$

$$\Rightarrow A = 18 - 16$$

$$\Rightarrow A = 2$$

$\therefore$ का मान 2 है।

अत: विकल्प (A) सही है।

81. दिया गया है:

तीन क्रमागत सम संख्याएँ हैं और पहली दो का योग तीसरी से 14 अधिक है।

तीन क्रमागत सम संख्याएँ (x + 2), (x + 4) और (x + 6) है।

प्रश्नानुसार,

पहली दो संख्याओं का योग तीसरी से 14 अधिक है।

$\therefore$ (x + 2) + (x + 4) = (x + 6) + 14

$\Rightarrow$ x = 14

इसलिए, संख्याएँ 16, 18 और 20 हैं जहां 16 सबसे छोटी संख्या है।

$\therefore$ सबसे छोटी संख्या 16 है।

अत: विकल्प (A) सही है।

82. माना छोटी संख्या x है।

तो दूसरी संख्या (x + 2) होगी।

प्रश्नानुसार,

x + (x + 2) = 66

$\Rightarrow$ 2x = 64

$\Rightarrow$ x = 32

$\therefore$ छोटी संख्या 32 है।

अत: विकल्प (B) सही है।

83. दिया गया है,

$$36 - [18 - \{14 - (15 - 4 \div 2 \times 2)\}]$$

$$= 36 - \left[18 - \left\{14 - \left(15 - \frac{4}{2} \times 2\right)\right\}\right]$$

$$= 36 - [18 - \{14 - 11\}]$$

$$= 36 - [18 - 3]$$

$$= 36 - 15$$

$$= 21$$

अत: विकल्प (D) सही है।

84. दिया गया है,

170 अंक 34% के बराबर हैं।

माना कुल अंक x हैं।

प्रश्न के अनुसार,

$$\frac{34x}{100} = 170$$

$$\Rightarrow x = 500$$

$$\Rightarrow \frac{200}{500} \times 100 = 40$$

$\therefore$ 200 अंक 40% के बराबर हैं।

अत: विकल्प (B) सही है।

85. माना कुर्सी का क्रय मूल्य x है।

विक्रय मूल्य $= x - x$ का 25%

$$720 = 0.75x$$

$$x = \frac{720}{0.75}$$

$$\Rightarrow x = 960$$

क्रय मूल्य $= 960$ रुपये

25% प्राप्त करने के लिए विक्रय मूल्य होगा $= 960 + 960$ का 25%

$$= 960 + \frac{25}{100} \times 960$$

$$= 960 + \frac{1}{4} \times 960$$

$$= 960 + 240$$

$$= 1200 \text{ रूपये}$$

अत: विकल्प (A) सही है।

86. दिया गया है,

$$150.75 \div 0.6$$

$$= \frac{150.75}{0.6}$$

$$= \frac{150.75 \times 10}{0.6 \times 10}$$

$$= \frac{1507.5}{6}$$

$$= 251.25$$

अत: विकल्प (A) सही है।

87. रोमन अंकों को निम्नलिखित अक्षरों द्वारा दर्शाया जाता है:

$$\text{I} = 1$$

$$\text{V} = 5$$

$$\text{X} = 10$$

$$\text{L} = 50$$

$$\text{C} = 100$$

$$\text{D} = 500$$

$$\text{M} = 1000$$

यदि एक अंक के बाद निम्न मान का दूसरा अंक आता है, तो दोनों को एक साथ जोड़ दिया जाता है।

यदि यह निम्न मां में से एक से पहले है, तो छोटे अंक को बड़े से घटाया जाता है।

900 को $(1000 - 100)$ के रूप में लिखा जा सकता है।

$$900 = 1000 - 100$$

$$900 = M - C$$

इसलिए, $900 = $ CM

अत: विकल्प (A) सही है।

88. रोमन प्रणाली में दोहराए जा सकने वाले अंक I, X और C हैं।

- V रोमन प्रणाली में एक बार प्रयोग किया जा सकता है।
- इसी तरह, रोमन प्रणाली में L और D का उपयोग केवल एक बार किया जा सकता है।
- लेकिन I, X और C को कुछ संख्याओं को दर्शाने के लिए रोमन प्रणाली में दोहराया जा सकता है।

I को 1 लिखते हैं, X को 10 लिखते हैं और C को 100 लिखते हैं।

इस प्रकार, रोमन प्रणाली में जिन अंकों को दोहराया जा सकता है, वे I, X और C हैं।

अत: विकल्प (A) सही है।

89. अभाज्य संख्याएँ वे संख्याएँ होती हैं जो केवल स्वयं और एक से विभाज्य होती हैं।

97, 90 और 100 के बीच एकमात्र अभाज्य संख्या है।

इसलिए, योग $= 97$

अत: विकल्प (A) सही है।

90. एक भाज्य संख्या एक धनात्मक पूर्णांक है जिसमें एक या स्वयं संख्या के अलावा कम से कम एक धनात्मक भाजक होता है। दूसरे शब्दों में, एक भाज्य संख्या एक से अधिक कोई भी पूर्णांक है जो अभाज्य संख्या नहीं है

अब 101 और 120 के बीच, संख्याएं
$102, 104, 105, 106, 108, 110, 111, 112, 114, 115, 116,$
$117, 118, 119$ हैं।

इसलिए, 101 और 120 के बीच भाज्य संख्या की संख्या 14 है।

अत: विकल्प (D) सही है।

91. दिया गया है,

संख्याएं $= 80, 90, 100, 110, 120, 130$

औसत $=$ मानों का योग/मानों की संख्या

$$= \frac{80 + 90 + 100 + 110 + 120 + 130}{6}$$

$$= \frac{630}{6}$$

$$= 105$$

अत: विकल्प (B) सही है।

92. दिया गया व्यंजक,

$$\frac{2}{3} + \frac{1}{11}$$

दोनों ओर के हर का लघुत्तम समापवर्त्य लेने पर हमे प्राप्त हुआ,

$$= \frac{22}{33} + \frac{3}{33}$$

$$= \frac{22 + 3}{33}$$

$$= \frac{25}{33}$$

अत: विकल्प (A) सही है।

93. दिया गया है,

$$16 - 2 \div 7 + 6 \times 2$$

$$= 16 - \frac{2}{7} + 6 \times 2$$

$$= 16 - \frac{2}{7} + 12$$

$$= 28 - \frac{2}{7}$$

$= \frac{196-2}{7}$

$= \frac{194}{7}$

$= 27\frac{5}{7}$

अतः विकल्प (A) सही है।

94. दिया गया है,

दो संख्याएँ 101 और 151 हैं।

101,151 का कोई उभयनिष्ठ गुणक नहीं है।

इसलिए, HCF 1 है।

अतः विकल्प (A) सही है।

95. दिया गया है,

3 लिफाफों का मूल्य $=$ ₹ 15

1 लिफाफे का मूल्य $= \frac{15}{3}$

1 लिफाफे का मूल्य $= 5$

5 लिफाफों का मूल्य $= 5 \times 5$

$=$ ₹ 25

अतः विकल्प (B) सही है।

96. दिया गया है,

$\frac{2x}{3} = 18$

दोनों पक्षों में 3 का गुणा करने पर, हमें प्राप्त होता है

$2x = 18 \times 3$

$\Rightarrow 2x = 54$

दोनों पक्षों को 2 से भाग देने पर, हमें प्राप्त होता है

$\Rightarrow x = 27$

अतः विकल्प (D) सही है।

97. दिया गया है,

वर्ग का परिमाप $= 36$ सेमी

जैसा कि हम जानते हैं,

एक वर्ग का परिमाप $= 4 \times$ भुजा की लंबाई

$\Rightarrow 4 \times$ भुजा की लंबाई $= 36$

$\Rightarrow$ भुजा की लंबाई $= \frac{36}{4} = 9$ सेमी

वर्ग का क्षेत्रफल $=$ (भुजा की लंबाई $)^2 = (9$ सेमी $)^2 = 81$ वर्ग सेमी

अतः विकल्प (D) सही है।

98. दिया गया हैं,

लंबाई $= 15$ मीटर

माना चौड़ाई $= x$

एक आयत का क्षेत्रफल $= 180$ वर्ग मीटर

जैसा कि हम जानते हैं,

आयत का क्षेत्रफल $=$ लंबाई $\times$ चौड़ाई

$180 =$ लंबाई $\times$ चौड़ाई

$\Rightarrow 180 =$ लंबाई $\times x$

$\Rightarrow 180 = 15 \times x$

$\Rightarrow x = \frac{180}{15}$

$\Rightarrow x = 12$ मीटर

इसलिए, इसकी चौड़ाई 12 मीटर है।

अत: विकल्प (A) सही है।

99. दिया गया है:

हमें एक संख्या 3920 प्राप्त है।

3920 के अभाज्य गुणनखंडन $= 2 \times 2 \times 2 \times 2 \times 7 \times 7 \times 5$

केवल 5 अयुगल बचा है।

$\therefore$ 3920 का वर्गमूल $28\sqrt{5}$ है।

अतः विकल्प (A) सही है।

100. दिया गया है,

$25 + \frac{3}{100} + \frac{4}{1000}$

$= 25 + 0.03 + 0.004$

$= 25.034$

इसलिए, $25 + \frac{3}{100} + \frac{4}{1000}$ का मान 25.034 है।

अत: विकल्प (C) सही है।

Hindi

Ques (1-2):निर्देश: दिए गए शब्दों के लिए एक शब्द बताइए।

Q.1 'कार्य करने वाला व्यक्ति'

A. कार्यकर्ता
B. कल्पनातीत
C. केन्द्राभिमुख
D. कामचोर

Q.2 'जो स्त्री सूर्य भी न देख सकें'

A. विदुषी
B. अलक्ष्या
C. असूर्यपश्या
D. शास्त्रज्ञा

Q.3 दिए गए वाक्य का सही काल निर्धारण कीजिए।
वह कानपुर जा रहा था।

A. भूतकाल
B. वर्तमान काल
C. भविष्य काल
D. सामान्य भविष्य

Q.4 दो समान शब्दों के मध्य लगाया जाने वाला चिन्ह है:

A. -
B. ?
C. ,
D. इनमे से कोई नहीं

Q.5 वाक्य के बीच में आए शब्दों अथवा पदों का अर्थ स्पष्ट करने के लिए किस विराम चिन्ह का प्रयोग किया जाता है?

A. अल्पविराम
B. विस्मयादिबोधक-चिह्न
C. कोष्ठक चिन्ह
D. त्रुटि-चिह्न

Q.6 जिस संज्ञा पद से किसी वर्ग के प्राणियों वस्तु या संस्थानों का बोध होता है वह है:

A. व्यक्तिवाचक
B. भाववाचक
C. जातिवाचक
D. अस्थान वाचक

Q.7 'घड़ों पानी पड़ना' मुहावरे का अर्थ होगा?

A. काँपना
B. सर्दी लगना
C. नहाना
D. लज्जित होना

Q.8 "एक पन्थ दो काज" लोकोक्ति का अर्थ बताइये।

A. ज्यादा बढ़ा-चढ़ाकर बोलना
B. मुसीबत आना
C. चोट लगना
D. एक काम से दूसरा काम हो जाना

Q.9 'से' किस कारक का चिह्न है?

A. करण कारक
B. कर्म कारक
C. संबंध कारक
D. कर्ता कारक

Q.10 'संहार' में किस उपसर्ग का प्रयोग है?

A. सम्
B. सन
C. सनह
D. सम्ह

Q.11 'सावधानी' में कौन-सा प्रत्यय है?

[UPSSSC Village Development Officer, 2018]

A. नी
B. धानी
C. ई
D. आनी

Q.12 मेरे तो गिरधर गोपाल दूसरो न कोई। जाके सिर मोर मुकुट मेरो पति सोई ।।
दी गई पँक्तियों में किस रस का प्रयोग किया गया है?

A. रौद्र रस
B. वीर रस
C. श्रृंगार रस
D. करुण रस

Q.13 'उबटन' शब्द का तत्सम रूप क्या है?

A. उपलेपन
B. उद्वर्तन
C. उद्ववतन
D. उप: लेपन

Q.14 दिये गये विकल्पों में से तद्भव शब्द का चयन कीजिए-

A. झीना
B. दंश
C. युवान
D. यज्ञोपवीत

Q.15 'यशोदा' का सन्धि विच्छेद है:

A. यशो + दा
B. यश + दा
C. यश: + दा
D. य + शोदा

Q.16 नीचे दिए गए वाक्य का प्रकार बताये।
"ईश्वर तुम्हें सफलता दें।"

A. प्रश्नवाचक वाक्य
B. विस्मयवाचक वाक्य
C. निषेधवाचक वाक्य
D. इच्छावाचक वाक्य

Q.17 निम्नलिखित वाक्य में प्रयुक्त विशेषण का प्रकार बताइए।
"उस मैदान में पाँच लड़के खेल रहे हैं।"

A. संख्यावाचक विशेषण
B. गुणवाचक विशेषण
C. परिमाणवाचक विशेषण
D. संबंधवाचक विशेषण

Q.18 निम्न में निश्चयवाचक सर्वनाम कौन सा है?

A. वह
B. तुम
C. आप
D. मैं

Ques (19-20):निर्देश: सही शब्द का चयन करते हुए रिक्त स्थान की पूर्ति कीजिए।

Q.19 आपसे सादर ______ है कि आप हमारे समारोह में पधारें।

A. अनुग्रह
B. कामना
C. अनुरोध
D. आरक्षण

Q.20 उसे मेरी सफलता से ______ है।

A. ईर्ष्या
B. द्वेष
C. स्पर्धा
D. क्रोध

Q.21 मात्रा के आधार पर स्वर कितने प्रकार के होते हैं?

A. 2
B. 3
C. 4
D. 6

Q.22 दिए गए शब्द का बहुवचन चुनिए।
आँख

A. आँख
B. आँखे
C. अखियाँ
D. इनमे से कोई नहीं

Q.23 निर्देश: सही वर्तनी वाले शब्द का चयन करें।

A. शौकाकुल
B. शोकाकुल
C. शोककुल
D. शौककुल

Q.24 दिए गए शब्द का पर्यायवाची शब्द बताइए।
'अश्व'

A. घोड़ा
B. व्रग
C. अभिलाषा
D. मघवा

Q.25 निम्नलिखित में से कौन-सा शब्द 'कृतज्ञ' का विलोम शब्द है?

A. कृतघ्न
B. संसारी
C. भय
D. वक्र

English

Ques (26-27):Direction: Read the given statement carefully and choose the correct tense.

Q.26 The peon is ringing the bell.

A. Present indefinite tense

B. Present continuous tense
C. Past continuous tense
D. Present perfect tense

Q.27 It rains all year round here.
A. Present continuous tense
B. Present indefinite tense
C. Past continuous tense
D. Present perfect tense

Q.28 Which of the words is not an adjective?
A. Beautiful **B.** Enormous
C. Dog **D.** Silly

Ques (29-36):Direction: Complete the sentence by choosing the most appropriate option from those given below:

Q.29 Ram as well as his brothers _______coming today.
A. are **B.** were
C. is **D.** have been

Q.30 He picked up a piece ___ wood.
A. in **B.** on **C.** of **D.** by

Q.31 Is there _________ fitness centre near your house?
[Intelligence Bureau Security Assistant, 2019]

A. an **B.** the
C. a **D.** None of these

Q.32 He has hardly read __________ book.
[Intelligence Bureau Security Assistant, 2019]

A. many **B.** all
C. the **D.** None of these

Q.33 Give me ___ apple.
A. a **B.** an
C. the **D.** None of these

Q.34 He is superior _____ me.
A. from **B.** to **C.** by **D.** in

Q.35 We were prevented _____ seeing the prisoner.
A. from **B.** to **C.** on **D.** at

Q.36 I have been to ________________ doctor, whose name figured in the Times of India.
[Intelligence Bureau Security Assistant, 2019]

A. the **B.** an
C. any **D.** None of these

Ques (37-38):Direction: In the question below, a sentence is given with two blanks that indicate that some parts are missing. Identify the correct pair of words that fit in the sentence to make it grammatically and contextually correct.

Q.37 A ________ and a ________ can never be just friends.
A. father, son **B.** mother, daughter
C. boy, girl **D.** man, pet

Q.38 We are ___________ to go out for a picnic tomorrow.
[Intelligence Bureau Security Assistant, 2019]

A. plan **B.** planning **C.** plans **D.** think

Q.39 Direction: Identify the interjection in the following sentence.
Oops! The plate broke.
A. Oops **B.** The **C.** plate **D.** broke

Q.40 Generally, gender is of___types.
A. 2 **B.** 3 **C.** 4 **D.** 5

Q.41 Out of the given words, one word is misspelt find the misspelt word.
A. Phlegm **B.** Mnemonic
C. Apropos **D.** Rendezvos

Q.42 Direction: Select the related word from the given alternatives.
Ignominy : Disloyalty :: Fame :
A. Heroism **B.** Fool **C.** Victory **D.** Man

Q.43 Fill in the blank with the correct pronoun.
Please give ______ a pen.
A. I **B.** you **C.** me **D.** they

Q.44 Direction: Select the word which means the same as the group of words given.
A person who loves everybody
A. Cosmopolitan **B.** Fratricide
C. Altruistic **D.** Aristocrat

Q.45 Which of these is used to separate short co-ordinate clauses of a compound sentence?
A. Semicolon **B.** Comma
C. Full stop **D.** Colon

Ques (46-47):Direction: Choose the most appropriate synonym of the given word.

Q.46 Defer
A. Indifferent **B.** Defy
C. Differ **D.** Postpone

Q.47 Alacrity
A. Briskness **B.** Fear
C. Frankness **D.** Alarm

Ques (48-49):Direction: Choose the most appropriate antonym of the given word.

Q.48 Prosperous
A. Adverse **B.** Advanced
C. Retarded **D.** Impecunious

Q.49 Superiority
A. Seniority **B.** Juniority
C. Inferiority **D.** Urbanity

Q.50 Choose the meaningful word from the given jumbled word:
SEPARATE
A. Seert **B.** Tears **C.** Rasep **D.** Septar

General Studies

Q.51 अर्थशास्त्र में नोबेल मेमोरियल पुरस्कार 2022 तीन वैज्ञानिकों को किस क्षेत्र में उनके शोध के लिए दिया गया है?

A. व्यवहार अर्थशास्त्र
B. वैश्विक गरीबी
C. बैंक और वित्तीय संकट
D. मात्रात्मक विधियां

Q.52 नैस्कॉम ने 2022-2023 के लिए ____ को अध्यक्ष नियुक्त किया।

A. इंदिरा हिंदुजा
B. माधाबी पुरी बुच
C. कृष्णन रामानुजम
D. हेमंत सोरेन

Q.53 प्रतिकूल मौसम और प्राकृतिक आपदाओं के कारण फसलों को होने वाली नुकसान की भरपाई के लिए, किस राज्य ने 2022 में मुख्यमंत्री बागवानी बीमा योजना पोर्टल लॉन्च किया है?

A. उत्तर प्रदेश
B. तमिलनाडु
C. गुजरात
D. हरियाणा

Q.54 प्रतिष्ठित फ्रांसीसी फिल्म निर्माता ___________ का 2022 में निधन हो गया।

A. हम्बर्ट बाल्सान
B. जैक्स बार
C. क्रिस्टोफ़ बैरेटियर
D. जीन-ल्यूक गोडार्ड

Q.55 किस राज्य ने "रणजी ट्रॉफी 2022" का खिताब जीता है?

A. बिहार **B.** मध्य प्रदेश **C.** महाराष्ट्र **D.** ओडिशा

Q.56 उत्तर प्रदेश में गोहत्या रोकथाम अधिनियम किस वर्ष में पारित किया गया था?

A. 1954 **B.** 1956 **C.** 1958 **D.** 1955

Q.57 भारतीय राज्य उत्तर प्रदेश को कितने मंडलों में बांटा गया है?

A. 18 **B.** 12 **C.** 75 **D.** 15

Q.58 हथनीकुंड बैराज सिंचाई परियोजना उत्तर प्रदेश के किस जिले में स्थित है?

A. बलिया **B.** फिरोज़पुर **C.** मिर्ज़ापुर **D.** सहारनपुर

Q.59 उत्तर प्रदेश के निम्नलिखित में से किस क्षेत्र में सोयाबीन की मुख्य फसल उगाई जाती है?

A. विन्ध्य क्षेत्र
B. बुंदेलखंड क्षेत्र
C. बघेलखंड क्षेत्र
D. इनमे से कोई नहीं

Q.60 यूरेनियम उत्तर प्रदेश के निम्नलिखित में से किस जिले में पाया जाता है?

A. ललितपुर **B.** प्रयागराज **C.** कानपुर **D.** सोनभद्र

Q.61 कैंची शब्द इनमें से किस खेल से संबंधित है?

A. हॉकी **B.** कबड्डी **C.** कुश्ती **D.** पोलो

Q.62 जर्मनी और पोलैंड के बीच की सीमा को क्या कहते हैं?

A. ओडर-नीस्स लाइन
B. मैजिनॉट लाइन
C. डूरंड रेखा
D. 17 वां समानांतर

Q.63 जीव विज्ञान की शाखा जो आनुवंशिकता के अध्ययन से संबंधित है:

A. कोशिका विज्ञान
B. जैव विकास
C. आनुवंशिकी
D. फिजियोलॉजी

Q.64 विश्व ब्रेल दिवस _____ को मनाया जाता है।

A. 5 जनवरी **B.** 4 जनवरी **C.** 6 जनवरी **D.** 8 जनवरी

Q.65 हम्पी, विजयनगर की प्राचीन राजधानी कहाँ स्थित है?

A. तमिलनाडु **B.** केरल **C.** तेलंगाना **D.** कर्नाटक

Q.66 निम्नलिखित में से किस विटामिन की कमी से बेरीबेरी रोग होता है?

A. विटामिन A
B. विटामिन B
C. विटामिन C
D. विटामिन D

Q.67 दूध एक है:

A. इमल्सन **B.** सस्पेंसन **C.** फोम **D.** जेल

Q.68 नायलॉन ___ से बना है।

A. पॉलिएमाइड
B. पॉलिएस्टर
C. पॉलीथीन
D. पॉलीप्रोपाइलीन

Q.69 "डोंग" मुद्रा किस देश से संबंधित है?

A. कम्बोडिया **B.** लाओस **C.** म्यांमार **D.** वियतनाम

Q.70 निम्नलिखित में से जापान की राजधानी कौन सी है?

A. टोक्यो
B. लुआंडा
C. सेंट जॉन्स
D. ब्यूनस आयर्स

Q.71 प्रधान मंत्री नरेंद्र मोदी के सलाहकार के रूप में किसे नियुक्त किया गया था?

A. अतुल कुमार गोयल
B. प्रवीण कुमार
C. सोमा शंकर प्रसाद
D. तरुण कपूर

Q.72 चिलिका झील _________ में स्थित है।

A. पश्चिम बंगाल
B. ओडिशा
C. केरल
D. तमिलनाडु

Q.73 सागौन, साल, चंदन महत्वपूर्ण प्रजातियां हैं:

A. उष्णकटिबंधीय कांटेदार वन
B. मोंटेन वन
C. उष्णकटिबंधीय सदाबहार वन
D. उष्णकटिबंधीय पर्णपाती वन

Q.74 भारत के निम्नलिखित केंद्र शासित प्रदेशों में से कौन सा भौगोलिक क्षेत्र में सबसे छोटा है?

[Indian Military Academy (IMA), 2020], [Officers Training Academy (OTA), 2020]

A. चंडीगढ़
B. पुडुचेरी
C. दादरा और नगर हवेली और दमन और दीव
D. लक्षद्वीप

Q.75 बौद्ध ग्रंथ मज्झिमनिकाय में है:

[UPSC Central Armed Police Forces AC, 2018]

A. संस्कृत **B.** पाली **C.** प्राकृत **D.** तेलुगू

Mathematics

Ques (76-80):निर्देश: निम्न प्रश्न में प्रश्नवाचक चिन्ह (?) स्थान पर क्या मान आना चाहिए?

Q.76 $1888 \div 32 \div 8 =?$

A. 7.375 **B.** 9.485 **C.** 29.5 **D.** 472

Q.77 $4848 \times 222 =?$

A. 2,076,256 **B.** 1,076,256
C. 1,176,256 **D.** 1,076,25

Q.78 $8888 \div 22 =?$

A. 400 **B.** 402 **C.** 444 **D.** 404

Q.79 0.06 × ? × 0.216 = 1.944
A. 120　　B. 110　　C. 150　　D. 130

Q.80 $788 \times 546 =?$
A. 430,240　　B. 430,248　　C. 431,248　　D. 430,245

Q.81 18 और 36 का महत्तम समापवर्त्य ज्ञात कीजिए।
A. 4　　B. 12　　C. 18　　D. 15

Q.82 यदि वृत्त की परिधि, वर्ग के परिमाप के बराबर हो, तो निम्नलिखित में कौन-सा सही है?

[HTET TGT Mathematics, 2018]

A. वृत्त का क्षेत्रफल = वर्ग का क्षेत्रफल
B. वृत्त का क्षेत्रफल > वर्ग का क्षेत्रफल
C. वृत्त का क्षेत्रफल < वर्ग का क्षेत्रफल
D. इनमें से कोई नहीं

Q.83 एक वृत्त की परिधि, जिसका क्षेत्रफल $24.64\ m^2$ है, है:
A. 14.64 m　　B. 16.36 m　　C. 17.60 m　　D. 18.40 m

Q.84 900 रुपये पर 3 साल 4 महीने के लिए 5% प्रति वर्ष की दर से साधारण ब्याज ज्ञात कीजिए।
A. 350 रुपये　　B. 150 रुपये　　C. 250 रुपये　　D. 155 रुपये

Q.85 x के लिए हल करें:
3x + 4 (x+3) = 26
A. 3　　B. 2　　C. 4　　D. 5

Q.86 निम्नलिखित का वर्गमूल ज्ञात कीजिए:
$\sqrt{441}$
A. 23　　B. 20　　C. 22　　D. 21

Q.87 समीकरण $3x^2 - 2x + 4 = 0$ के मूल होंगे-
A. वास्तविक, समान　　B. काल्पनिक
C. वास्तविक, असमान　　D. इनमें से कोई नहीं

Q.88 निर्देश: निम्नलिखित संख्या श्रृंखला में प्रश्नवाचक चिन्ह '?' के स्थान पर क्या आना चाहिए?
22, 46, 94, 190, ?
A. 412　　B. 370　　C. 382　　D. 394

Q.89 यदि y का $x\%, 100$ है तथा z का $y\%, 200$ है, तो x और z के बीच संबंध ज्ञात कीजिए।

[Sainik School Entrance Class VI, 2021]

A. $z = x$　　B. $2z = x$　　C. $z = 2x$　　D. $z = 3x$

Q.90 एक आदमी 1000 रुपये में एक पंखा खरीदता है और उसे 15% की हानि पर बेचता है। पंखे का विक्रय मूल्य क्या है?
A. 725　　B. 750　　C. 850　　D. 875

Q.91 13 संख्याओं का माध्य 24 है। यदि प्रत्येक संख्या में 3 जोड़ा जाता है, तो नया माध्य क्या होगा?
A. 24　　B. 21　　C. 27　　D. 25

Q.92 एक आदमी 231 किमी की यात्रा का $\frac{6}{11}$ ट्रेन से, $\frac{3}{7}$ बस से और बाकी पैदल पूरा करता है। आदमी कितनी दूरी चला?
A. 4 किमी　　B. 5 किमी　　C. 6 किमी　　D. 10 किमी

Q.93 6 और 5 के पहले दो उभयनिष्ठ गुणज हैं:

A. 30, 60　　B. 80, 60　　C. 40, 60　　D. 30, 40

Q.94 निम्नलिखित में से कौन सी संख्या को हम $\frac{5}{3}$ से गुणा करते हैं, तो 145 देता है?
A. 97　　B. 27　　C. 67　　D. 87

Q.95 निम्नलिखित के लिए दशमलव संख्या लिखिए:
पांच हजार पांच सौ ब्यानवे दशमलव तीन पांच
A. 5592.35　　　　B. 5092.35
C. 5592.035　　　　D. 5592.0035

Q.96 निम्नलिखित संख्या में अंक 9 का स्थानीय मान लिखिए।
8795
A. सैकड़ा　　B. दहाई　　C. इकाई　　D. हजार

Q.97 निम्नलिखित को आरोही क्रम में व्यवस्थित करें:
2032, 2006, 2036, 2045, 2039
A. 2032, 2006, 2036, 2039, 2045
B. 2006, 2032, 2036, 2039, 2045
C. 2006, 2032, 2039, 2036, 2045
D. 2006, 2032, 2036, 2045, 2039

Q.98 4999 के बाद दो क्रमागत संख्याएँ कौन-सी हैं?
A. 4998, 4997　　　　B. 5000, 5001
C. 5001, 5002　　　　D. 4998, 5001

Q.99 दी गई संख्या को रोमन अंक में बदलिए :
35
A. XXXV　　B. XXXVI　　C. XXV　　D. XV

Q.100 पांच पेन की कीमत 115 रुपये है। आप 207 रुपये में कितने पेन खरीद सकते हैं?
A. 9　　B. 8　　C. 10　　D. 11

// स्मार्ट उत्तर पुस्तिका //

सही उत्तर — उन छात्रों का प्रतिशत जिन्होंने प्रश्नों का सही उत्तर दिया था।   **छोड़ दिया** — उन छात्रों का प्रतिशत जिन्होंने प्रश्नों को छोड़ दिया था।

प्रश्न संख्या	उत्तर	सही उत्तर / छोड़ दिया	प्रश्न संख्या	उत्तर	सही उत्तर / छोड़ दिया	प्रश्न संख्या	उत्तर	सही उत्तर / छोड़ दिया	प्रश्न संख्या	उत्तर	सही उत्तर / छोड़ दिया	प्रश्न संख्या	उत्तर	सही उत्तर / छोड़ दिया
1	A	65.14 % / 1.24 %	17	A	41.24 % / 1.47 %	33	B	56.7 % / 1.73 %	49	C	58.32 % / 1.45 %	65	D	13.66 % / 3.1 %
2	C	64.95 % / 1.19 %	18	A	67.09 % / 1.84 %	34	B	55.62 % / 1.11 %	50	B	51.6 % / 1.13 %	66	B	89.14 % / 0.0 %
3	A	89.47 % / 0.0 %	19	C	77.49 % / 0.0 %	35	A	61.43 % / 1.4 %	51	C	28.33 % / 3.28 %	67	A	79.46 % / 0.0 %
4	A	83.35 % / 0.0 %	20	A	86.6 % / 0.0 %	36	A	26.73 % / 4.95 %	52	C	87.88 % / 0.0 %	68	A	84.97 % / 0.0 %
5	C	41.39 % / 1.63 %	21	B	58.68 % / 1.15 %	37	C	56.25 % / 1.02 %	53	D	51.17 % / 1.26 %	69	D	28.03 % / 4.63 %
6	C	58.06 % / 1.43 %	22	B	80.24 % / 0.0 %	38	B	29.74 % / 3.39 %	54	D	25.36 % / 3.72 %	70	A	26.01 % / 3.25 %
7	D	69.55 % / 1.53 %	23	B	82.16 % / 0.0 %	39	A	87.15 % / 0.0 %	55	B	65.91 % / 1.38 %	71	D	78.18 % / 0.0 %
8	D	68.53 % / 1.02 %	24	A	61.5 % / 1.3 %	40	C	86.51 % / 0.0 %	56	D	64.23 % / 1.5 %	72	B	67.91 % / 1.75 %
9	A	87.98 % / 0.0 %	25	A	89.15 % / 0.0 %	41	D	51.64 % / 1.5 %	57	A	53.31 % / 1.76 %	73	D	68.92 % / 1.36 %
10	A	46.85 % / 1.23 %	26	B	62.33 % / 1.48 %	42	A	10.11 % / 3.55 %	58	D	54.62 % / 1.82 %	74	D	66.75 % / 1.84 %
11	C	80.59 % / 0.0 %	27	B	45.64 % / 1.27 %	43	C	46.14 % / 1.25 %	59	B	66.38 % / 1.01 %	75	B	87.34 % / 0.0 %
12	C	51.41 % / 1.29 %	28	C	80.8 % / 0.0 %	44	C	24.18 % / 4.75 %	60	A	69.71 % / 1.26 %	76	A	27.64 % / 4.22 %
13	B	48.2 % / 1.64 %	29	C	57.78 % / 1.73 %	45	B	85.69 % / 0.0 %	61	C	82.03 % / 0.0 %	77	B	69.87 % / 1.23 %
14	A	60.51 % / 1.47 %	30	C	84.02 % / 0.0 %	46	D	46.14 % / 1.6 %	62	A	53.86 % / 1.3 %	78	D	44.55 % / 1.16 %
15	C	43.76 % / 1.52 %	31	C	51.79 % / 1.55 %	47	A	66.94 % / 1.7 %	63	C	80.92 % / 0.0 %	79	C	79.62 % / 0.0 %
16	D	49.05 % / 1.81 %	32	C	58.68 % / 1.99 %	48	D	68.99 % / 1.45 %	64	B	40.47 % / 1.29 %	80	A	79.16 % / 0.0 %

प्रश्न संख्या	उत्तर	सही उत्तर / छोड़ दिया
81	C	81.54 % / 0.0 %
82	B	19.58 % / 3.19 %
83	C	47.13 % / 1.52 %
84	B	53.63 % / 1.55 %

प्रश्न संख्या	उत्तर	सही उत्तर / छोड़ दिया
85	B	40.52 % / 1.5 %
86	D	48.07 % / 1.0 %
87	B	31.32 % / 3.02 %
88	C	68.47 % / 1.44 %

प्रश्न संख्या	उत्तर	सही उत्तर / छोड़ दिया
89	C	87.72 % / 0.0 %
90	C	54.65 % / 1.63 %
91	C	65.99 % / 1.77 %
92	C	64.5 % / 1.31 %

प्रश्न संख्या	उत्तर	सही उत्तर / छोड़ दिया
93	A	59.01 % / 1.97 %
94	D	41.39 % / 1.86 %
95	A	88.67 % / 0.0 %
96	B	82.19 % / 0.0 %

प्रश्न संख्या	उत्तर	सही उत्तर / छोड़ दिया
97	B	69.37 % / 1.28 %
98	B	85.84 % / 0.0 %
99	A	65.18 % / 1.93 %
100	A	69.02 % / 1.06 %

//संकेत और समाधान//

1. 'कार्य करने वाला व्यक्ति' के लिए एक शब्द 'कार्यकर्ता' होगा। 'कार्यकर्ता' का विलोम 'आलसी' होता है।

एक शब्द	वाक्यांश
कल्पनातीत	जो कल्पना से परे हो
केन्द्राभिमुख	जो केन्द की ओर उन्मुख होता हो
खड्गहस्त	जो सदैव हाथ में खड्ग लिए रहता हो

अत: विकल्प (A) सही है।

2. 'जो स्त्री सूर्य भी न देख सकें' के लिए एक शब्द है - 'असूर्यपश्या'।

'असूर्यपश्या' शब्द में 'अ' उपसर्ग का योग है।

विदुषी - जो स्त्री विद्वान हो

अलक्ष्या - जो स्त्री अदृश्य/ अज्ञेय हो

शास्त्रज्ञा - जिस स्त्री को शास्त्रों का ज्ञान हो

अत: विकल्प (C) सही है।

3. दिए गए वाक्य "वह कानपुर जा रहा था।" में भूतकाल है।

वे शब्द जो केवल बीते समय का बोध कराते है, उसे भूतकाल कहते हैं। भूतकाल का मतलब कार्य की समाप्ति। भूतकाल के वाक्यों के अंत में सामान्यतः था, थे, थी, चुका, चुके, चुकी आते हैं।

जैसे : बस जा चुकी थी।

अत: विकल्प (A) सही है।

4. दो समान शब्दों के मध्य लगाया जाने वाला चिन्ह 'योजक चिह्न (-)' है। दो शब्दों को जोड़ने के लिए प्रयुक्त विराम चिह्न 'योजक चिह्न (-)' कहलाता है। व्याकरण में वह चिन्ह (-) जो शब्दों, पदों, उपवाक्यों आदि को जोड़ता है, योजक चिन्ह कहलाता है।

उदाहरण के लिए, लाभ-हानि, लेनी-देनी आदि।

अत: विकल्प (A) सही है।

5. जब किसी भाव या शब्द की व्याख्या करना चाहते हैं, किन्तु उस अंश को मूल वाक्य से अलग ही रखना चाहते हैं, तो कोष्ठक चिन्ह का प्रयोग किया जाता है।

नाटक या एकांकी में निर्देश के लिए कोष्ठक का प्रयोग होता है।

प्राय: बड़े [] और मझले {} कोष्ठकों का उपयोग गणित के कोष्ठक वाले सवालों को हल करने के लिए किया जाता है।

अत: विकल्प (C) सही है।

6. जो शब्द किसी व्यक्ति, वस्तु या स्थान की संपूर्ण जाति का बोध कराते हैं, उन शब्दों को जातिवाचक संज्ञा कहते हैं। यानी, जातिवाचक संज्ञा शब्दों से एक जाति के अंतर्गत आने वाले सभी व्यक्तियों, वस्तुओं व स्थानों का बोध होता है।

जैसे-

वस्तु – मोबाइल, टीवी, कम्प्यूटर, पुस्तक, कार, ट्रक आदि।

स्थान – गाँव, स्कूल, शहर, बगीचा, नदी आदि।

प्राणी – आदमी, जानवर, पशु, पक्षी, गाय, लड़का आदि।

अत: विकल्प (C) सही है।

7. "घड़ो पानी पड़ना " से तात्पर्य किसी के द्वारा जाने अनजाने में किये गए उस कृत्य से जिसकी वजह से करने वाले को बहुत अधिक शर्मिंदगी उठानी पड़ती है।

वाक्य प्रयोग: चोरी करते रंगे हाथ पकड़े जाने पर मोहन पर घड़ों पानी पड़ गया।

अत: विकल्प (D) सही है।

8. "एक पन्थ दो काज" लोकोक्ति का अर्थ "एक काम से दूसरा काम हो जाना" है।

वाक्य प्रयोग: विद्यालय बंद होने से एक संग दो कार्य हुए जहां बच्चों को संक्रामक बीमारी से बचाया गया वहीं दूसरी ओर बिजली और पानी का अनावश्यक खर्च भी बचा।

अत: विकल्प (D) सही है।

9. दिए गए विकल्पों में 'से' 'करण कारक' का चिह्न है।

संज्ञा या सर्वनाम के जिस रूप की सहायता से क्रिया सम्पन्न होती हैं, उसे करण कारक कहते हैं। जैसे- रामा ने मोहन को डंडे से मारा।

अत: विकल्प (A) सही है।

10. 'संहार' का संधि विच्छेद 'सम् + हार' है, इसलिए संहार में 'सम्' उपसर्ग का प्रयोग हुआ है।

उपसर्ग ऐसे शब्दांश जो किसी शब्द के पूर्व जुड़ कर उसके अर्थ में परिवर्तन कर देते हैं या उसके अर्थ में विशेषता ला देते हैं।

उप (समीप) + सर्ग (सृष्टि करना) का अर्थ है - किसी शब्द के समीप आ कर नया शब्द बनाना।

उदाहरण:

प्र + हार = प्रहार

आ + हार = आहार

सम् + हार = संहार

अत: विकल्प (A) सही है।

11. 'सावधानी' में 'ई' प्रत्यय है।

'सावधान (मूल शब्द) + ई (प्रत्यय) = सावधानी'

'ई' प्रत्यय से बने अन्य शब्द 'हँसी, बोली, त्यागी, रेती, चालाकी' आदि हैं।

अत: विकल्प (C) सही है।

12. मेरे तो गिरधर गोपाल दूसरो न कोई। जाके सिर मोर मुकुट मेरो पति सोई ।।

दी गई पँक्तियों में श्रृंगार रस का प्रयोग किया गया है। इसका स्थायी भाव 'रति' है। इसका आलंबन 'नायक-नायिका' है। इसका उद्दीपन विभाव आलंबन का सौन्दर्य है।

अत: विकल्प (C) सही है।

13. 'उबटन' शब्द का तत्सम रूप 'उद्वर्तन' है। अन्य शब्द उबटन के तत्सम रूप नहीं है। उबटन शब्द उद्वर्तन का तद्भव रूप होता है।

अत: विकल्प (B) सही है।

14. दंश, डंक शब्द का तत्सम रूप है। युवान, जवान शब्द का तत्सम रूप है और यज्ञोपवीत, जनेऊ शब्द का तत्सम रूप है, जबकि झीना जीर्ण का तद्भव रूप है।

अत: विकल्प (A) सही है।

15. 'यशोदा' का सन्धि विच्छेद है - यश: + दा। 'यशोदा' में विसर्ग संधि है। विसर्ग के साथ स्वर अथवा व्यंजन के मिलने से जो विकार उत्पन्न होता है, उसे विसर्ग संधि कहते हैं।

जैसे- नम: + कार = नमस्कार आदि।

अतः विकल्प (C) सही है।

16. "ईश्वर तुम्हें सफलता दें।" इच्छावाचक वाक्य है। जिन वाक्यों से किसी इच्छा, आशा, आशीर्वाद या शुभकामना का बोध होता है, उन्हें इच्छावाचक वाक्य कहते हैं।

उदाहरण:

भगवान तुम्हें दीर्घायु करे।

नववर्ष मंगलमय हो।

ईश्वर करे, सब कुशल लौटें।

अतः विकल्प (D) सही है।

17. "उस मैदान में पाँच लड़के खेल रहे हैं।" वाक्य में प्रयुक्त संख्यावाचक विशेषण है। वह विशेषण, जो अपने विशेष्यों की निश्चित या अनिश्चित संख्याओं का बोध कराए, 'संख्यावाचक विशेषण' कहलाता है। दिए गए वाक्य में 'पाँच' लड़कों की निश्चित संख्या बतायी गयी है।

अतः विकल्प (A) सही है।

18. 'वह' निश्चयवाचक सर्वनाम है। जिन सर्वनाम शब्दों से किसी समीप वस्तु व्यक्ति प्राणियों या स्थान, घटना-व्यापार की निश्चितता का बोध हो, उन शब्दों को निश्चयवाचक सर्वनाम कहा जाता हैं। जैसे- यह, ये, उस, इस, वे आदि।

वे शब्द जो संज्ञा के स्थान पर प्रयोग किये जाते हैं, सर्वनाम कहलाते हैं।

अतः विकल्प (A) सही है।

19. अनुरोध का अर्थ निवेदन, विनती, प्रार्थना होता है।

अनुग्रह का अर्थ कृपा, प्रसाद, ईश्वरीय कृपा होता है।

कामना का अर्थ हार्दिक इच्छा, मनोरथ होता है।

आरक्षण का अर्थ रिज़र्व करना होता है।

दिए गए वाक्य में विनती की जा रही है। इसीलिए उपरोक्त शब्दों के अर्थों के अनुसार दिए गए विकल्पों में से 'अनुरोध' उचित है।

वाक्य है,

आपसे सादर अनुरोध है कि आप हमारे समारोह में मुख्य अतिथि के रुप में पद पधारें।

अतः विकल्प (C) सही है।

20. वाक्य है,

उसे मेरी सफलता से ईर्ष्या है।

ईर्ष्या एक भावना है जो आमतौर पर विचारों व असुरक्षा की भावना को दर्शाता है।

अतः विकल्प (A) सही है।

21. मात्रा के आधार पर स्वर 3 प्रकार के होते हैं।

- ह्रस्व स्वर: जिनके उच्चारण में कम समय लगता है। जैसे - 'अ', 'इ', 'उ', 'ऋ'।
- दीर्घ स्वर: जिनके उच्चारण में ज्यादा समय लगता है। जैसे - 'आ', 'ई', 'ऊ', 'ए', 'ऐ', 'ओ', 'औ'।
- प्लुत स्वर: जिस स्वर के उच्चारण में तीन गुना समय लगे, उसे 'प्लुत' कहते हैं। इसका चिह्न (S) है। जैसे- सुनोऽऽ, राऽऽम, ओऽऽम्।

अतः विकल्प (B) सही है।

22. संज्ञा का एक से अधिक का बोध करानेवाला रूप, बहुवचन कहलाता है।

"आँख" का बहुवचन- "आँखे" होगा।

अतः विकल्प (B) सही है।

23. दिए गए विकल्पों में से शोकाकुल सही वर्तनी वाला शब्द है, इसका अर्थ 'शोक से व्याकुल' है। अन्य विकल्प असंगत है।

अत: विकल्प (B) सही है।

24. दिए गए शब्द 'अश्व' का पर्यायवाची शब्द 'घोड़ा' है।

दृग: आँख

अभिलाषा: इच्छा

मघवा: इंद्र

अतः विकल्प (A) सही है।

25. 'कृतघ्न' शब्द 'कृतज्ञ' का विलोम शब्द है।

शब्द: विलोम

ऋषि: संसारी

भय: निर्भय

ऋजु: वक्र

अतः विकल्प (A) सही है।

26. Given sentence 'The peon is ringing the bell.' is of Present continuous tense.

The present continuous verb tense indicates that an action or condition is happening now, frequently, and may continue into the future.

The Present Continuous Formula: Subject + helping verb [am, is, are] + verb+ing form + object

Example:

Mary is going to a new school.

The children are growing up quickly.

Hence, the correct option is (B).

27. Given sentence 'It rains all year round here.' is of Present indefinite tense.

Present indefinite tense can be defined as the action that is done in the present however there is no definite time limit given of it being accomplished. Present indefinite tense can also be used to express true events, near future, habit, nature, etc.

Example:

Shally loves chocolate cake.

Adam eats an apple every day.

Hence, the correct option is (B).

28. 'Dog' is not an adjective. Dog is a common noun.

Adjectives are words that describe the qualities or states of being of nouns: beautiful, enormous, doglike, silly, yellow, fun, fast.

Hence, the correct option is (C).

29. Correct sentence:

Ram as well as his brothers is coming today.

In a sentence, the verb is used according to person and number.

If the main subject is followed by the following words/phrases, the verb will conform to the 1st subject:

As well as, and not, in addition to, with/along with/together with, like/unlike, except, nothing but, etc. The verb 'were/are' seems correct due to the noun 'brothers' but the actual subject in the given sentence is 'Ram'.

Hence, the correct option is (C).

30. Of is a preposition that indicates relationships between other words, such as belonging, things made of other things, things that contain other things, or a point of reckoning.

The sentence is,

He picked up a piece of wood.

Hence, the correct option is (C).

31. The sentence is,

Is there a fitness centre near your house?

In the given sentence, 'fitness centre' is an indefinite singular countable noun. The indefinite article 'a' is grammatically and contextually correct. The indefinite article (a, an) is used before a noun that is general or when its identity is not known.

Hence, the correct option is (C).

32. The sentence is,

He has hardly read the book.

Article 'the' is a definite article used before a noun to indicate that the identity of the noun is known to the reader. In the given sentence "book" is a noun, therefore usage of 'the' is grammatically and contextually correct.

Hence, the correct option is (C).

33. "An" is used before words that begin with vowels.

Then the sentence is,

Give me an apple.

Hence, the correct option is (B).

34. There are a few adjectives that are accompanied by 'to', like, senior, junior, superior, inferior, preferable, prefer, elder.

The sentence is,

He is superior to me.

Hence, the correct option is (B).

35. 'From' is used to talk about origins, sources, and starting points and can be used to talk about distance. From is also used after specific adjectives and verbs.

The sentence is,

We were prevented from seeing the prisoner.

Hence, the correct option is (A).

36. The sentence is,

I have been to the doctor, whose name figured in the Times of India.

Article 'the' is a definite article used before a noun to indicate that the identity of the noun is known to the reader. In the given sentence "doctor" is a noun and when we use 'the', it means a "particular doctor" that we may be referring to.

Hence, the correct option is (A).

37. All the options, except option C has the pairs where persons do not denote masculine or feminine of same class or type.

Only option C has a pair where boy and girl belong to masculine and feminine genders respectively.

Hence, the correct option is (C).

38. Correct Sentence: We are planning to go out for a picnic tomorrow.

From the given sentence one thing is clear that an action is going to take place soon or in the near future. The "planning" is still in the process which means that it is a continuous process.

When we refer to an action which is in continuation, the tense will be present continuous (am/is/are + present participle). Thus the usage of "planning" is grammatically and contextually correct.

Hence, the correct option is (B).

39. 'Oops!' is an interjection used in the above statement which is used when a small mistake or slight accident has happened. They are usually followed by an exclamation mark (!)

Whereas other options are not the form of interjections.

Hence, the correct option is (A).

40. Generally, gender is of 4 types, the four genders of noun are masculine, feminine, common, and neuter.

Masculine- Father, Boy, Uncle, Husband etc. are example of masculine gender.

Feminine- Mother, Girl, Aunt, Wife etc. are example of feminine gender.

Common- Animal, Artist, Children, Servant, Enemy, Pupil, Neighbor, Minister, Doctor, Employee, Singer, Peon, Musician, Dancer etc. are example of commongender.

Neuter- Table, Hair, City etc. are example of neuter gender.

Hence, the correct option is (C).

41. Rendezvos is the misspelt word. Correct spelling is Rendezvous.

Rendezvous: an agreement to be present at a specified time and place

Hence, the correct option is (D).

42. The logic is:

Ignominy : Disloyalty → Ignominy is the result of disloyalty.

Similarly,

Fame : Heroism → Fame is the result of Heroism.

Just as a disloyal person gets ignominy or disgrace, a heroic person gets fame.

Hence, the correct option is (A).

43. The correct sentence is 'Please give me a pen.'

A pronoun is a word that is used instead of a noun or noun phrase. Pronouns refer to either a noun that has already been mentioned or to a noun that does not need to be named specifically.

Example : He, She, I, Me, They, You

Hence the correct option is (C).

44. Altruistic: a person who loves everybody, showing a disinterested and selfless concern for the well-being of others, unselfish.

Cosmopolitan: including people from many different countries

Fratricide: the killing of one's brother or sister

Aristocrat: nobleman

Hence, the correct option is (C).

45. The comma is used to separate short co-ordinate clauses of a compound sentence.

For example: "She came, she stopped, she conquered."

Hence, the correct option is (B).

46. The most appropriate synonym of the given word 'Defer' is 'Postpone'.

Defer : Put off (an action or event) to a later time; postpone.

Postpone : Cause or arrange for (something) to take place at a time later than that first scheduled.

Indifferent : Having no particular interest or sympathy, unconcerned.

Defy : Openly resist or refuse to obey.

Differ : Be unlike or dissimilar.

Hence, the correct option is (D).

47. The most appropriate synonym of the given word 'Alacrity' is 'Briskness'.

Alacrity : Brisk and cheerful readiness.

Briskness : Active, fast, and energetic.

Fear : An unpleasant emotion caused by the belief that someone or something is dangerous, likely to cause pain, or a threat.

Frankness : Open, honest, and direct in speech or writing, especially when dealing with unpalatable matters.

Alarm : An anxious awareness of danger, warning, alert, caveat, caution, admonition.

Hence, the correct option is (A).

48. The most appropriate antonym of the given word 'Prosperous' is 'Impecunious'.

Prosperous : Successful in material terms, flourishing financially, wealthy.

Impecunious : Having little or no money.

Adverse : Preventing success or development, harmful, unfavorable.

Advanced : Far on or ahead in development or progress.

Retarded : Less advanced in mental, physical, or social development than is usual for one's age.

Hence, the correct option is (D).

49. The most appropriate antonym of the given word 'Superiority' is 'Inferiority'.

Superiority : Excellence, eminence, transcendence, mastery.

Inferiority : The condition of being lower in status or quality than another or others.

Seniority : The fact or state of being older or higher in rank or status than someone else.

Juniority : For or denoting young or younger people.

Urbanity : Urban life.

Hence, the correct option is (C).

50. The given set of letters: SEPARATE

The only meaningful word that can be made using the given letters is 'TEARS'.

So, Tears is the correct answer.

Hence, the correct option is (B).

51. अर्थशास्त्र में नोबेल मेमोरियल पुरस्कार अमेरिकी फेडरल रिजर्व के पूर्व अध्यक्ष बेन एस बर्नानके, डगलस डब्ल्यू डायमंड और यूएसए के फिलिप एच डायबविग को बैंकों और वित्तीय संकटों में शोध के लिए दिया गया था।

समिति के अनुसार, 'पुरस्कार विजेताओं ने हमारी आधुनिक समझ के लिए एक आधार प्रदान किया है कि बैंकों की आवश्यकता क्यों है, वे कमजोर क्यों हैं, और इसके बारे में क्या करना है'।

अतः विकल्प (C) सही है।

52. नेशनल एसोसिएशन ऑफ सॉफ्टवेयर एंड सर्विसेज कंपनीज (नैस्कॉम) ने टीसीएस में एंटरप्राइज ग्रोथ ग्रुप के अध्यक्ष कृष्णन रामानुजम को 2022-23 की अवधि के लिए अपना अध्यक्ष नियुक्त किया है। नैस्कॉम ने 2022-23 के लिए माइक्रोसॉफ्ट इंडिया के अध्यक्ष अनंत माहेश्वरी को अपना उपाध्यक्ष नियुक्त करने की भी घोषणा की।

अतः विकल्प (C) सही है।

53. प्रतिकूल मौसम और प्राकृतिक आपदाओं के कारण फसलों को हुए नुकसान की भरपाई के लिए, हरियाणा ने 2022 में योजना के लिए 10 करोड़ रुपये के प्रारंभिक कोष के साथ मुख्यमंत्री बागवानी बीमा योजना पोर्टल लॉन्च किया है। यह योजना सब्जियों और मसालों के लिए 30,000 रुपये प्रति एकड़ और फलों के लिए 40,000 रुपये प्रति एकड़ की राशि की भरपाई करती है, जिसकी भरपाई किसानों को चार श्रेणियों जैसे 25 प्रतिशत, 50 प्रतिशत, 75 प्रतिशत और 100 प्रति एकड़ के माध्यम से की जाएगी। सर्वेक्षण के आधार पर शत-प्रतिशत किसान का अंशदान बीमित राशि का केवल 5 प्रतिशत यानी

सब्जियों और मसालों के लिए 750 रुपये प्रति एकड़ और फलों के लिए 1000 रुपये प्रति एकड़ होगा।

अतः विकल्प (D) सही है।

54. प्रतिष्ठित फ्रांसीसी फिल्म निर्माता जीन-ल्यूक गोडार्ड का 91 वर्ष की आयु में स्विट्जरलैंड में निधन हो गया।

- उन्होंने 1960 में अपनी पहली फिल्म 'ब्रेथलेस' के साथ सिनेमा में क्रांति ला दी और दुनिया के सबसे मशहूर और उत्तेजक निर्देशक रहे।
- उन्होंने अपने करियर की शुरुआत 1950 के दशक में एक फिल्म समीक्षक के रूप में की थी।
- दिसंबर 2007 में, उन्हें यूरोपीय फिल्म अकादमी द्वारा लाइफटाइम अचीवमेंट अवार्ड से सम्मानित किया गया।

अतः विकल्प (D) सही है।

55. मध्य प्रदेश ने बेंगलुरु के एम चिन्नास्वामी स्टेडियम में फाइनल में मुंबई को छह विकेट से हराकर "रणजी ट्रॉफी 2022" का खिताब जीत लिया है। मुंबई और उत्तर प्रदेश ने दूसरा सेमीफाइनल खेला जो एक ड्रॉ था और इसने अपनी पहली पारी की बढ़त के कारण फाइनल में मुंबई को आगे बढ़ाया।

अतः विकल्प (B) सही है।

56. उत्तर प्रदेश में गोहत्या रोकथाम अधिनियम 1955 में पारित किया गया था।

- अधिनियम का उद्देश्य राज्य में गोहत्या को रोकना था।
- राज्य में पशु पालन को बढ़ावा देने के लिए, गौसेवा वर्ष 1999 में स्थापित किया गया था।
- उत्तर प्रदेश एक कृषि प्रधान राज्य है।
- इसमें पशुधन और मुर्गी पालन का एक विशाल संसाधन है।
- यह ग्रामीण जनता की सामाजिक-आर्थिक स्थितियों को सुधारने में महत्वपूर्ण भूमिका निभाता है।
- राज्य की लगभग 59% जनसंख्या कृषि और संबद्ध गतिविधियों पर निर्भर करती है।
- इन सहयोगी गतिविधियों में मुर्गी पालन, डेयरी फार्मिंग और मत्स्य पालन जैसे पशुपालन शामिल हैं।

अतः विकल्प (D) सही है।

57. उत्तर प्रदेश में 18 मंडल हैं।

- उत्तर प्रदेश का गठन 1 अप्रैल 1937 को संयुक्त प्रांत के रूप में हुआ था।
- 26 जनवरी 1950 को इसे राज्य का दर्जा मिला और उत्तर प्रदेश का नाम बदलकर उत्तर प्रदेश कर दिया गया। उत्तर प्रदेश की राजधानी लखनऊ है।
- श्रीमती आनंदीबेन पटेल उत्तर प्रदेश की वर्तमान राज्यपाल हैं।
- उत्तर प्रदेश के मुख्यमंत्री योगी आदित्यनाथ हैं।
- उत्तर प्रदेश की आधिकारिक भाषा हिंदी है।
- उत्तर प्रदेश का क्षेत्रफल 2,40,928 वर्ग किमी है।
- भारत में क्षेत्रफल की दृष्टि से उत्तर प्रदेश चौथा सबसे बड़ा राज्य है।
- उत्तर प्रदेश में 75 जिले हैं।

अतः विकल्प (A) सही है।

58. हथनीकुंड बैराज सिंचाई परियोजना उत्तर प्रदेश के सहारनपुर जिले में स्थित है।

- यह 5 राज्यों दिल्ली, उत्तर प्रदेश, हिमाचल प्रदेश, हरियाणा और राजस्थान की संयुक्त परियोजना है।
- यह बैराज 1872 में सहारनपुर में यमुना नदी पर बनाया गया है।
- 1978 की भारी बाढ़ से विनाश के कारण, केंद्र सरकार ने 12 मई 199 को यमुना नदी के पानी की मांग पर इन 5 राज्यों में एक समझौता किया।
- इस प्रकार, नए बैराज का निर्माण 1994 में शुरू हुआ और 1999 में पूरा हुआ।

अतः विकल्प (D) सही है।

59. सोयाबीन की खेती मुख्य रूप से उत्तर प्रदेश के बुंदेलखंड क्षेत्र में होती है।

- बुंदेलखंड क्षेत्र में उगाई जाने वाली अन्य प्रमुख फसलें चावल, ज्वार, मक्का, बाजरा, कोदो, कुटकी, चना, तुअर, मूंग, उड़द, अलसी, तिल, मुंगफली, जूट और सब्जियां हैं।
- चावल बघेलखंड क्षेत्र की प्रमुख फसल है।
- इस क्षेत्र में गेहूँ, मक्का (मक्का), और चना (छोले) का विकास हुआ।
- मंदारिन, एसिडलाइम, मोसांबी, आंवला, अनार, मैंगो बेर, चीकू, पपीता, हल्दी, मिर्च, धनिया, अजवाईन मुख्य रूप से विंध्य क्षेत्र के लिए अनुशंसित फसलें हैं।

अतः विकल्प (B) सही है।

60. यूरेनियम उत्तर प्रदेश के ललितपुर जिले में पाया जाता है।

- यह क्षेत्र 300 मीटर चौड़ा है और इसमें 0.01 से 0.09% यूरेनियम है।
- ललितपुर में बॉक्साइट भी पाया जाता है।

उत्तर प्रदेश में अन्य खनिज:

खनिज पदार्थ	जिला
डोलोमाइट	बारी (सोनभद्र), बांदा
एंडालुसाइट	सोनभद्र, मिर्जापुर
गेरू	बांदा
केल्साइट	मिर्जापुर
सूवर्णमाक्षिक	सोनभद्र

अतः विकल्प (A) सही है।

61. कैंची शब्द कुश्ती के खेल से संबंधित है। यह एक कुश्ती पकड़ है जिसमें आप अपने पैरों को प्रतिद्वंद्वी के शरीर या सिर के चारों ओर लपेटते हैं और अपने पैरों को एक साथ रखते हैं और निचोड़ते हैं।

अतः विकल्प (C) सही है।

62. पोलैंड और जर्मनी के बीच की राज्य की सीमा है, जो वर्तमान में ओडर-नीस लाइन है। इसकी कुल लंबाई 467 किमी (290 मील) है और यह 1945 से लागू है।

अतः विकल्प (A) सही है।

63. आनुवंशिकी आनुवंशिकता और वंशानुगत विशेषताओं की भिन्नता का अध्ययन है।

कोशिका विज्ञान, पौधे और पशु कोशिकाओं की संरचना और कार्य से संबंधित जीव विज्ञान और चिकित्सा की शाखाएं हैं।

जीव विज्ञान में, जैव विकास कई पीढ़ियों से एक प्रजाति की विशेषताओं में परिवर्तन है और प्राकृतिक चयन की प्रक्रिया पर निर्भर करता है।

फिजियोलॉजी जीव विज्ञान की शाखा है जो जीवित जीवों और उनके अंगों के सामान्य कार्यों से संबंधित है।

अतः विकल्प (C) सही है।

64. विश्व ब्रेल दिवस 4 जनवरी को मनाया जाता है। इस दिन ही लुइस ब्रेल का जन्म हुआ था। लुइस ब्रेल ने ही ब्रेल लिपि को जन्म दिया था। इस लिपि के माध्यम से नेत्रहीन व्यक्ति, दृष्टिहीन या आंशिक रूप से नेत्रहीन व्यक्ति पढ़ सकते हैं। ब्रेल लिपि के आविष्कारक लुई ब्रेल के जन्मदिवस को उनके सम्मान में विश्व ब्रेल दिवस के रूप में मनाने का निर्णय लिया गया था।

अतः विकल्प (B) सही है।

65. हम्पी मध्यकालीन हिन्दू राज्य विजयनगर साम्राज्य की राजधानी थी। यह वर्तमान कर्नाटक राज्य में तुंगभद्रा नदी के तट पर स्थित है।दो भाइयों, हरिहर और बुक्का ने 1336 में विजयनगर साम्राज्य की स्थापना की।

अतः विकल्प (D) सही है।

66. विटामिन B की कमी से बेरीबेरी होता है। बेरीबेरी के लक्षणों में शामिल हैं:

- शारीरिक गतिविधि के दौरान सांस की तकलीफ
- सांस लेने में तकलीफ होना
- तेज़ हृदय गति
- निचले पैरों में सूजन

अतः विकल्प (B) सही है।

67. एक इमल्सन दो या दो से अधिक तरल पदार्थों का मिश्रण होता है जो सामान्य रूप से अमिश्रणीय (अनब्लेंडेबल) होते हैं। इमल्सन का उपयोग तब किया जाता है जब फैलाव और निरंतर चरण दोनों तरल होते हैं। इमल्सन के उदाहरणों में धातु के काम के लिए कुछ काटने वाले तरल पदार्थ, विनैग्रेट, दूध शामिल हैं।
अतः विकल्प (A) सही है।

68. सिंथेटिक पॉलिमर के एक परिवार के लिए नायलॉन एक सामान्य पदनाम है, विशेष रूप से स्निग्ध या अर्ध-सुगंधित पॉलीमाइड्स। उन्हें तंतुओं, फिल्मों या आकृतियों में संसाधित किया जा सकता है।
अतः विकल्प (A) सही है।

69. "डोंग" मुद्रा वियतनाम से संबंधित है।

देश	मुद्रा	राजधानी
कम्बोडिया	कंबोडियन रिअल	नोम पेन्ह
लाओस	लाओ किप	वियनतियाने
म्यांमार	बर्मी कायत	नेपीडॉ
वियतनाम	**डॉंग**	**हनोई**

अतः विकल्प (D) सही है।

70. जापान की राजधानी टोक्यो है।

टोक्यो जापान के अंतर्गत स्थित काफी फेमस शहर है, जिसको सन 1868 के अंतर्गत जापान की राजधानी बनाया गया था। टोक्यो के अंतर्गत लगभग 95 लाख के करीब लोग निवास करते हैं, यहां पर मुख्य रुप से जापान की संस्कृति का पालन करने वाले लोग रहते हैं। जापान की राजधानी टोक्यो के अंतर्गत दुनिया की सबसे बड़ी मछली की मंडी है।

अतः विकल्प (A) सही है।

71. जारी एक सरकारी आदेश के मुताबिक, पूर्व पेट्रोलियम सचिव तरुण कपूर को प्रधानमंत्री नरेंद्र मोदी का सलाहकार नियुक्त किया गया था। हिमाचल प्रदेश कैडर के 1987 बैच के आईएएस अधिकारी कपूर पेट्रोलियम और प्राकृतिक गैस मंत्रालय के सचिव के रूप में सेवानिवृत्त हुए।

अतः विकल्प (D) सही है।

72. चिलिका झील ओडिशा में स्थित है। चिलिका झील भारत के ओडिशा राज्य के पुरी, खोर्धा और गंजाम ज़िलों में स्थित एक अर्ध-खारे जल की अनूप झील

(लगून) है। इसमें कई धाराओं से जल आता है और पूर्व में बंगाल की खाड़ी में बहता है। चिलिका झील 70 किलोमीटर लम्बी तथा 30 किलोमीटर चौड़ी है।

अतः विकल्प (B) सही है।

73. सागौन, साल, चंदन उष्णकटिबंधीय पर्णपाती वनों की महत्वपूर्ण प्रजातियाँ हैं।

उष्णकटिबंधीय पर्णपाती वन:

- ये भारत में सबसे व्यापक वन हैं।
- उन्हें मानसून वन भी कहा जाता है क्योंकि इन जंगलों में पेड़ शुष्क मौसम के दौरान अपने पत्ते बहाते हैं और मानसून के दौरान फिर से उगते हैं।
- वे उन क्षेत्रों में फैलते हैं जो 70-200 सेमी के बीच वर्षा प्राप्त करते हैं।
- उष्णकटिबंधीय पर्णपाती जंगलों का औसत तापमान 30°C है।
- इन वनों में आर्द्रता 80-90 प्रतिशत तक होती है।
- इन वनों की प्रमुख विशेषता यह है कि पेड़ शुष्क मौसम के दौरान अपने पत्ते बहाते हैं और बरसात के मौसम में पत्ती उगाते हैं।

अतः विकल्प (D) सही है।

74. भारत का सबसे छोटा केंद्र शासित प्रदेश लक्षद्वीप एक द्वीपसमूह है। लक्षद्वीप भारत का सबसे छोटा केंद्र शासित प्रदेश है। हमारा देश, भारतीय 28 राज्यों और 8 केंद्र शासित प्रदेशों से मिलकर बना है।

- भारत में केंद्र शासित प्रदेश लक्षद्वीप की राजधानी कवरत्ती है।
- भारत का सबसे छोटा केंद्र शासित प्रदेश लक्षद्वीप एक द्वीपसमूह है जिसमें 36 द्वीप हैं जिनका क्षेत्रफल 36 वर्ग किमी है।
- इस द्वीप पर आबादी लगभग 65,000 है।

अतः विकल्प (D) सही है।

75. बौद्ध ग्रंथ मज्झिमनिकाय पाली भाषा में लिखा गया है। मज्झिमनिकाय, बौद्ध धर्मग्रंथ है। यह सुत्तपिटक के पाँच बौद्ध निकायों में से दूसरा निकाय है। इसकी रचना तीसरी शताब्दी ईसापूर्व से लेकर दूसरी शताब्दी ईसापूर्व के मध्य हुई।

अतः विकल्प (B) सही है।

76. दिया है:

$$1888 \div 32 \div 8 = ?$$

$$? = \frac{1888}{32} \div 8$$

$$? = 59 \div 8$$

$$? = \frac{59}{8}$$

$$? = 7.375$$

अतः विकल्प (A) सही है।

77. दिया है:

$$4848 \times 222 = ?$$

$$? = 1,076,256$$

अतः विकल्प (B) सही है।

78. दिया है:

$$8888 \div 22 = ?$$

? = 404

अतः विकल्प (D) सही है।

79. बोडमास नियम का पालन करें:

$0.06 × ? × 0.216 = 1.944$

$⇒ ? × 0.01296 = 1.944$

$⇒ ? = \dfrac{1.944}{0.01296} = 150$

$∴ ? = 150$

अतः विकल्प (C) सही है।

80. दिया है:

$788 × 546 = ?$

$? = 430,240$

अत: विकल्प (A) सही है।

81. 18 और 36 के गुणनखंड:

$18 = 2 × 3 × 3$

$36 = 2 × 2 × 3 × 3$

उभयनिष्ठ गुणनखंड $= 2 × 3 × 3$

$∴$ महत्तम समापवर्त्य $= 18$

इसलिए, 18 और 36 का महत्तम समापवर्त्य 18 है।

अतः विकल्प (C) सही है।

82. जैसा कि हम जानते है,

वृत्त का क्षेत्रफल $= πr^2$

वृत्त की परिधि $= 2πr$

वर्ग का परिमाप $= 4a$

वर्ग का क्षेत्रफल $= a^2$

जहाँ,

$r =$ वृत्त की त्रिज्या और

$a =$ वर्ग की भुजा

माना वृत्त की त्रिज्या r है और वर्ग की भुजा a है।

तब एक वृत्त का क्षेत्रफल

$A = πr^2 = 3.14r^2 .... (1)$

प्रश्न के अनुसार,

वृत्त की परिधि $=$ वर्ग का परिमाप

$⇒ 2πr = 4a$

$⇒ a = \dfrac{πr}{2}$

इसलिए, वर्ग का क्षेत्रफल

$$a^2 = \left(\dfrac{πr}{2}\right)^2$$

$⇒ a^2 = 2.46r^2 ...(2)$

समीकरण (1) और (2) से हम कह सकते हैं कि, वृत्त का क्षेत्रफल $>$ वर्ग का क्षेत्रफल।

अतः विकल्प (B) सही है।

83. दिया गया है,

वृत्त का क्षेत्रफल, $A = 24.64\ m^2$

जैसा कि हम जानते हैं,

वृत्त का क्षेत्रफल $A = πR^2$

$$R^2 = \left(\dfrac{24.64}{22} × 7\right)$$

$R^2 = 7.84$

$R = \sqrt{7.84}$

$R = 2.8\ m$

$$∴ \text{परिधि} = \left(2 × \dfrac{22}{7} × 2.8\right)$$

$= 17.60\ m$

अतः विकल्प (C) सही है।

84. दिया है,

P = 900 रुपये

R = 5% प्रति वर्ष

T = 3 साल 4 महीने $= \dfrac{40}{12}$ years $= \dfrac{10}{3}$ years

$$S.I. = \dfrac{PRT}{100}$$

$$= \dfrac{(900×5×10)}{(100×3)}$$

$= 150$ रुपये

अतः विकल्प (B) सही है।

85. दिया गया है,

3x + 4 (x+3) = 26

3x + 4x + 12 = 26

7x = 26 - 12

7x = 14

x = 2

अत: विकल्प (B) सही है।

86. अभाज्य गुणनखंडन विधि का उपयोग करके हम दी गई संख्या का वर्गमूल निकालने जा रहे हैं,

441 = 3 × 147

= 3 × 3 × 49

$= 3 \times 3 \times 7 \times 7$

$= 3^2 \times 7^2$

$\sqrt{441} = \sqrt{3^2 \times 7^2}$

$\sqrt{441} = 3 \times 7$

$\therefore \sqrt{441} = 21$

अतः विकल्प (D) सही है।

87. दिया गया समीकरण है,

$3x^2 - 2x + 4 = 0$

उपरोक्त समीकरण की $ax^2 + bx + c = 0$ से तुलना करने पर,

$a = 3, b = -2, c = 4$

विविक्तकर,

$b^2 - 4ac = (-2)^2 - 4 \times 3 \times 4$

$= 4 - 48$

$= -44$ (ऋणात्मक)

इसलिए, मूल काल्पनिक होंगे।

अतः विकल्प (B) सही है।

88. तर्क इस प्रकार है:

$22 + 24 = 46$

$46 + 48 = 94$

$94 + 96 = 190$

$190 + 192 = 382$

इस प्रकार, 382 श्रृंखला में अगली संख्या है।

अतः विकल्प (C) सही है।

89. दिया है:

y का $x\% = 100$

$\Rightarrow y \times \dfrac{x}{100} = 100$ .....(i)

$\Rightarrow \dfrac{y}{100} = \dfrac{100}{x}$

z का $y\% = 200$

$z \times \dfrac{y}{100} = 200$ .....(ii)

समीकरण (i) से समीकरण (ii) में $\left(\dfrac{y}{100}\right)$ का मान रखने पर,

$z \times \left(\dfrac{100}{x}\right) = 200$

$\Rightarrow \dfrac{z}{x} = 2$

$\Rightarrow z = 2x$

अतः विकल्प (C) सही है।

90. दिया गया है,

पंखे का क्रय मूल्य 1000 रुपये है।

हानि प्रतिशत 15% है।

जैसा कि हम जानते हैं,

हानि प्रतिशत = (हानि/क्रय मूल्य) $\times$ 100

$15 =$ (हानि/1000) $\times$ 100

इसलिए, हानि = 150 रुपये

जैसा कि हम जानते हैं,

हानि = क्रय मूल्य - विक्रय मूल्य

इसलिए, विक्रय मूल्य = क्रय मूल्य – हानि

$= 1000 – 150$

विक्रय मूल्य = 850 रुपये

अतः विकल्प (C) सही है।

91. दिया है:

13 संख्याओं का माध्य 24 है।

अब प्रत्येक संख्या में 3 जोड़ा जाता है।

माध्य = कुल प्रेक्षण/प्रेक्षणों की संख्या

$\Rightarrow 24 =$ कुल प्रेक्षण/13

$\Rightarrow$ कुल प्रेक्षण $= 13 \times 24$

$\Rightarrow$ कुल प्रेक्षण $= 312$

अब 3 को सभी 13 संख्याओं में जोड़ा गया है।

$\Rightarrow$ नया योग $= 312 + 13(3)$

$\Rightarrow$ नया योग $= 312 + 39$

$\Rightarrow$ नया योग $= 351$

नया माध्य $= \dfrac{351}{13}$

$\Rightarrow$ नया माध्य $= 27$

$\therefore$ नया माध्य 27 होगा।

अतः विकल्प (C) सही है।

92. दिया गया है,

एक आदमी 231 किमी की यात्रा का $\dfrac{6}{11}$ ट्रेन से, $\dfrac{3}{7}$ बस से और बाकी पैदल पूरा करता है।

ट्रेन द्वारा तय की गई दूरी $= \left(\dfrac{6}{11}\right) \times 231$

$= 126$ किमी

बस द्वारा तय की गई दूरी $= \left(\dfrac{3}{7}\right) \times 231$

$= 99$ किमी

$\therefore$ पैदल तय की गई दूरी $= 231 – (126 + 99) = 6$ किमी

अतः विकल्प (C) सही है।

93. दिया गया है:

6 और 5

5 के गुणज = 5, 10, 15, 20, 25, 30, 35, 40, 45, 50, 55, 60

6 के गुणज = 6, 12, 18, 24, 30, 36, 48, 54, 60

इसलिए हम यह निष्कर्ष निकाल सकते हैं कि 6 और 5 के दो उभयनिष्ठ गुणज 30, 60 हैं।

अत: विकल्प (A) सही है।

94. माना कि संख्या x है।

प्रश्न के अनुसार,

$$\frac{5}{3} \times x = 145$$

हम उपरोक्त समीकरण के दोनों तरफ $\frac{3}{5}$ से गुणा करते हैं।

$$\Rightarrow x = 145 \times \frac{3}{5}$$

$$\Rightarrow x = 29 \times 3$$

$$\Rightarrow x = 87$$

∴ संख्या 87 है।

अत: विकल्प (D) सही है।

95. दिया गया है,

पांच हजार पांच सौ ब्यानवे दशमलव तीन पांच

दशमलव संख्या में,

5592.35

अतः विकल्प (A) सही है।

96. दिया गया है,

8799

इकाई का अंक = 5

दहाई का अंक = 9

सैकड़ा अंक = 7

हजार का अंक = 8

अतः विकल्प (B) सही है।

97. दिया गया,

2032, 2006, 2036, 2045, 2039

आरोही क्रम में,

2006, 2032, 2036, 2039, 2045

अत: विकल्प (B) सही है।

98. 4999 के बाद क्रमागत दो संख्याएँ हैं, (4999+1), (4999+2)

= 5000, 5001

अत: विकल्प (B) सही है।

99. हम लिख सकते हैं,

30 = 10 + 10 + 10 + 5

10 का रोमन अंक = X

10 का रोमन अंक = V

इसलिए, 35 का रोमन अंक = XXXV

अत: विकल्प (A) सही है।

100. दिया गया है,

115 रुपये 5 पेन की कीमत है।

1 रुपये $\frac{5}{115}$ पेन की कीमत है।

207 रुपये $\frac{207 \times 5}{115}$ पेन की कीमत है।

$$= \frac{207}{23} = 9 \text{ पेन}$$

अत: विकल्प (A) सही है।

Hindi

Ques (1-2):निर्देश: वाक्यांश के लिए एक शब्द का चयन कीजिये।

Q.1 आवश्यकता से अधिक वर्षा

A. अत्वृष्टि   B. अल्पवृष्टि   C. ओलावृष्टि   D. अतिवृष्टि

Q.2 आड़ या परदे के लिये रथ या पालकी को ढकनेवाला कपड़ा

A. अंडज   B. आगत   C. ओहार   D. औरस

Q.3 निम्नलिखित वाक्य में कौन सा वाक्य आसन्न भूत काल है?

A. महेश अभी -अभी गया है

B. आप लोगों ने खाना खा लिया

C. मैं आया हूँ

D. उस समय मैं सोया होऊँगा

Q.4 किसी के द्वारा कहे गए वचन को ज्यों का त्यों लिखने के लिए किस चिह्न का प्रयोग किया जाता है?

A. अवतरण चिह्न   B. उद्धरण चिह्न

C. कोष्ठक चिह्न   D. विवरण चिह्न

Q.5 मुंबई कौन सी संज्ञा है?

A. जातिवाचक   B. भाववाचक

C. व्यक्तिवाचक   D. एक देश

Q.6 "होनहार बिरवान के होत चीकने पात" कहावत का अर्थ है:

A. दूर से सब चीजें अच्छी लगना

B. बचपन में सुन्दर होना

C. बड़ा होशियार बच्चा

D. बचपन से ही बड़प्पन का संकेत

Q.7 निम्नलिखित चार मुहावरे में से तीन मुहावरे सही हैं शेष एक गलत मुहावरे का चयन कीजिए।

A. खरी मजूरी   B. खाक छानना

C. चिकना घड़ा रहना   D. घर फूंक तमाशा देखना।

Q.8 'को' और 'के लिए' कारक के चिह्न है:

A. संप्रदान कारक   B. अपादान कारक

C. कर्म कारक   D. करण कारक

Q.9 किस शब्द में 'इन' प्रत्यय का प्रयोग सही नहीं हुआ है?

[Haryana Primary Teacher (PRT), 2020]

A. कुँजड़िन   B. नागिन   C. नाईन   D. ईसाइन

Q.10 'आंजनेय' शब्द में प्रयुक्त प्रत्यय है:

[Haryana Primary Teacher (PRT), 2020]

A. एय   B. य   C. नेय   D. ऐय

Q.11 रस कितने प्रकार के होते हैं?

A. चार   B. छह   C. नौ   D. आठ

Q.12 'पसीना' शब्द का तत्सम क्या होता है?

A. पशीना   B. प्रस्विन्न   C. पश्मीना   D. पषीना

Q.13 कौन- सा तत्सम शब्द नहीं है?

A. अज्ञानी   B. एला   C. उष्ट्र   D. कपूर

Q.14 'व्यवहार' का सही संधि-विच्छेद है:

[UPSSSC Junior Assistant, 2020]

A. वि + अव + हार   B. व्यव + हार

C. व्य + वहार   D. व्य + व + हार

Q.15 "रात होते ही तारे निकल आये" कौन सा वाक्य है?

A. मिश्र वाक्य   B. सरल वाक्य

C. संयुक्त सूचक वाक्य   D. इच्छा सूचक वाक्य

Q.16 निर्देश: निम्नलिखित वाक्य में क्रियाविशेषण बताइये।

कछुआ (धीरे धीरे) चलता है।

A. परिमाण वाचक क्रिया विशेषण

B. रीतिवाचक क्रिया विशेषण

C. स्थानवाचक क्रियाविशेषण

D. काल वाचक क्रिया विशेषण

Q.17 "कोई" शब्द किस सर्वनाम का उदाहरण है?

A. निश्चय वाचक   B. अनिश्चय वाचक

C. निजवाचक   D. प्रश्न वाचक

Q.18 जो स्वर केवल मुख से उच्चारित होता है, उसे क्या कहते हैं?

A. अनुनासिक   B. निरनुनासिक

C. दीर्घ   D. हस्व

Q.19 निम्नलिखित में से कौन सा शब्द 'आँख' का बहुवचन होगा?

A. आँखों   B. आँखें   C. अँखियाँ   D. आँखी

Q.20 नीचे दिए गए विकल्पों में से शुद्ध वर्तनी का चयन कीजिए ।

A. प्रतियोगीता   B. प्रातियोगिता

C. प्रतियोगिता   D. प्रतीयोगिता

Q.21 "सन्धि" का विलोम शब्द है:

[UPPSC Staff Nurse, 2017]

A. उपसंधि   B. शत्रुता   C. विग्रह   D. वैमनस्य

Q.22 इनमें से 'मछली' किसका पर्यायवाची है?

A. कबूतर   B. शफरी   C. काला   D. आकाश

Ques (23-24):निर्देश: रिक्त स्थान को भरने के लिए उपयुक्त शब्द का चयन करें।

Q.23 बाहर के देशों में वस्तुओं को भेजने के लिए हिंदी में __________ कहते हैं।

A. पर्याप्त   B. साकार

C. निर्यात   D. इनमें से कोई नहीं

Q.24 आज हमारे देश में बनने वाली अधिकांश फिल्म बाजारू बन कर रह गई है। उनका उद्देश्य सस्ती लोकप्रियता प्राप्त करना तथा __________ कमाना मात्र रह गया है।

A. गर्व   B. पैसा   C. अधिकार   D. प्रचार

Q.25 'मुझे आज बाहर घूमने का मन हो रहा है।' यह वाक्य किस प्रकार का वाक्य है?

A. आज्ञा वाचक वाक्य   B. संकेत वाचक वाक्य

C. इच्छा वाचक वाक्य   D. विस्मयादिबोधक वाक्य

English

Ques (26-33):Direction: Select the most appropriate option to fill in the blank.

Q.26 The teacher, as well as the students, _______ responsible for the agitation in the school campus.

A. are   B. is   C. shall   D. were

Q.27 Nanny died last week. She _____ from cancer for some time.

A. suffering   B. is suffering
C. had been suffering   D. suffers

Q.28 Susan watched a movie at the theatre ________ a friend.

A. of   B. on   C. in   D. with

Q.29 She often goes for a walk ___ night.

A. on   B. in   C. for   D. at

Q.30 I ______ to take a vacation from the office, tomorrow.

A. will be plan   B. planned
C. am planning   D. will plan

Q.31 The author's wife was a good editor, _____ being a great writer herself.

A. besides   B. by   C. into   D. on

Q.32 If it _____, we will cancel the party.

A. were raining   B. rain
C. rains   D. rained

Q.33 Nobody but ________ is responsible for this fiasco.

A. I   B. me
C. mine   D. Both 'I' and 'me'

Q.34 Direction: Select the wrongly spelt word.

[SSC Sub Inspector (CPO), 2020]

A. custody   B. custom   C. cursory   D. curtesy

Q.35 Which is indefinite pronoun in sentence "I saw someone running in street."

A. I   B. in   C. someone   D. saw

Q.36 Direction: Select single word or phrase which means most nearly the same as the given phrase.

An accomplished musician

A. Virtuoso   B. Dilettante
C. Termagant   D. Agnostic

Q.37 Direction: Identify the tense used in the following sentence.

I will give him a gift.

A. Simple Present   B. Simple Past
C. Present Continuous   D. Simple Future

Q.38 Which of the following words is not an adjective?

A. Miserly   B. Historical
C. Momentary   D. None of these

Q.39 Direction: Choose the correct option to fill in the blank with the help of the hint in the brackets.

We ____ respect our elders. (duty/obligation)

A. should   B. could   C. will   D. would

Q.40 Choose the word which is the antonym of the FLEXIBLE.

A. Rigid   B. Flatter
C. Bending   D. Disregard

Q.41 Choose the synonym of the FOSTERING.

A. Safeguarding   B. Neglecting
C. Ignoring   D. Nurturing

Q.42 Direction: Select the most appropriate synonym of the given word.

Deepen

A. Soothe   B. Neutralize
C. Relieve   D. Intensify

Q.43 Choose the word opposite in meaning to the Height.

A. Length   B. Depth   C. Width   D. Breadth

Q.44 Direction: Identify the interjection in the sentence given below.

Hey! You left me behind.

A. Hey   B. You   C. left   D. behind

Q.45 Direction Change the gender of the underlined noun and rewrite the sentence.

My father is sleeping.

A.   My sister is sleeping.
B.   My aunt is sleeping.
C.   My cousin is sleeping.
D.   My mother is sleeping.

Q.46 Direction: Choose the meaningful word from the given jumbled words.

YRTNUOC

A. Country   B. Conutry   C. Conutyr   D. Cotyrnu

Q.47 Select the grammatically correct sentence from among the given options.

A.   She replied, "Amazing!"
B.   She replied, "Amazing!
C.   She replied, Amazing!"
D.   She replied, "Amazing"

Q.48 Select the correctly punctuated sentence.

A.   "Get out, of the car. Ordered the policeman."
B.   "Get out of the car!" ordered the policeman.
C.   Get out of the car, Ordered the policeman.
D.   "Get out of the car?" ordered the policeman.

Q.49 Direction: Fill in the blanks with the most appropriate option.

I feel very ________ in some of our ________ meetings.

A. bored, bored   B. board, board
C. bored, board   D. board, bored

Q.50 Direction: In the following question, select the related word from the given alternatives.

Blissful : Sad:: Melancholy : ?

A. Thoughtfulness

B. Unrelenting

C. Ecstasy

D. Promising

General Studies

Q.51 विशेष ASEAN-भारत विदेश मंत्रियों की बैठक (SAIFMM) 16 और 17 जून 2022 को _________ में आयोजित की जाएगी।

A. नई दिल्ली, भारत

B. इस्लामाबाद, पाकिस्तान

C. ढाका, बग्लादेश

D. कोलंबो, श्रीलंका

Q.52 28 अक्टूबर 2022 को केंद्रीय मंत्री सर्बानंद सोनोवाल ने निम्नलिखित में से किस क्षेत्र में 'आयुष उत्सव' का उद्घाटन किया?

A. उत्तराखंड

B. हिमाचल प्रदेश

C. उत्तर प्रदेश

D. कश्मीर

Q.53 निम्नलिखित में से कौन सा जिला उत्तर प्रदेश के बुंदेलखंड क्षेत्र से संबंधित है?

[UP Police Constable, 2018]

A. फतेहपुर

B. जौनपुर

C. महोबा

D. श्रावस्ती

Q.54 उत्तर प्रदेश का क्षेत्रफल देश के कुल क्षेत्रफल का लगभग _____ है।

[UP Police Constable, 2018]

A. 13.5%

B. 9.4%

C. 8.4%

D. 7.30%

Q.55 उत्तर प्रदेश में किस वर्ष सभी सरकारी कार्यों के लिए हिंदी का प्रयोग करना कानूनी तौर पर अनिवार्य कर दिया गया था?

[UP Police Constable, 2018]

A. 1947

B. 1957

C. 1968

D. 1951

Q.56 उत्तर प्रदेश का प्रमुख लोकगीत है?

A. धमार

B. बिरहा

C. टप्पा

D. कव्वाली

Q.57 _____ एक रंगीन और मंत्रमुग्ध मेला है जो उत्तर प्रदेश के मेरठ में प्रत्येक वर्ष होली के कुछ दिनों बाद आयोजित किया जाता है।

[UP Police Constable, 2018]

A. कुंभ मेला

B. नौचंदी मेला

C. गंगा मेला

D. सीकरी मेला

Q.58 तुलसी मानस मंदिर कहाँ स्थित है?

A. अयोध्या

B. इलाहाबाद

C. वाराणसी

D. आगरा

Q.59 निम्नलिखित में से किस देश को 'कंट्री ऑफ़ विंड्स' (हवाओं का देश) कहा जाता है?

[UPSC NDA, 2020]

A. भारत

B. चीन

C. डेनमार्क

D. जर्मनी

Q.60 निम्नलिखित में से किस कीट में लूसिफ़ेरिन नामक वर्णक पाया जाता है?

A. हाउसफ्लाई

B. जुगनू

C. सैंडफ्लाई

D. फ्रुइटफ्लाई

Q.61 इनमें से कौन बाइनरी उर्वरक का एक उदाहरण है?

A. एमओपी

B. अमोनिया

C. यूरिया

D. डीएपी

Q.62 मोल्दोवा की राजधानी क्या है?

A. चिशिनाउ

B. बुखारेस्ट

C. मिन्स्क

D. कीव

Q.63 सोपान (सीढ़ी) की तरह की खड़ी ढाल वाली गहरी घाटी को किस नाम से जाना जाता है?

A. U - आकार की घाटी

B. अंध घाटी (ब्लाइंड वैली)

C. गोर्ज

D. कैनियन

Q.64 भारत ने अक्टूबर 2022 में _______ में भारतीय व्यवसायों और निवेशकों के सामने आने वाले मुद्दों को हल करने के लिए एक फास्ट ट्रैक तंत्र स्थापित करने का निर्णय लिया है।

A. ऑस्ट्रेलिया

B. जापान

C. कनाडा

D. संयुक्त अरब अमीरात (यूएई)

Q.65 पंचमहल भारत के किस शहर में स्थित है?

[Allahabad High Court Review Officer (RO), 2019]

A. लखनऊ

B. गोलकुंडा

C. आगरा

D. फतेहपुर सीकरी

Q.66 भारत का पहला समुद्री राष्ट्रीय उद्यान निम्नलिखित में स्थित है:

A. कच्छ की खाड़ी

B. बंगाल की खाड़ी

C. अरब सागर

D. खंभात की खाड़ी

Q.67 मनुष्य में निम्न में से कौन सी प्रणाली कोबरा के काटने से प्रभावित होती है?

A. पाचन तंत्र

B. तन्त्रिका तन्त्र

C. उत्सर्जन तन्त्र

D. परिसंचरण तंत्र

Q.68 भारत की जलोढ़ मिट्टी आम तौर पर किस से समृद्ध है?

A. चूना

B. नाइट्रोजन

C. फास्फोरस

D. ह्यूमस

Q.69 राजीव गांधी खेल रत्न पुरस्कार से सम्मानित होने वाले पहले क्रिकेट खिलाड़ी _______ हैं।

A. सचिन तेंदुलकर

B. राहुल द्रविड़

C. महेंद्र सिंह धोनी

D. कपिल देव

Q.70 1539 में चौसा की लड़ाई में हुमायूँ को किसने हराया था?

[Territorial Army Officer, 2019]

A. शेरशाह

B. बहादुर शाह

C. राणा सांगा

D. इनमें से कोई नहीं

Q.71 उत्तर प्रदेश के सहसवान में जन्में राशिद खान को किस क्षेत्र में पद्म भूषण 2022 से सम्मानित किया गया?

A. विज्ञान

B. साहित्य

C. कला

D. सामाजिक कार्य

Q.72 अगस्त 2022 में छात्रों के लिए भारत का पहला वर्चुअल स्कूल किसने लॉन्च किया?

A. अरविंद केजरीवाल

B. शिवराज सिंह चौहान

C. अमित शाह

D. जीतेन्द्र सिंह

Q.73 निम्नलिखित में से कौन हिमालय की सबसे बाहरी श्रेणी है?

A. पीर पंजाल

B. लघु हिमालय

C. धौलाधर

D. शिवालिक

Q.74 जून 2022 में किसने फंड ट्रांसफर की निगरानी के लिए मंत्रालयों/विभागों को एक मंच प्रदान करने के लिए सिंगल नोडल एजेंसी (SNA) डैशबोर्ड किसने लॉन्च किया?

A. नरेंद्र मोदी

B. अमित शाह

C. अनुराग ठाकुर   **D.** निर्मला सीतारमण

Q.75 भारत में श्वेत क्रांति का जनक किसे माना जाता है?

[RRB (NTPC), 2021]

A. अरुण कृष्णन   **B.** एमएस स्वामीनाथन
C. वर्गीज कुरियन   **D.** इंदिरा गांधी

Mathematics

Q.76 $\frac{6}{5} \times 4\frac{1}{2}$ सरलीकृत कीजिए।

A. $\frac{27}{5}$ **B.** $\frac{6}{5}$
C. $\frac{11}{5}$ **D.** इनमें से कोई नहीं

Q.77 30,45 और 60 का लघुत्तम समापवर्तक ज्ञात कीजिए।

A. 180   **B.** 190   **C.** 18   **D.** 1800

Q.78 एक समचतुर्भुज के विकर्णों का अनुपात 5:6 है और इसका क्षेत्रफल 375 सेमी^{2} है। बड़े विकर्ण की लंबाई ज्ञात कीजिए।

A. 30 सेमी   **B.** 36 सेमी   **C.** 18 सेमी   **D.** 24 सेमी

Q.79 14 मीटर ऊँचाई वाले वृत्ताकार बेलन के आधार की त्रिज्या 3 मीटर है। बेलन का सम्पूर्ण पृष्ठीय क्षेत्रफल है:

[HTET TGT Mathematics, 2020]

A. 302.75 वर्ग मीटर   **B.** 203.57 वर्ग मीटर
C. 320.57 वर्ग मीटर   **D.** 230.75 वर्ग मीटर

Q.80 एक राशि साधारण ब्याज पर 8 वर्ष में खुद की पांच गुना हो जाती है। प्रति वर्ष ब्याज दर क्या है?

A. 37.5%   **B.** 25%   **C.** 62.5%   **D.** 50%

Q.81 दो अंकों की एक संख्या के अंकों का योग 9 है। यदि अंकों को उलट दिया जाए, तो वह संख्या मूल संख्या से 63 अधिक होती है। संख्या ज्ञात कीजिए।

A. 19   **B.** 17   **C.** 16   **D.** 18

Q.82 3969 का वर्गमूल ज्ञात कीजिये।

A. 53   **B.** 63   **C.** 43   **D.** 83

Q.83 निर्देश: निम्नलिखित संख्या श्रृंखला में प्रश्न चिह्न (?) के स्थान पर क्या आना चाहिए?

8, 13, 20, ?, 40, 53

A. 25   **B.** 27   **C.** 29   **D.** 31

Q.84 $\sqrt{2}$ और $\sqrt{3}$ के बीच स्थित परिमेय संख्या है:

[Territorial Army Officer, 2019]

A. $\frac{49}{28}$ **B.** $\frac{56}{35}$ **C.** $\frac{63}{45}$ **D.** $\frac{85}{66}$

Q.85 83,07,80,120 के लिए संख्या का नाम है:

A. तिरासी करोड़ सात हजार अस्सी लाख एक सौ बीस
B. तिरासी करोड़ सात लाख अस्सी हजार एक सौ बीस
C. तिरासी करोड़ सत्तर हजार अस्सी लाख एक बीस
D. इनमें से कोई नहीं

Q.86 100000000 का परवर्ती संख्या है:

A. 99999999   **B.** 100000001
C. 10000002   **D.** इनमें से कोई नहीं

Q.87 2 दर्जनों संतरे की कीमत 60 है। 120 समान संतरों का मूल्य ज्ञात कीजिए।

A. 300   **B.** 400   **C.** 500   **D.** 600

Q.88 36 का $\frac{9}{4}$ बराबर होगा:

A. 81   **B.** 79   **C.** 70   **D.** 80

Q.89 $1\frac{2}{5} - \frac{3}{8} + \frac{1}{4}$ मूल्यांकन करें।

A. $\frac{51}{40}$ **B.** $\frac{61}{40}$ **C.** $\frac{51}{50}$ **D.** $\frac{71}{40}$

Q.90 सबसे छोटी 6-अंकीय संख्या और सबसे बड़ी 4-अंकीय संख्या के बीच का अंतर ज्ञात कीजिए।

A. 1   **B.** 90000   **C.** 90001   **D.** 900001

Q.91 रोमन संख्या में 10 और 40 का योग है:

A. C   **B.** V   **C.** L   **D.** D

Q.92 805,1127 और 1449 का म.स.प ज्ञात कीजिए।

A. 161   **B.** 165   **C.** 170   **D.** 175

Q.93 $2\frac{3}{11} + 4\frac{1}{9} + \frac{1}{3}$ का मान ज्ञात कीजिए।

A. $6\frac{71}{99}$ **B.** $6\frac{71}{9}$ **C.** $8\frac{71}{99}$ **D.** $6\frac{7}{99}$

Q.94 औसत की गणना कीजिए।

74, 56, 89, 92, 68 & 35

A. 89   **B.** 75   **C.** 69   **D.** 96

Q.95 तीन संख्याएँ 4:5:6 के अनुपात में हैं और उनका औसत 30 है। सबसे बड़ी संख्या है:

A. 28   **B.** 32   **C.** 36   **D.** 42

Q.96 यदि n का 20%, 40 के बराबर है, तो n क्या है?

A. 200   **B.** 2000   **C.** 800   **D.** 80

Q.97 78000 रूपये पर $15\left(\frac{2}{5}\right)$% प्रति वर्ष 9 महीनों के लिए साधारण ब्याज ज्ञात कीजिए।

A. 7804 रूपये   **B.** 8979 रूपये
C. 8046 रूपये   **D.** 9009 रूपये

Q.98 सुनंदाबाई ने 475 रुपये में दूध खरीदा। उसने इसे दही में बदल दिया और इसे 700 रुपये में बेच दिया। उसने कितना लाभ कमाया?

A. 225 रुपये   **B.** 245 रुपये   **C.** 235 रुपये   **D.** 325 रुपये

Q.99 $(4x + 1)(4x - 1)$ का सरलीकरण करे।

A. $16x^2 + 8x + 2$ **B.** $16x^2 + 8x + 1$
C. $16x^2 - 1$ **D.** $16x^2 + 1$

Q.100 निम्नलिखित संख्या का गुणनखंड ज्ञात कीजिए:

13

A. 1   **B.** 13
C. 26   **D.** (A) और (B) दोनों

// स्मार्ट उत्तर पुस्तिका //

सही उत्तर — उन छात्रों का प्रतिशत जिन्होंने प्रश्नों का सही उत्तर दिया था। | छोड़ दिया — उन छात्रों का प्रतिशत जिन्होंने प्रश्नों को छोड़ दिया था।

प्रश्न संख्या	उत्तर	सही उत्तर / छोड़ दिया	प्रश्न संख्या	उत्तर	सही उत्तर / छोड़ दिया	प्रश्न संख्या	उत्तर	सही उत्तर / छोड़ दिया	प्रश्न संख्या	उत्तर	सही उत्तर / छोड़ दिया	प्रश्न संख्या	उत्तर	सही उत्तर / छोड़ दिया
1	D	69.42 % / 1.62 %	17	B	76.13 % / 0.0 %	33	B	82.22 % / 0.0 %	49	C	87.77 % / 0.0 %	65	D	88.79 % / 0.0 %
2	C	40.84 % / 1.04 %	18	B	65.96 % / 1.31 %	34	D	87.89 % / 0.0 %	50	C	76.26 % / 0.0 %	66	A	69.62 % / 1.72 %
3	A	53.68 % / 1.45 %	19	B	66.92 % / 1.62 %	35	C	58.73 % / 1.81 %	51	A	79.77 % / 0.0 %	67	B	61.02 % / 1.0 %
4	B	48.76 % / 1.75 %	20	C	89.32 % / 0.0 %	36	A	52.74 % / 1.0 %	52	D	55.62 % / 1.67 %	68	A	85.86 % / 0.0 %
5	C	64.7 % / 1.92 %	21	C	82.87 % / 0.0 %	37	D	88.63 % / 0.0 %	53	C	57.2 % / 1.81 %	69	A	88.25 % / 0.0 %
6	D	43.81 % / 1.07 %	22	B	88.67 % / 0.0 %	38	D	78.04 % / 0.0 %	54	D	69.71 % / 1.75 %	70	A	64.32 % / 1.72 %
7	C	78.44 % / 0.0 %	23	C	67.9 % / 1.83 %	39	A	89.16 % / 0.0 %	55	D	43.0 % / 1.67 %	71	C	84.62 % / 0.0 %
8	A	63.36 % / 1.03 %	24	B	65.47 % / 1.88 %	40	A	85.64 % / 0.0 %	56	B	55.87 % / 1.11 %	72	A	41.61 % / 1.93 %
9	C	84.67 % / 0.0 %	25	C	86.41 % / 0.0 %	41	D	86.96 % / 0.0 %	57	B	55.73 % / 1.11 %	73	D	63.5 % / 1.62 %
10	A	77.26 % / 0.0 %	26	B	40.52 % / 1.3 %	42	D	76.42 % / 0.0 %	58	C	41.29 % / 2.0 %	74	D	48.1 % / 1.24 %
11	C	58.66 % / 1.91 %	27	C	57.0 % / 1.68 %	43	B	63.95 % / 1.46 %	59	C	77.75 % / 0.0 %	75	C	40.55 % / 1.21 %
12	B	87.38 % / 0.0 %	28	D	41.25 % / 1.74 %	44	A	82.91 % / 0.0 %	60	B	66.74 % / 1.66 %	76	A	69.59 % / 1.86 %
13	D	76.93 % / 0.0 %	29	D	62.28 % / 1.83 %	45	D	79.98 % / 0.0 %	61	D	13.92 % / 3.05 %	77	A	66.82 % / 1.23 %
14	A	40.68 % / 1.46 %	30	C	64.05 % / 1.3 %	46	A	76.3 % / 0.0 %	62	A	14.66 % / 4.71 %	78	A	46.54 % / 1.32 %
15	A	40.55 % / 1.21 %	31	A	48.05 % / 1.67 %	47	A	40.58 % / 1.69 %	63	D	76.88 % / 0.0 %	79	C	85.28 % / 0.0 %
16	B	46.73 % / 1.06 %	32	C	83.39 % / 0.0 %	48	B	60.98 % / 1.16 %	64	D	44.33 % / 1.29 %	80	D	50.42 % / 1.22 %

प्रश्न संख्या	उत्तर	सही उत्तर / छोड़ दिया
81	D	52.91 % / 1.18 %
82	B	85.06 % / 0.0 %
83	C	49.82 % / 1.12 %
84	B	85.31 % / 0.0 %

प्रश्न संख्या	उत्तर	सही उत्तर / छोड़ दिया
85	B	48.43 % / 1.53 %
86	B	54.08 % / 1.54 %
87	A	69.97 % / 1.96 %
88	A	42.1 % / 1.3 %

प्रश्न संख्या	उत्तर	सही उत्तर / छोड़ दिया
89	A	42.53 % / 1.43 %
90	C	64.4 % / 1.66 %
91	C	62.87 % / 1.4 %
92	A	55.54 % / 1.7 %

प्रश्न संख्या	उत्तर	सही उत्तर / छोड़ दिया
93	A	52.5 % / 1.94 %
94	C	61.74 % / 1.67 %
95	C	64.29 % / 1.34 %
96	A	67.39 % / 1.85 %

प्रश्न संख्या	उत्तर	सही उत्तर / छोड़ दिया
97	D	45.16 % / 1.25 %
98	A	89.46 % / 0.0 %
99	C	78.82 % / 0.0 %
100	D	86.1 % / 0.0 %

//संकेत और समाधान//

1. 'आवश्यकता से अधिक वर्षा' के लिए एक शब्द 'अतिवृष्टि' होगा।

- 'अतिवृष्टि' का विलोम - अनावृष्टि
- अल्पवृष्टि- आवश्यकता से कम बरसात
- ओलावृष्टि- ओले की बरसात

अतः विकल्प (D) सही है।

2. आड़ या परदे के लिये रथ या पालकी को ढकनेवाला कपड़ा के लिए वाक्यांश के लिए एक शब्द ओहार है।

- अंडज: अंडे से उत्पन्न
- आगत: आया हुआ
- औरस: विवाहित स्त्री से उत्पन्न

अतः विकल्प (C) सही है।

3. दिए गए विकल्पों में आसन्न भूत काल का उदाहरण विकल्प "महेश अभी - अभी गया है"।

आसन्न भूतकाल: भूतकाल कि जिस क्रिया से यह पता चले कि यहाँ कार्य कुछ समय पहले ही समाप्त हुआ हो वहाँ आसन्न भूतकाल कहते है।

अत: विकल्प (A) सही है।

4. किसी के द्वारा कहे गए वचन को ज्यों का त्यों लिखने के लिए उद्धरण चिह्न (" ") या (' ') का प्रयोग किया जाता है।

जैसे - हरिवंश राय बच्चन ने कहा है - "मन का हो तो अच्छा, मन का न हो तो भी अच्छा"

अतः विकल्प (B) सही है।

5. मुंबई व्यक्तिवाचक संज्ञा है।

किसी भी विशेष व्यक्ति, वस्तु या स्थान के नाम का बोध कराने वाली संज्ञा ही व्यक्तिवाचक संज्ञा कहलाती हैं। यानी, व्यक्तिवाचक संज्ञा सभी व्यक्ति, वस्तु या स्थान की संपूर्ण जाती में से ख़ास का नाम बताती हैं।

जैसे:

व्यक्ति- महात्मा गाँधी, भगत सिंह, रमेश, पवन, सीमा, विकास आदि।

वस्तु- कुरान, बाइबल, रामायण आदि।

स्थान- बैंगलोर, दिल्ली, मुंबई, लखनऊ आदि।

अतः विकल्प (C) सही है।

6. लोकोक्ति - होनहार बिरवान के होत चीकने पात

अर्थ - बचपन से ही बड़प्पन का संकेत अर्थित होनहार के लक्षण पहले से ही दिखायी पड़ने लगते है।

वाक्य - अब्दुल कलाम बचपन से ही मेधावी एवं मां बाप की आज्ञा का पालन करने वाले थे। सच ही कहा है– होनहार बिरवान के होत चीकने पात।

अतः विकल्प (D) सही है।

7. उपर्युक्त मुहावरों में से गलत मुहावरा है - 'चिकना घड़ा रहना।' यहाँ 'रहना' के स्थान पर 'होना' शब्द उपयुक्त है। शेष मुहावरे सही हैं।

मुहावरे	अर्थ	वाक्य प्रयोग
चिकना घड़ा होना	बेशर्म होना, बात का असर न पड़ना	राशिद को हर अध्यापक होमवर्क कर लाने को कहते हैं पर वह इतना चिकना घड़ा है कि वह कभी भी होमवर्क करके नहीं आया।

अतः विकल्प (C) सही है।

8. 'को' और 'के लिए' सम्प्रदान कारक के चिह्न है। अन्य विकल्प असंगत है।

सम्प्रदान कारक: जिसके लिए कोई क्रिया (काम)की जाती है, उसे सम्प्रदान कारक कहते है।

जैसे:

शिष्य ने अपने गुरु के लिए सब कुछ किया।

गरीब को धन दीजिए।

वह अरुण के लिए मिठाई लाया।

अतः विकल्प (A) सही है।

9. 'नाईन' में 'इन' प्रत्यय नही लगा हुआ है।

नाईन शब्द में ईन, प्रत्यय लगा हुआ है, 'इन' प्रत्यय नही।

- कुँजड़ + इन = कुँजड़िन
- नाग + इन = नागिन
- ईसा + इन = ईसाइन

अतः विकल्प (C) सही है।

10. 'आंजनेय' शब्द में प्रयुक्त प्रत्यय 'एय' है।

'एय' प्रत्यय से बने शब्द:- राधा - राधेय, कुंती - कौन्तेय

शब्द के उपरांत जिस शब्द का प्रयोग किया जाता है वह प्रत्यय है। जैसे - ता, औना, अन, अत

अतः विकल्प (A) सही है।

11. मुख्यतः रस 9 प्रकार के होते है। लेकिन कई विद्वानों ने अपने तर्क से रस को 11 प्रकार के बताये है।

1- श्रृंगार रस
2- हास्य रस
3- करुण रस
4- रौद्र रस
5- वीभत्स रस
6- भयानक रस
7- अद्भुत रस
8- वीर रस
9- शांत रस

अत: विकल्प (C) सही है।

12. पसीना शब्द का तत्सम 'प्रस्विन्न' होता है। ऐसे शब्द जिसे हम संस्कृत से बिना कोई बदलाव करे उपयोग में लाते है, तत्सम शब्द कहलाते है। पसीना शब्द प्रस्विन्न का तद्भव रूप होता है।

अतः विकल्प (B) सही है।

13. 'कपूर' तद्भव शब्द है, इसका तत्सम शब्द 'कर्पूर' होता है। शेष विकल्पों में तत्सम शब्द का प्रयोग किया गया है।

अतः विकल्प (D) सही है।

14. 'व्यवहार' का सही संधि-विच्छेद वि + अव + हार है, इसमें यण संधि है।

यण संधि: जब संधि करते समय इ, ई के साथ कोई अन्य स्वर हो तो ' य ' बन जाता है, जब उ, ऊ के साथ कोई अन्य स्वर हो तो ' व् ' बन जाता है, जब ऋ के साथ कोई अन्य स्वर हो तो ' र ' बन जाता है।

अतः विकल्प (A) सही है।

15. "रात होते ही तारे निकल आये" मिश्र वाक्य है।

"रात होते ही तारे निकल आये" वाक्य में दो वाक्य एक साथ मिश्रित किए गए है।

ऐसे वाक्य जिनमें सरल वाक्य के साथ-साथ कोई दूसरा उपवाक्य भी हो, वे वाक्य मिश्र वाक्य कहलाते हैं।

अत: विकल्प (A) सही है।

16. उपर्युक्त वाक्य में रीतिवाचक क्रिया विशेषण प्रयोग हुआ है।

ऐसे अविकारी शब्द जो हमें क्रिया के होने के तरीके या विधि के बारे में बताते हैं, वे शब्द रीतिवाचक क्रियाविशेषण कहलाते हैं। जैसे: खरगोश तेज़ दौड़ता है। इस वाक्य में दौड़ना क्रिया है एवं तेज़ शब्द से हमें दौड़ने कि रफ़्तार अथवा विधि पता चल रही है। इसलिए, जो भी शब्द हमें किसी क्रिया के होने के तरीके का बोध कराते हैं वे शब्द रीतिवाचक क्रियाविशेषण कहलाते हैं।

अत: विकल्प (B) सही है।

17. कोई" शब्द अनिश्चय वाचक सर्वनाम का उदाहरण हैं।

जिन सर्वनामों से किसी निश्चित वस्तु का पता नहीं चलता है उसे अनिश्चय वाचक सर्वनाम कहते हैं। जैसे:- कोई, कुछ, आदि।

अत: विकल्प (B) सही है।

18. जो स्वर केवल मुख से उच्चारित होता है, उसे निरनुनासिक स्वर कहते हैं। जैसे – अ-सवार, आ-बाट, ऊ-पूछ, ओ-गोद इत्यादि। हवा के नाक व मुँह से निकलने के आधार पर स्वर दो प्रकार के होते हैं:

- निरनुनासिक स्वर
- अनुनासिक स्वर

अत: विकल्प (B) सही है।

19. 'आँख' का बहुवचन शब्द 'आँखें' होता है।

वचन	परिभाषा	उदाहरण
एकवचन	संज्ञा के जिस रूप से एक वस्तु, प्राणी या पदार्थ आदि का पता चलता है।	लड़का, गाय, बेटी आदि।
बहुवचन	संज्ञा के जिस रूप से एक से अधिक वस्तु, प्राणी या पदार्थ आदि का पता चलता है।	लड़के, गायें, बेटियाँ आदि।

अतः विकल्प (B) सही है।

20. प्रतियोगिता शब्द वर्तनीगत शुद्ध शब्द है।

प्रतियोगिता शब्द का अर्थ प्रतिद्वंदिता या होड़ होता है।

वर्तनी भाषा में शब्दों को वर्णों से अभिव्यक्त करने की क्रिया को कहते हैं। वर्तनी का सीधा सम्बन्ध भाषागत ध्वनियों के उच्चारण से है।

अतः विकल्प (C) सही है।

21. "सन्धि" का विलोम शब्द विग्रह है।

- संधि का अर्थ : जोड़ना
- विग्रह का अर्थ : अलग होना, करना

अत: विकल्प (C) सही है।

22. 'मछली' का पर्यायवाची शब्द शफरी है।

अन्य पर्यायवाची - मत्स्य, झख, झष, मच्छी, जलजीवन

अन्य विकल्प:

शब्द	पर्यायवाची
कबूतर	कपोत, रक्तलोचन, पारावत, कलरव, हारिल।
काला	श्याम, कृष्ण, कलूटा, साँवला, स्याह।
आकाश	पुष्कर, व्योम, विष्णुपद, फलक

23. बाहर के देशों में वस्तुओं को भेजने के लिए हिंदी में निर्यात कहते हैं।

अन्य विकल्प :

शब्द	अर्थ	शब्द का वाक्य मे प्रयोग
पर्याप्त	जितना चाहिए उतना	सौ लोगों के लिए पर्याप्त भोजन बनाइए ।
साकार	जिसका कोई आकार हो	राम गोस्वामी तुलसीदास के साकार ईश्वर हैं ।

अत: विकल्प (C) सही है।

24. आज हमारे देश में बनने वाली अधिकांश फिल्म बाजारू बन कर रह गई है। उनका उद्देश्य सस्ती लोकप्रियता प्राप्त करना तथा पैसा कमाना मात्र रह गया है।

अन्य विकल्प :

शब्द	अर्थ	शब्द का वाक्य मे प्रयोग
गर्व	घमंड	हमेशा गर्व से सीना तानकर चलने वाले साहूकार को आज सबके सामने लज्जित होना पड़ा ।
अधिकार	हक	कुछ लोग अपने अधिकार का दुरुपयोग करते हैं ।
प्रचार	जनता में किसी बात को प्रसिद्ध करना	कम्पनियाँ टीवी आदि के माध्यम से अपने उत्पादों का प्रचार करती हैं ।

अत: विकल्प (B) सही है।

25. 'मुझे आज बाहर घूमने का मन हो रहा है।' यह इच्छा वाचक वाक्य है।

जिन वाक्यों से किसी इच्छा, आशा, आशीर्वाद या शुभकामना का बोध होता है, उन्हें इच्छावाचक वाक्य कहते हैं।

अत: विकल्प (C) सही है।

26. Correct Sentence: The teacher, as well as the students, is responsible for the agitation in the school campus.

Subject-verb agreement refers to the rules for using verbs according to the subject.

- Example: They play every day. (plural)
- He eats every day. (Singular)

According to the subject-verb agreement, when we use words like as well as, along with, the verb works according to the first subject.

Hence, the correct option is (B).

27. Correct sentence: Nanny died last week. She had been suffering from cancer for some time.

An activity that started in the past, continued and finished in the past comes under Past Perfect Continuous Tense.

The formula is as follows:

- Sub + had + been + V1 + ing + obj + for/since + time.

In the given sentence, the incident of the subject dying and suffering from cancer have occurred in the past.

Hence, the correct option is (C).

28. Correct sentence: Susan watched a movie at the theatre with a friend.

With is used to indicate in the company or in the presence of something or in the company of someone, using something or having something.

For example: She lives with her parents.

In the given sentence, Susan was accompanied to the theatre by a friend, so with will be used.

Hence, the correct option is (D).

29. Correct sentence: She often goes for a walk at night.

According to grammar, we can use "at" with the time of day. Also use "at" with noon, night, and midnight.'

Example: They go to bed at midnight.

Hence, the correct option is (D).

30. Complete Sentence: I am planning to take a vacation from the office, tomorrow.

The given sentence is talking about something that is unfinished or incomplete.

Therefore, the present continuous tense should be used in the blank.

The present continuous tense indicates that an action or condition is happening now, frequently, and may continue into the future.

This tense is formed by to be (am, is, are) + verb (the present participle).

Therefore, the most appropriate option to be filled in the blank is 'am planning'.

Hence, the correct option is (C).

31. Correct sentence: The author's wife was a good editor, besides being a great writer herself.

Besides: in addition to; apart from.

Ex: I have no other family besides my parents.

Hence, the correct option is (A).

32. Correct sentence: If it rains, we will cancel the party.

The sentence starts with 'if' which indicates that the first part is a condition and the second part is the result.

The given sentence is in an example of first conditional which is of the form (if + present simple, ... will + infinitive)

So, clearly we will use the present tense form of verb i.e. rains.

Hence, the correct option is (C).

33. Complete sentence: Nobody but me is responsible for this fiasco.

'But' means 'except' when it is used after words such as all, everything/nothing, everyone/no one, everybody/nobody.

In such cases we always use 'objective case of pronouns' after it.

- Ex: No one but him would get a job like that.
- Ex: Everybody but me has paid.

In the given sentence also, the similar condition is available. So, object pronoun 'me' is the correct choice to fill in the blank.

Hence, the correct option is (B).

34. The correct answer is 'curtesy'.

Courtesy: Polite and pleasant behaviour that shows respect for other people

Example: His abilities, his courtesy and his upright character made him a universal favourite.

Hence, the correct option is (D).

35. An indefinite pronoun does not refer to any specific person, thing or amount. It is vague and "not definite". Some typical indefinite pronouns are: all, another, any, anybody/anyone, anything, each, everybody/everyone, everything, few, many, nobody, none, one, several, some, somebody/someone.

In sentence "I saw someone running in street."

someone is An indefinite pronoun

Hence the correct option is (C).

36. 'Virtuoso' is 'a person highly skilled in music or another artistic pursuit'.

The other given options,

'Dilettante' is 'a person who cultivates an area of interest, such as the arts, without real commitment or knowledge'.

'Termagant' is 'a harsh-tempered or overbearing woman'.

'Agnostic' is 'a person who believes that nothing is known or can be known of the existence or nature of God'.

Hence, the correct option is (A).

37. The sentence is in the simple future tense.

A simple way to identify this tense is that in the future tense the helping verbs 'will' or 'shall' is used with the base form of the verb, 'give' in this case.

Hence, the correct option is (D).

38. All the given words are adjective.

Although Miserly looks like an adverb, it is an adjective actually.

"In a miserly manner" is used as an adverb for adjective miserly.

Hence, the correct option is (D).

39. We **should** respect our elders.

Modal Verbs show us the attitude of the speaker to what is being said or done. The term "modal" means expressing mood and mood is a way to express the attitude of the speaker.

Option (A) expresses the mood of duty/ obligation according to the sentence. Whereas, option (B) expresses ability, option (C) expresses assurance to act in future, and option (D) expresses assurance and likely to act in the future.

Hence, the correct option is (A).

40. The meaning of the given words:

- Flexible means 'bending and not breaking'.
- Rigid meaning 'firm'.
- Flatter means 'lavish praise on someone with the idea of furthering one's interest.
- Bending means the same as flexible.
- Disregard means 'unmindful'.

From the meanings of the given words, we can conclude that Rigid is the most appropriate antonym of flexible.

Hence, the correct option is (A).

41. The meaning of the given words:

- Fostering: encourage the development of (something, especially something desirable).
- Nurturing: care for and protect (someone or something) while they are growing.
- Safeguarding: a measure taken to protect someone or something or to prevent something undesirable.
- Neglecting: fail to care for properly.
- Ignoring: refuse to take notice of or acknowledge; disregard intentionally.

From the meanings of the given words, we can conclude that Nurturing is the most appropriate synonym for fostering.

Hence, the correct option is (D).

42. Meaning of the given words:

- Deepen means to make deep or deeper and heighten something.
- Intensify - to make intense or increase the density.
- Soothe - to calm and pacify.
- Neutralize - to make something neutral or less severe.
- Relieve - to set free from an obligation.

From the meanings of the given words, we can conclude that intensify is the most appropriate synonym of deepen.

Hence, the correct option is (D).

43. The meaning of the given words:

- Height: measurement from base to top.
- Depth: distance from top to surface.
- Length: measurement from end to end.
- Width: measurement from side to side.
- Breadth: distance from side to side.

From the meanings of the given words, we can conclude that Depth is the most appropriate opposite of Height.

Hence, the correct option is (B).

44. 'Hey' is the interjection.

In the particular sentence, Hey, is the right one, as it expresses sudden burst of emotions and the function of an interjection is the same. It is helpful to note that interjection is a part of speech that is used in informal language than in formal writing.

Hence, the correct option is (A).

45. The feminine of a father is mother.

The word father describes a single man.

Hence, the correct option is (D).

46. The meaningful word from the words "YRTNUOC" is "country".

"country" means an area of land with its own people, government, etc.

Example: I prefer to live in a hot country

Hence, the correct option is (A).

47. Correct sentence: She replied, "Amazing!"

- The given sentence is in direct speech.
- Punctuation is used in direct speech to separate spoken words, or dialogue, from the rest of a story.
- The words spoken by a character sit inside speech marks.
- Here the spoken word is "Amazing," so it should be within inverted commas or quotation marks (" ").
- In the given sentence, "Amazing" is used as an exclamation and used for expression of extremely surprising.
- Therefore, we need to use an exclamatory mark (!) after this word. Example: This stain remover really works - it's amazing!

Hence, the correct option is (A).

48. Correct sentence - "Get out of the car!" ordered the policeman.

- From the given options, it is clear that we have to punctuate a direct speech.
- Punctuation is used in direct speech to separate spoken words, or dialogue, (reporting clause) from the rest of a sentence (reported clause).
- The reporting clause comes inside inverted commas (" ...").
- In direct speech, we usually put a comma between the reporting clause and the reported clause.
- If the direct speech is a question or exclamation, we use a question mark or exclamation mark, not a comma: - 'Is there a reason for this?' she asked.
- The reporting clause in the given sentence is 'Get out of the car'. This is a command and hence should end with an exclamation mark (!).
- The reported clause in the given sentence is 'ordered the policeman'.
- Based on the above-mentioned rules we get the following punctuated sentence: "Get out of the car!" ordered the policeman.

Hence, the correct option is (B).

49. Correct Sentence: I feel very bored in some of our board meetings.

The given words are examples of a homonym.

- Homophones are words that sound the same but are different in meaning or spelling. Example: "Mail" and "Male" are easy to confuse because they sound identical (i.e., they are perfect homonyms).

- In the given sentence the word 'bored' should be used in the first blank because it means 'feeling tired and perhaps slightly annoyed because something is not interesting or because you do not have anything to do'. Example: The children get bored on long journeys.

- And in the second filer 'board' should be used because it means 'a group of people who control an organization, company, etc. Example: The board of directors is/are meeting to discuss the firm's future.

Hence, the correct option is (C).

50. The pattern followed here is:

Sad is an antonym of Blissful.

Similarly, Ecstasy is an antonym of Melancholy.

Hence, the correct option is (C).

51. ASEAN-भारत वार्ता संबंधों के 30 साल पूरे होने के उपलक्ष्य में विशेष ASEAN-भारत विदेश मंत्रियों की बैठक (एसएआईएफएमएम) 16 और 17 जून 2022 को नई दिल्ली, भारत में आयोजित की जाएगी। इस ऐतिहासिक मान्यता में, वर्ष 2022 को ASEAN-भारत मैत्री वर्ष के रूप में मनाया जा रहा है, जैसा कि अक्टूबर 2021 में 18वें आसियान-भारत शिखर सम्मेलन में आसियान और भारतीय नेताओं द्वारा घोषित किया गया था।

अत: विकल्प (A) सही है।

52. केंद्रीय मंत्री सर्बानंद सोनोवाल ने 28 अक्टूबर 2022 को कश्मीर के गांदरबल में 'आयुष उत्सव' का उद्घाटन किया।

इसे 'स्वास्थ्य देखभाल में अंतराल को पाटना: आयुष, एक आशाजनक सहारा' शीर्षक से एक संगोष्ठी के उद्घाटन के साथ शुरू किया गया था। यह आधुनिक रोगी देखभाल के पूरक के लिए पारंपरिक औषधीय प्रथाओं को सक्षम करने के लिए शुरू किया गया है।

अत: विकल्प (D) सही है।

53. महोबा जिला उत्तर प्रदेश के बुंदेलखंड क्षेत्र के अंतर्गत आता है।

बुंदेलखंड क्षेत्र में लगभग 70,000 वर्ग किमी का क्षेत्र है।

बुंदेलखंड में दक्षिणी उत्तर प्रदेश के सात जिले और उत्तरी मध्य प्रदेश के छह जिले शामिल हैं।

अत: विकल्प (C) सही है।

54. उत्तर प्रदेश का क्षेत्रफल देश के कुल क्षेत्रफल का लगभग 7.30% है।

उत्तर प्रदेश देश का चौथा सबसे बड़ा राज्य है जबकि राजस्थान क्षेत्रफल की दृष्टि से देश का सबसे बड़ा राज्य है।

उत्तर प्रदेश देश का सबसे अधिक आबादी वाला राज्य है।

उत्तर प्रदेश में 18 मंडलों के अंतर्गत 75 जिले हैं।

उत्तर प्रदेश राज्य में लोकसभा की 80 सीटें हैं जबकि राज्यसभा की 31 सीटें हैं।

उत्तर प्रदेश की विधानसभा में 404 सदस्य हैं जबकि इसके विधान परिषद में 100 सदस्य हैं।

अत: विकल्प (D) सही है।

55. वर्ष 1951 में, इसे भारतीय राज्य उत्तर प्रदेश में सभी आधिकारिक कार्यों में हिंदी का उपयोग करने के लिए कानूनी रूप से बाध्यकारी बनाया गया था।

1951 की राजभाषा अधिनियम के तहत हिंदी उत्तर प्रदेश में राज्य प्रशासन की भाषा बन गई।

1989 में अधिनियम में एक संशोधन किया गया, जिसने उर्दू को राज्य की अतिरिक्त भाषा के रूप में जोड़ा गया था।

राज्य में प्रमुख रूप से इस्तेमाल की जाने वाली अन्य भाषाओं में अवधी, भोजपुरी, बुंदेली, ब्रजभाषा, कन्नौजी और हिंदुस्तानी शामिल हैं।

उत्तर प्रदेश की भाषाओं को लिखने के लिए प्रयुक्त मुख्य लिपि देवनागरी है।

अत: विकल्प (D) सही है।

56. बिरहा उत्तर प्रदेश की एक लोकप्रिय लोक गीत शैली है।

यह शैली मनोदशा आधारित है और मूल विषय प्रेमी और उसकी प्रेमिका के अलगाव के इर्द-गिर्द घूमता है। दरअसल हिंदी में 'बिरहा' का मतलब जुदाई होता है। इस शैली का इतिहास बहुत पुराना नहीं है और सबसे पुराना संदर्भ 17वीं शताब्दी का है।

अत: विकल्प (B) सही है।

57. नौचंदी मेला एक रंगीन और मंत्रमुग्ध मेला है, जो उत्तर प्रदेश के मेरठ में प्रत्येक वर्ष होली के कुछ दिनों बाद आयोजित किया जाता है।

प्रयाग, इलाहाबाद में आयोजित होने वाला कुंभ मेला विश्व का सबसे बड़ा मेला है।

यह गंगा, यमुना, और पौराणिक सरस्वती के पवित्र संगम पर स्नान करने के लिए लगभग 48 दिनों तक आयोजित किया जाता है।

कुंभ मेला, हिंदू धर्म में, एक धार्मिक तीर्थ है जो 12 वर्षों के दौरान चार बार मनाया जाता है।

अत: विकल्प (B) सही है।

58. तुलसी मानस मंदिर उत्तर प्रदेश के वाराणसी जिले में स्थित है।

- यह माना जाता है कि महाकाव्य रामचरितमानस की रचना 16वीं शताब्दी में इसी स्थान पर गोस्वामी तुलसीदास द्वारा की गई थी।

- मंदिर की दीवारें दोहा, चौपायों, छन्दों और रामचरितमानस के दृश्यों के चित्रों से सुसज्जित हैं।

- इसका पुनर्निर्माण वर्ष 1964 में किया गया था और इसका उद्घाटन डॉ. सर्वपल्ली राधाकृष्णन ने किया था।

अत: विकल्प (C) सही है।

59. डेनमार्क को 'कंट्री ऑफ़ विंड्स' कहा जाता है क्योंकि इसमें दुनिया में पवन ऊर्जा का अनुपात सबसे अधिक है।

- पवन टरबाइन से आने वाली 47% हरित ऊर्जा के साथ पवन का प्रभुत्व है।

- डेनमार्क अपनी ऊर्जा आवश्यकताओं का 50% नवीकरणीय ऊर्जा से पूरा करता है।

अत: विकल्प (C) सही है।

60. जुगनू में लूसिफ़ेरिन नामक वर्णक पाया जाता है। लूसिफ़ेरिन एक प्रकाश उत्सर्जक यौगिक है जो उन जीवों में पाया जाता है जो बायोलुमिनेसेंस उत्पन्न करते हैं। लूसिफ़ेरिन आमतौर पर आणविक ऑक्सीजन के साथ एक एंजाइम-उत्प्रेरित प्रतिक्रिया से गुजरते हैं।

अत: विकल्प (D) सही है।

61. डीएपी बाइनरी उर्वरक का एक उदाहरण है।

- डीएपी यानी डायमोनियम फॉस्फेट एक बहुत ही प्रसिद्ध उर्वरक है।
- उर्वरक वे पदार्थ हैं जो मिट्टी में मिलाए जाने पर, पोषक तत्वों की आपूर्ति करने में मदद करते हैं जो पौधों के विकास के लिए आवश्यक हैं और मिट्टी के वातन और जल प्रतिधारण में भी मदद करते हैं।
- वे प्राकृतिक या सिंथेटिक हो सकते हैं।
- प्राकृतिक उर्वरकों में खाद, कूड़ा-खाद आदि शामिल हैं।
- सिंथेटिक या कृत्रिम उर्वरक मानव निर्मित हैं जो विशिष्ट पोषक तत्व प्रदान करते हैं जो मिट्टी की आवश्यकता है।
- नाइट्रोजन (N), फॉस्फोरस (P), और पोटेशियम (K) पौधों की वृद्धि के लिए आवश्यक मैक्रोन्यूट्रिएंट हैं।

अत: विकल्प (D) सही है।

62. मोल्दोवा की राजधानी चिशिनाउ है।

चिशिनाउ मोल्दोवा गणराज्य की राजधानी और सबसे बड़ा शहर है। यह शहर मोल्दोवा का मुख्य औद्योगिक और वाणिज्यिक केंद्र है, और देश के मध्य में, डेनिस्टर की एक सहायक नदी बाक नदी पर स्थित है।

अत: विकल्प (A) सही है।

63. सोपान (सीढ़ी) की तरह की खड़ी ढाल वाली गहरी घाटी को कैनियन नाम से जाना जाता है।

- उच्च ऊंचाई पर ग्लेशियरों के मजबूत पार्श्व क्षरण से एक U-आकार की घाटी का निर्माण होता है।
- ब्लाइंड घाटी एक संकरी, गहरी और सपाट तराई वाली घाटी है जिसका अचानक अंत होता है।
- गॉर्ज खड़ी पहाड़ियों या पहाड़ियों के बीच एक संकीर्ण घाटी है।

अत: विकल्प (D) सही है।

64. भारत ने संयुक्त अरब अमीरात में भारतीय व्यवसायों और निवेशकों के सामने आने वाले मुद्दों को हल करने के लिए एक फास्ट ट्रैक तंत्र स्थापित करने का निर्णय लिया है। केंद्रीय मंत्री पीयूष गोयल ने 11 अक्टूबर 2022 को मुंबई में निवेश पर इंडिया-यूएई उच्च स्तरीय संयुक्त कार्य बल की 10वीं बैठक की सह-अध्यक्षता करते हुए यह घोषणा की। इस संयुक्त कार्य बल की स्थापना 2013 में यूएई और भारत के बीच व्यापार, निवेश और आर्थिक संबंधों को बढ़ावा देने के लिए की गई थी।

अत: विकल्प (D) सही है।

65. पंचमहल भारत के फतेहपुर सीकरी शहर में स्थित है।

- पंच महल फतेहपुर सीकरी, उत्तर प्रदेश, भारत में एक महल है।
- अकबर ने पंच महल की स्थापना की, जिसका अर्थ 'पांच स्तरीय महल' है।
- यह भवन ज़ेनाना क्वार्टर (हरम) के निकट स्थित है, जिसका अर्थ है कि इसका उपयोग मनोरंजन और विश्राम के लिए किया गया था।

अत: विकल्प (D) सही है।

66. भारत का पहला समुद्री राष्ट्रीय उद्यान कच्छ की खाड़ी में स्थित है।

भारत का पहला समुद्री वन्यजीव अभयारण्य और पहला समुद्री राष्ट्रीय उद्यान क्रमशः 1980 और 1982 में कच्छ की खाड़ी में बनाया गया था। यह जामनगर जिले के उत्तरी तट और कच्छ के दक्षिणी तट के साथ 42 उष्णकटिबंधीय द्वीपों का एक द्वीपसमूह है।

अत: विकल्प (A) सही है।

67. समुद्री सांपों, क्रिट्स, कोबरा, किंग कोबरा, मांबा और कई ऑस्ट्रेलियाई प्रजातियों सहित एलपीडस के जहर में विषाक्त पदार्थ होते हैं जो तंत्रिका तंत्र पर हमला करते हैं, जिससे न्यूरोटॉक्सिसिटी होती है। व्यक्ति अपनी दृष्टि में अजीब गड़बड़ी दिखा सकता है, जिसमें धुंधली दृष्टि भी शामिल है।

अत: विकल्प (B) सही है।

68. भारत की जलोढ़ मिट्टी आम तौर पर चूना से समृद्ध है।

- जलोढ़ मिट्टी उत्तरी मैदानों और नदी घाटियों में फैली हुई है। ये मिट्टी देश के कुल क्षेत्रफल का लगभग 40% भाग कवर करती है।
- वे निक्षेपण मिट्टी हैं, जो नदियों और नालों द्वारा परिवहन और जमा की जाती हैं।
- क्षेत्रीय मिट्टी- इस प्रकार की मिट्टी में मूल चट्टान के समान खनिज गुण होते हैं और उसी क्षेत्र में पाए जाते हैं जहां वे अपक्षयित होते हैं।
- जलोढ़ मिट्टी की प्रकृति रेतीली, दोमट से लेकर मिट्टी तक भिन्न होती है।
- जलोढ़ मिट्टी में नाइट्रोजन, फास्फोरस और ह्यूमस की कमी होती है। हालांकि, वे आम तौर पर पोटाश और चूने में समृद्ध होते हैं।

अत: विकल्प (A) सही है।

69. राजीव गांधी खेल रत्न पुरस्कार से सम्मानित होने वाले पहले क्रिकेटर सचिन तेंदुलकर हैं।

राजीव गांधी खेल रत्न पुरस्कार भारत में खेल के क्षेत्र में दिया जाने वाला सर्वोच्च खेल सम्मान है।

अत: विकल्प (A) सही है।

70. 1539 में चौसा की लड़ाई में हुमायूँ को शेरशाह ने हराया था।

- चौसा की लड़ाई मुगल सम्राट, हुमायूँ और अफगान शेरशाह सूरी के बीच एक उल्लेखनीय सैन्य लड़ाई थी।
- यह 26 जून 1539 को चौसा में लड़ा गया था।
- शेरशाह विजयी हुआ था और उसने खुद को फरीद अल-दीन शेर शाह का ताज पहनाया।

अत: विकल्प (A) सही है।

71. गणतंत्र दिवस की पूर्व संध्या पर हिंदुस्तानी शास्त्रीय संगीत के प्रतिपादक राशिद खान को पद्म भूषण से सम्मानित किया गया।

- राशिद खान रामपुर-सहसवां घराने से ताल्लुक रखते हैं और एक भारतीय शास्त्रीय संगीतकार हैं।
- पंडित भीमसेन जोशी ने कहा कि राशिद खान भारतीय गायन संगीत के भविष्य का आश्वासन थे।
- उनका जन्म उत्तर प्रदेश के बदायूं के सहसवान में हुआ था।
- उन्होंने बॉलीवुड की कई फिल्मों में गाना गाया है।
- उन्हें 2000 में पद्म श्री और संगीत नाटक अकादमी पुरस्कार से सम्मानित किया गया था।

अत: विकल्प (C) सही है।

72. दिल्ली के मुख्यमंत्री अरविंद केजरीवाल ने 31 अगस्त 2022 को देश के पहले वर्चुअल स्कूल की शुरुआत की। देश भर के छात्र प्रवेश के लिए पात्र होंगे। स्कूल 9-12वीं कक्षा के लिए है और दिल्ली मॉडल वर्चुअल स्कूल (DMVS) के लिए आवेदन प्रक्रिया उसी दिन शुरू हुई थी। कक्षाएं ऑनलाइन होंगी और रिकार्डेड लेक्चर भी ऑनलाइन अपलोड किए जाएंगे।

अत: विकल्प (A) सही है।

73. शिवालिक हिमालय की सबसे बाहरी श्रेणी है।

- हिमालय तीन समानांतर श्रेणियों से मिलकर बनता है, ग्रेटर हिमालय जिसे हिमाद्री के नाम से जाना जाता है, छोटा हिमालय जिसे हिमाचल कहा जाता है, और शिवालिक पहाड़ियाँ, जिसमें तलहटी शामिल हैं।

- शिवालिक श्रेणी, जिसे शिवालिक पर्वतमाला या बाहरी हिमालय भी कहा जाता है, शिवालिक ने शिवालिक को भी लिखा है, यह उत्तरी भारतीय उपमहाद्वीप की उप-हिमालयी श्रेणी है।

अतः विकल्प (D) सही है।

74. जून 2022 में निर्मला सीतारमण ने फंड ट्रांसफर की निगरानी के लिए मंत्रालयों / विभागों के लिए एक मंच प्रदान करने के लिए सिंगल नोडल एजेंसी (SNA) डैशबोर्ड लॉन्च किया।

केंद्रीय वित्त मंत्री निर्मला सीतारमण ने जून 2022 में वित्त मंत्रालय द्वारा 'आज़ादी का अमृत महोत्सव' (AKAM) समारोह के एक भाग के रूप में नई दिल्ली में सार्वजनिक वित्तीय प्रबंधन प्रणाली (PFMS) के सिंगल नोडल एजेंसी (SNA) डैशबोर्ड लॉन्च किया। SNA डैशबोर्ड मंत्रालयों और विभागों को राज्यों को धन के हस्तांतरण और उनके उपयोग की निगरानी के लिए एक मंच प्रदान करेगा।

अतः विकल्प (D) सही है।

75. वर्गिज कुरियन को भारत में श्वेत क्रांति का जनक माना जाता है।

- श्वेत क्रांति, जिसे ऑपरेशन फ्लड के नाम से जाना जाता है, 1970 में शुरू किया गया था।

- यह भारत के राष्ट्रीय डेयरी विकास बोर्ड (एनडीडीबी) की एक पहल थी और यह दुनिया का सबसे बड़ा डेयरी विकास कार्यक्रम था।

- इसने भारत को दूध की कमी वाले देश से दुनिया के सबसे बड़े दूध उत्पादक देश में बदल दिया।

अतः विकल्प (C) सही है।

76. दिया गया है,

$$\frac{6}{5} \times 4\frac{1}{2}$$

$$= \frac{6}{5} \times \frac{9}{2}$$

$$= \frac{54}{10}$$

$$= \frac{27}{5}$$

अतः विकल्प (A) सही है।

77. $30 = 5 \times 3 \times 2$

$45 = 5 \times 3 \times 3 = 5 \times 3^2$

$60 = 5 \times 3 \times 2 \times 2 = 5 \times 3 \times 2^2$

$\therefore$ लघुत्तम समापवर्तक $= 5 \times 3^2 \times 2^2 = 180$

अतः विकल्प (A) सही है।

78. माना विकर्णों कि लंबाई $5a$ और $6a$ है।

समचतुर्भुज का क्षेत्रफल $= \frac{1}{2} \times d_1 \times d_2$

$\Rightarrow 375 = \frac{1}{2} \times 5a \times 6a$

$\Rightarrow 375 = 15a^2$

$\Rightarrow a = 5$

$6a = 6 \times 5 = 30$ सेमी

अतः विकल्प (A) सही है।

79. दिया गया है,

बेलन की ऊँचाई $= 14$ मीटर

बेलन की त्रिज्या $= 3$ मीटर

जैसा कि हम जानते हैं,

बेलन का कुल पृष्ठीय क्षेत्रफल $= 2\pi r(r+h)$

बेलन का कुल पृष्ठीय क्षेत्रफल $= 2 \times \frac{22}{7} \times 3(3+14)$

$\therefore$ बेलन का कुल पृष्ठीय क्षेत्रफल $= 320.57$ वर्ग मीटर

अतः विकल्प (C) सही है।

80. दिया गया है,

साधारण ब्याज पर 8 वर्षों में राशि खुद की पांच गुना हो जाती है।

समय $= 8$ वर्ष

जैसा कि हम जानते हैं,

साधारण ब्याज $= \frac{(P \times R \times T)}{100}$

$P =$ मूलधन

$R =$ ब्याज की दर

$T =$ समय

माना धन की राशि P है।

8 वर्ष बाद यह 5 गुना हो जाती है।

साधारण ब्याज $= 5P - P = 4P$

$4P = \frac{(P \times R \times 8)}{100}$

$\Rightarrow R = \frac{400}{8}$

$\Rightarrow R = 50\%$

$\therefore$ प्रति वर्ष ब्याज दर 50% है।

अतः विकल्प (D) सही है।

81. माना इकाई का अंक x है।

तब दहाई का अंक $9 - x$ होता है।

इसलिए मूल संख्या $10(9 - x) + x = 90 - 10x + x = 90 - 9x$ है।

अंकों के क्रम को उलटने पर प्राप्त संख्या $10x + 9 - x = 9x + 9$

प्रश्न के अनुसार,

$9x + 9 = 63 + (90 - 9x)$

$(9x + 9) - (90 - 9x) = 63$

$9x + 9 - 90 + 9x = 63$

$18x = 144$ (9 और -90 को R.H.S. में स्थानांतरित करने पर)

$x = 8$

इसलिए मूल संख्या $90 - 9 \times 8 = 90 - 72 = 18$ है।

अत: विकल्प (D) सही है।

82. दी गई संख्या, 3969

3969 के गुणनखंड $= 3 \times 3 \times 3 \times 3 \times 7 \times 7$

इसलिए 3969 का वर्गमूल,

$\Rightarrow \sqrt{3969} = \sqrt{3 \times 3 \times 3 \times 3 \times 7 \times 7}$

$\Rightarrow \sqrt{3969} = 3 \times 3 \times 7$

$\Rightarrow \sqrt{3969} = 63$

इसलिए, 3969 का वर्गमूल 63 है।

अतः विकल्प (B) सही है।

83. दिया गया है:

8, 13, 20, ?, 40, 53

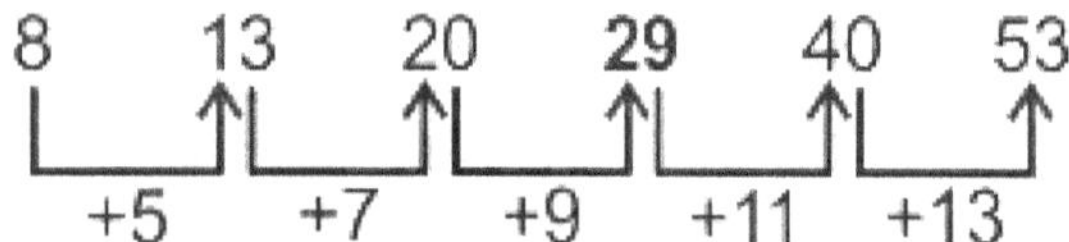

उपरोक्त श्रृंखला में, विषम क्रमागत संख्याओं का अंतर है इसलिए 20 के बाद लुप्त संख्या 29 है।

$\therefore$ श्रृंखला में आवश्यक संख्या 29 है।

अत: विकल्प (C) सही है।

84. संख्याओं के दशमलव मान:

$\sqrt{2} = 1.42$ $\sqrt{3} = 1.73$

इसलिए सम्मिलित संख्या 1.42 और 1.73 के बीच होनी चाहिए।

विकल्पों की जाँच:

(A): $\frac{49}{28} = 1.75$

(B): $\frac{56}{35} = 1.6$

(C): $\frac{63}{45} = 1.4$

(D): $\frac{85}{66} = 1.28$

हम देख सकते हैं कि केवल $\frac{56}{35}$ को $\sqrt{2}$ और $\sqrt{3}$ के बीच रखा जा सकता है।

अत: विकल्प (B) सही है।

85. $83, 07, 80, 120 = 83 \times 1,00,00,000 + 07 \times 1,00,000 + 80 \times 1,000 + 100 + 20$

तो यह तिरासी करोड़ सात लाख अस्सी हजार एक सौ बीस के बराबर होगा।

अत: विकल्प (B) सही है।

86. परवर्ती संख्या वह संख्या है जो दी गई संख्या के ठीक बाद आती है।

इसलिए, 100000000 का परवर्ती संख्या $= 10000000 + 1 = 100000001$

अत: विकल्प (B) सही है।

87. 2 दर्जन संतरे यानी $2 \times 12 = 24$ संतरे की कीमत 60 रुपए है।

फिर, एक 1 संतरे की कीमत $\frac{60}{24} = 2.5$ रुपये

इसलिए, 120 समान संतरे की कीमत $2.5 \times 120 = 300$ रुपये

अत: विकल्प (A) सही है।

88. $\frac{9}{4}$ का $36 = ?$

$\frac{9}{4} \times 36 = ?$

$9 \times 9 = ?$

$= 81$

36 का $\frac{9}{4}$, 81 होगा।

अत: विकल्प (A) सही है।

89. दिया गया है,

$1\frac{2}{5} - \frac{3}{8} + \frac{1}{4}$

$= \frac{7}{5} - \frac{3}{8} + \frac{2}{8}$

$= \frac{7}{5} - \frac{1}{8}$

$= \frac{56-5}{40}$

$= \frac{51}{40}$

अत: विकल्प (A) सही है।

90. सबसे छोटी 6-अंकीय संख्या $= 100000$

सबसे बड़ी 4-अंकीय संख्या $= 9999$

आवश्यक अंतर $= 100000 - 9999 = 90001$

अत: विकल्प (C) सही है।

91. 10 और 40 का योग $= 10 + 40$

$= 50$

50 को रोमन अंकों में प्रतीक L के रूप में लिखा जाता है।

इसलिए, $50 = $ L

अत: विकल्प (C) सही है।

92. 805 के गुणनखंड = 1,5,7,23,35,115,161,805

1127 के गुणनखंड = 1,7,23,49,161,1127

1449 के गुणनखंड = 1,3,7,9,21,23,63,69,161,207,483,1449

उभयनिष्ठ गुणनखंड = 1,7,23,161

इसलिए, म.स.प = 161

अत: विकल्प (A) सही है।

93. दिया गया है,

$$2\frac{3}{11} + 4\frac{1}{9} + \frac{1}{3}$$

$$= \frac{25}{11} + \frac{37}{9} + \frac{1}{3}$$

$$= \frac{25}{11} + \frac{37}{9} + \frac{3}{9}$$

$$= \frac{25}{11} + \frac{40}{9}$$

$$= \frac{25 \times 9 + 40 \times 11}{11 \times 9}$$

$$= \frac{225 + 440}{99}$$

$$= \frac{665}{99}$$

$$= 6\frac{71}{99}$$

अत: विकल्प (A) सही है।

94. दिया गया है:

74, 56, 89, 92, 68 & 35

औसत = (अवलोकन का योग) ÷ (अवलोकन की कुल संख्या)

अवलोकनों का योग = 74 + 56 + 89 + 92 + 68 + 35 = 414

अवलोकन की कुल संख्या = 6

औसत = $\frac{414}{6}$

औसत = 69

अत: विकल्प (C) सही है।

95. माना संख्याएँ $4x, 5x$ और $6x$ हैं।

इसलिए,

$$\Rightarrow \frac{(4x + 5x + 6x)}{3} = 30$$

$$\Rightarrow 15x = 90$$

$$\Rightarrow x = 6$$

सबसे बड़ी संख्या $= 6x = 36$

अत: विकल्प (C) सही है।

96. दिया गया है,

n का 20% = 40

प्रश्न के अनुसार,

$20\% \times n = 40$

$$\Rightarrow \left(\frac{20}{100}\right) \times n = 40$$

$$\Rightarrow \left(\frac{20n}{100}\right) = 40$$

$$\Rightarrow 20n = 40 \times 100$$

$$\Rightarrow 20n = 4000$$

$$\Rightarrow n = \frac{4000}{20}$$

$$\Rightarrow n = 200$$

अत: विकल्प (A) सही है।

97. दिया गया है,

मूलधन (P) = 78000 रुपये, दर $(R) = \frac{77}{5}$ % प्रति वर्ष और $T = \frac{9}{12}$ वर्ष $= \frac{3}{4}$ वर्ष

जैसा कि हम जानते हैं,

साधारण ब्याज $= \frac{(P \times R \times T)}{100}$

$$= \frac{\left(78000 \times \frac{77}{5} \times \frac{3}{4}\right)}{1000}$$

$$= \frac{390 \times 77 \times 3}{100}$$

$$= \frac{90900}{100}$$

$$= 9009 \text{ रूपये}$$

अत: विकल्प (D) सही है।

98. दिया गया है,

क्रय मूल्य = 475 रुपये

विक्रय मूल्य = 700 रुपये

चूँकि विक्रय मूल्य क्रय मूल्य से अधिक है, इसलिए एक लाभ है।

लाभ = विक्रय मूल्य – क्रय मूल्य

= 700 – 475

= 225 रुपये

∴ सुनंदाबाई ने इस लेनदेन में 225 रुपये का लाभ कमाया।

अत: विकल्प (A) सही है।

99. दिया गया है,

$$(4x + 1) \times (4x - 1)$$

$$= 4x \times (4x - 1) + 1 \times (4x - 1)$$

$$= (4x \times 4x) - (4x \times 1) + (1 \times 4x) - (1 \times 1)$$

$$= 16x^2 - 4x + 4x - 1$$

$$= 16x^2 - 1$$

अत: विकल्प (C) सही है।

100. दी गई संख्या 13 है।

13 एक अभाज्य संख्या है इसलिए 13 के केवल दो गुणनखंड हैं, जो 1 और 13 हैं।

∴ 13 के गुणनखंड 1 और 13 हैं।

अत: विकल्प (D) सही है।

Hindi

Q.1 एक ही वाक्य या वाक्यांश में एक ही तरह के पद, शब्द, पदबंध या वाक्यांश एक साथ आने पर कौन सा चिन्ह लगाया जाता है?
A. उद्धरण- चिह्न　　　　B. प्रश्नवाचक-चिह्न
C. अर्द्धविराम　　　　D. अल्पविराम

Q.2 रमेश कल दिल्ली जाएगा' इस वाक्य में रमेश क्या है?
A. संज्ञा　　B. सर्वनाम　　C. क्रिया　　D. विशेषण

Q.3 निम्न में से कौन-सा 'रौद्र रस' का स्थायी भाव है?
A. क्रोध　　B. उत्साह　　C. जुगुप्सा　　D. निर्वेद

Q.4 'अनाड़ी' का तत्सम रूप कौन-सा होगा?
[UP Police Sub Inspector, 2021]

A. अनार्य　　B. अन्यत　　C. अट्टालिका　　D. अन्यत्र

Q.5 इनमें से तद्भव शब्द का चयन कीजिए।
[UP Police Sub Inspector, 2021]

A. आधा　　B. कूप　　C. व्योम　　D. विद्या

Q.6 संयोजक शब्द से जुड़े हुए एक से अधिक साधारण वाक्यों से बनने वाला वाक्य क्या कहलाता है?
[Rajasthan Teachers Eligibility Test - Level 1 Primary Level (RTET), 2017]

A. मिश्र वाक्य　　　　B. संयुक्त वाक्य
C. आश्रित उपवाक्य　　　　D. प्रधान वाक्य

Q.7 निम्नलिखित प्रश्नों में, चार विकल्पों में से, उस विकल्प का चयन करें जो दिए गए वाक्य में विशेषण शब्द की विशेषता प्रकट करता है।
सुनील बहुत अच्छा निशानेबाज है।
A. बहुत　　　　B. अच्छा
C. निशानेबाज　　　　D. बहुत अच्छा

Q.8 'स्वतः' में कौन-सा सर्वनाम है?
A. निजवाचक सर्वनाम　　　　B. संबंधवाचक सर्वनाम
C. निश्चयवाचक सर्वनाम　　　　D. पुरूषवाचक सर्वनाम

Ques (9-10):निर्देश: सही शब्द का चयन करते हुए रिक्त स्थान की पूर्ति कीजिए।

Q.9 व्याकरण के नियमों में बँधे, वाक्य में प्रयुक्त शब्द _____ कहलाते हैं।
A. व्याकरण　　B. वाक्य　　C. शब्द　　D. पद

Q.10 भाषा के लिखने के ढंग को _____ कहते हैं।
A. वर्ण　　B. शब्द　　C. वाक्य　　D. लिपि

Q.11 ओष्ठों की स्थिति के अनुसार स्वरों को कितने प्रकार में वर्गीकरण किया गया है?
A. 5　　B. 4　　C. 3　　D. 2

Q.12 निम्नलिखित में से शुद्ध वर्तनी का चयन कीजिए:
A. औपचारीक　　　　B. पारित्याग
C. निषेध　　　　D. शिल्पि

Q.13 'अनादर' का विलोम शब्द है:

A. मान　　B. सम्मान　　C. आदर　　D. सत्कार

Q.14 'वाह ! कितना सुन्दर दृश्य है !' यह वाक्य अर्थ की दृष्टि से है:
A. संभावनार्थक　　　　B. संकेतार्थक
C. विस्मयादिबोधक　　　　D. प्रश्नवाचक

Q.15 'जो मापा न जा सके' वाक्यांश के लिए एक शब्द है:
A. परिमेय　　B. परिमाप　　C. आयतन　　D. अपरिमेय

Q.16 'जिसको त्यागा न जा सके' वाक्यांश के लिए एक शब्द है:
A. त्यक्त　　B. त्याग　　C. अत्याज्य　　D. त्याज्य

Q.17 निम्न में से कौन- सा वाक्य भविष्य काल का है?
A. मैं कहानी पढ़ती हूँ।　　　　B. मैंने कहानी पढ़ी थी।
C. मैं कहानी पढ़ रही हूँ।　　　　D. मैं शायद कहानी पढ़ूंगी।

Q.18 'घबरा जाना' के अर्थ के लिए सही मुहावरा क्या है?
A. चेहरे की हवाइयाँ उड़ना
B. चिकनी चुपड़ी बात करना
C. चुल्लू भर पानी में डूब मरना
D. चिकना घड़ा होना

Q.19 'मनमानी करना' के अर्थ के लिए उपयुक्त लोकोक्ति का चयन कीजिए।
A. थोथा चना बजे घना
B. सइयाँ भए कोतवाल अब डर काहे का
C. अंधे के हाथ बटेर लगना
D. साँप मरे पर लाठी न टूटे

Q.20 'राजा <u>सेवक को</u> कम्बल देता है', वाक्य में रेखांकित पद में कौन-सा कारक है?
A. सम्प्रदान कारक　　　　B. कर्ता कारक
C. कर्म कारक　　　　D. सम्बन्ध कारक

Q.21 विराम चिह्न की दृष्टि से शुद्ध वाक्य है:
A. चारों भाई सुंदर, सुशील, नम्र, दयालु और सबल थे।
B. चारों भाई सुंदर- सुशील, नम्र-दयालु और सबल थे।
C. चारों भाई, सुंदर, सुशील, नम्र, दयालु और सबल थे।
D. चारों भाई-- सुंदर, सुशील, नम्र, दयालु और सबल थे।

Q.22 'अहंकार' का संधि-विच्छेद कीजिए।
A. अहम् + कार　　　　B. अहं + कार
C. अ + हंकार　　　　D. अहङ + कार

Q.23 वृक्ष का पर्यायवाची नहीं है:
A. तरू　　B. द्रुम　　C. पेड़　　D. कानन

Q.24 दिए गए शब्द का प्रत्यय ज्ञात कीजिए।
तैराक
A. राक　　B. आक　　C. अक　　D. तै

Q.25 निम्नलिखित में से कौन सा शब्द बहुवचन है?
A. भीड़　　B. मिठास　　C. चाय　　D. हस्ताक्षर

English

Q.26 Identify the tense used in the given sentence. "You are always working on your laptop."
A. Present indefinite tense
B. Present perfect tense
C. Present continuous tense
D. Present perfect continuous tense

Ques (27-33):Directions: Fill in the blanks in the following sentences with the help of options that follow.

Q.27 We _______ the City Palace in the afternoon as per the schedule.
A. are visiting
B. will visiting
C. will be visit
D. visiting

Q.28 When my father visits him, he _____ good.
A. felt
B. feel
C. feels
D. has felt

Q.29 My father was not hungry; ______, he ate a heavy lunch.
A. nevertheless
B. further
C. besides
D. instead

Q.30 There was a time when the national marriage rate was ________ too high.
A. fairly
B. fair
C. rather
D. None of these

Q.31 My husband _____ play the piano very well because he's a professional pianist.
A. might
B. can
C. shall
D. may

Q.32 Everyone _____ save the natural resources of the earth.
A. must
B. might
C. could
D. dare

Q.33 She is industrious ____ is not recognized in her field.
A. else
B. since
C. yet
D. and

Q.34 Direction: Fill in the blank with correct alternative.

Once upon a time, ____English ruled over the whole world.
A. an
B. a
C. the
D. None of these

Q.35 Direction: Fill in the blank with correct gender.
All monks and _____ of this church are invited to the program.
A. Monkes
B. Monkies
C. Monkixes
D. Nuns

Q.36 Choose the correctly spelled word:
A. Sattellite
B. Satelite
C. Sattelite
D. Satellite

Q.37 Direction: Fill in the blank with the appropriate pronoun.
He was so afraid that his knees knocked ______ other.
A. Every
B. One
C. Each
D. None

Q.38 Direction: Select the option that can be used as a one-word substitute for the given group of words.
A person who knows everything:
[SSC Constable (GD), 2021]
A. Naive
B. Omniscient
C. Intelligent
D. Omnipresent

Q.39 Choose the correctly punctuated sentence.
A. He said, I do not like video games.
B. He said, I do not like video games?
C. He said, I do not like video games!
D. He said, "I do not like video games."

Q.40 Direction: Select the most appropriate option to fill in the blank.
Simran is _______ officer, but her husband owns _______café.
A. an, a
B. the, a
C. a, a
D. an, the

Ques (41-42):Direction: Select the most appropriate synonym of the given word.

Q.41 ACTIVE
A. Lazy
B. Similar
C. Quiet
D. Busy

Q.42 ELEGANT
A. Rough
B. Common
C. Intelligent
D. Graceful

Ques (43-44):Direction: Select the most appropriate ANTONYM of the given word.

Q.43 PERMANENT
[SSC MTS, 2021]
A. Temporary
B. Stable
C. Lasting
D. Constant

Q.44 NEGLECT
A. Taste
B. Care
C. Wish
D. Mock

Q.45 Direction: Choose a meaningful word from the given jumbled words:
EVCOL
A. Clove
B. Colve
C. Ceovl
D. Clevo

Q.46 Direction: Identify the interjection in the following sentence:
Whoa, this city view is amazing!
A. Adverb
B. Interjection
C. Pronoun
D. Noun

Q.47 Direction: Choose the correct option which has the same relation as that given in the words.
Big : Enormous :: Small : _____
A. Tidy
B. Compact
C. Stubborn
D. Insufficient

Q.48 Direction: Fill in the blank with a suitable alternative.
He wanted ______ in the pool.
A. swim
B. to swim
C. to swims
D. to swimming

Q.49 Which of the words is an adjective?
A. Quickly
B. Adorable
C. Annually
D. Extremely

Q.50 Direction: Fill in the blank with the correct answer.
Julie _____ like to visit Kyoto when she is in Japan.
A. should
B. could
C. would
D. will

General Studies

Q.51 अगस्त 2022 में पहली बार फॉर्च्यून ग्लोबल 500 की सूची में किस भारतीय कंपनी ने प्रवेश किया है?

[RBI Assistant, 2020]

A. रिलायंस इंडस्ट्रीज
B. इन्फोसिस
C. टाटा मोटर्स
D. जीवन बीमा निगम

Q.52 भारत की संसद द्वारा लॉन्च किए गए डिजिटल ऐप का नाम क्या है?

A. इंटरनेट संसद ऐप
B. डिजिटल संसद ऐप
C. संसद विचार ऐप
D. कनेक्ट योर संसद ऐप

Q.53 उत्तर प्रदेश में स्थानीय स्वायत्त शासन का ढांचा किस प्रकार का है?

A. एकस्तरीय
B. चतुर्स्तरीय
C. त्रिस्तरीय
D. द्विस्तरीय

Q.54 किस सन् में संयुक्त प्रांत का नाम उत्तर प्रदेश रखा गया?

A. 1937
B. 1935
C. 1950
D. 1961

Q.55 उत्तर प्रदेश में प्रसिद्ध बुलन्द दरवाजा कहाँ स्थित है?

A. फतेहपुर सीकरी
B. लखनऊ
C. जौनपुर
D. आगरा

Q.56 उत्तर प्रदेश में चौखंडी स्तूप कहाँ स्थित है?

A. इलाहाबाद
B. गोरखपुर
C. कौशाम्बी
D. सारनाथ

Q.57 उत्तर प्रदेश का कौन-सा नगर ताला उद्योग के लिए प्रसिद्ध है?

A. आगरा
B. गाजियाबाद
C. अलीगढ़
D. मिर्जापुर

Q.58 कीथम झील कहाँ स्थित है?

[SBI PO, 2021]

A. आगरा
B. जयपुर
C. कानपुर
D. भोपाल

Q.59 हाइड्रोजन का रेडियोधर्मी समस्थानिक _______ है।

[Indian Military Academy (IMA), 2020], [Officers Training Academy (OTA), 2020]

A. प्रोटियम
B. ड्यूटेरियम
C. ट्रिटियम
D. हाइड्रोनियम

Q.60 देश और राजधानी की सही युग्म चुनें।

A. लातविया - बेरूत
B. लेबनान - मसेरू
C. लीबिया - त्रिपोली
D. लेसोथो - रीगा

Q.61 कोयला, पेट्रोलियम और प्राकृतिक गैस किसके उदाहरण हैं?

A. जीवाश्म ईंधन
B. क्रायोजेनिक ईंधन
C. स्वदेशी ईंधन
D. रेडियोधर्मी ईंधन

Q.62 निम्नलिखित में से कौन सा ग्रह सौरमंडल का सबसे तेज घूमने वाला ग्रह है?

A. बुध
B. शुक्र
C. शनि
D. बृहस्पति

Q.63 इब्न बतूता जो मोरक्को यात्री था, यह किसके शासनकाल में भारत आया?

A. मुहम्मद-बिन-तुगलक
B. बाबर
C. अकबर
D. महमूद गजनी

Q.64 पत्ते की पहचान करें:

A. केले का पत्ता
B. नारियल का पत्ता
C. पपीते का पत्ता
D. उपरोक्त में से कोई नहीं

Q.65 पंचायती राज संस्थाओं में मध्यवर्ती स्तर को क्या कहते हैं?

A. जिला पंचायत
B. क्षेत्र पंचायत
C. पंचायत समिति
D. ग्राम पंचायत

Q.66 गोंडवाना चट्टान प्रणाली किस खनिज के लिए प्रसिद्ध है?

A. कोयला
B. चूना पत्थर
C. तांबा
D. हीरा

Q.67 भारत के पहले रेमन मैग्सेसे पुरस्कार विजेता कौन थे?

A. सी.डी. देशमुख
B. जयप्रकाश नारायण
C. डॉ. वर्गीज कुरियन
D. आचार्य विनोबा भावे

Q.68 'भारतीय परमाणु कार्यक्रम के जनक' के रूप में किसे जाना जाता है?

A. सी. एन.आर. राव
B. एम. एस. स्वामीनाथन
C. विक्रम साराभाई
D. होमी जहांगीर भाभा

Q.69 चूना (लाइम), बेकिंग सोडा के साथ किस गैस को मुक्त करने के लिए अभिक्रिया करता है?

A. कार्बन डाइऑक्साइड
B. सोडियम
C. सल्फर डाइऑक्साइड
D. ऑक्सीजन

Q.70 7 जुलाई 2022 को किस शहर में, प्रधानमंत्री नरेंद्र मोदी ने 'अखिल भारतीय शिक्षा समागम' का उद्घाटन किया था?

A. हरिद्वार
B. अयोध्या
C. उज्जैन
D. वाराणसी

Q.71 2022 U19 पुरुष क्रिकेट विश्व कप का खिताब किस देश ने जीता था?

A. भारत
B. इंग्लैंड
C. वेस्ट इंडीज
D. श्रीलंका

Q.72 15 जून 2022 को भारत द्वारा किस मिसाइल का सफल परीक्षण किया गया था?

A. अग्नि IV
B. ब्रह्मोस
C. अग्नि II
D. पृथ्वी II

Q.73 बोनालु किस राज्य का "राज्य उत्सव" है?

A. आंध्र प्रदेश
B. कर्नाटक
C. केरल
D. तेलंगाना

Q.74 "उत्तररामचरित" नाटक किसने लिखा था?

A. हर्ष
B. तुलसीदास
C. भवभूति
D. शूद्रक

Q.75 निम्नलिखित में से कौन सा जलने पर ज्वाला उत्पन्न नहीं करता है?

A. लौ
B. केवल चमक
C. लौ और चमक दोनों
D. इनमें से कोई नहीं

Mathematics

Q.76 $\dfrac{-(4-6)^2-3(-2)+|-6|}{18-9 \div 3 \times 5}$ का मूल्यांकन करें।

A. $\dfrac{3}{8}$
B. $\dfrac{4}{7}$
C. $\dfrac{8}{3}$
D. $\dfrac{7}{4}$

Q.77 निर्देश: निम्नलिखित प्रश्न में प्रश्नवाचक चिन्ह (?) के स्थान पर क्या आयेगा?

$$18\frac{2}{3} + 7\frac{1}{2} = ?$$

A. $26\frac{1}{3}$　　**B.** $19\frac{1}{2}$　　**C.** $26\frac{1}{6}$　　**D.** $25\frac{2}{3}$

Q.78 निर्देश: दिए गए समीकरण में '?' का मान ज्ञात कीजिए।

$72 \times 25 + 45 \times 20 = 15^3 - ?$

A. 525　　**B.** 675　　**C.** 575　　**D.** 625

Q.79 निर्देश: दिए गए समीकरण में ' ?' का मान ज्ञात कीजिए।

$$\sqrt[3]{8000} - \sqrt[3]{4096} - \sqrt[3]{64} = ?$$

A. -8　　**B.** -7　　**C.** 0　　**D.** 6

Q.80 सरलीकृत करें:

$$9\frac{1}{7} + 9\frac{2}{7} + 9\frac{3}{7} + 9\frac{4}{7} + 9\frac{5}{7} + 9\frac{6}{7}$$

A. 57　　**B.** 12　　**C.** 17　　**D.** 97

Q.81 $1152, 1664$ का HCF ज्ञात कीजिए।

A. 128　　**B.** 18　　**C.** 182　　**D.** 281

Q.82 यदि एक समबाहु त्रिभुज की भुजा ' a' है, तो इस त्रिभुज का क्षेत्रफल बराबर है:

[HTET TGT Mathematics, 2018]

A. $\frac{3a^2}{2}$　　**B.** $\frac{\sqrt{3}a^2}{2}$　　**C.** $\frac{\sqrt{3}a^2}{4}$　　**D.** $\sqrt{3}a^2$

Q.83 यदि एक वृत्त की परिधि उसके व्यास से 18.6 सेमी अधिक है, तो वृत्त का व्यास क्या होगा?

[UPSSSC Rajasva Lekhpal, 2015]

A. 7.84 सेमी　　**B.** 8.68 सेमी　　**C.** 8.84 सेमी　　**D.** 7.54 सेमी

Q.84 यदि साधारण ब्याज की निश्चित दर पर 3 वर्षों में धन की राशि स्वयं का $\frac{7}{4}$ हो जाती है, फिर प्रति वार्षिक दर ज्ञात करें।

A. 22% प्रति वर्ष　　**B.** 25% प्रति वर्ष　　**C.** 24% प्रति वर्ष　　**D.** 20% प्रति वर्ष

Q.85 $3x - 5 = x + 5$, x का मान ज्ञात कीजिए।

A. 5　　**B.** 4　　**C.** 3　　**D.** 2

Q.86 $\frac{x}{\sqrt{128}} = \frac{\sqrt{162}}{x}$ का मान ज्ञात कीजिए।

A. 12　　**B.** 14　　**C.** 144　　**D.** 196

Q.87 यदि एक संख्या में से 37.5% घटाया जाता है, तो यह परिणाम के रूप में 35 देती है, तो मूल संख्या ज्ञात कीजिए।

A. 90　　**B.** 49　　**C.** 56　　**D.** 72

Q.88 पहले नौ अभाज्य संख्याओं की माध्यिका ज्ञात कीजिए।

A. 5　　**B.** 7　　**C.** 11　　**D.** 13

Q.89 $2^{40}, 3^{21}, 4^{18}$ और 8^{12} में से कौन-सी संख्या लघुतम है?

[UPSC Prelims, 2022]

A. 2^{40}　　**B.** 3^{21}　　**C.** 4^{18}　　**D.** 8^{12}

Q.90 3-अंक की कितनी धनपूर्ण संख्याएँ (अंकों का प्रयोग दुबारा किए बिना) इस प्रकार होंगी कि संख्या का प्रत्येक अंक विषम हो और संख्या 5 से विभाज्य हो?

[UPSC Prelims, 2022]

A. 8　　**B.** 12　　**C.** 16　　**D.** 24

Q.91 निम्नलिखित संख्या श्रृंखला में प्रश्न चिह्न (?) के स्थान पर क्या आएगा?

$1, 1, 4, 8, 9, 27, ?, ?$

A. 15,36　　**B.** 16,25　　**C.** 16,64　　**D.** 25,49

Q.92 इनमें से कौन सा भिन्न सबसे बड़ा है $\frac{3}{13}, \frac{2}{15}, \frac{4}{17}$

A. $\frac{3}{13}$　　　　**B.** $\frac{2}{15}$

C. $\frac{4}{17}$　　　　**D.** सभी समान है

Q.93 $\frac{10}{3}$ का दशमलव प्रसार होगा:

A. सांत (टर्मिनेटिंग)

B. अनवसानी आवर्ती (आवृत्ति)

C. अनवसानी गैर-आवर्ती (आवृत्ति)

D. इनमें से कोई नहीं

Q.94 निम्नलिखित भिन्नों में से सबसे बड़ी भिन्न ज्ञात करें।

A. $\frac{9}{62}$　　**B.** $\frac{6}{11}$　　**C.** $\frac{10}{49}$　　**D.** $\frac{31}{42}$

Q.95 यदि $x - 2y + 6y = 3x - 4x + 10$ और $x = 3$, तो y का मान ज्ञात कीजिए।

A. 1　　**B.** 2　　**C.** 3　　**D.** 4

Q.96 एक छाते पर 150 रुपये अंकित है और उसे 138 रुपये में बेचा जाता है। छूट की दर (प्रतिशत) कितनी है?

A. 10%　　**B.** 5%　　**C.** 8%　　**D.** 6%

Q.97 $24, 36$ और 42 का ल.स.प. ज्ञात कीजिये:

A. 520　　**B.** 540　　**C.** 504　　**D.** 580

Q.98 38760 के अभाज्य गुणनखंड क्या हैं?

A. $2 \times 2 \times 2 \times 3 \times 3 \times 5 \times 17 \times 29$

B. $2 \times 2 \times 2 \times 3 \times 5 \times 7 \times 7 \times 29$

C. $2 \times 2 \times 2 \times 3 \times 5 \times 17 \times 19$

D. उपरोक्त में से कोई नहीं

Q.99 15 से 35 के बीच सभी अभाज्य संख्याओं का योग क्या होगा?

A. 119　　**B.** 121　　**C.** 129　　**D.** 131

Q.100 जब 4^{13} को 3 से विभाजित किया जाता तो शेषफल कितना होता है?

A. 1　　**B.** 2　　**C.** 0　　**D.** 3

// स्मार्ट उत्तर पुस्तिका //

सही उत्तर उन छात्रों का प्रतिशत जिन्होंने प्रश्नों का सही उत्तर दिया था।　　**छोड़ दिया** उन छात्रों का प्रतिशत जिन्होंने प्रश्नों को छोड़ दिया था।

प्रश्न संख्या	उत्तर	सही उत्तर / छोड़ दिया	प्रश्न संख्या	उत्तर	सही उत्तर / छोड़ दिया	प्रश्न संख्या	उत्तर	सही उत्तर / छोड़ दिया	प्रश्न संख्या	उत्तर	सही उत्तर / छोड़ दिया	प्रश्न संख्या	उत्तर	सही उत्तर / छोड़ दिया
1	D	59.99 % / 1.53 %	17	D	49.79 % / 1.94 %	33	C	69.14 % / 1.55 %	49	B	68.19 % / 1.53 %	65	C	27.97 % / 3.13 %
2	A	89.72 % / 0.0 %	18	A	67.36 % / 1.97 %	34	C	88.95 % / 0.0 %	50	C	57.78 % / 1.4 %	66	A	41.08 % / 1.36 %
3	A	65.79 % / 1.25 %	19	B	44.67 % / 1.4 %	35	D	67.28 % / 1.7 %	51	D	67.0 % / 1.04 %	67	D	40.28 % / 1.4 %
4	A	46.49 % / 1.71 %	20	A	79.65 % / 0.0 %	36	D	67.51 % / 1.03 %	52	B	59.93 % / 1.46 %	68	D	41.67 % / 1.8 %
5	A	78.7 % / 0.0 %	21	A	52.99 % / 1.21 %	37	C	48.22 % / 1.62 %	53	C	86.84 % / 0.0 %	69	A	21.17 % / 3.78 %
6	B	49.42 % / 1.99 %	22	A	54.26 % / 1.18 %	38	B	51.94 % / 1.33 %	54	C	51.68 % / 1.8 %	70	D	44.16 % / 1.82 %
7	A	45.35 % / 1.9 %	23	D	77.01 % / 0.0 %	39	D	65.77 % / 1.93 %	55	A	89.74 % / 0.0 %	71	A	65.39 % / 1.87 %
8	A	60.44 % / 1.91 %	24	B	52.37 % / 1.45 %	40	A	47.23 % / 1.01 %	56	D	61.72 % / 1.2 %	72	D	65.89 % / 1.07 %
9	D	56.08 % / 1.05 %	25	D	51.64 % / 1.68 %	41	D	65.91 % / 1.23 %	57	C	82.64 % / 0.0 %	73	D	55.44 % / 1.01 %
10	D	27.04 % / 3.58 %	26	C	76.36 % / 0.0 %	42	D	51.86 % / 1.8 %	58	A	65.95 % / 1.73 %	74	C	47.04 % / 1.47 %
11	D	65.62 % / 1.96 %	27	A	61.15 % / 1.12 %	43	A	54.83 % / 1.02 %	59	C	67.2 % / 1.09 %	75	B	84.94 % / 0.0 %
12	C	42.07 % / 1.66 %	28	C	68.73 % / 1.24 %	44	B	82.93 % / 0.0 %	60	C	30.57 % / 3.64 %	76	C	32.1 % / 4.1 %
13	C	85.74 % / 0.0 %	29	A	64.83 % / 1.8 %	45	A	65.98 % / 1.36 %	61	A	42.66 % / 1.2 %	77	C	88.69 % / 0.0 %
14	C	49.8 % / 1.1 %	30	C	66.54 % / 1.98 %	46	B	50.23 % / 1.1 %	62	D	50.17 % / 1.54 %	78	B	86.19 % / 0.0 %
15	D	53.69 % / 1.83 %	31	B	67.06 % / 1.01 %	47	B	57.1 % / 1.86 %	63	A	48.13 % / 1.71 %	79	C	40.14 % / 1.76 %
16	C	84.52 % / 0.0 %	32	A	40.13 % / 1.63 %	48	B	43.15 % / 1.06 %	64	C	89.8 % / 0.0 %	80	A	45.22 % / 1.91 %

प्रश्न संख्या	उत्तर	सही उत्तर / छोड़ दिया		प्रश्न संख्या	उत्तर	सही उत्तर / छोड़ दिया		प्रश्न संख्या	उत्तर	सही उत्तर / छोड़ दिया		प्रश्न संख्या	उत्तर	सही उत्तर / छोड़ दिया		प्रश्न संख्या	उत्तर	सही उत्तर / छोड़ दिया
81	A	19.64 %	4.78 %	85	A	87.42 %	0.0 %	89	B	49.27 %	1.66 %	93	B	63.93 %	1.7 %	97	C	87.52 %	0.0 %
82	C	82.95 %	0.0 %	86	A	82.67 %	0.0 %	90	B	68.93 %	1.17 %	94	D	55.55 %	1.19 %	98	C	52.31 %	1.79 %
83	B	24.54 %	4.68 %	87	C	60.95 %	1.0 %	91	C	62.9 %	1.15 %	95	A	62.42 %	1.02 %	99	A	54.01 %	1.84 %
84	B	55.43 %	1.61 %	88	C	85.8 %	0.0 %	92	C	52.69 %	1.15 %	96	C	17.74 %	3.93 %	100	A	48.84 %	1.13 %

//संकेत और समाधान//

1. जहाँ भावातिरेक के कारण शब्दों की पुनरावृत्ति होती है, वहाँ अल्प विराम का प्रयोग होता है।

- जहाँ एक तरह के कई शब्द, वाक्यांश या वाक्य एक साथ आते हैं. तो उनके बीच अल्प विराम का प्रयोग होता है।
- पर, परन्तु, इसलिए, अतः, क्योंकि, बल्कि, तथापि, जिससे आदि के पूर्व अल्प विराम का प्रयोग होता है।
- सम्बोधन के समय जिसे सम्बोधित किया जाता है, उसके बाद अल्प विराम का प्रयोग होता है।
- उद्धरण से पूर्व अल्प विराम का प्रयोग होता है।
- यह, वह, तब, तो, और, अब, आदि के लोप होने पर वाक्य में अल्प विराम का प्रयोग होता है।
- बस, वस्तुतः, अच्छा, वास्तव में आदि से आरम्भ होने वाले वाक्यों में इनके पश्चात् अल्प विराम का प्रयोग होता है।
- तारीख के साथ महीने का नाम लिखने के बाद तथा सन्, संवत् के पूर्व अल्प विराम का प्रयोग किया जाता है।
- अंकों को लिखते समय भी अल्प विराम का प्रयोग किया जाता है।

अतः विकल्प (D) सही है।

2. रमेश कल दिल्ली जाएगा' इस वाक्य में रमेश संज्ञा है।

किसी भी व्यक्ति, वस्तु, जाति, भाव या स्थान के नाम को ही संज्ञा कहते हैं। जैसे – मनुष्य (जाति), अमेरिका, भारत (स्थान), बचपन, मिठास(भाव), किताब, टेबल(वस्तु) आदि।

अतः विकल्प (A) सही है।

3. 'रौद्र रस' का स्थायी भाव क्रोध है।

"रौद्र रस" की विशेषताएँ निम्नलिखित है:

- "रौद्र रस" काव्य का एक रस है, जिसमें स्थायी भाव अथवा 'क्रोध' का भाव होता है।
- धार्मिक महत्व के आधार पर इसका वर्ण रक्त एवं देवता रुद्र है।

अतः विकल्प (A) सही है।

4. 'अनाड़ी' का तत्सम रूप 'अनार्य' होगा।

तत्सम का अर्थ होता है "उसके समान"। अर्थात, ऐसे शब्द जो संस्कृत के समान है, जो शब्द संस्कृत भाषा से हिंदी भाषा में आये है और उन्हें ज्यों का त्यों प्रयुक्त कर रहे है, उन्हें तत्सम शब्द कहते है।

अतः विकल्प (A) सही है।

5. 'आधा' शब्द तद्भव शब्द है जिसका तत्सम 'अर्द्ध' होता है।

तद्भव का शाब्दिक अर्थ है – उससे बने (तत् + भव = उससे उत्पन्न), अर्थात जो उससे (संस्कृत से) उत्पन्न हुए हैं। यहाँ पर तत् शब्द भी संस्कृत भाषा की ओर इंगित करता है।

अतः विकल्प (A) सही है।

6. संयोजक शब्द से जुड़े हुए एक से अधिक साधारण वाक्यों से बनने वाला वाक्य 'संयुक्त वाक्य' कहलाता है। जैसे - राधा गयी और रीता आयी।

अतः विकल्प (B) सही है।

7. 'सुनील बहुत अच्छा निशानेबाज है।' इस वाक्य में 'अच्छा' विशेषण शब्द है और 'बहुत' शब्द 'अच्छा' की विशेषता बता रहा है जो प्रविशेषण है।

विशेषण की भी विशेषता बताने वाले शब्द प्रविशेषण कहलाते हैं।

जो शब्द संज्ञा या सर्वनाम की विशेषता बताते हैं, विशेषण कहलाते हैं।

अतः विकल्प (A) सही है।

8. निजवाचक सर्वनाम: जहाँ स्वयं के लिए 'आप, अपना, अपने आप' शब्दों का प्रयोग हो।

उदाहरण: आप, अपना, अपने आप, स्वतः

अतः विकल्प (A) सही है।

9. व्याकरण के नियमों में बँधे, वाक्य में प्रयुक्त शब्द पद कहलाते हैं।

- जब कोई शब्द वाक्य में प्रयोग किया जाता है तो पद कहलाता है।
- जैसे - 'परिश्रम' एक शब्द है, जब इस शब्द को वाक्य में प्रयोग कर दें जैसे 'परिश्रम का फल मीठा होता है, तो यह पद कहलाता है।

अन्य विकल्प असंगत है।

अतः विकल्प (D) सही है।

10. पूर्ण वाक्य है - भाषा के लिखने के ढंग को लिपि कहते हैं।

- भाषा- भाषा वह साधन है जिसके द्वारा हम अपने विचारों को व्यक्त कर सकते हैं और इसके लिये हम वाचिक ध्वनियों का प्रयोग करते हैं।

विकल्प:

- वर्ण – अक्षर
- शब्द – वर्णों का सार्थक समूह, ध्वनि
- वाक्य – सार्थक शब्द समूह
- लिपि - भाषा के लघुतम ध्वनि अक्षरों का समूह।

अतः विकल्प (D) सही है।

11. ओष्ठों की स्थिति के अनुसार स्वरों का 2 प्रकार से वर्गीकरण किया गया है, वे अवृत्तमुखी और वृत्तमुखी हैं।

- वृत्तमुखी स्वर: ओष्ठों को वृत्ताकार (गोल) करके जिन स्वरों का उच्चारण होता है, उन्हें वृत्तमुखी या वृत्ताकार स्वर कहते हैं। इनकी संख्या पाँच है – उ, ऊ, ओ, औ तथा गृहीत स्वर ऑ।
- अवृत्तमुखी स्वर: जिन स्वरों के उच्चारण में स्वर गोल होने की बजाए फैल जाते हैं, उन्हें अवृत्तमुखी स्वर कहते हैं। इनकी संख्या छः है – आ, इ, ई, ऋ, ए तथा ऐ।

अतः विकल्प (D) सही है।

12. दिए गए विकल्पों में 'निषेध' शब्द वर्तनीगत शुद्ध शब्द है।

जिसका अर्थ मनाही, रोक या बाधा होता है।

'निषेध' का विलोम शब्द 'विधि' होगा।

वर्तनी: लिखने की रीति को वर्तनी कहते हैं। 'वर्तनी' शब्द का अर्थ उच्चारित होने वाले शब्द के लेखन में प्रयोग होने वाले लिपि चिह्नों के व्यवस्थित रूप को वर्तनी कहा जाता है।

अतः विकल्प (C) सही है।

13. 'अनादर' का विलोम 'आदर' है। शेष विकल्प असंगत हैं।

अन्य विकल्प:

- मान : अपमान
- सम्मान : असम्मान
- सत्कार : तिरस्कार

अतः विकल्प (C) सही है।

14. दिए गए विकल्पों में 'वाह ! कितना सुन्दर दृश्य है।' यह विस्मयादिबोधक वाक्य का उदाहरण है।

वह वाक्य जिससे किसी प्रकार की गहरी अनुभूति का प्रदर्शन किया जाता है, वह विस्मयादिबोधक या विस्मयादिवाचक वाक्य कहलाता हैं।

उपर्युक्त वाक्य में खुशी कि गहरी अनुभूति हो रही है। इसका चिह्न (!) है।

अत: विकल्प (C) सही है।

15. 'जो मापा न जा सके' वाक्यांश के लिए एक शब्द है - 'अपरिमेय'

जिसका परिमाण जाना जा सके - परिमेय

जिसे मापा या तौला जा सके - परिमाप

त्रि-विमीय स्थान की मात्रा की माप - आयतन

अत: विकल्प (D) सही है।

16. 'जिसको त्यागा न जा सके' के लिए एक शब्द 'अत्याज्य' होगा।

अन्य विकल्प:

- त्यक्त: जिसे त्यागा जा चुका हो
- त्याग: नाता तोड़ देने की क्रिया
- त्याज्य: त्याग करने योग्य

अत: विकल्प (C) सही है।

17. 'मैं शायद कहानी पढूंगी' वाक्य सम्भाव्य भविष्य काल का है।

अन्य विकल्प :

- मैं कहानी पढ़ती हूँ - सामान्य वर्तमान
- मैंने कहानी पढ़ी थी - सामान्य भूत
- मैं कहानी पढ़ रही हूँ - तात्कालिक वर्तमान

अत: विकल्प (D) सही है।

18. 'घबरा जाना' अर्थ के लिए उचित मुहावरा 'चेहरे की हवाइयाँ उड़ना' है।

वाक्य-प्रयोग: जैसे ही श्रवण का नाम बुलाया गया उसके चेहरे की हवाइयाँ उड़ गईं।

अतः विकल्प (A) सही है।

19. दिए गए विकल्पों में से 'सइयाँ भए कोतवाल अब डर काहे का' सही विकल्प है।

'मनमानी करना' के अर्थ के लिए उपयुक्त लोकोक्ति दिए गए विकल्पों में 'सइयाँ भए कोतवाल अब डर काहे का' ये है। अन्य असंगत हैं।

वाक्य- मीरा बिना हेलमेट के अपनी स्कूटी से निकली तो उसकी सहेली ने कहा कि हेलमेट तो लगा लो तो उसने बहुत घमंड से कहा 'सइयाँ भए कोतवाल अब डर काहे का'।

अतः विकल्प (B) सही है।

20. 'राजा <u>सेवक को</u> कम्बल देता है', वाक्य में रेखांकित पद में सम्प्रदान कारक है।

दिए गए वाक्य में किसी को कुछ देने का बोध हो रहा है। अतः यहाँ सम्प्रदान कारक है। जिस शब्द से किसी के लिए कुछ करने या देने का बोध हो, इसकी विभक्ति 'को' और 'के लिए' है।

अतः विकल्प (A) सही है।

21. विराम चिह्न की दृष्टि से शुद्ध वाक्य चारों भाई सुंदर, सुशील, नम्र, दयालु और सबल थे।

'चारों भाई सुंदर, सुशील, नम्र, दयालु और सबल थे।' प्रस्तुत वाक्य में उचित स्थानों पर अल्पविराम और पूर्ण विराम का प्रयोग किया गया है।

जब हम एक से अधिक वस्तुओं की बात करते हैं कुछ अंतराल देने के लिए अल्पविराम का प्रयोग करते हैं। जैसा कि सुंदर, सुशील, नम्र, दयालु के बीच में किया गया है।

अत: विकल्प (A) सही है।

22. अहंकार का संधि-विच्छेद - 'अहम् + कार'।

अहंकार शब्द में व्यंजन संधि है।

अहंकार में संधि का नियम - म् + क = डूक।

अतः विकल्प (A) सही है।

23. वृक्ष का पर्यायवाची 'कानन' नहीं है।

वृक्ष का पर्यायवाची : तरू, अगम, पेड़, पादप, विटप, गाछ, दरख्त, शाखी, विटप, द्रुम।

कानन का पर्यायवाची : जंगल, अरण्य, वन, अटवी, कान्तार, विपिन।

अत: विकल्प (D) सही है।

24. तैराक शब्द में तैर मूल शब्द है और 'आक' प्रत्यय है।

तैराक - जो खूब अच्छी तरह तैरना जानता हो।

'अक' प्रत्यय से बने शब्द - लेखक, पाठक, कारक, गायक।

अत: विकल्प (B) सही है।

25. उपरोक्त विकल्पों में 'हस्ताक्षर' शब्द बहुवचन है।

अन्य विकल्प:

शब्द	वचन
भीड़	एकवचन
मिठास	एकवचन
चाय	एकवचन

शब्द के जिस रुप से एक अथवा अनेक होने का बोध हो उसे 'वचन' कहते हैं।

अतः विकल्प (D) सही है।

26. The present continuous tense is formed with the subject plus the present particle form (-ing) of the main verb and the present continuous tense of the verb to be: am, is, are. One simple example of this tense is: He is swimming.

Then, the given sentence is of present continuous tense.

Hence, the correct option is (C).

27. The structure is given below:

Subject + is/am/are + V1 + ing + Object

For events that will take place in the near future, Present Continuous Tense is used.

Complete sentence: We are visiting the City Palace in the afternoon as per the schedule.

Hence, the correct option is (A).

28. Correct sentence: When my father visits him, he feels good.

- The given sentence is the type Zero conditional.

- The zero conditional is used for when the time being referred to is now or always and the situation is real and possible.
- The zero conditional is often used to refer to general truths.
- The tense in both parts of the sentence is the simple present.
- In zero conditional sentences, the word "if" can usually be replaced by the word "when" without changing the meaning.

Hence, the correct option is (C).

29. Complete Sentence: My father was not hungry; nevertheless, he ate a heavy lunch.

The given sentence is talking about a father who ate a heavy lunch even though he was not hungry.

Let us explore the given options:

- The adverb 'nevertheless' means in spite of that.
- The adverb 'further' means more; to a greater degree.
- The adverb 'besides' means in addition; as well.
- The adverb 'instead' means as an alternative or substitute.

Conclusion: In spite of the fact that his/her father was not hungry, he ate a heavy lunch.

Hence, the correct option is (A).

30. Correct sentence: There was a time when the national marriage rate was rather too high.

- 'Fairly' is used to a positive degree and it is not followed by 'too'.
- 'Fair' is an adjective.
- 'Rather' is used to a positive and comparative degree and it is followed by 'too'.
- So, the word 'rather' should be used to make the sentence grammatically correct.
- So, the correct answer is 'rather'.

Hence, the correct option is (C).

31. Correct Sentence: My husband can play the piano very well because he's a professional pianist.

Let us explore the options:

- 'Might' is a modal verb most commonly used to express possibility. It is also often used in conditional sentences. 'Might' is also used to make suggestions or requests.
- 'Can' is a modal verb most commonly used to express; ability, opportunity, a request, to grant permission, to show possibility or impossibility.
- 'Shall' is a modal verb used to indicate future action and is often found in suggestions. It is frequently used in promises or voluntary actions.

- 'May' is a modal verb most commonly used to express possibility. It can also be used to give or request permission.

In the given sentence, the ability to play the piano is shown.

Hence, the correct option is (B).

32. Complete Sentence: Everyone must save the natural resources of the earth.

The given sentence is talking about saving the natural resources of the earth.

Let us explore the given options:

- 'Must' means be obliged to; should (expressing necessity).
- 'Might' is used for expressing a possibility based on an unfulfilled condition.
- 'Could' is used to indicate possibility.
- 'Dare' means have the courage to do something.

Hence, the correct option is (A).

33. The complete sentence will be: She is industrious yet is not recognized in her field.

- In order to fill in the blank, we need to select the appropriate conjunction.
- Conjunctions are words or groups of words used to connect two or more than two words, phrases, or clauses.
- For eg.- and, but, yet, where, etc.
- Conjunctions such as but, yet, still, only, however, etc are known as adversative conjunctions, used to join such nouns, pronouns, sentences, etc, that denote the result is opposite.
- For example- I am going to the market however I will not buy you ice cream.
- In the given sentence, we can see that the woman is industrious but still the results are opposite.
- She is not appreciated.
- We will therefore use the conjunction 'yet' to fill in the blank.

Hence, the correct option is (C).

34. Once upon a time, **the** English ruled over the whole world.

- Articles are words that define a noun as specific or unspecific.
- The definite article 'the' is used with the name of things that are unique or already mentioned before.
- 'The' isn't used with the name of a language though it can be used before 'nationality'.
- As per the context of the given sentence, peoples/rulers from England are being talked about.
- So, the article 'the' will be appropriate here.

Hence, the correct option is (C).

35. All monks and nuns of this church are invited to the program. The feminine gender of monk is nun. So using nun is suitable here in this context.

Feminine nouns refer to female figures or female members of a species (i.e. woman, girl, actress, mare, etc.)

Hence, the correct option is (D).

36. The correctly spelled word is Satellite.

A satellite is a moon, planet, or machine that orbits a planet or star. Usually, the word "satellite" refers to a machine that is launched into space and moves around Earth or another body in space.

Hence, the correct option is (D).

37. From the given options, the correct choice to fill in the blank is 'each.'

We know that each other is used to denote the mutual relationship between two person or things.

Example: The sibling loves each other.

From the above mentions information, it is clear that 'each' is the correct answer.

Correct sentence: He was so afraid that his knees knocked each other.

Hence, the correct option is (C).

38. A person who knows everything: Omniscient

Omniscient means someone having complete or unlimited knowledge.

Example: They give the impression that the book is omniscient.

Hence, the correct option is (B).

39. The correct punctuated sentence is: He said, "I do not like video games."

The given sentence is a direct speech, so 'quotation marks' should be used here.

The question mark is used after asking a question.
Example: What is her name?

The exclamation mark is used to express wonder, surprise or to emphasize. Example: I have found the lost photo album!

Hence, the correct option is (D).

40. Simran is an officer, but her husband owns a café.

If any word starts with these vowels or has any vowel sound then the article 'an' is used before them. In the given sentence 'honest' starts with a 'vowel sound'.

Some words start with 'vowel sound' but start with 'consonant letter'. We use 'an' article before these kinds of words.

Hence, the correct option is (A).

41. "Busy" is the synonym of "Active".

Active: Engaging or ready to engage in physically energetic pursuits.

Busy: (of a time or place) full of activity.

Hence, the correct option is (D).

42. The most appropriate synonym of the given word 'Elegant' is 'Graceful'.

Elegant: having a good or attractive style

Graceful: having a smooth, attractive movement or form

Hence, the correct option is (D).

43. 'Temporary' is the correct antonym of 'Permanent'.

Permanent - lasting for long time or forever.

Temporary - lasting for very short time.

Hence, the correct option is (A).

44. The most appropriate antonym of the given word 'Neglect' is 'Care'.

Neglect: to give too little or no attention or care to somebody/something.

Care: looking after somebody/something so that he/she/it has what he/she/it needs for his/her/its health and protection.

Hence, the correct option is (B).

45. The meaningful word from the words "EVCOL" is "Clove".

Clove is a tree native to Indonesia. Its dried flower buds are a popular spice and are also used in Chinese and Ayurvedic medicine.

Hence, the correct option is (A).

46. The part of speech of the word 'why' is an interjection.

- Interjections are words used to express strong feelings or sudden emotions.
- They are included in a sentence (usually at the start) to express a sentiment such as surprise, disgust, joy, excitement, or enthusiasm.
- Example: Wow, that's so beautiful!
- In the given sentence, the word 'whoa' is showing emotion.

Hence, the correct option is (B).

47. Big and enormous are both synonyms.

Now we need to find a word which is the synonym of 'small'.

Compact means having all the necessary components or features neatly fitted into a small space.

Clearly, 'compact' is the correct word.

Hence, the correct option is (B).

48. He wanted to swim in the pool.

- An infinitive verb is essentially the base form of a verb with the word "to" in front of it.
- When we use an infinitive verb, the "to" is a part of the verb. It is not acting as a preposition in this case.

- The infinitive is the base form of a verb.

- Structure: To + Base form of the verb.

- Example: I decided not to go to London.

- Infinitives are never conjugated with -ed or -ing at the end because they are not used as verbs in a sentence.

- When want, learn and offer are followed by another verb, it must be in the to + infinitive form.

- For Example - I want to speak to the manager.

- Here, "to swim" is an infinitive verb.

Hence, the correct option is (B).

49. Adorable is an adjective.

Adorable means inspiring great affection or delight. An adjective is a word that describes the traits, qualities, or the number of a noun.

Hence, the correct option is (B).

50. Julie would like to visit Kyoto when she is in Japan.

The sentence talks about the imaginary situation.

Would: We use "would" as the past of "will" and it is used to make hypotheses. In this condition, we imagine a situation.

- Example: I would give you a lift, but my wife has the car today.

Hence, the correct option is (C).

51. एलआईसी ने अगस्त 2022 में पहली बार फॉर्च्यून ग्लोबल 500 सूची में प्रवेश किया।

- इस बीच, रिलायंस इंडस्ट्रीज जो भारत में बाजार पूंजीकरण के मामले में सबसे बड़ी कंपनी है, ने 51 स्थान की छलांग लगाई।

- हालांकि, एलआईसी भारत से सूची में सबसे ऊपर था।

- कुल नौ भारतीय कंपनियों ने सूची में प्रवेश किया है, जिनमें से पांच राज्य के स्वामित्व वाली और चार निजी क्षेत्र की कंपनियां थीं।

अतः विकल्प (D) सही है।

52. संसद ने एक नया ऐप डिजिटल संसद लॉन्च किया है, जिससे लोगों के लिए संसद में कार्यवाही का पालन करना और उनके अपने सांसदों को भी आसानी होगी। इसके अलावा यह संसद के सदस्यों को व्यक्तिगत अपडेट की जांच करने जैसी सेवाओं तक पहुंचने में भी मदद करेगा। भविष्य में, सांसद उपस्थिति के लिए लॉग इन कर सकते हैं, प्रश्नकाल के लिए प्रश्न दे सकते हैं या बहस के लिए नोटिस जमा कर सकते हैं।

अतः विकल्प (B) सही है।

53. उत्तर प्रदेश में स्थानीय स्वशासन का ढांचा त्रिस्तरीय है:

1. जिला स्तर पर जिला पंचायत
2. मध्यवर्ती (ब्लॉक) स्तर पर क्षेत्र पंचायत
3. ग्राम स्तर पर ग्राम पंचायत

अतः विकल्प (C) सही है।

54. 1950 में एक नए भारतीय संविधान को अपनाने के साथ, संयुक्त प्रांत का नाम बदलकर उत्तर प्रदेश कर दिया गया और यह भारत गणराज्य का एक घटक राज्य बन गया।

अतः विकल्प (C) सही है।

55. उत्तर प्रदेश के फतेहपुर सीकरी में प्रसिद्ध बुलंद दरवाजा स्थित है।

बुलंद दरवाजा, या "विजय का द्वार", 1575 ईस्वी में मुगल सम्राट अकबर द्वारा गुजरात पर अपनी जीत के उपलक्ष्य में बनाया गया था।
अतः विकल्प (A) सही है।

56. चौखंडी स्तूप सारनाथ में एक बौद्ध स्तूप है, जो कैंट रेलवे स्टेशन वाराणसी, उत्तर प्रदेश, भारत से 8 किलोमीटर की दूरी पर स्थित है। स्तूप दफन टीले से विकसित हुए हैं और बुद्ध के अवशेष के एक मंदिर के रूप में काम करते हैं।
अतः विकल्प (D) सही है।

57. अलीगढ़ उत्तर प्रदेश का एक महत्वपूर्ण व्यापारिक केंद्र है और इसे भारत में तालों के शहर के रूप में जाना जाता है। कच्चे माल की उपलब्धता और बिजली की आपूर्ति में आसानी के कारण अलीगढ़ एक अच्छे व्यापार केंद्र के रूप में उभरा है। अलीगढ़ के ताले दुनिया भर में निर्यात किए जाते हैं।
अतः विकल्प (C) सही है।

58. उत्तर प्रदेश के आगरा में कीथम झील, जिसे सुर सरोवर भी कहा जाता है, रामसर स्थलों की सूची में जोड़ा गया है।

- सुर सरोवर झील में 106 से अधिक प्रवासी पक्षी आराम करते हैं।

- झील का पानी आगरा नहर से प्राप्त होता है।

- यह नहर दिल्ली में यमुना नदी पर ओखला बैराज से निकलती है।

अतः विकल्प (A) सही है।

59. हाइड्रोजन का रेडियोधर्मी समस्थानिक ट्रिटियम है।

सबसे स्थिर रेडियोधर्मी समस्थानिक ट्रिटियम है, जिसकी अर्ध-आयु 12.32 वर्ष है। हाइड्रोजन आवर्त सारणी में पहला तत्व है और इसका परमाणु क्रमांक एक है। वे तत्व जिनके परमाणु क्रमांक समान लेकिन द्रव्यमान संख्या भिन्न होती है, समस्थानिक कहलाते हैं। समस्थानिक अलग-अलग होते हैं क्योंकि उनमें मौजूद न्यूट्रॉन की संख्या अलग-अलग होती है।

अतः विकल्प (C) सही है।

60. देश और राजधानी का सही युग्म है: लीबिया - त्रिपोली

लीबिया आधिकारिक तौर पर लीबिया राज्य उत्तरी अफ्रीका में माघरेब क्षेत्र में एक देश है। इसकी सीमा उत्तर में भूमध्य सागर, पूर्व में मिस्र, दक्षिण-पूर्व में सूडान, दक्षिण में चाड, दक्षिण-पश्चिम में नाइजर, पश्चिम में अल्जीरिया और उत्तर-पश्चिम में ट्यूनीशिया से लगती है। लीबिया तीन ऐतिहासिक क्षेत्रों त्रिपोलितानिया फेज़ान और साइरेनिका से बना है।

2019 में लगभग 1.1 मिलियन लोगों की आबादी के साथ, त्रिपोली लीबिया की राजधानी और सबसे बड़ा शहर है। यह लीबिया के उत्तर-पश्चिम में रेगिस्तान के किनारे पर स्थित है, चट्टानी भूमि के एक बिंदु पर भूमध्य सागर में प्रक्षेपित होता है और एक खाड़ी बनाता है।

अतः विकल्प (C) सही है।

61. जीवाश्म ईंधन प्राकृतिक प्रक्रियाओं से बनता है।

जीवाश्म ईंधन न्यून कार्बन-से-हाइड्रोजन अनुपात (जैसे मीथेन) से लेकर तरल पदार्थ (पेट्रोलियम की तरह) तक, लगभग शुद्ध कार्बन से बने गैर-वाष्पशील सामग्री जैसे एन्थ्रेसाइट कोयले तक होते हैं।

यह दफन मृत जीवों के अवायवीय अपघटन के रूप में बनता है। इस प्रकार के जीवों और उनके परिणामी जीवाश्म ईंधन की आयु आमतौर पर लाखों वर्ष होती है, और कभी-कभी 650 मिलियन वर्ष से भी अधिक। इस प्रकार के ईंधन (जीवाश्म ईंधन) में कार्बन का उच्च प्रतिशत होता है और इसमें कोयला, प्राकृतिक गैस और पेट्रोलियम शामिल हैं। जीवाश्म ईंधन के आमतौर पर इस्तेमाल किए जाने वाले संजात में प्रोपेन और मिट्टी का तेल शामिल हैं। 2018 तक, दुनिया के प्रमुख प्राथमिक ऊर्जा स्रोत, जो दुनिया में प्राथमिक ऊर्जा खपत में जीवाश्म ईंधन के लिए 85% हिस्सेदारी के बराबर है, में शामिल हैं

- कोयला (27%)

- पेट्रोलियम (34%), और
- प्राकृतिक गैस (24%)

अतः विकल्प (A) सही है।

62. बृहस्पति का एक उपग्रह, गैनीमेड सौर मंडल का सबसे बड़ा उपग्रह है। सौर मंडल के सभी ग्रहों में बृहस्पति को सबसे कम दिन प्राप्त हैं।

ग्रह	उपग्रहों की संख्या	महत्त्वपूर्ण बिंदु
बुध	शून्य	<ul><li>यह सूर्य के सबसे निकट है।</li><li>बुध पर एक वर्ष केवल 88 दिनों का होता है।</li><li>यह सौरमंडल का सबसे छोटा ग्रह है।</li></ul>
शुक्र	शून्य	<ul><li>इसे 'सुबह का तारा' और 'शाम का तारा' के नाम से भी जाना जाता है।</li><li>यह आकार और द्रव्यमान में पृथ्वी जैसा ग्रह है इसलिए इसे 'पृथ्वी का जुड़वां' भी कहा जाता है।</li><li>यह सौरमंडल का सबसे गर्म ग्रह है।</li></ul>
शनि	82	<ul><li>यह सौरमंडल का दूसरा सबसे बड़ा ग्रह है।</li><li>टाइटन शनि ग्रह का सबसे बड़ा उपग्रह है।</li></ul>

अतः विकल्प (D) सही है।

63. इब्न बतूता एक मुरीश यात्री था जो मुहम्मद-बिन-तुगलक के शासनकाल के दौरान भारत आया था। उनकी पुस्तक रेहला (यात्रा-वृत्तांत) मुहम्मद-बिन-तुगलक के शासनकाल और भारत में भौगोलिक, आर्थिक और सामाजिक परिस्थितियों पर प्रकाश डालती है। उन्हें दिल्ली के प्रमुख काजी के रूप में नियुक्त किया गया था।

अतः विकल्प (A) सही है।

64. यह पपीते का पत्ता है।

पपीते के पत्ते का अक्सर अर्क, चाय या रस के रूप में सेवन किया जाता है और डेंगू बुखार से संबंधित लक्षणों का इलाज करने के लिए पाया गया है। अन्य सामान्य उपयोगों में सूजन को कम करना, रक्त शर्करा नियंत्रण में सुधार करना, त्वचा और बालों के स्वास्थ्य का समर्थन करना और कैंसर को रोकना शामिल है।

अतः विकल्प (C) सही है।

65. पंचायती राज संस्थाओं में मध्यवर्ती स्तर को पंचायत समिति कहते हैं।

पंचायत समिति पंचायती राज संस्थाओं में मध्यवर्ती स्तर है। यह भारत में ग्रामीण स्थानीय स्वशासन प्रणाली की तहसील या तालुका या खंड (ब्लॉक) स्तर है। ब्लॉक स्तर पर पंचायत समिति एक प्रशासनिक प्राधिकरण है, जो कानून लागू करने और इसके अमल किए जाने के लिए उत्तरदायी है। ये भारत में पंचायती राज संस्थाओं के मध्य स्तर का निर्माण करते हैं।

अतः विकल्प (C) सही है।

66. गोंडवाना चट्टान प्रणाली कोयला खनिज के लिए प्रसिद्ध है।

गोंडवाना चट्टानों में भारत का लगभग 98% कोयला भंडार है। इसमें कार्बन की मात्रा बहुत कम है। गोंडवाना चट्टान प्रणाली को कोयला उत्पन्न करने वाली चट्टान प्रणाली भी कहा जाता है। वे प्राचीन पहाड़ी मैदान सतहों पर किसी सामग्र रेखा या बिन्दु की और ढालू गर्त में आदिष्ट किए गए भंडार हैं।

अतः विकल्प (A) सही है।

67. आचार्य विनोबा भावे पहले भारतीय थे जिन्हें रेमन मैग्सेसे पुरस्कार मिला था। मानवाधिकार कार्यकर्ता विनोबा भावे 1958 में अपनी स्थापना के वर्ष में रेमन मैग्सेसे पुरस्कार प्राप्त करने वाले पहले पांच व्यक्तियों में से एक थे।

अतः विकल्प (D) सही है।

68. 'भारतीय परमाणु कार्यक्रम के जनक' के रूप में होमी जहांगीर भाभा को जाना जाता है।

होमी जहांगीर भाभा एक भारतीय परमाणु भौतिक विज्ञानी, संस्थापक निदेशक और टाटा मूलभूत अनुसंधान संस्थान में भौतिकी के प्रोफेसर थे। 1954 में, भाभा ने ट्रॉम्बे में एक परमाणु अनुसंधान केंद्र की स्थापना की, जिसे बाद में भाभा परमाणु अनुसंधान केंद्र (BARC) का नाम दिया गया था।

अतः विकल्प (D) सही है।

69. चूना (लाइम), बेकिंग सोडा के साथ कार्बन डाइऑक्साइड गैस को मुक्त करने के लिए अभिक्रिया करता है

बेकिंग सोडा सोडियम बाइकार्बोनेट है। चूने में सिट्रिक अम्ल होता है जो सूत्र $C_6H_8O_7$ का कार्बनिक अम्ल है।

सोडियम बाइकार्बोनेट के साथ अभिक्रिया करने पर अम्ल कार्बन डाइऑक्साइड गैस को मुक्त करता है। बेकिंग सोडा के साथ अभिक्रिया करने पर सिट्रिक अम्ल कार्बोनिक अम्ल का उत्पादन करता है। कार्बोनिक अम्ल तब पानी और कार्बन डाइऑक्साइड CO_2 देने के लिए आगे विघटित होता है।

अतः विकल्प (A) सही है।

70. 7 जुलाई 2022 को प्रधानमंत्री नरेंद्र मोदी ने वाराणसी में राष्ट्रीय शिक्षा नीति (NEP) के कार्यान्वयन पर 'अखिल भारतीय शिक्षा समागम' का उद्घाटन किया था।

शिक्षा मंत्रालय 7 से 9 जुलाई'22 तक शिक्षा समागम का आयोजन कर रहा है। यह शिक्षाविदों और नीति निर्माताओं को NEP 2020 के प्रभावी कार्यान्वयन के लिए विचार-विमर्श करने, अपने अनुभव साझा करने और रोडमैप पर चर्चा करने के लिए एक मंच प्रदान किया था।

अतः विकल्प (D) सही है।

71. भारत ने इंग्लैंड को 4 विकेट से हराकर U19 विश्व कप 2022 का खिताब जीता था।

शेख रशीद और निशांत सिंधु ने 190 रनों का पीछा करते हुए 50 रनों की पारी खेली, भारत ने एंटीगुआ में रिकॉर्ड पांचवां U19 विश्व कप खिताब जीता था। राज बावा ने 5 विकेट हासिल किए जबकि रवि कुमार ने इंग्लैंड को 189 रनों पर समेटने के लिए 4 विकेट हासिल किए थे।

अतः विकल्प (A) सही है।

72. 15 जून 2022 को भारत द्वारा पृथ्वी II मिसाइल का सफल परीक्षण किया गया था।

पृथ्वी-II 500-1,000 किलोग्राम आयुध ले जाने में सक्षम है और यह तरल प्रणोदन दो इंजनों द्वारा संचालित है। यह रक्षा अनुसंधान और विकास संगठन (DRDO) द्वारा विकसित सतह से सतह पर मार करने वाली कम दूरी की बैलिस्टिक मिसाइल है।

अतः विकल्प (D) सही है।

73. बोनालु तेलंगाना राज्य का "राज्य उत्सव" है।

बोनालु एक हिन्दू त्योहार है, जिसमें देवी महाकाली की पूजा की जाती है। बोनालु तेलंगाना का वार्षिक त्यौहार जो हैदराबाद, सिकंदराबाद और तेलंगाना के अलावा भारत के कई अन्य हिस्सों में मनाया जाता है। यह आषाढ़ महीने में अर्थात जुलाई / अगस्त में मनाया जाता है। त्योहार के पहले और अन्तिम दिन येलम्मा के लिए विशेष पूजाएं की जाती हैं। मन्नत पूर्ति के लिए देवी को धन्यवाद करने के लिए यह उत्सव मनाया जाता है।

अतः विकल्प (D) सही है।

74. भवभूति ने "उत्तररामचरित" नाटक लिखा।

भवभूति, भारतीय नाटककार और कवि, जिनके नाटक, संस्कृत में लिखे गए और उनके रहस्य और विशद चरित्र चित्रण के लिए विख्यात हैं, बेहतर प्रसिद्ध नाटककार कालिदास के उत्कृष्ट नाटकों को टक्कर देते हैं।

अतः विकल्प (C) सही है।

75. केवल चमक ही जलने पर ज्वाला उत्पन्न नहीं होती।

कोयला बिना वाष्पीकृत हुए सीधे जलता है। इसलिए यह ज्वाला उत्पन्न नहीं करता है। यह चमक से जलता है।

अतः विकल्प (B) सही है।

76. दिया है:

$$\frac{-(4-6)^2 - 3(-2) + |-6|}{18 - 9 \div 3 \times 5}$$

$$= \frac{-(-2)^2 - (-6) + 6}{18 - 3 \times 5}$$

$$= \frac{-4 + 6 + 6}{18 - 15}$$

$$= \frac{8}{3}$$

अतः विकल्प (C) सही है।

77. दिया है:

$$= 18\frac{2}{3} + 7\frac{1}{2}$$

$$= \frac{56}{3} + \frac{15}{2}$$

$$= \frac{112 + 45}{6}$$

$$= \frac{157}{6}$$

$$= 26\frac{1}{6}$$

अतः विकल्प (C) सही है।

78. दिया गया समीकरण है:

$\Rightarrow 72 \times 25 + 45 \times 20 = 15^3 - ?$

उपरोक्त समीकरण को सरल करने पर,

$\Rightarrow 1800 + 900 = 3375 - ?$

$\Rightarrow ? = 3375 - 2700 = 675$

अतः विकल्प (B) सही है।

79. दिया गया समीकरण है:

$$= \sqrt[3]{8000} - \sqrt[3]{4096} - \sqrt[3]{64}$$

$$= 20 - 16 - 4$$

$$= 0$$

अतः विकल्प (C) सही है।

80. पूरी संख्या, और अंश, अभिव्यक्ति के इन को अलग करके, हम प्राप्त करते हैं

$$9 + 9 + 9 + 9 + 9 + 9 + \frac{1}{7} + \frac{2}{7} + \frac{3}{7} + \frac{4}{7} + \frac{5}{7} + \frac{6}{7}$$

$$= 54 + \frac{21}{7}$$

$$= 54 + 3$$

$$= 57$$

अतः विकल्प (A) सही है।

81. 1152 का गुणनखंड $= 2 \times 2 \times 2 \times 2 \times 2 \times 2 \times 2 \times 3 \times 3$

1664 का गुणनखंड $= 2 \times 2 \times 2 \times 2 \times 2 \times 2 \times 2 \times 13$

इसलिए, HCF $= 128$

अतः विकल्प (A) सही है।

82. दिया गया है:

एक समबाहु त्रिभुज की भुजा a है।

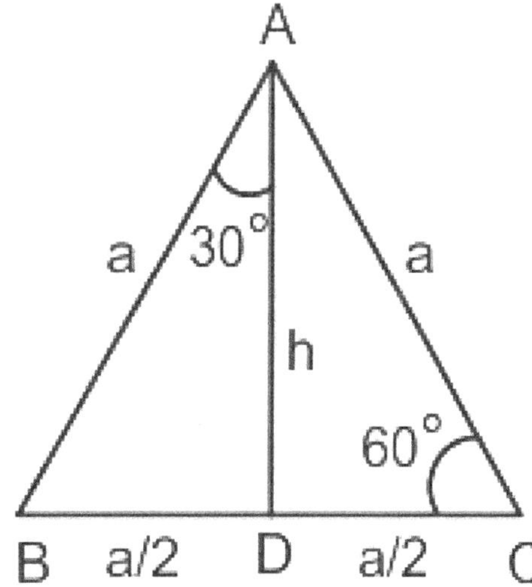

जैसा कि हम जानते है,

$$A = \frac{1}{2}(b \times h)$$

हम जानते हैं कि लंबवत AD भुजा BC को समद्विभाजित करता है

$$\Rightarrow BD = DC = \frac{a}{2}$$

त्रिभुज ABD में, पाइथागोरस प्रमेय का प्रयोग करते हुए,

$$AB^2 = AD^2 + BD^2$$

$$\Rightarrow a^2 = \left(\frac{a}{2}\right)^2 + h^2$$

$$\Rightarrow h = \sqrt{3}\frac{a}{2}$$

इसलिए, त्रिभुज ABD का क्षेत्रफल

$$A' = \frac{1}{2}\left(\frac{a}{2} \times \frac{a\sqrt{3}}{2}\right) = \frac{\sqrt{3}}{4}a^2$$

तब,

त्रिभुज ABC का क्षेत्रफल $= 2 \times$ त्रिभुज ABC का क्षेत्रफल

$$A = \frac{\sqrt{3}}{4}a^2$$

अतः विकल्प (C) सही है।

83. दिया गया है:

वृत्त की परिधि 18.6 सेमी है,

जैसा कि हम जानते हैं,

वृत्त का व्यास $= d$,

वृत्त की परिधि $= \pi d$

प्रश्नानुसार,

$$\pi d - d = 18.6$$

$$\Rightarrow d(\pi - 1) = 18.6$$

$$\Rightarrow d\left(\frac{22}{7} - 1\right) = 18.6$$

$$\Rightarrow d\left(\frac{22-7}{7}\right) = 18.6$$

$$\Rightarrow d \times \frac{15}{7} = 18.6$$

$$\Rightarrow d = 18.6 \times \frac{7}{15} = 8.68 \text{ सेमी}$$

इसलिए वृत्त का व्यास 8.68 सेमी है।

अतः विकल्प (B) सही है।

84. दिया गया है,

समय $= 3$ वर्ष

मिश्रधन : मूलधन $= 7:4$

जैसा कि हम जानते हैं,

साधारण ब्याज $=$ मिश्रधन $-$ मूलधन

साधारण ब्याज $=$ मूलधन $\times$ ब्याज दर $\times$ समय/100

माना मूलधन $4x$ है और मिश्रधन $7x$ है।

साधारण ब्याज $=$ मिश्रधन $-$ मूलधन

$$= 7x - 4x$$

$$= 3x$$

साधारण ब्याज $=$ मूलधन $\times$ ब्याज दर $\times$ समय/100

$$\Rightarrow 3x = \frac{4x \times R \times 3}{100}$$

$$\Rightarrow 3x \times 100 = 4x \times R \times 3$$

$$\Rightarrow 300x = 4x \times R \times 3$$

$$\Rightarrow \frac{300x}{4x \times 3} = R$$

$$\Rightarrow R = 25\% \text{ प्रति वर्ष}$$

$\therefore$ ब्याज की दर 25% प्रति वर्ष है।

अतः विकल्प (B) सही है।

85. दिया हुआ: $3x - 5 = x + 5$

$$3x - x = 5 + 5$$

$$2x = 10$$

$$x = 5$$

अतः विकल्प (A) सही है।

86. दिया गया है,

$$\frac{x}{\sqrt{128}} = \frac{\sqrt{162}}{x}$$

इसी प्रकार,

$$x^2 = \sqrt{128 \times 162}$$

$$\Rightarrow x^2 = \sqrt{64 \times 2 \times 18 \times 9}$$

$$\Rightarrow x^2 = \sqrt{8^2 \times 6^2 \times 3^2}$$

$$\Rightarrow x^2 = 8 \times 6 \times 3$$

$$\Rightarrow x^2 = 144$$

$$\Rightarrow x = \sqrt{144}$$

$$\therefore x = 12$$

अतः विकल्प (A) सही है।

87. दिया है:

माना मूल संख्या 100x

37.5% से घटाए जाने पर संख्या

इसलिए, नई संख्या $= 100x \times \left(\frac{100 - 37.5}{100}\right) = 62.5x$

परिणामी संख्या $= 35 = 62.5x$

$$\Rightarrow x = 0.56$$

$$\Rightarrow 100x = 0.56 \times 100 = 56$$

$\therefore$ संख्या का मूल मूल्य 56 है।

अतः विकल्प (C) सही है।

88. जैसा कि हम जानते हैं,

अभाज्य संख्याएँ वे संख्याएँ होती हैं जिनके केवल 2 कारक होते हैं 1 और स्वयं।

पहले नौ अभाज्य संख्याएँ 2, 3, 5, 7, 11, 13, 17, 19 और 23 हैं।

कुल संख्या, n = 9 (विषम संख्या)

माध्यिका $= \left[\frac{(n+1)}{2}\right]^{th} = \left[\frac{(9+1)}{2}\right] = 5$वीं संख्या

यहां, 5वीं संख्या 11 है।

∴ पहले नौ अभाज्य संख्याओं की माध्यिका 11 है।

अत: विकल्प (C) सही है।

89. दिया गया है,

संख्याएं हैं: $2^{40}, 3^{21}, 4^{18},$ and 8^{12}.

इन्हें हम इस प्रकार भी लिख सकते हैं: $2^{40}, 3^{21}, 2^{36},$ and 2^{36} (जैसे $4 = 2^2,$ और $8 = 2^3$)

इसलिए, हमें मूल रूप से $2^{36},$ और 3^{21} में से सबसे लघुतम खोजने की आवश्यकता है। चूंकि हमारे पास दो सही उत्तर नहीं हो सकते हैं, यह 3^{21} होना चाहिए।

हम फिर से लिख सकते हैं $2^{36} = 2^{3^{12}}$ और $3^{21} = 3^{3^7}$

$4096 > 2187$

इसलिए, 3^{21} सबसे लघुतम संख्या है।

अत: विकल्प (B) सही है।

90. दिया गया है,

अंकों का प्रयोग दुबारा किए बिना $3 -$ अंकों की संख्या जिसमें प्रत्येक अंक विषम है और संख्या 5 से विभाज्य है।

हमारे पास विषम संख्याएँ हैं $1, 3, 5, 7, 9$

$3 -$ अंकों की संख्याओं में हमारे पास अंकों की तीन स्थितियाँ होती हैं यानी इकाई, दहाई और सैकड़ा जिसमें इकाई का अंक हमेशा 5 रहेगा क्योंकि संख्या 5 से विभाज्य है।

शेष दो पदों के लिए हमारे पास 4 संख्याएँ हैं, अर्थात, $1, 3, 7, 9$

इसलिए, इन संख्याओं को व्यवस्थित करने के लिए हम क्रमचय का उपयोग इस प्रकार करते हैं:

$$^4P_2 = \frac{4!}{(4-2)!}$$

$$= \frac{4 \times 3 \times 2 \times 1}{2 \times 1}$$

$$= 12$$

अत: विकल्प (B) सही है।

91. दिया हुआ है:

$1, 1, 4, 8, 9, 27, ?, ?$

दी गई संख्या श्रृंखला में दो श्रृंखलाएं हैं।

पहली श्रृंखला संख्याओं के वर्ग की है,

$\Rightarrow 1, 4, 9, 16$

दूसरी श्रृंखला संख्याओं के घन की है,

$\Rightarrow 1, 8, 27, 64$

∴? के स्थान पर $16, 64$ आएगा।

अत: विकल्प (C) सही है।

92. दिया गया है:

$$\frac{3}{13}, \frac{2}{15}, \frac{4}{17}$$

सबसे बड़ा भिन्न ज्ञात करने के लिए हमें तीन भिन्नों की तुलना करने की आवश्यकता है।

दो भिन्नों $\frac{3}{13}$ और $\frac{2}{15}$ की तुलना,

$\Rightarrow 3 \times 15 = 45$

$\Rightarrow 13 \times 2 = 26$

तो, $\frac{3}{13}$ बड़ा है।

$\frac{3}{13}$ और $\frac{4}{17}$ की तुलना,

$\Rightarrow 3 \times 17 = 51$

$\Rightarrow 13 \times 4 = 52$

$\frac{4}{17}$ बड़ा है।

$\frac{4}{17}$ और $\frac{2}{15}$ की तुलना,

$\Rightarrow 4 \times 15 = 60$

$\Rightarrow 17 \times 2 = 34$

तीनों की तुलना करने पर सभी में $\frac{4}{17}$ सबसे बड़ा है।

अत: विकल्प (C) सही है।

93. दिया गया है:

दशमलव प्रसार $= \frac{10}{3}$

$\Rightarrow \frac{10}{3} = 3.333$

∴ दशमलव प्रसार अनवसानी आवर्ती है।

अत: विकल्प (B) सही है।

94. दिया गया है:

$$\frac{9}{62}, \frac{6}{11}, \frac{10}{49}, \frac{31}{42}$$

प्रश्न के अनुसार,

$\Rightarrow \frac{9}{62} = 0.1451$

$\Rightarrow \frac{6}{11} = 0.5454$

$\Rightarrow \frac{10}{49} = 0.2040$

$\Rightarrow \frac{31}{42} = 0.7380$

$\therefore$ सबसे बड़ी भिन्न $\frac{31}{42}$ है।

अत: विकल्प (D) सही है।

95. दिया गया है:

$x - 2y + 6y = 3x - 4x + 10$

$x = 3$

अब,

$3 - 2y + 6y = 3(3) - 4(3) + 10$

$\Rightarrow 3 + 4y = 9 - 12 + 10$

$\Rightarrow 3 + 4y = -3 + 10$

$\Rightarrow 3 + 4y = 7$

$\Rightarrow 4y = 7 - 3$

$\Rightarrow 4y = 4$

$\Rightarrow y = 1$

अत: विकल्प (A) सही है।

96. दिया गया है:

छाते का अंकित मूल्य $(MP) = 150$ रुपये

छाते का विक्रय मूल्य $(SP) = 138$ रुपये

हम जानते है कि,

$D\% = \frac{(MP-SP)}{MP} \times 100$

$= \frac{(150-138)}{150} \times 100$

$= \frac{12}{150} \times 100$

$= 8\%$

अत: विकल्प (C) सही है।

97. $24, 36$ और 42 का ल.स.प. वह सबसे छोटी संख्या है, जो, $24, 36$ और 42 से विभाजित होती है।

अब, $24 = 2 \times 2 \times 2 \times 3$

$36 = 2 \times 3 \times 2 \times 3$

$42 = 3 \times 2 \times 7$

इसलिए, $24, 36$ और 42 का ल.स.प. है: $2 \times 3 \times 2 \times 2 \times 3 \times 7 = 504$

अत: विकल्प (C) सही है।

98. गुणनखंड ज्ञात करने के लिए,

2	38760
2	19380
2	9690
3	4845
5	1615
17	323
19	19
	1

$\therefore 38760 = 2 \times 2 \times 2 \times 3 \times 5 \times 17 \times 19$

अत: विकल्प (C) सही है।

99. 15 से 35 के बीच सभी अभाज्य संख्याएं $17, 19, 23, 29$ और 31 हैं।

अब, $17 + 19 + 23 + 29 + 31 = 119$

$\therefore 15$ से 35 के बीच सभी अभाज्य संख्याओं का योग 119 है।

अत: विकल्प (A) सही है।

100. दी गई जानकारी से,

मान लेते हैं की $4^1 = 4$, जब 3 से विभाजित किया जाता है तो शेषफल 1 होता है।

चार घातांक विषम संख्याओं को जब 3 से विभाजित किया जाता है तो शेषफल 1 होता है।

इसी प्रकार से, $4^3 = 64$, जब 3 से विभाजित किया जाता है तो शेषफल 1 होता है।

$\therefore 4^{13}$ को भी जब 3 से विभाजित किया जाता है तो शेषफल 1 होता है।

अत: विकल्प (A) सही है।

Hindi

Q.1 वाक्यांश के लिए एक शब्द का चयन कीजिये:
आदि से अंत तक

A. अनादि
B. आद्योपान्त
C. समकालीन
D. समीचीन

Q.2 संरचना के आधार पर किए गए वाक्य के वर्गीकरण में इनमें से कौन सा प्रकार नहीं है?

[Rajasthan Teachers Eligibility Test - Level 1 Primary Level (RTET), 2015]

A. सरल वाक्य
B. मिश्र वाक्य
C. आज्ञार्थक वाक्य
D. संयुक्त वाक्य

Q.3 निम्नलिखित प्रश्न, चार विकल्पों में से, उस सही विकल्प का चयन करें, जो वाक्य के काल के भेद का सही विकल्प हो:
मैंने खाना बनाया है।

A. सामान्य वर्तमान काल
B. आसन्न भूतकाल
C. अपूर्ण वर्तमान काल
D. संभाव्य वर्तमान काल

Q.4 हिन्दी में पूर्ण विराम चिह्न को छोड़कर शेष चिह्न किस भाषा के है?

A. संस्कृत
B. अंग्रेजी
C. फारसी
D. चीनी

Q.5 प्रश्नवाचक चिह्न का प्रयोग किस वाक्य में होगा?

A. राम की आय सुरेश से अधिक है
B. सीता जानना चाहती है
C. मोहन बाजार गया था
D. मोहन को बाजार क्यों जाना था

Q.6 जिन शब्दों से किसी व्यक्ति, वस्तु, स्थान के गुण, दोष, दशा आदि का ज्ञान हो, उसे क्या कहते हैं?

A. व्यक्तिवाचक संज्ञा
B. भाववाचक संज्ञा
C. जातिवाचक संज्ञा
D. समुदायवाचक संज्ञा

Q.7 'बहुत ही कठिन कार्य करना' के लिए किस वाक्य में सही मुहावरा प्रयोग में लाया गया है?

A. संस्कृत पढ़ना लोहे के चने चबाना है, कोई आसान काम नहीं।
B. प्रताप ने ज्योंही लगाम लगाई, चेतक हवा से बातें करने लगा।
C. वह तो मेरी मुट्ठी में है, उससे तो जो चाहो काम करवा दूँ।
D. भारतीय जवानों से लोहा लेना सरल काम नहीं है।

Q.8 'कहाँ राजा भोज और कहाँ गंगू तेली' लोकोक्ति का अर्थ है:

A. बहुत बड़ा होना
B. बहुत अंतर होना
C. बहुत चतुर होना
D. बहुत छोटा होना

Q.9 'कानों सुनी बात सच्ची नहीं है।' - वाक्य के रेखांकित पद में कारक है:

A. कर्ता
B. अधिकरण
C. कर्म
D. करण

Q.10 'प्रत्येक' शब्द में कौन सा उपसर्ग है?

A. प्र
B. प्रति
C. एक
D. इक

Q.11 निम्नलिखित शब्द में प्रयुक्त उपसर्ग के सही विकल्प का चयन कीजिए:
निश्चल

[Sainik School Entrance Class VI, 2021]

A. निश्
B. निर
C. निः
D. निश

Q.12 "मन रे तन कागद का पुतला। लागै बूँद बिनसि जाय छिन में, गरब करे क्या इतना।।"
इन पंक्तियों में कौन-सा रस है?

A. भक्ति रस
B. श्रृंगार रस
C. करुण रस
D. शांत रस

Q.13 'अखरोट' शब्द का तत्सम शब्द क्या होता है?

A. अक्षोट
B. अख्रोट
C. आखरोट
D. अकरोट

Q.14 निम्न में से 'नकुल' का तद्भव शब्द है:

A. नेउता
B. नेवला
C. नींबू
D. नीम

Q.15 'छात्रावास' में कौन सी सन्धि है?

A. दीर्घ
B. गुण
C. वृद्धि
D. अयादि

Q.16 जिस वाक्य में किसी काम या बात का होना पाया जाता है, वह है:

[Rajasthan Teachers Eligibility Test - Level 1 Primary Level (RTET), 2021]

A. आज्ञावाचक वाक्य
B. विधानवाचक वाक्य
C. इच्छावाचक वाक्य
D. संकेतार्थक वाक्य

Q.17 'पानी निरंतर बह रहा है।' वाक्य किस क्रिया विशेषण का है?

A. कालवाचक क्रिया-विशेषण
B. स्थानवाचक क्रिया-विशेषण
C. परिमाणवाचक क्रिया-विशेषण
D. रीतिवाचक क्रिया-विशेषण

Q.18 'किसी को बुलाओ' वाक्य में 'किसी' इनमें से क्या है?

[UP Police Sub Inspector, 2021]

A. यौगिक सार्वनामिक विशेषण
B. सार्वनामिक विशेषण
C. संयुक्त सर्वनाम
D. अनिश्चयवाचक सर्वनाम

Q.19 प्रस्तुत पंक्ति को पूर्ण करने के लिए दिए गए विकल्पों में से सही का चयन कर रिक्त स्थान भरें।
'एक _____ मोतियों से _____'

[UP Police Sub Inspector, 2017]

A. बूँद, जड़ा
B. थाल, भरा
C. जाल, जड़ा
D. घड़ा, खड़ा

Q.20 दिए गए विकल्पों में से सही का चयन कर रिक्त स्थान भरें:
इस ग्रंथ को इतिहास की _____ से भी एक महत्त्वपूर्ण रचना माना गया है।

[UP Police Sub Inspector, 2017]

A. दृष्टि
B. तुलना
C. पन्ने
D. ओर

Q.21 निम्नलिखित में से कौन सा स्वर कंठतालव्य है?

A. ई
B. आ
C. औ
D. ए

Q.22 'बाल' का उचित वचन है:

A. एकवचन
B. बहुवचन
C. दोनों
D. इनमें से कोई नहीं

Q.23 दिए गए शब्दों की सही वर्तनी के साथ विकल्प को चिन्हित करें"

A. अतिथी
B. अतिथि
C. आतिथी
D. अथिति

Q.24 दिए गए विकल्पों में से 'सुषुप्ति' शब्द का विलोम क्या होगा?

A. सुप्त   **B.** अचेतन   **C.** स्तुति   **D.** जागरण

Q.25 'तलवार' का पर्यायवाची है:

[UPPSC Staff Nurse, 2022]

A. तूणीर   **B.** तीर   **C.** चंद्रहास   **D.** वाण

English

Q.26 Which tense is formed by using "was/were + verb (ing)"?
A. Past Indefinite   **B.** Past Continuous
C. Past Perfect   **D.** Present Perfect

Q.27 'Regret' may be expressed by the following interjection:
A. Alas!   **B.** Hush!   **C.** Bravo!   **D.** Hurrah!

Q.28 Direction: Fill in the blank with an appropriate adjective.
His attitude was the _______ offensive among all the guys.
A. fewest   **B.** least   **C.** fewer   **D.** less

Q.29 Direction: Choose the correct verb in given sentence.
I persuaded the boys _____ the room before the teacher entered.
A. leave   **B.** to leave   **C.** left   **D.** leaving

Ques (30-31):Direction: Fill in the blank with correct alternative.

Q.30 Have they _______ the broken window?
A. fix   **B.** fixed   **C.** fixing   **D.** fixes

Q.31 All _______ glitters is not gold.
A. that   **B.** who   **C.** which   **D.** whom

Ques (32-37):Direction: From the given option choose the correct word to fill in the blank space.

Q.32 It is necessary to be very careful in irrigating during _______ weather.
A. hot   **B.** sultry   **C.** torrid   **D.** frosty

Q.33 They had to travel everywhere by _______. (bus)
A. busis   **B.** buses   **C.** busses   **D.** busess

Q.34 In the test, we will_______ your work and then give you detailed feedback.
A. assess   **B.** check   **C.** measure   **D.** judge

Q.35 She got into a car accident while driving through a _______ intersection.
A. harmless   **B.** safe
C. dangerous   **D.** positive

Q.36 I have nobody _____ I can confide in.
A. which   **B.** whose   **C.** whoever   **D.** whom

Q.37 The idea was both __________ and painfully disappointing.
A. sad   **B.** boring
C. exciting   **D.** moderate

Q.38 Choose the option that best punctuates the given sentence:
I'm not sure yet but I think I'll become a teacher.

A. I'm not sure yet, but I think I'll become a teacher.
B. I'm not sure yet, but I think I'll become a teacher.
C. I'm not sure yet, but I think I'll Become a teacher.
D. I'm not sure yet but I think I'll become a teacher.

Q.39 Direction: Choose the correct option.
My father was angry ________ me. My mother was angry _______ my talking to Riya.
A. at, at   **B.** at, with
C. with, at   **D.** with, with

Ques (40-41):Direction: Select the most appropriate synonym of the given word.

Q.40 VERSATILE
A. Multi-purpose
B. Greedy
C. Having no specific interest
D. Ambitious

Q.41 CRUX
A. Core   **B.** Part   **C.** Idea   **D.** Tip

Q.42 Direction: Choose the masculine gender of the given term.
Nun
A. Maid   **B.** Monk
C. Steward   **D.** Man-servant

Q.43 Select the combination of numbers so that the letters arranged accordingly will form a meaningful word:
I L B O E M
1 2 3 4 5 6
A. 6, 4, 3, 2, 5, 1   **B.** 3, 4, 5, 6, 2, 1
C. 6, 4, 3, 1, 2, 5   **D.** 3, 4, 6, 2, 1, 5

Q.44 Direction: Select the most appropriate antonym of the given word.
Discourage
A. Crushed   **B.** Demoralize
C. Dishearten   **D.** Encourage

Q.45 Select the correctly spelt word.

[SSC Sub Inspector (CPO), 2020]

A. Recommend   **B.** Recomend
C. Reccommend   **D.** Recommened

Q.46 Direction: In the following question find out the alternative which will replace the question mark.
Dexterity : Ability :: Timid : ?
A. Bold   **B.** Energetic
C. Afraid   **D.** Agility

Q.47 Which is the subjective pronoun in sentence, "We should be honest in every aspects of life."?
A. we   **B.** be   **C.** every   **D.** of

Q.48 Direction: Select the option that can be used as a one-word substitute for the given group of words.
The sound of owls

[SSC Constable (GD), 2021]

A. Hoot   B. Caw   C. Cluck   D. Moo

Q.49 Which of these is not a punctuation mark?

A. Full stop   B. Comma   C. Colon   D. Hashtag

Q.50 Direction: Select the most appropriate antonym of the given word.

SUBMISSIVE

A. Miserly   B. Dutiful   C. Obedient   D. Stubborn

General Studies

Q.51 रक्षा अनुसंधान और विकास संगठन (DRDO) ने नवंबर 2022 में कोच्चि में सबमर्सिबल प्लेटफॉर्म फॉर अकॉस्टिक कैरेक्टराइजेशन एंड इवैल्यूएशन (SPACE) सुविधा का हल मॉड्यूल लॉन्च किया। DRDO के वर्तमान अध्यक्ष कौन हैं?

A. डॉ. समीर वी. कामत   B. जी. सतीश रेड्डी

C. एस. सोमनाथ   D. डॉ. के. सिवन

Q.52 भारत कला भवन संग्रहालय ______________ में स्थित है।

A. आगरा   B. लखनऊ   C. इलाहाबाद   D. वाराणसी

Q.53 राज्य के निम्नलिखित में से किस जिले में 'आम' की खेती नहीं होती है?

A. वाराणसी   B. लखनऊ   C. मिर्जापुर   D. आगरा

Q.54 अनपरा थर्मल पावर स्टेशन निम्नलिखित में से किस राज्य में स्थित है?

A. लखनऊ   B. सोनभद्र   C. झाँसी   D. हमीरपुर

Q.55 ऑस्ट्रेलिया की राजधानी कौन सी है?

A. सिडनी   B. कैनबरा

C. क्वींसलैंड   D. इनमे से कोई भी नहीं

Q.56 भारत में निम्नलिखित में से पहला राज्य कौन-सा है, जिसमें 100 प्रतिशत घरों में नल-जल कनेक्शन है?

[Indian Military Academy (IMA), 2022]

A. गुजरात   B. गोवा   C. दिल्ली   D. आंध्र प्रदेश

Q.57 भारत का सबसे पुराना उच्च न्यायालय ______ है।

A. कलकत्ता उच्च न्यायालय

B. बॉम्बे उच्च न्यायालय

C. इलाहाबाद उच्च न्यायालय

D. मद्रास उच्च न्यायालय

Q.58 भारत के लौह पुरुष के रूप में किसे जाना जाता है?

A. सरदार वल्लभ भाई पटेल   B. मोरारजी देसाई

C. पीवी नरसिम्हा राव   D. अटल बिहारी वाजपेयी

Q.59 थैलेसीमिया एक आनुवंशिक रोग है जिससे प्रभावित होता है:

[Uttarakhand Public Service Commission (UKPSC), 2016]

A. रक्त   B. फेफड़े   C. हैदय   D. गुर्दे

Q.60 यमुना नदी गंगा नदी से किस शहर में मिलती है?

A. वाराणसी   B. प्रयागराज   C. आगरा   D. उन्नाव

Q.61 निम्नलिखित में से किस मृदा में, लवण की मात्रा इतनी अधिक होती है कि कुछ क्षेत्रों में लवण जल को वाष्पित करके साधारण नमक प्राप्त किया जाता है?

A. पीटमय मृदा   B. जलोढ़ मृदा

C. लैटेराइट मृदा   D. शुष्क मृदा

Q.62 हाल ही में, भारत में तटीय सफाई दिवस अभियान शुरू किया गया, इस दिन का नेतृत्व कौन सा संस्थान करता है?

A. भारतीय तट रक्षक   B. एनसीसी

C. भारतीय नौसेना   D. एनएसएस

Q.63 वर्ष 2022 में, कौन से भारतीय शहर ने 'ग्लोबल फिनटेक सम्मेलन' की मेजबानी की?

A. मुंबई   B. नई दिल्ली

C. अहमदाबाद   D. बेंगलुरु

Q.64 न्यू नेवल एनसाइन किस आकार के अंदर राष्ट्रीय प्रतीक को दर्शाता है?

A. हरा षट्कोण   B. नीला अष्टकोण

C. नारंगी षट्कोण   D. सफेद अष्टकोण

Q.65 भारत में सोलर फार्म स्थापित करने वाली पहली ई-कॉमर्स कंपनी कौन सी है?

A. वालमार्ट   B. अमेज़न   C. फ्लिपकार्ट   D. ईबे

Q.66 किस देश ने 2 अगस्त 2022 को बर्मिंघम में राष्ट्रमंडल खेलों में पुरुषों की टेबल टेनिस स्पर्धा में स्वर्ण पदक जीता है?

A. मलेशिया   B. कनाडा

C. भारत   D. दक्षिण अफ्रीका

Q.67 अमरकंटक मंदिर निम्नलिखित में से किस राज्य में स्थित है?

A. उत्तर प्रदेश   B. झारखंड

C. मध्य प्रदेश   D. बिहार

Q.68 भैंसों पर अनुसंधान के लिए केंद्रीय संस्थान ______ में स्थित है।

A. हिसार   B. गुड़गांव   C. झज्जर   D. पानीपत

Q.69 निम्नलिखित में से किस राज्य में सबसे अधिक बार राष्ट्रपति शासन लगाया गया है?

[Indian Military Academy (IMA), 2022]

A. बिहार   B. कर्नाटक   C. मणिपुर   D. पंजाब

Q.70 मोहिनीअट्टम भारत के किस प्रदेश का नृत्य है?

A. केरल   B. आंध्र प्रदेश   C. कर्नाटक   D. तमिलनाडु

Q.71 द्रव्यमान और वेग के उत्पाद को _____ कहा जाता है।

[RRB/RRC Group D, 2018]

A. स्थितिज ऊर्जा   B. संवेग

C. बल   D. गतिज ऊर्जा

Q.72 एक तटस्थ घोल का pH कितना होता है?

A. 7.0   B. 6.5   C. 7.5   D. 6.0

Q.73 काली मिट्टी निम्न में से किस प्रकार की फसल के लिए उपयोगी है?

A. गेहूँ   B. चावल   C. कपास   D. दाल

Q.74 निम्नलिखित में से कौन बौद्ध धर्म की पवित्र पुस्तकों में से एक है?

A. तोरा   B. अवेस्ता   C. कल्प सूत्र   D. त्रिपिटक

Q.75 स्वदेशी आंदोलन के दौरान, किसकी अध्यक्षता में कलकत्ता में एक नेशनल कॉलेज की शुरुआत की गई थी?

[UPSC NDA, 2019]

A. रविंद्रनाथ टैगो   B. अरबिंदो घोष

C. रजनी कांत सेन   D. सैयद अबु मोहम्मद

Mathematics

Q.76 भुजा 13 सेमी तथा एक विकर्ण 10 सेमी वाले समचतुर्भुज का क्षेत्रफल है:

[HTET TGT Mathematics, 2020]

A. 100 सेमी ^{2}

B. 105 सेमी ^{2}

C. 110 सेमी ^{2}

D. 120 सेमी ^{2}

Q.77 साधारण ब्याज की किस दर से किसी धन का 10 वर्ष का ब्याज उस धन का $\frac{2}{5}$ होगा?

[Rajasthan Teachers Eligibility Test - Level 1 Primary Level (RTET), 2015]

A. 4%

B. $5\frac{2}{3}\%$

C. 6%

D. $6\frac{2}{3}\%$

Q.78 x का मान ज्ञात कीजिए:

$9x - 3 = 7x + 3$

A. 8

B. 4

C. 5

D. 3

Q.79 श्रृंखला में अगली संख्या ज्ञात कीजिए:

$12, 17, 24, 33, 44, ?$

[UP Police Sub Inspector, 2021]

A. 52

B. 51

C. 57

D. 48

Q.80 निम्नलिखित संख्याओं की माध्यिका है:

$31, 37, 43, 42, 25, 46, 45, 39, 32$

[UPSESSB TGT Mathematics, 2013]

A. 25

B. 42

C. 46

D. 39

Q.81 किसी संख्या के अंकों का योग उस संख्या से घटाया जाता है। परिणामी संख्या हमेशा किस संख्या से विभाज्य होती है?

[Jawahar Navodaya Entrance Class VI, 2022], [Jawahar Navodaya Entrance Class VI, 2018]

A. 2

B. 5

C. 8

D. 9

Q.82 54 के गुणनखंडों की संख्या ज्ञात कीजिए:

A. 2

B. 4

C. 6

D. 8

Q.83 $6\sqrt{2} - \sqrt{32}$ के लिए कौन सा विकल्प सही है?

A. अंतर $2\sqrt{2}$ एक अपरिमेय संख्या है।

B. अंतर $2\sqrt{2}$ एक परिमेय संख्या है।

C. अंतर 2 एक अपरिमेय संख्या है।

D. अंतर $\sqrt{2}$ एक परिमेय संख्या है।

Q.84 यदि अंकित 10 सेब और खरीदता है, तो उसके कार्टन का वजन 25 किलोग्राम होगा। अगर एक सेब का वजन 500 ग्राम है। शुरू में उसके कार्टन में कितने सेब थे?

A. 48

B. 40

C. 46

D. 44

Q.85 दी गई संख्या को रोमन अंकों में लिखिए:

98

A. XCI

B. XLVI

C. XCVIII

D. XXXIV

Q.86 प्रत्येक परिमेय संख्या ______ है।

A. पूर्ण संख्या

B. प्राकृतिक संख्या

C. पूर्णांक

D. वास्तविक संख्या

Q.87 निम्नलिखित में से कौन से जुड़वा अभाज्य हैं, ज्ञात कीजिए:

A. $(37, 41)$

B. $(3, 7)$

C. $(43, 47)$

D. $(71, 73)$

Q.88 निर्देश: निम्नलिखित पूर्णांकों को अवरोही क्रम में व्यवस्थित करें।

$-101, -88, -125, 45, 98, 88$

A. $90 > 88 > 45 > -88 > -101 > -125$

B. $90 > 88 > 45 > -101 > -88 > -125$

C. $101 > 88 > 45 > -88 > -90 > -125$

D. $88 > 90 > 45 > -88 > -101 > -125$

Q.89 यदि $15 - 15 \div 15 \times 6 = x$, तो x है:

[Jawahar Navodaya Entrance Class VI, 2020]

A. 6

B. 0

C. 9

D. 84

Q.90 140.75×0.01 है:

[Jawahar Navodaya Entrance Class VI, 2020]

A. 140.75

B. 14000.75

C. 1.4075

D. 0.14075

Q.91 सही उत्तर का चयन करें:

$4 + 4.44 + 4.04 + 44.4 + 444 = ?$

A. 472.88

B. 495.22

C. 577.2

D. इनमे से कोई भी नहीं

Q.92 $16 - 2 \div 14 + 6 \times 2$ सरलीकृत कीजिए:

A. $27\frac{12}{14}$

B. $29\frac{5}{7}$

C. $26\frac{5}{7}$

D. $27\frac{5}{8}$

Q.93 $\frac{2}{5}, \frac{3}{10}$ और $\frac{4}{15}$ का ल.स.प. है:

A. $\frac{2}{5}$

B. $\frac{1}{15}$

C. $\frac{9}{5}$

D. $\frac{12}{5}$

Q.94 दो संख्याओं का गुणनफल 4107 है। यदि उन दो संख्याओं का HCF 37 है, तो HCF और LCM का अनुपात ज्ञात कीजिए:

A. $1:3$

B. $3:1$

C. $1:5$

D. $2:3$

Q.95 यदि त्रिभुज की ऊँचाई 24 सेमी है, और त्रिभुज का क्षेत्रफल 168 वर्ग सेमी है। आयत का परिमाप 84 सेमी है। यदि दिया गया हो कि त्रिभुज का आधार, आयत की चौड़ाई के बराबर है। आयत की लम्बाई ज्ञात कीजिए:

A. 30 सेमी

B. 32 सेमी

C. 28 सेमी

D. 40 सेमी

Q.96 एक समलम्ब का क्षेत्रफल 480 सेमी ^{2} है, दो समानांतर भुजाओं के बीच की दूरी 15 सेमी है और समानांतर भुजाओं में से एक की दूरी 20 सेमी है। दूसरी समानांतर भुजा है:

A. 20 सेमी

B. 34 सेमी

C. 44 सेमी

D. 50 सेमी

Q.97 8281 का वर्गमूल कितना है?

A. 81

B. 91

C. 89

D. 99

Q.98 यदि $(a - b) = 3$ और $ab = 70$ है तो $(a^3 - b^3)$ का मान ज्ञात कीजिए:

A. 657

B. 783

C. 840

D. 580

Q.99 800 में पहले 10% की वृद्धि की जाती है और फिर इसे फिर से 20% बढ़ा दिया जाता है। अंतिम मान क्या है?

A. 1034

B. 1140

C. 1056

D. 1086

Q.100 एक दुकानदार रुपये के लिए एक वस्तु बेचता है। 2500 यदि वस्तु का क्रय मूल्य 2000 है, तो लाभ प्रतिशत ज्ञात कीजिए:

A. 23%

B. 25%

C. 27%

D. 29%

// स्मार्ट उत्तर पुस्तिका //

सही उत्तर — उन छात्रों का प्रतिशत जिन्होंने प्रश्नों का सही उत्तर दिया था।   **छोड़ दिया** — उन छात्रों का प्रतिशत जिन्होंने प्रश्नों को छोड़ दिया था।

प्रश्न संख्या	उत्तर	सही उत्तर / छोड़ दिया	प्रश्न संख्या	उत्तर	सही उत्तर / छोड़ दिया	प्रश्न संख्या	उत्तर	सही उत्तर / छोड़ दिया	प्रश्न संख्या	उत्तर	सही उत्तर / छोड़ दिया	प्रश्न संख्या	उत्तर	सही उत्तर / छोड़ दिया
1	B	64.4 % / 1.56 %	17	A	27.41 % / 3.93 %	33	B	80.83 % / 0.0 %	49	D	83.91 % / 0.0 %	65	B	78.13 % / 0.0 %
2	C	45.84 % / 1.43 %	18	D	80.95 % / 0.0 %	34	A	59.58 % / 1.71 %	50	D	14.27 % / 4.93 %	66	C	59.68 % / 1.81 %
3	B	47.01 % / 1.42 %	19	B	61.87 % / 1.61 %	35	C	67.49 % / 1.21 %	51	A	26.77 % / 4.87 %	67	C	85.64 % / 0.0 %
4	C	14.1 % / 4.88 %	20	A	48.67 % / 1.36 %	36	D	50.96 % / 1.02 %	52	D	81.87 % / 0.0 %	68	A	60.64 % / 1.09 %
5	D	46.35 % / 1.88 %	21	D	77.15 % / 0.0 %	37	C	40.73 % / 1.76 %	53	D	67.94 % / 1.23 %	69	C	81.01 % / 0.0 %
6	B	26.49 % / 3.29 %	22	B	67.73 % / 1.47 %	38	B	54.06 % / 1.52 %	54	B	78.0 % / 0.0 %	70	A	64.45 % / 1.04 %
7	A	52.9 % / 1.57 %	23	B	79.73 % / 0.0 %	39	C	78.87 % / 0.0 %	55	B	23.3 % / 4.73 %	71	B	86.14 % / 0.0 %
8	B	52.86 % / 1.45 %	24	D	63.94 % / 1.64 %	40	A	53.24 % / 1.58 %	56	B	61.5 % / 1.64 %	72	A	56.0 % / 1.05 %
9	D	44.31 % / 1.83 %	25	C	79.17 % / 0.0 %	41	A	63.86 % / 1.35 %	57	A	79.27 % / 0.0 %	73	C	58.55 % / 1.34 %
10	B	89.42 % / 0.0 %	26	B	49.26 % / 1.94 %	42	B	82.02 % / 0.0 %	58	A	69.63 % / 1.9 %	74	D	45.43 % / 1.87 %
11	C	88.37 % / 0.0 %	27	A	68.38 % / 1.31 %	43	C	19.38 % / 3.24 %	59	A	32.91 % / 3.17 %	75	B	61.71 % / 1.84 %
12	D	66.31 % / 1.1 %	28	B	69.09 % / 1.38 %	44	D	43.32 % / 1.01 %	60	B	78.42 % / 0.0 %	76	D	40.53 % / 1.19 %
13	A	54.1 % / 1.51 %	29	B	60.47 % / 1.39 %	45	A	80.76 % / 0.0 %	61	D	54.07 % / 1.08 %	77	A	54.13 % / 1.13 %
14	B	66.65 % / 1.9 %	30	B	67.44 % / 1.81 %	46	C	11.53 % / 4.5 %	62	A	69.47 % / 1.92 %	78	D	50.31 % / 1.78 %
15	A	57.53 % / 1.86 %	31	A	86.01 % / 0.0 %	47	A	80.4 % / 0.0 %	63	A	68.0 % / 1.72 %	79	C	69.77 % / 1.4 %
16	B	50.46 % / 1.17 %	32	D	69.75 % / 1.79 %	48	A	61.6 % / 1.61 %	64	B	65.25 % / 1.49 %	80	D	89.98 % / 0.0 %

प्रश्न संख्या	उत्तर	सही उत्तर / छोड़ दिया
81	D	57.99 % / 1.7 %
82	D	62.64 % / 1.28 %
83	A	24.15 % / 4.95 %
84	B	53.9 % / 1.93 %

प्रश्न संख्या	उत्तर	सही उत्तर / छोड़ दिया
85	C	46.72 % / 1.06 %
86	D	76.84 % / 0.0 %
87	D	46.97 % / 1.66 %
88	A	18.67 % / 3.15 %

प्रश्न संख्या	उत्तर	सही उत्तर / छोड़ दिया
89	C	66.49 % / 1.66 %
90	C	83.43 % / 0.0 %
91	D	51.17 % / 1.71 %
92	A	19.51 % / 4.97 %

प्रश्न संख्या	उत्तर	सही उत्तर / छोड़ दिया
93	D	62.62 % / 1.13 %
94	A	69.48 % / 1.72 %
95	C	63.77 % / 1.85 %
96	C	52.95 % / 1.3 %

प्रश्न संख्या	उत्तर	सही उत्तर / छोड़ दिया
97	B	49.26 % / 1.46 %
98	A	52.52 % / 1.6 %
99	C	58.83 % / 1.16 %
100	B	32.43 % / 4.04 %

//संकेत और समाधान//

1. वाक्यांश 'आदि से अंत तक' के लिए एक शब्द आद्योपान्त है, जबकि जिसका प्रारम्भ न हो - अनादि, उसी समय होने वाला - समकालीन अथवा समयोचित तथा तर्क-पूर्ण के लिए, एक शब्द समीचीन होगा।

अतः विकल्प (B) सही है।

2. संरचना के आधार पर किए गए वाक्य के वर्गीकरण में 'आज्ञार्थक' वाक्य का प्रकार नहीं है। संरचना के आधार पर वाक्य तीन प्रकार के होते हैं - सरल वाक्य, मिश्र वाक्य और संयुक्त वाक्य। इस प्रकार सही विकल्प 'आज्ञार्थक वाक्य' है।

विशेष:

आज्ञार्थक या आज्ञावाचक वाक्य अर्थात ऐसे वाक्य जिनमें आदेश, आज्ञा या अनुमति का पता चले या बोध हो। जैसे - सभी अपना-अपना काम करो, यह पाठ तुम्हें पढ़ना होगा आदि।

अतः विकल्प (C) सही है।

3. 'मैंने खाना बनाया है।' इस वाक्य में क्रिया कुछ ही समय पहले पूर्ण हुई है। अतः यह आसन्न भूतकाल का वाक्य है।

आसन्न भूतकाल- क्रिया के जिस रूप से यह पता चले कि क्रिया अभी कुछ समय पहले ही पूर्ण हुई है या खत्म हुई है उस क्रिया को आसन्न भूतकाल कहते हैं।

अतः विकल्प (B) सही है।

4. हिन्दी में पूर्ण विराम चिन्ह को छोड़कर शेष चिन्ह 'फारसी भाषा' के है।

अंग्रेजी, फारसी, चीनी विदेशी भाषा है, इनके शब्द ज्यों के त्यों हिन्दी भाषा में लिए गये हैं।

संस्कृत भारत तथा विश्व की प्राचीनतम भाषा मानी जाती है।

अतः विकल्प (C) सही है।

5. 'मोहन को बाजार क्यों जाना था' वाक्य में प्रश्नवाचक चिह्न का प्रयोग होगा।

प्रश्नवाचक चिह्न एक विरामचिह्न है जिसका प्रयोग प्रश्नवाची वाक्यों के अन्त में किया जाता है।

इसका उपयोग अधिकांश भाषाओं में लिखी हुई सामग्री में प्रश्नवाची वाक्यों के अन्त में किया जाता है।

अतः विकल्प (D) सही है।

6. जो शब्द किसी चीज़ या पदार्थ की अवस्था, दशा या भाव का बोध कराते हैं, उन शब्दों को भाववाचक संज्ञा कहते हैं।

जैसे- बचपन, बुढ़ापा, मोटापा, मिठास, उमंग, थकावट, मानवता, चतुराई, जवानी, लम्बाई, मित्रता, मुस्कुराहट, अपनापन, परायापन, भूख, प्यास, चोरी, क्रोध, सुन्दरता आदि।

अतः विकल्प (B) सही है।

7. 'लोहे के चने चबाना' मुहावरे का अर्थ - कठिन परिश्रम करना है।

वाक्य प्रयोग: संस्कृत पढ़ना लोहे के चने चबाना है, कोई आसान काम नहीं।

अन्य मुहावरे:

मुहावरा	अर्थ	वाक्य
हवा से बातें करना	बहुत तेज़ दौड़ना	प्रताप ने ज्योंही लगाम लगाई, चेतक हवा से बातें करने लगा।
मुट्ठी में करना	वश में करना	वह तो मेरी मुट्ठी में है, उससे तो जो चाहो काम करवा दूँ।
लोहा लेना	साहसपूर्वक मुकाबला करना	भारतीय जवानों से लोहा लेना सरल काम नहीं है।

अतः विकल्प (A) सही है।

8. 'कहाँ राजा भोज और कहाँ गंगू तेली' लोकोक्ति का अर्थ 'बहुत अंतर होना' होता है। शेष सभी अर्थ सही नहीं हैं।

वाक्य प्रयोग: कंपनी के बॉस आजकल विदेश क्या गये हैं, कंपनी के मैनेजर साहब खुद को ही मालिक समझने लगे हैं, कहाँ राजा भोज कहाँ गंगू तेली।

अतः विकल्प (B) सही है।

9. 'करण' का अर्थ साधन है। संज्ञा का वह रूप जिससे किसी क्रिया के साधन का बोध हो, उसे करण कारक कहते हैं।

दिए गये 'कानों सुनी बात सच्ची नहीं है।' वाक्य में '' कान करण कारक है। यहाँ 'से' के प्रयोग से 'द्वारा', का भाव बोध हो रहा है।

करण कारक के चिन्ह के चिन्ह – 'से', 'के द्वारा', 'के कारण', 'के साथ', 'के बिना' आदि हैं।

अतः विकल्प (D) सही है।

10. प्रत्येक में उपसर्ग है – 'प्रति', [प्रति + एक = प्रत्येक]

प्रत्येक में उपसर्ग 'प्रति' का अर्थ है: प्रतिदिन, **प्रत्येक**, प्रतिकूल, प्रतिहिंसा, प्रतिरूप, प्रतिध्वनि

अतः विकल्प (B) सही है।

11. निश्चल में 'निः' उपसर्ग है।

निश्चल: जो अपने स्थान से ज़रा भी इधर-उधर चलता या हिलता-डोलता न हो ।

जैसे: अचल, स्थिर, अटल

अतः विकल्प (C) सही है।

12. "मन रे तन कागद का पुतला। लागै बूँद बिनसि जाय छिन में, गरब करे क्या इतना।।" इन पंक्तियों में शांत रस है।

शांत रस की विशेषताएँ निम्नलिखित है:

- शांत रस का स्थायी भाव निर्वेद होता है।
- शांत रस में तत्व ज्ञान कि प्राप्ति या संसार से वैराग्य मिलने पर, परमात्मा के वास्तविक रूप का ज्ञान प्राप्त होने पर मन को जो शांति मिलती है, वहाँ पर शांत रस की उत्पत्ति होती है।
- जहाँ पर न दुःख होता है, न ही द्वेष होता है, मनुष्य का मन सांसारिक कार्यों से मुक्त हो जाता है और मनुष्य वैराग्य प्राप्त कर लेता है, शांत रस कहा जाता है।

अतः विकल्प (D) सही है।

13. 'अखरोट' शब्द का तत्सम शब्द 'अक्षोट' होता है। ऐसे शब्द जिसे हम संस्कृत से बिना कोई बदलाव करे उपयोग में लाते है, तत्सम शब्द कहलाते हैं। 'अखरोट' शब्द, 'अक्षोट' का तद्भव रूप होता है।

अतः विकल्प (A) सही है।

14. दिए गए विकल्पों में सही उत्तर विकल्प (B) 'नेवला' होगा। अन्य विकल्प इसके अनुचित उत्तर हैं।

'दिए गए शब्दों में 'नकुल' शब्द तत्सम है जिसका तद्भव रूप 'नेवला' होगा।

अतः विकल्प (B) सही है।

15. दीर्घ सन्धि:-ह्रस्व या दीर्घ अ, इ, उ के बाद यदि ह्रस्व या दीर्घ अ, इ, उ आ जाएँ तो दोनों मिलकर दीर्घ आ, ई और ऊ हो जाते हैं।

जैसे: आ + आ = आ (विद्या + आलय = विद्यालय)

छात्रावास = छात्र + आवास

अतः विकल्प (A) सही है।

16. जिस वाक्य में किसी काम या बात का होना पाया जाता है, वह विधानवाचक वाक्य है। विधानवाचक वाक्यों को विधिवाचक वाक्य भी कहा जाता है। जैसे:

1. ममता ने खाना खा लिया।
2. सूर्य गर्मी देता है।
3. भारत हमारा देश है।

अतः विकल्प (B) सही है।

17. 'पानी निरंतर बह रहा है।' वाक्य 'कालवाचक क्रिया-विशेषण' का है।

इस क्रिया विशेषण में अभी, फिर कभी और निरन्तर शब्दों के द्वारा काल का पता लगाया जाता है। यदा, कदा, जब, तब, हमेशा, तभी, तत्काल, निरन्तर, आदि शब्द कालवाचक क्रिया विशेषण के अंतर्गत आते हैं।

अतः विकल्प (A) सही है।

18. 'किसी को बुलाओ' वाक्य में 'किसी' 'अनिश्चयवाचक सर्वनाम' है।

जिस सर्वनाम से किसी व्यक्ति या पदार्थ का निश्चित बोध न हो, उसे अनिश्चयवाचक सर्वनाम कहते हैं।

जैसे: दुकान पर कोई आया था।

अतः विकल्प (D) सही है।

19. 'एक थाल मोतियों से भरा' यह निम्न पहेली की एक पंक्ति है:

एक थाल मोतियों से भरा, सबके सिर पर औंधा धरा। चारों ओर वह थाल फिरे, मोती उससे एक ना गिरे।

अतः विकल्प (B) सही है।

20. दृष्टि का अर्थ होता है नजर, जो इस वाक्य को सही अर्थ प्रदान करता है।

इसलिए, वाक्य होगा:

इस ग्रंथ को इतिहास की दृष्टि से भी एक महत्वपूर्ण रचना माना गया है।

अन्य विकल्प दिए गए वाक्य को पूर्ण अर्थ प्रदान नहीं करते।

अतः विकल्प (A) सही है।

21. कंठतालव्य स्वरः जिन स्वर के उच्चारण में कंठ और तालु दोनों का प्रयोग होता है, उन्हें कंठतालव्य स्वर कहते हैं। ए, ऐ, कंठ और तालु के स्पर्श से उच्चारित होते हैं इसलिए ये कंठतालव्य वर्ण कहलाते हैं।

अतः विकल्प (D) सही है।

22. दिए गए विकल्पों में से सही विकल्प 'बहुवचन' है।

कुछ पुल्लिंग शब्द ऐसे भी हैं, जिनका सदैव ही बहुवचन में प्रयोग होता है।

बाल शब्द भी सदा बहुवचन में प्रयुक्त होता है।

यदि उसका प्रयोग एक वचन में करना होता है तो उसके आगे एक लिखेंगे।

जैसे - मेरा एक बाल सफ़ेद हो गया ।

अतः विकल्प (B) सही है।

23. सही वर्तनी वाला शब्द अतिथि है। अन्य विकल्प असंगत है।

भाषा के शब्दों के शुद्ध लेखन को वर्तनी कहते हैं।

अतः विकल्प (B) सही है।

24. दिए गए विकल्पों में से 'सुषुप्ति' शब्द का विलोम जागरण है।

सुषुप्ति का अर्थ - निद्रावस्था

जागरण का अर्थ- जागना

अतः विकल्प (D) सही है।

25. चंद्रहास शब्द तलवार का पर्यायवाची है।

तलवार के अन्य पर्यायवाची- असि, करवाल, कृपाण, खडग, शम्शीर, शायक, खंज है।

अतः विकल्प (C) सही है।

26. The tense formed by using "was/were + verb (ing)" is past continuous tense. Past continuous tense is a tense which is used to indicate a continuing action or event that was happening at some point in time in the past. It uses the auxiliary verb i.e. was or were present participle. The past continuous tense, also known as the past progressive tense.

Hence, the correct option is (B).

27. As we know that, the given options are:

Option (A): Alas!

Alas! is used to express regret, grief, pity or concern.

Option (B): Hush!

Hush! is used for making someone be quiet or stop talking.

Option (C): Bravo!

Bravo! is used to express approval when a performer or other person has done something well.

Option (D): Hurrah!

Hurrah! is used to express joy or approval.

So, we can conclude that, the 'Regret' is expressed by an interjection Alas!

Hence, the correct option is (A).

28. As we know that, a superlative adjective is an adjective used in comparisons to describe something as being of the highest degree or extreme. We use superlative adjectives when making comparisons of three or more people or things. The words biggest, smallest and fastest are examples of superlative adjectives.

Thus, the most appropriate adjective of all the options is least. The meaning of least is the smallest form.

So, the correct sentence is, "His attitude was the least offensive among all the guys".

Hence, the correct option is (B).

29. Correct sentence: I persuaded the boys to leave the room before the teacher entered.

There are some verbs like 'advise', 'allow', 'ask', 'beg', 'persuade', etc which are succeeded by infinitive after them.

Example:

- I beg to differ.
- My parents didn't allow me to go to the concert.

- He advise me not to take this job.
- They persuaded him to tell the truth.

Thus, 'to leave' will be used in the blank.

Hence, the correct option is (B).

30. As we know that,

The structure of the Present Perfect Tense for the interrogative sentence is: Question word + have/has + Sub + V3 + obj +?

- For example: Have you read this poem before?

From the above information, we can say that the most appropriate answer is 'fixed'.

Thus the correct sentence is, "Have they fixed the broken window?"

Hence, the correct option is (B).

31. All **that** glitters is not gold.

- From the given options, the correct choice to fill in the blank is 'that.'
- We know that, if all denotes non-living things, 'that' is used and not 'who' or 'whom.' Example: All the money that I gave her has been spent.

Hence, the correct option is (A).

32. As we know that, the given options are having meaning such as:

Option (D): Frosty means (of the weather) very cold, with frost forming on surfaces.

Option (A): Hot means having a high degree of heat or a high temperature.

Option (B): Sultry means (of the air or weather) hot and humid.

Option (C): Torrid means very hot and dry.

The correct word suitable for fill in the blank space is frosty. So, the sentence is, "It is necessary to be very careful in irrigating during frosty weather".

Hence, the correct option is (D).

33. The correct word suitable for the blank is buses. The plural of "bus" is "buses." "Busses" is an archaic plural now considered a spelling mistake.

The correct sentence is, "They had to travel everywhere by buses".

Hence, the correct option is (B).

34. The correct word for the blank is assess.

Assess: To judge or form an opinion about something.

Check: To examine or test something in order to make sure that it is safe or correct, in good condition, etc.

Measure: To find the size, weight, quantity, etc. of somebody/something in standard units by using an instrument.

Judge: A person in a court of law whose job is to decide how criminals should be punished and to make legal decisions.

The correct sentence is, "In the test, we will assess your work and then give you detailed feedback".

Hence, the correct option is (A).

35. The correct word for the blank is dangerous.

Dangerous means able or likely to cause harm or injury.

Harmless means not able or likely to cause harm.

Safe means protected from or not exposed to danger or risk; not likely to be harmed or lost.

Positive means consisting of or characterized by the presence rather than the absence of distinguishing features.

The correct sentence is, "She got into a car accident while driving through a dangerous intersection".

Hence, the correct option is (C).

36. The correct word suitable for the blank is whom. 'Whom' is used instead of 'who' as the object of a verb or preposition. 'Which' is used to add extra information to a previous clause, in writing usually after a comma. 'Whose' is used especially in questions when asking about which person owns or is responsible for something. 'Whoever' is used where any person who; used in questions as a way of expressing surprise.

The correct sentence is, "I have nobody whom I can confide in".

Hence, the correct option is (D).

37. The correct word suitable for the blank is exciting.

Exciting means causing great enthusiasm and eagerness.

Sad means feeling or showing sorrow, unhappy.

Boring means not interesting, tedious.

Moderate means average in amount, intensity, quality or degree.

The sentence is, "The idea was both exciting and painfully disappointing".

Hence, the correct option is (C).

38. The comma (,) represents the shortest pause. We use commas (,) to separate independent clauses when they are joined by any of these seven coordinating conjunctions: and, but, for, or, nor, so, yet. So, we need to insert a comma (,) after the two independent clauses "I'm not sure yet" and "but I think I'll become a teacher".

The full stop (.) represents the greatest pause and separation and it is used to mark the end of a declarative or an Imperative sentence. So, we need to use a full stop (.) at the end of the sentence.

Also, the verb "become" must be in the lower case as it is used in the middle of the sentence.

Thus, the correct sentence is, "I'm not sure yet, but I think I'll become a teacher".

Hence, the correct option is (B).

39. As we know that,

Angry (adjective): Having a strong feeling against someone who has behaved badly, making you want to shout at them or hurt them.

When 'anger' is directed towards a person or living things, we should use 'angry with'. Example: I got really angry with her.

When 'anger' is directed towards a non-living thing, we should use 'angry at'. Example: She was so angry at her car's weird features.

In the first blank, 'anger' is directed towards a living thing, therefore, 'with' should be used.

In the second blank, 'anger' is directed towards the action of speaker's talking to Riya. So, 'at' should be used.

The complete sentences will be, "My father was angry with me. My mother was angry at my talking to Riya."

Hence, the correct option is (C).

40. The correct synonym of versatile is multi-purpose.

Versatile: Able to adapt or be adapted to many different functions or activities.

Example: A leather jacket is a timeless and versatile garment that can be worn in all seasons.

Hence, the correct option is (A).

41. The correct answer is core.

Crux: The decisive or most important point at issue.

Core: The central or most important part of something.

So, the meaning of the other given options are:

- **Part:** An element or constituent that belongs to something and is essential to its nature.
- **Idea:** A thought or suggestion as to a possible course of action.
- **Tip:** The pointed or rounded end or extremity of something slender or tapering.

Thus, from the given meanings, we find that crux and core are synonyms.

Hence, the correct option is (A).

42. As we know that, the meaning of the given term in the question i.e. 'Nun' is a woman belonging to a religious order. Now, the meaning of the given options are:

Option (A): Maid

An unmarried girl or woman especially when young.

Option (B): Monk

A man who is a member of a religious order and lives in a monastery.

Option (C): Steward

An employee on a ship, airplane, bus, or train who manages the provisioning of food and attends passengers.

Option (D): Man-servant

A male servant.

Thus, we can conclude that, the masculine gender of the given term is Monk.

Hence, the correct option is (B).

43. As we know that,

Option (A):

6, 4, 3, 2, 5, 1 → MOBLEI → Not a meaningful word.

Option (B):

3, 4, 5, 6, 2, 1 → BOEMLI → Not a meaningful word.

Option (C):

6, 4, 3, 1, 2, 5 → MOBILE → Meaningful word.

MOBILE meaning able to move or be moved easily.

Option (D):

3, 4, 6, 2, 1, 5 → BOMLIE → Not a meaningful word.

Thus, the combination of numbers so that the letters arranged accordingly will form a meaningful word is 6, 4, 3, 1, 2, 5.

Hence, the correct option is (C).

44. 'Discourage' means cause (someone) to lose confidence or enthusiasm. The antonym of that would be 'Encourage'.

'Crushed' means feeling overwhelmingly disappointed or embarrassed.

'Demoralize' means cause (someone) to lose confidence or hope.

'Dishearten' means cause (someone) to lose determination or confidence.

'Encourage' means give support, confidence, or hope to (someone).

Hence, the correct option is (D).

45. Recommend is the correctly spelt word. Recommend means put forward (someone or something) with approval as being suitable for a particular purpose or role.

While the other options which are given are not giving the meaning sense of the word itself.

Hence, the correct option is (A).

46. According to the question,

Dexterity : Ability :: Timid : ?

Given pair of words,

Dexterity: Ability

They are synonyms of each other. Thus, we need a synonym of Timid. The meaning of Timid is showing a lack of courage or confidence or easily frightened. The meanings of the options given are:

Bold: Showing a willingness to take risks; confident and courageous.

Energetic: Showing or involving great activity or vitality.

Afraid: Feeling fear or anxiety; frightened.

Agility: Ability to move quickly and easily.

Thus, the correct pair of words are:

Dexterity : Ability :: Timid : Afraid

Hence, the correct option is (C).

47. A subjective pronoun acts as the subject of a sentence that means it performs the action of the verb. The subjective pronouns are he, I, it, she, they, we, and you.

In sentence, "We should be honest in every aspects of life."

"We" is a subjective pronoun.

Hence the correct option is (A).

48. As we know that, the meaning of the given words are:

Hoot: A low, wavering musical sound that is the typical call of many kinds of owls.

Caw: The harsh cry of a rook, crow, or similar bird.

Cluck means (of a hen) make a short, low sound.

Moo: Make the characteristic deep resonant vocal sound of cattle.

As per the meaning of the given words, "hoot" is the one-word substitute for the given group of words.

Hence, the correct option is (A).

49. The main punctuation marks are full stop, comma, colon, semicolon, question mark, exclamation mark, hyphen, dash, brackets, apostrophe. Hashtag isn't a punctuation mark. It is a symbol used in social networks, and it has no relevance in English Grammar.

Hence, the correct option is (D).

50. As we know that,

The meanings of all the words are defined so that we can find the antonym of 'Submissive'.

Submissive means ready to conform to the authority or will of others; meekly obedient or passive.

Example: After months of training, our aggressive dog finally became submissive.

- Miserly means being unwilling or showing unwillingness to share with others, stingy.
- Dutiful means obediently fulfilling one's duty.
- Obedient means complying or willing to comply with an order or request.
- Stubborn means difficult to move, remove or cure.

Example: My toddler is very stubborn when it comes to following directions.

Out of the given words, we can see that the word Stubborn is opposite in meaning to the word Submissive.

Miserly, Dutiful, and Obedient are in fact, near-synonyms of the word Submissive.

Hence, the correct option is (D).

51. DRDO के वर्तमान अध्यक्ष डॉ. समीर वी. कामत हैं।

DRDO ने नवंबर 2022 में कोच्चि में सबमर्सिबल प्लेटफॉर्म फॉर अकॉस्टिक कैरेक्टराइजेशन एंड इवैल्यूएशन (SPACE) सुविधा का हल मॉड्यूल लॉन्च किया। यह विभिन्न प्लेटफार्मों पर भारतीय नौसेना द्वारा उपयोग के लिए विकसित सोनार प्रणालियों के लिए एक अत्याधुनिक परीक्षण और मूल्यांकन सुविधा है। इसमें विशेष रूप से डिजाइन किया गया सबमर्सिबल प्लेटफॉर्म है, जिसे 100 मीटर की गहराई तक उतारा जा सकता है।

अत: विकल्प (A) सही है।

52. भारत कला भवन बनारस हिंदू विश्वविद्यालय, वाराणसी, भारत में स्थित एक विश्वविद्यालय संग्रहालय है। यह भारतीय कला और संस्कृति पर ज्ञान के प्रसार में सहायक रहा है। यह बनारस हिंदू विश्वविद्यालय और वाराणसी शहर के महत्वपूर्ण पर्यटन आकर्षणों में से एक है।

भारत कला भवन में पहली से 15वीं शताब्दी की कलाकृतियों, बौद्ध और हिंदू मूर्तियों, चित्रों, पांडुलिपियों, मुगल लघुचित्रों, चित्रों, ब्रोकेड वस्त्रों, समकालीन कला रूपों और कांस्य मूर्तियों का संग्रह है।

अतः विकल्प (D) सही है।

53. आगरा में 'आम' की खेती नहीं की जाती है।

उत्तर प्रदेश में आम का उत्पादन 2.5 लाख हेक्टेयर क्षेत्र में होता है। लखनऊ, प्रतापगढ़, इलाहाबाद, बुलंदशहर, सहारनपुर, फैजाबाद, वाराणसी, मुरादाबाद, बाराबंकी, मेरठ, उन्नाव, सीतापुर, हरदोई, गोरखपुर, बस्ती, जेपी नगर, मिर्जापुर और मथुरा राज्य में प्रमुख आम हैं।

अत: विकल्प (D) सही है।

54. अनपरा थर्मल पावर स्टेशन भारत के उत्तर प्रदेश राज्य के सोनभद्र जिले के अनपरा नामक स्थान पर है। यह वाराणसी से लगभग 200 किमी की दूरी पर वाराणसी-शक्तिनगर मार्ग पर स्थित है। अनपरा थर्मल पावर स्टेशन की सभी इकाइयों कोल-फायर्ड थर्मल पावर प्लांट हैं जिनकी कुल सृजन क्षमता 2630 MW है।

अत: विकल्प (B) सही है।

55. कैनबरा ऑस्ट्रेलिया की संघीय राजधानी है। यह दक्षिणपूर्वी ऑस्ट्रेलिया में ऑस्ट्रेलियाई राजधानी क्षेत्र का हिस्सा है और सिडनी से लगभग 150 मील (240 किमी) दक्षिण पश्चिम में है। यह मोलोंग्लो नदी के किनारे स्थित है।

यह ऑस्ट्रेलिया का सबसे बड़ा अंतर्देशीय शहर और समग्र रूप से आठवां सबसे बड़ा शहर है। इस शहर की कल्पना एक आदर्श शहर के रूप में की गई है, जो नवोदित ऑस्ट्रेलियाई राष्ट्र के लिए फेडरेशन आंदोलन की आकांक्षाओं, जुनून, मूल्यों और देशभक्ति के योग्य राष्ट्रीय राजधानी है।

अत: विकल्प (B) सही है।

56. गोवा 2.30 लाख घरों को कवर करने वाले ग्रामीण क्षेत्रों में 100 प्रतिशत नल जल कनेक्शन प्रदान करने वाला भारत का पहला राज्य बन गया है। गोवा जल परीक्षण सुविधाओं को मजबूत करने के लिए 14 जल गुणवत्ता परीक्षण प्रयोगशालाओं को प्राप्त करने की प्रक्रिया में है जो परीक्षण और अंशांकन प्रयोगशालाओं के लिए राष्ट्रीय प्रत्यायन बोर्ड (NABL) द्वारा मान्यता प्राप्त हैं। गोवा अक्टूबर 2020 में 100 प्रतिशत नल जल कनेक्शन के साथ भारत का पहला 'हर घर जल राज्य' बन गया।

अत: विकल्प (B) सही है।

57. भारत में कलकत्ता उच्च न्यायालय सबसे पुराना है। इसका पश्चिम बंगाल राज्य और केंद्र शासित प्रदेश अंडमान निकोबार द्वीप समूह पर अधिकार क्षेत्र

है। उच्च न्यायालय भवन का डिजाइन बेल्जियम में क्लॉथ हॉल, वाईप्रेस पर आधारित है। न्यायालय के पास 72 न्यायाधीश की सदस्यता की स्वीकृति है।

अतः विकल्प (A) सही है।

58. सरदार वल्लभ भाई पटेल, सरदार पटेल के नाम से प्रसिद्ध एक भारतीय राजनेता थे। उन्होंने भारत के प्रथम उप प्रधान मंत्री के रूप में कार्य किया। वह एक भारतीय बैरिस्टर और भारतीय राष्ट्रीय कांग्रेस के एक वरिष्ठ नेता थे जिन्होंने स्वतंत्रता के लिए देश के संघर्ष में अग्रणी भूमिका निभाई और एक एकीकृत, स्वतंत्र राष्ट्र में अपने एकीकरण का मार्गदर्शन किया।

नए स्वतंत्र देश में राष्ट्रीय एकीकरण के लिए वे पूरी तरह समर्पित और अटल थे जिसकी वजह से उन्हें "भारत का लौह पुरुष" नाम की उपाधि दी गयी।

अतः विकल्प (A) सही है।

59. थैलेसीमिया रक्त का अनुवांशिक रोग है।

थैलेसीमिया एक अनुवांशिक (यानी, जीन के माध्यम से माता-पिता से बच्चों में पारित) रक्त विकार है, जो तब होता है जब शरीर हीमोग्लोबिन नामक प्रोटीन का पर्याप्त उत्पादन नहीं करता है, जो लाल रक्त कोशिकाओं का एक महत्वपूर्ण हिस्सा है।

अत: विकल्प (A) सही है।

60. प्रयागराज भारत के प्राचीन तीर्थस्थलों में से एक है, और यह उत्तर प्रदेश में इलाहाबाद शहर के पास यमुना और गंगा नदियों के संगम का प्रतिनिधित्व करता है। गंगा और यमुना नदी में शामिल हो गए हैं त्रिवेदी संगम गंगा, यमुना और सरस्वती (एक पौराणिक नदी जो हजारों साल पहले सूख जानी चाहिए थी) के संगम पर है, जो भारत में एक बहुत ही महत्वपूर्ण आध्यात्मिक स्थान है। भारत में, इन तीन प्रमुख नदियों को पवित्र माना जाता है, लेकिन यह स्पष्ट है कि उनका मिलन बिंदु पवित्रता की ऊर्जाओं में से एक है।

अतः विकल्प (B) सही है।

61. शुष्क मिट्टी में नमक की मात्रा इतनी अधिक होती है कि कुछ क्षेत्रों में खारे पानी को वाष्पित करके सामान्य नमक प्राप्त किया जाता है। ढीली सामग्री या मेटल रॉक की ऊपरी परत जिसमें मुख्य रूप से बहुत छोटे कण और ह्यूमस होते हैं जो पौधों की वृद्धि का समर्थन कर सकते हैं, को "मृदा या मिट्टी" के रूप में जाना जाता है।

मिट्टी का निर्माण विशिष्ट प्राकृतिक परिस्थितियों में होता है और प्राकृतिक वातावरण के प्रत्येक तत्व मिट्टी के निर्माण की इस जटिल प्रक्रिया "पेडोजेनेसिस" मे योगदान देते हैं।

अतः विकल्प (D) सही है।

62. अंतर्राष्ट्रीय तटीय सफाई दिवस (ICC) सितंबर के तीसरे शनिवार को दुनिया भर में मनाया जाता है।

भारतीय तट रक्षक बल (आईसीजी) ने 2006 से भारत में इस अभियान का नेतृत्व किया है। वर्ष 2022 में, अंतर्राष्ट्रीय तटीय सफाई दिवस और 'स्वच्छ सागर अभियान' के हिस्से के रूप में तटरक्षक बल ने देश भर में 75 स्थानों पर समुद्र तटों को संभाला है। भारतीय तट रक्षक बल के प्रयास पृथ्वी विज्ञान मंत्रालय के कार्यक्रम 'स्वच्छ सागर-सुरक्षित सागर' के अनुरूप हैं।

अतः विकल्प (A) सही है।

63. वर्ष 2022 में, भारतीय शहर मुंबई ने 'ग्लोबल फिनटेक सम्मेलन' की मेजबानी की।

ग्लोबल फिनटेक फेस्ट का आयोजन नेशनल पेमेंट्स कॉर्पोरेशन ऑफ इंडिया (एनपीसीआई), पेमेंट्स काउंसिल ऑफ इंडिया (पीसीआई) और फिनटेक कन्वर्जेंस काउंसिल (एफसीसी) द्वारा किया गया था।

इसमें केंद्रीय वित्त मंत्री निर्मला सीतारमण और आरबीआई गवर्नर शक्तिकांत दास ने भाग लिया। वित्त मंत्री ने फिनटेक उद्योग से एक स्थायी वित्तीय

वातावरण के निर्माण के लिए हरित वित्त में अवसरों का लाभ उठाने का आह्वान किया।

अतः विकल्प (A) सही है।

64. प्रधान मंत्री नरेंद्र मोदी ने 2 सितंबर, 2022 को कोच्चि में कोचीन शिपयार्ड लिमिटेड में नए नेवल एनसाइन (ध्वज) का अनावरण किया, जो दृढ़ता को दर्शाता है। अष्टकोणीय आकार को आठ दिशाओं का प्रतिनिधित्व करने के लिए डिज़ाइन किया गया है, जो बहु-दिशात्मक पहुंच और भारतीय नौसेना को दर्शाता है। इसके चारों ओर दो सुनहरी सीमाएँ छत्रपति शिवाजी से प्रेरित हैं।

अतः विकल्प (B) सही है।

65. ई-कॉमर्स कंपनी अमेज़न ने राजस्थान में तीन नए सोलर फार्म के साथ भारत में अपनी पहली सौर परियोजना की घोषणा की, जिसमें 420 मेगावाट की संयुक्त ऊर्जा क्षमता है।

अमेज़न का लक्ष्य 2025 तक अपने व्यवसाय में 100% नवीकरणीय ऊर्जा का उपयोग करना है। भारतीय परियोजना में रीन्यू पावर द्वारा विकसित की जाने वाली 210 मेगावाट की परियोजना, एएमपी एनर्जी इंडिया द्वारा विकसित की जाने वाली 100 मेगावाट की परियोजना और 110 मेगावाट की परियोजना शामिल है। इसे ब्रुकफील्ड रिन्यूएबल पार्टनर्स द्वारा विकसित किया जाएगा।

अतः विकल्प (B) सही है।

66. भारतीय पुरुष टेबल टेनिस टीम ने 2 अगस्त 2022 को बर्मिंघम में 2022 राष्ट्रमंडल खेलों में स्वर्ण पदक जीता।

- भारत ने फाइनल में सिंगापुर को 3-1 से हराया।
- पुरुषों की टीम स्पर्धा में राष्ट्रमंडल खेलों में भारत का यह तीसरा स्वर्ण पदक है, जो इससे पहले 2010 और 2018 में जीता था।
- 2 अगस्त 2022 को, भारतीय महिला लॉन बॉल टीम ने भी राष्ट्रमंडल खेलों में अपना पहला स्वर्ण पदक जीता।

अतः विकल्प (C) सही है।

67. अमरकंटक मध्य प्रदेश के अनूपपुर जिले में 1065 मीटर की ऊंचाई पर, विंध्य और सतपुड़ा पर्वत श्रृंखलाओं के संगम के पास, एक सिल्वन सेटिंग में स्थित है। यह औसतन समुद्र तल से 1048 मीटर ऊपर है। इसका निर्माण 1042-1122 ईस्वी के दौरान सम्राट करण चेंडी ने करवाया था।

अतः विकल्प (C) सही है।

68. भैंस अनुसंधान के लिए केंद्रीय संस्थान हिसार में भैंस अनुसंधान के लिए स्थित एक सार्वजनिक वित्त पोषित संस्थान है।

- यह देश भर में संचालित होता है और इसके 10 अनुसंधान केंद्र और 20 से अधिक प्रयोगशालाएं क्रमशः नस्ल सुधार और भैंस अनुसंधान पर काम कर रही हैं।
- यह भैंस अनुसंधान के लिए दुनिया का सबसे बड़ा संस्थान है और अध्ययन के तहत नस्लों की सबसे विस्तृत श्रृंखला है। इसकी स्थापना 1 फरवरी 1985 को हुई थी।

अतः विकल्प (A) सही है।

69. मणिपुर राज्य में 1951 से 2019 तक सबसे अधिक राष्ट्रपति शासन आया है। यहां राष्ट्रपति शासन 10 बार लगाया गया है।

अनुच्छेद 356 राष्ट्रपति को उद्घोषणा जारी करने का अधिकार देता है यदि वह संतुष्ट है कि ऐसी स्थिति उत्पन्न हो गई है जिसमें किसी राज्य की सरकार को संविधान के प्रावधानों के अनुसार नहीं चलाया जा सकता है।

अतः विकल्प (C) सही है।

70. मोहिनीअट्टम की शाब्दिक व्याख्या "मोहिनी" के नृत्य के रूप में की जाती है, जो हिंदू पौराणिक कथाओं की दिव्य जादूगरनी है, यह केरल का शास्त्रीय एकल नृत्य रूप है। मोहिनीअट्टम नृत्य का नाम मोहिनी शब्द से मिलता है -

हिंदू भगवान विष्णु का एक ऐतिहासिक आकर्षक अवतार, जो अपनी स्त्री शक्तियों को विकसित करके बुराई पर अच्छाई की जीत में मदद करता है।

अतः विकल्प (A) सही है।

71. किसी पिंड के द्रव्यमान और वेग के उत्पाद को संवेग कहा जाता है।

संवेग: इसे शरीर की गति की मात्रा के रूप में परिभाषित किया गया है। संवेग गति और दिशा दोनों पर निर्भर करता है। संवेग एक सदिश राशि है; यानी इसमें परिमाण और दिशा दोनों हैं। आइजक न्यूटन के गति के दूसरे नियम में कहा गया है कि संवेग परिवर्तन की समय दर कण पर कार्य करने वाले बल के बराबर है।

अतः विकल्प (B) सही है।

72. pH स्केल हाइड्रोजन का संशयार्थ-सूचक है और यह 0-14 से लेकर है जिसमें 7 बीच में है, जो पूर्ण रूप से तटस्थ घोल के लिए है।

7 से कम pH वाले घोल को अम्लीय कहा जाता है और 7 से अधिक pH वाले घोल को क्षारकीय कहा जाता है।

अतः विकल्प (A) सही है।

73. काली मिट्टी कपास की फसल के लिए सहायक होती है। कपास की वृद्धि के लिए काली मिट्टी उपयुक्त होती है क्योंकि इसमें मृत्तिका की मात्रा अधिक होती है और जल धारण करने की अच्छी क्षमता होती है। कपास की खेती के लिए उच्च नमी प्रतिधारण की आवश्यकता होती है। काली मिट्टी बहुत महीन दाने वाली और गहरे रंग की होती है, इसमें कैल्शियम और मैग्नीशियम कार्बोनेट का उच्च अनुपात होता है और अत्यधिक अर्जिलेसियस होता है।

अतः विकल्प (C) सही है।

74. त्रिपिटक बौद्ध धर्मग्रंथों का पारंपरिक शब्द है।

त्रिपिटक तीन प्रकार के होते हैं:

- विनय पिटक भिक्षुओं के लिए संन्यासी अनुशासन के नियम।
- सुत्त पिटक बुद्ध के उपदेश का संग्रह है।
- अभिधम्म पिटक बुद्ध की शिक्षाओं के दर्शन हैं।

अतः विकल्प (D) सही है।

75. बंगाल राष्ट्रीय महाविद्यालय की स्थापना 14 अगस्त, 1906 को स्वदेशी आंदोलन के एक भाग के रूप में की गई थी। यह महाविद्यालय के प्रथम प्राचार्य के रूप में श्री अरबिंदो घोष के साथ शुरू किया गया था। यह उग्रपंथियों के नए राष्ट्रवादी दल के चार सूत्री कार्यक्रम के हिस्से के रूप में शामिल किया गया था।

लॉर्ड कर्जन द्वारा घोषित बंगाल विभाजन के परिणामस्वरूप विदेशी विद्यालयों, महाविद्यालयों और वस्तुओं का बहिष्कार स्वदेशी आंदोलन का परिणाम था।

अतः विकल्प (B) सही है।

76. दिया गया है,

समचतुर्भुज की भुजा $= 13$ सेमी

एक विकर्ण की लंबाई $= 10$ सेमी

जैसा कि हम जानते हैं,

एक समचतुर्भुज का क्षेत्रफल $(A) = $ (विकर्णों का गुणनफल) $/2$

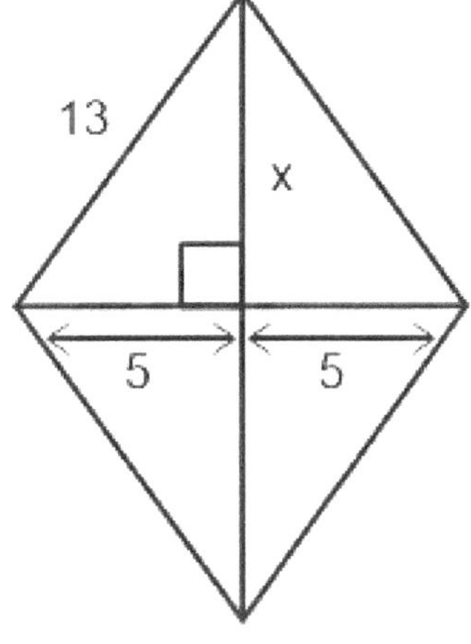

पाइथागोरस प्रमेय से,

$$13^2 = 5^2 + x^2$$

$$\Rightarrow x = 12 \text{ सेमी}$$

दूसरे विकर्ण की लंबाई $= 2x$

$$= 2 \times 12$$

$$= 24 \text{ सेमी}$$

$$A = \frac{(24 \times 10)}{2}$$

$$= 120$$

$\therefore$ समचतुर्भुज का क्षेत्रफल $= 120$ सेमी ^{2}

अतः विकल्प (D) सही है।

77. दिया है,

$$T = 10 \text{ वर्ष}$$

$$R = ?$$

अब, मान लीजिए कि मूल राशि 100 रुपये है।

$\therefore$ साधारण ब्याज $\frac{2}{5}$ का $100 = 40$ रुपए होगा।

जैसा कि हम जानते हैं कि,

$$SI = \frac{P \times R \times T}{100}$$

$$R = SI \times \frac{100}{P \times T}$$

$$= 40 \times \frac{100}{100 \times 10}$$

$$= 4\%$$

इस प्रकार, 4% की दर से साधारण ब्याज $\frac{2}{5}$ गुना मूल राशि का 10 वर्षों में होगा।

अतः विकल्प (A) सही है।

78. $9x - 3 = 7x + 3$

$$2x = 6$$

$$x = 3$$

x का मान 3 है।

अतः विकल्प (D) सही है।

79. दी गई श्रृंखला का क्रम इस प्रकार है:

$$a_n = (n + 1)^2 + 8$$

अब,

$$a_1 = (1 + 1)^2 + 8 = 2^2 + 8 = 4 + 8 = 12$$

$$a_2 = (2 + 1)^2 + 8 = 3^2 + 8 = 9 + 8 = 17$$

$$a_3 = (3 + 1)^2 + 8 = 4^2 + 8 = 16 + 8 = 24$$

$$a_4 = (4 + 1)^2 + 8 = 5^2 + 8 = 25 + 8 = 33$$

$$a_5 = (5 + 1)^2 + 8 = 6^2 + 8 = 36 + 8 = 44$$

$$a_6 = (6 + 1)^2 + 8 = 7^2 + 8 = 49 + 8 = 57$$

इसलिए, श्रृंखला में अगली संख्या 57 है।

अतः विकल्प (C) सही है।

80. माध्यिका एक डेटा सेट में मध्य संख्या होती है जब संख्याओं को आरोही या अवरोही क्रम में सूचीबद्ध किया जाता है।

यदि प्रेक्षणों की कुल संख्या (n) विषम है, तो माध्यिका $= \frac{(n+1)^{th}}{2}$ प्रेक्षण

दिया गया डेटा है:

$$31, 37, 43, 42, 25, 46, 45, 39, 32$$

अब, दिया गया डेटा आरोही क्रम में है:

$$25, 31, 32, 37, 39, 42, 43, 45, 46$$

इस डेटा की माध्यिका इस डेटा की सबसे बीच वाली संख्या है (क्योंकि डेटा की कुल संख्या विषम है)।

$$= \left[\frac{9+1}{2}\right]^{th} = \left[\frac{10}{2}\right]^{th} = 5^{th} \text{ संख्या}$$

इसलिए, अभीष्ट माध्यिका 39 है।

अतः विकल्प (D) सही है।

81. माना संख्या $10x + y$ है।

अंकों का योग $= x + y$

प्रश्न के अनुसार,

संख्या $-$ अंकों का योग $= (10x + y) - (x + y)$

$$= 10x + y - x - y$$

$$= 10x - x + y - y$$

$$= 9x$$

इसलिए, $9x$ के गुणनखंड 9 और x हैं।

इसलिए, परिणामी संख्या हमेशा 9 से विभाज्य होती है।

अतः सही विकल्प (D) है।

82. 54 के गुणनखंड $1, 2, 3, 6, 9, 18, 27$ और 54 हैं।

हम सभी गुणनखंडों को जोड़ते हैं,

$$1+2+3+6+9+18+27+54 = 120$$

इस प्रकार, कुल 8 गुणनखंड हैं।

अतः विकल्प (D) सही है।

83. दिया है,

$$6\sqrt{2} - \sqrt{32}$$

जैसा कि हम जानते हैं कि,

परिमेय संख्याएँ: एक परिमेय संख्या एक संख्या है जिसे दो पूर्णांकों के अनुपात के रूप में व्यक्त किया जा सकता है।

अपरिमेय संख्याएँ: एक अपरिमेय संख्या एक संख्या है जिसे किसी भी पूर्णांक के लिए एक अंश के रूप में व्यक्त नहीं किया जा सकता है। और अपरिमेय संख्याओं का दशमलव विस्तार होता है जो न तो समाप्त होता है और न ही आवधिक होता है।

अब,

$$\sqrt{32} = \sqrt{2 \times 2 \times 2 \times 2 \times 2}$$

$$= 4\sqrt{2}$$

$$\therefore 6\sqrt{2} - \sqrt{32}$$

$$= 6\sqrt{2} - 4\sqrt{2}$$

$$= \sqrt{2}(6 - 4)$$

$$= 2\sqrt{2}$$

इस प्रकार, $2\sqrt{2}$ एक अपरिमेय संख्या है।

अतः विकल्प (A) सही है।

84. 1 सेब का भार $= 500$ किग्रा

10 सेबों का भार $= 500 \times 10$ किग्रा

$$= 5 \text{ किग्रा}$$

प्रारंभिक वजन $= 25 - 5 = 20$ किग्रा

शुरुआत में उसके कार्टन में कई सेब,

$$= 20000 \div 500$$

$$= 40 \text{ सेब}$$

अतः विकल्प (B) सही है।

85. दिया है,

98

$$= 90 + 8$$

$$= XC + VIII$$

= XCVIII

इस प्रकार, दी गई संख्या का सही रोमन अंक 98 है जो XCVIII है।

अतः विकल्प (C) सही है।

86. वास्तविक संख्या में सभी परिमेय और अपरिमेय संख्याएँ होती हैं। एक परिमेय संख्या एक संख्या है जिसे P/Q के रूप में दर्शाया जाता है, जहाँ Q शून्य के बराबर नहीं है और P और Q दोनों पूर्णांक हैं। उदाहरण के लिए, $\frac{1}{2}$ एक परिमेय संख्या है, लेकिन पूर्ण संख्या नहीं, प्राकृतिक संख्या नहीं या पूर्णांक नहीं।

अतः विकल्प (D) सही है।

87. हम जानते हैं कि,

एक जुड़वां अभाज्य एक अभाज्य संख्या है जो किसी अन्य अभाज्य संख्या से या तो 2 कम या 2 अधिक है।

जुड़वां अभाज्य संख्याओं के बीच का अंतर हमेशा दो होता है।

जुड़वां अभाज्य संख्या में, दोनों संख्याएँ अभाज्य संख्या होनी चाहिए।

अब,

जुड़वा अभाज्य क्रमागत अभाज्य संख्याओं के जोड़े होते हैं जो दो से भिन्न होते हैं।

1 से 100 तक की अभाज्य संख्याएँ 2, 3, 5, 7, 11, 13, 17, 19, 23, 29, 31, 37, 41, 43, 47, 53, 59, 61, 67, 71, 73, 79, 83, 89, 97 हैं।

(71, 73)- इनमें अंतर 2 है।

यहाँ, दिए गए विकल्प में (71 और 73) अभाज्य संख्याएं हैं और उनका अंतर '2' है।

अतः विकल्प (D) सही है।

88. दिया है,

-101, -88, -125, 45, 98, 88

जैसा कि हम जानते हैं, ऋण चिह्न वाली सबसे बड़ी संख्या सबसे छोटी संख्या मानी जाती है।

इसलिए, -101, -88, -125, 45, 98, 88 का अवरोही क्रम है:

घटते क्रम में = 90, 88, 45, -88, -101, -125

प्रतीकात्मक रूप से, इसे 90 > 88 > 45 > -88 > -101 > -125 द्वारा दर्शाया जाता है।

अतः विकल्प (A) सही है।

89. दिया है,

$$15 - 15 \div 15 \times 6 = x$$

$$x = 15 - 15 \times \frac{1}{15} \times 6$$

$$x = 15 - 15 \times \frac{1}{15} \times 6$$

$$x = 15 - 6$$

$$x = 9$$

अतः विकल्प (C) सही है।

90. दिया है,

किसी भी संख्या को 1 से गुणा करने पर वही अंक प्राप्त होता है जो प्राप्त होता है।

यहाँ, 0.01 वास्तव में $\frac{1}{100}$ है इसलिए हम पहले दी गई संख्या को 1 से गुणा करते हैं।

$$140.75 \times 1 = 140.75$$

अब, चूंकि परिणाम को 100 से विभाजित करना है, हम दशमलव को दो स्थानों पर बाईं ओर स्थानांतरित करते हैं।

$$140.75 \times 0.01 = 1.4075$$

अतः विकल्प (C) सही है।

91. दिया है,

4 + 4.44 + 4.04 + 44.4 + 444 = ?

पहले दशमलव जोड़ना:

0.44 + 0.04 + 0.4 = 0.88

अब, 4 + 4 + 4 + 44 + 444 = 500 जोड़ने पर,

⇒ 500 + 0.88

= 500.88

अतः विकल्प (D) सही है।

92. दिया है,

$$16 - 2 \div 14 + 6 \times 2$$

$$= 16 - \frac{2}{14} + 12$$

$$= 28 - \frac{2}{14}$$

$$= \frac{28 \times 14 - 2}{14}$$

$$= \frac{392 - 2}{14}$$

$$= \frac{390}{14}$$

$$= 27\frac{12}{14}$$

अतः विकल्प (A) सही है।

93. दिया है,

$\frac{2}{5}, \frac{3}{10}$ और $\frac{4}{15}$ का ल.स.प.

अब,

$\frac{2}{5}, \frac{3}{10}$ और $\frac{4}{15}$ का ल.स.प.

⇒ (ल.स.प. (2,3,4))/(म.स.प. (5,10,15))

⇒ ल.स.प. (2,3,4) = 12

⇒ म.स.प. (5,10,15) = 5

∴ $\frac{2}{5}, \frac{3}{10}$ और $\frac{4}{15}$ का ल.स.प.

$= \dfrac{12}{5}$

अतः विकल्प (D) सही है।

94. दिया है,

दो संख्याओं का गुणनफल 4107 है।

$\text{HCF} = 37$

सूत्र के अनुसार,

$\text{HCF} \times \text{LCM} = $ दो संख्याओं का गुणनफल

$\Rightarrow 37 \times \text{LCM} = 4107$

$\Rightarrow \text{LCM} = \dfrac{4107}{37}$

$\Rightarrow \text{LCM} = 111$

HCF और LCM का अनुपात $= 37 : 111$

$= 1 : 3$

अतः विकल्प (A) सही है।

95. यदि समकोण त्रिभुज की ऊँचाई 24 सेमी है, और त्रिभुज का क्षेत्रफल 168 वर्ग सेमी है।

समकोण त्रिभुज का क्षेत्रफल,

$\Rightarrow \dfrac{1}{2} \times b \times h = 168$

$\Rightarrow \dfrac{1}{2} \times b \times 24 = 168$

$\Rightarrow b = \dfrac{168 \times 2}{12}$

$b = 14$ सेमी

आयत का परिमाप 84 सेमी है।

त्रिभुज का आधार, आयत की चौड़ाई के बराबर है।

इसलिए, $2(L + b) = 84$

$\Rightarrow 2L + 2 \times 14 = 84$

$\Rightarrow L = \left(\dfrac{56}{2}\right)$

$= 28$ सेमी

अतः विकल्प (C) सही है।

96. जैसा कि हम जानते है कि,

समलंब का क्षेत्रफल $= \dfrac{1}{2} h(a + b)$

दिया है,

$a = 20$ सेमी

$h = 15$ सेमी

क्षेत्रफल $= 480$ वर्ग सेमी

अब,

$\Rightarrow 480 = \dfrac{1}{2} \times (15) \times (20 + b)$

$\Rightarrow 20 + b = \dfrac{(480 \times 2)}{15}$

$\Rightarrow 20 + b = 64$

$b = 44$ सेमी

इस प्रकार, एक समलम्ब की दूसरी समानांतर भुजा 44 सेमी है।

अतः विकल्प (C) सही है।

97. दिया है,

8281

जैसा कि हम जानते हैं,

किसी संख्या का अभाज्य गुणनखंडन,

8281 का अभाज्य गुणनखंडन:

$= 7 \times 7 \times 13 \times 13$

इसलिए, $\sqrt{8281} = 7 \times 13$

$= 91$

$\therefore 8281$ का वर्गमूल 91 है।

अतः विकल्प (B) सही है।

98. दिया है,

$(a - b) = 3$ और $ab = 70$

सूत्र:

$a^3 - b^3 = (a - b)^3 + 3ab(a - b)$

$\Rightarrow a^3 - b^3 = 3^3 + 3 \times 70 \times 3$

$\Rightarrow a^3 - b^3 = 27 + 630$

$\therefore a^3 - b^3 = 657$

अतः विकल्प (A) सही है।

99. जब 800 में पहली बार 10% की बढ़ोतरी की जाती है,

$\Rightarrow 800 + 800 \times \dfrac{10}{100}$

$= 880$

इसे फिर से 20% बढ़ाया जाता है,

$\Rightarrow 880 + 880 \times \dfrac{20}{100}$

$= 1056$

अतः विकल्प (C) सही है।

100. दिया है,

सीपी $= 2000$ रुपये

एसपी $= 2500$ रुपये

जैसा कि हम जानते हैं कि,

लाभ या बढ़त $=$एसपी $-$ सीपी

$= 2500 - 2000$

$= 500$

$\therefore$ लाभ $\% =$ लाभ $\times 100$

$= \frac{500}{2000} \times 100$

$= 25\%$

अतः विकल्प (B) सही है।

Q.1 निर्देश: दिए गए शब्दों का एक शब्द बताइए।
"जो इंद्रियों द्वारा न जाना जा सके"

A. अगोचर   B. अतिशयोक्ति
C. अग्रणी   D. अज्ञात

Q.2 निर्देश: दिए गए शब्दों का एक शब्द बताइए।
'जिसके पेट मे माँ ने रस्सी (दाम) बाँध दी हो'

A. अनिर्वचनीय   B. अछूत
C. अटल   D. दामोदर

Q.3 'किसान' का तत्सम रूप है:

A. कृषक   B. कषक   C. कृष   D. कृषकृ

Q.4 निम्नलिखित में 'अग्नि' का तद्भव रूप कौन सा है?

A. अटारी   B. दबाना   C. आग   D. दूब

Q.5 दिए गए वाक्य का सही काल निर्धारण कीजिए।
'राम घर जाता है।'

A. वर्तमान काल   B. भूतकाल
C. भविष्य काल   D. सामान्य भविष्य

Q.6 'किसी वाक्य में जब अर्थ की स्पष्टता हेतु थोड़ा रुकना पड़े' वहाँ किस विराम की आवश्यकता होती है?

A. अर्द्ध विराम   B. पूर्ण विराम
C. अल्पविराम   D. उपविराम

Q.7 जहाँ वाक्य की गति अंतिम रूप से ले, विचार के तार टूट जाएँ, वहाँ किस चिह्न का प्रयोग किया जाता है?

A. योजक   B. अल्पविराम
C. उद्धरण चिह   D. पूर्ण विराम

Q.8 "अधजल गगरी छलकत जाए" लोकोक्ति का अर्थ बताइये।

A. जिनमे ज्ञान की कमी होती है वह ज्ञान का दिखावा अधिक करते हैं।
B. मूर्ख व्यक्तियों की भीड़ में कम ज्ञानी व्यक्ति भी स्वयं को बुद्धिमान समझता है।
C. किसी का नाम उसके गुणों के बिल्कुल विपरीत होना।
D. किसी का अंतिम और एकमात्र सहारा।

Q.9 "खटाई में पड़ना" मुहावरे का आशय है:

A. बहुत कष्ट होना   B. नुकसान होना
C. पछतावा होना   D. निर्णय न होना

Q.10 'ओखली में सिर देना' लोकोक्ति का अर्थ है -

A. जान-बुझकर अपने को जोखिम में डालना।
B. सिर में दर्द होना।
C. अधिक जानने वाले को उपदेश देने वाला।
D. डर या दुःख से घबरा जाना।

Q.11 'रेखा खाना खा रही है।' इसमें कौन सा कारक हैं?

A. कर्ता कारक   B. कर्म कारक
C. करण कारक   D. संप्रदान कारक

Q.12 'विद्यार्थी' में संधि है:

A. वृद्धि संधि   B. दीर्घ संधि   C. यण संधि   D. गुण संधि

Q.13 'नौसिखिया' शब्द में कौन-सा उपसर्ग का प्रयोग हुआ है?

A. नौ   B. उत्   C. अप   D. अन

Q.14 'धावक' शब्द में कौन-सा प्रत्यय है?

A. क   B. अक   C. धाव   D. वक

Q.15 दिए गए विकल्पों में से निम्नलिखित वाक्य का भेद बताइए।
"उसने कहा कि मैं घर जाऊँगा।"

A. सरल वाक्य   B. संयुक्त वाक्य
C. मिश्र वाक्य   D. प्रश्नवाचक वाक्य

Q.16 'यह गाय अधिक दूध देती है' इस वाक्य में विशेषण है:

A. अधिक   B. गाय   C. दूध   D. यह

Q.17 'मैं अपने आप यह काम सीख लूँगा।' इस वाक्य में निजवाचक सर्वनाम है:

A. आप   B. सीख   C. यह   D. काम

Q.18 दिए गए विकल्पों में से रिक्त स्थान की पूर्ति कीजिए।
यह _______ सदियों से चली आ रही है।

A. समाटी   B. परिपाटी   C. उपपाटी   D. धरपाटी

Q.19 निम्नलिखित में से उत्क्षिप्त व्यंजन _______ हैं।

A. ट, ठ   B. ज, फ   C. ड़, ढ़   D. ढ, ण

Q.20 "लड़के फुटबॉल खेल रहे हैं" इसमें लड़के में कौन वचन हैं ?

A. एकवचन   B. बहुवचन
C. द्विवचन   D. इनमे से कोई नहीं

Q.21 निम्नलिखित में से शुद्ध वर्तनी का चयन कीजिए:

A. सूचिपत्र   B. तृकोण   C. एकान्त   D. भानू

Q.22 निम्नलिखित में से कौन-सा शब्द 'अपकार' का विलोम शब्द है?

A. उपकार   B. ऐच्छिक   C. ऐक्य   D. कीर्ति

Q.23 दिए गए शब्द का पर्यायवाची शब्द बताइए।
'अभिलाषा'

A. दृग   B. इच्छा   C. नवीन   D. भय

Q.24 'ब्रज के बिरही लोग दुखारे' में कौन-सा रस है?

A. वीर रस   B. शांत रस   C. भक्ति रस   D. श्रृंगार रस

Q.25 संज्ञा का मुख्य भेद नहीं है?

A. व्यक्तिवाचक   B. जातिवाचक
C. निजवाचक   D. भाववाचक

// स्मार्ट उत्तर पुस्तिका //

सही उत्तर उन छात्रों का प्रतिशत जिन्होंने प्रश्नों का सही उत्तर दिया था।　　**छोड़ दिया** उन छात्रों का प्रतिशत जिन्होंने प्रश्नों को छोड़ दिया था।

प्रश्न संख्या	उत्तर	सही उत्तर / छोड़ दिया
1	A	63.94 % / 1.02 %
2	D	63.75 % / 1.39 %
3	A	81.44 % / 0.0 %
4	C	88.25 % / 0.0 %
5	A	55.42 % / 1.98 %

प्रश्न संख्या	उत्तर	सही उत्तर / छोड़ दिया
6	C	67.63 % / 1.5 %
7	D	63.59 % / 1.82 %
8	A	89.07 % / 0.0 %
9	D	85.33 % / 0.0 %
10	A	88.38 % / 0.0 %

प्रश्न संख्या	उत्तर	सही उत्तर / छोड़ दिया
11	A	67.77 % / 1.79 %
12	B	78.69 % / 0.0 %
13	A	45.64 % / 1.65 %
14	B	54.82 % / 1.51 %
15	C	85.43 % / 0.0 %

प्रश्न संख्या	उत्तर	सही उत्तर / छोड़ दिया
16	A	81.65 % / 0.0 %
17	A	40.91 % / 1.96 %
18	B	31.72 % / 4.27 %
19	C	81.17 % / 0.0 %
20	B	47.03 % / 1.37 %

प्रश्न संख्या	उत्तर	सही उत्तर / छोड़ दिया
21	C	32.94 % / 4.89 %
22	A	42.85 % / 1.37 %
23	B	43.56 % / 1.01 %
24	D	50.61 % / 1.99 %
25	C	47.98 % / 1.0 %

//संकेत और समाधान//

1. जो इंद्रियों द्वारा न जाना जा सके - अगोचर

अत्यधिक बढ़ा–चढ़ा कर कही गई बात - अतिशयोक्ति

सबसे आगे रहने वाला - अग्रणी

जिसका पता न हो - अज्ञात

अतः विकल्प (A) सही है।

2. जिसके पेट मे माँ ने रस्सी (दाम) बाँध दी हो - दामोदर

जिसका भाषा द्वारा वर्णन असंभव हो - अनिर्वचनीय

जो अपनी बात से टले नहीँ - अटल

जो छूने योग्य न हो - अछूत

अतः विकल्प (D) सही है।

3. 'किसान' का तत्सम रूप 'कृषक' है।

संस्कृत भाषा के वे शब्द जो हिंदी भाषा में ज्यों के त्यों ले लिए गए है, तत्सम शब्द कहलाते है। जैसे – अग्नि, अमूल्य, अज्ञान, कर्पूर

अतः विकल्प (A) सही है।

4. 'अग्नि' का तद्भव रूप 'आग' है। अन्य विकल्प इसके अनुचित उत्तर हैं।

आग - अग्नि

अटारी - अट्टालिका

दबाना - दमन

दूब - दूर्वा

अतः विकल्प (C) सही है।

5. दिए गए वाक्य 'राम घर जाता है।' में वर्तमान काल है।

क्रिया के जिस रूप से कार्य का वर्तमान समय में होना पाया जाता है, उसे वर्तमान काल कहते है।

जैसे: अंकित पुस्तक पढ़ता है।

अत: विकल्प (A) सही है।

6. अल्प विराम (,)- वाक्य को कहते या लिखते समय जब उसके अर्थ की स्पष्टता हेतु थोड़ी देर का विराम या ठहरना पड़े तो वहाँ पर अल्प विराम का उपयोग किया जाता है। इनका प्रयोग एक से अधिक वस्तुओं, व्यक्तियों या अन्य को अलग-अलग दर्शाने के लिए भी किया जाता है।

अल्पविराम को हम वाक्य में अर्थ को अधिक स्पष्ट करने के लिए उपयोग करते हैं।

जैसे-

वाक्य के अर्थ को अधिक स्पष्ट करने के लिए अल्प विराम का प्रयोग-

- कभी भी जरूरत पड़े, आ जाना।
- नहीं, मैं नहीं जाऊंगा।

एक से अधिक व्यक्तियों, वस्तुओं या अन्य को अलग-अलग दर्शाने हेतु अल्प विराम का प्रयोग-

- जयंत के साथ फ़ौजान, दीपक, रमेश और फ़ाहिम भी थे।
- लड्डू, मिठाई, बूंदी और समोसा लगभग सभी लोग पसंद करते हैं।

अतः विकल्प (C) सही है।

7. जहाँ वाक्य की गति अंतिम रूप से ले, विचार के तार टूट जाएँ, वहाँ पूर्ण विराम (।) चिह्न का प्रयोग किया जाता है।

पूर्ण विराम चिन्ह का प्रयोग किसी वाक्य की समाप्ति, किसी एक विचार या बात की समाप्ति या किसी वाक्यांश के अन्त में किया जाता है। पूर्ण विराम चिन्ह लगाने का अर्थ यह होता है की वाक्य समाप्त हो चुका है।

अतः विकल्प (D) सही है।

8. "अधजल गगरी छलकत जाए" लोकोक्ति का अर्थ "जिनमे ज्ञान की कमी होती है वह ज्ञान का दिखावा अधिक करते हैं।" है।

अंधों में काना राजा : मूर्ख व्यक्तियों की भीड़ में कम ज्ञानी व्यक्ति भी स्वयं को बुद्धिमान समझता है।

आंख का अंधा नाम नयन सुख : मूर्ख व्यक्तियों की भीड़ में कम ज्ञानी व्यक्ति भी स्वयं को बुद्धिमान समझता है।

अंधे की लकड़ी : किसी का अंतिम और एकमात्र सहारा।

अतः विकल्प (A) सही है।

9. निर्णय न होना, यहाँ सही विकल्प है। अन्य विकल्प असंगत है।

खटाई में पड़ना एक प्रचलित हिंदी मुहवरा है जिसका अर्थ किसी काम का अनिश्चित होने से है।

जैसे- इस बार की परीक्षा का परिणाम खटाई में पड़ गया है।

अतः विकल्प (D) सही है।

10. 'ओखली में सिर देना' एक प्रचलित लोकोक्ति है। इस लोकोक्ति का उपयुक्त अर्थ- 'जान-बुझकर अपने को जोखिम में डालना।

वाक्य प्रयोग – कल हथियारबंद बदमाशों से उलझकर केशव ने ओखली में सिर दे दिया।

अतः विकल्प (A) सही है।

11. 'रेखा खाना खा रही है।' इसमें कर्ता कारक हैं।

कोई भी वाक्य जिसमें कार्य करने वाले का पता लगता है, उन्हें कर्ता कारक कहा जाता है।

अतः विकल्प (A) सही है।

12. 'विद्यार्थी' में 'दीर्घ संधि' है।

'विद्यार्थी' का संधि-विच्छेद है - विद्या + अर्थी।

जब दो शब्दों की संधि करते समय (अ, आ) के साथ (अ, आ) हो तो 'आ' बनता है, जब (इ, ई) के साथ (इ, ई) हो तो 'ई' बनता है, जब (उ, ऊ) के साथ (उ, ऊ) हो तो 'ऊ' बनता है। उसे दीर्घ संधि कहते है।

जैसे- विद्या + अभ्यास = विद्याभ्यास (आ + अ = आ) आदि।

अतः विकल्प (B) सही है।

13. 'नौसिखिया' शब्द में 'नौ ' उपसर्ग का प्रयोग हुआ है।जिसमे मूल शब्द 'सिखिया' एवं उपसर्ग 'नौ' है। इसलिए सही विकल्प 'नौ' है।

अतः विकल्प (A) सही है।

14. 'धावक' शब्द में 'अक ' प्रत्यय है।

धावक शब्द का अर्थ 'दौड़नेवाला' है।

'अक' प्रत्यय से बने अन्य शब्द पाठक, गायक, लेखक, नायक आदि हैं।

अतः विकल्प (B) सही है।

15. "उसने कहा कि मैं घर जाऊँगा।" में वाक्य का भेद मिश्र वाक्य है। जिस वाक्य में एक प्रधान उपवाक्य तथा एक या एक से अधिक आश्रित उपवाक्य हों उसे मिश्र वाक्य कहते हैं।

उदाहरण:

जब भी मैं विकास के घर गया, मेरा आदर सत्कार हुआ।

अतः विकल्प (C) सही है।

16. 'यह गाय अधिक दूध देती है' इस वाक्य में विशेषण 'अधिक' है।

विशेषण संज्ञा या सर्वनाम के रूप गुण, संख्या, मात्रा, परिमाण, आदि के विशेषता बताते हैं।

अतः विकल्प (A) सही है।

17. वह सार्वनामिक शब्द जो स्वयं के लिए प्रयोग करते हैं जैसे – आप , अपना आदि जिससे स्वयं का बोध हो वह निजवाचक कहलाते हैं। जो सर्वनाम तीनों पुरूषों (उत्तम, मध्यम और अन्य) में निजत्व का बोध कराता है, उसे निजवाचक सर्वनाम कहते हैं। जैसे- मैं खुद लिख लूँगा। तुम अपने आप चले जाना।

उपरोक्त वाक्य में 'आप' निजवाचक सर्वनाम है।

अतः विकल्प (A) सही है।

18. वाक्य है,

यह परिपाटी सदियों से चली आ रही है।

परिपाटी का अर्थ क्रम, श्रेणी, सिलसिला होता है।

अतः विकल्प (B) सही है।

19. जिन व्यंजनों के उच्चारण में जीभ का अगला भाग थोड़ा ऊपर उठाकर झटके से नीचे गिरता है, उसे उक्षिप्त व्यंजन कहते हैं। ये संख्या में दो ही हैं। उक्षिप्त व्यंजन ड़, ढ़ हैं। इन्हें द्विगुण व्यंजन भी कहा जाता है।

अतः विकल्प (C) सही है।

20. "लड़के फुटबॉल खेल रहे हैं" इसमें लड़के में बहुवचन हैं|

संज्ञा के जिस रुप से किसी व्यक्ति, वस्तु प्राणी, पदार्थ आदि के एक से अधिक होने का बोध होता है या पता चलता है उसे बहुवचन कहते हैं। जैसे-लड़के, बच्चे कपड़े पुस्तकें स्त्रियां टोपिया, गाड़ियां, ठेले, नदियां आदि।

अत: विकल्प (B) सही है।

21. दिए गए विकल्पों में एकान्त शब्द की वर्तनी शुद्ध है।

'एकान्त' का अर्थ 'शांत या शोरगुल रहित ऐसा स्थान जहाँ कोई न हो' है।

अन्य विकल्प –

अशुद्ध वर्तनी	शुद्ध वर्तनी
सूचिपत्र	सूचीपत्र
तृकोण	त्रिकोण
भानू	भानु

अत: विकल्प (C) सही है।

22. 'अपकार' का विलोम शब्द 'उपकार' है।

अनैच्छिक : ऐच्छिक

अनैक्य : ऐक्य

अपकीर्ति : कीर्ति

अतः विकल्प (A) सही है।

23. दिए गए शब्द 'अभिलाषा' का पर्यायवाची शब्द 'इच्छा' है।

दृग: आँख

नवीन: नया

भय: डर

अतः विकल्प (B) सही है।

24. 'ब्रज के बिरही लोग दुखारे' में श्रृंगार रस है।

नायक और नायिका के मन में संस्कार रूप में स्थित रति या प्रेम जब रस की अवस्था को पहुँचकर आस्वादन के योग्य हो जाता है तो वह 'श्रृंगार रस' कहलाता है। श्रृंगार रस का स्थायी भाव 'रति' होता है।

अत: विकल्प (D) सही है।

25. मूलतः संज्ञा के तीन भेद (प्रकार) होते हैं- जातिवाचक संज्ञा, भाववाचक संज्ञा और व्यक्तिवाचक संज्ञा।

परन्तु निजवाचक संज्ञा का भेद नहीं सर्वनाम का भेद होता है। जिस सर्वनाम का प्रयोग कर्ता कारक स्वयं के लिए करता है, वह निजवाचक सर्वनाम होता है।

अतः विकल्प (C) सही है।

Ques (1-2):निर्देश: दिए गए शब्दों का एक शब्द बताइए।

Q.1 "सबसे आगे रहने वाला"

A. अग्रणी   B. अतिशयोक्ति

C. अज्ञात   D. अगोचर

Q.2 "जो सर्वत्र उपस्थित हो"

A. अनिर्वचनीय   B. अटल

C. अछूत   D. सर्वव्यापी

Q.3 नीचे दिए गये विकल्पों में से तत्सम - तद्भव शब्दो का कौन सा युग्म सही सुमेलित नहीं है?

A. धृष्ट - ढीठ   B. धूम्र - धुआँ

C. प्रहेलिका - फूल   D. प्रतिवेशिक - पड़ोसी

Q.4 "श्रृंग" का उचित तद्भव शब्द होगाः

A. श्रृग   B. सीख   C. सींग   D. साँकल

Q.5 'पिता जी समाचार सुनते है' इसमें कौन सा काल हैं ?

A. भूतकाल   B. वर्तमान काल

C. भविष्य काल   D. इसमें से कोई नहीं

Q.6 विराम चिह्न का क्या अर्थ है?

A. चलना   B. ठहराव या रुकना

C. वाक्यों का दोहराव   D. इनमें से कोई नहीं

Q.7 जहाँ वाक्य बीच में हल्का सा विराम लेना हो पर वाक्य को खत्म न किया जाये, वहाँ किस चिह का प्रयोग किया जाता है?

A. अर्द्ध विराम   B. योजक

C. उद्धरण चिह   D. पूर्ण विराम

Q.8 "आगे कुआं पीछे खाई" लोकोक्ति का अर्थ बताइये।

A. दोनों तरफ से मुसीबत आना अर्थात बचने का कोई रास्ता ना होना।

B. किसी के भरोसे पर ना रहकर अपना कार्य स्वंय करना।

C. किसी का नाम उसके गुणों के बिल्कुल विपरीत होना।

D. किसी का अंतिम और एकमात्र सहारा।

Q.9 "गूलर का फूल होना" मुहावरे का अर्थ बताइये।

A. लापता होना   B. क्रोध दबाना

C. डींग हाँकना   D. खूब याद रखना

Q.10 "गर्दन फँस गई" मुहावरे का अर्थ बताईये।

A. मूर्ख बनाना

B. झंझट या परेशानी में फँसना

C. किसी को ठगना

D. किसी को जिम्मेदार ठहराना

Q.11 'वेदांत सो रहा है।' इसमें कौन सा कारक हैं ?

A. कर्ता कारक   B. कर्म कारक

C. करण कारक   D. संप्रदान कारक

Q.12 'मतैक्य' शब्द का संधि विच्छेद क्या होगा?

A. मत + एक   B. मत + एक्य

C. मत + ऐक्य   D. म + तैक्य

Q.13 निम्नलिखित शब्दों में से किसमें 'अन' प्रत्यय का प्रयोग हुआ है?

A. चढ़ान   B. मोहन   C. वेदना   D. झाड़न

Q.14 'अतिपावन' शब्द में कौन-सा उपसर्ग का प्रयोग हुआ है?

A. पावन   B. अ   C. न   D. अति

Q.15 "संतोष से बढ़कर सुख नहीं।" किस प्रकार का वाक्य है?

A. मिश्र वाक्य   B. सरल वाक्य

C. संयुक्त वाक्य   D. इनमें से कोई नहीं

Q.16 निम्न में से विशेषण का उदाहरण नहीं है:

A. हरी   B. सुन्दर   C. कड़वाहट   D. दोहरा

Q.17 निश्चयवाचक सर्वनाम कौन सा है?

A. क्या   B. कुछ   C. कौन   D. यह

Q.18 रिक्त स्थान की पूर्ति उचित विकल्प से किजिए। अनेक भाषाएं बोलने वाले को _____ कहते हैं।

A. वक्ता   B. बहुभाषी   C. शाकाहारी   D. कटुभाषी

Q.19 निम्नलिखित में से पश्च स्वर कौन सा है?

A. इ   B. ए   C. क   D. आ

Q.20 'खूँटी' शब्द का बहुवचन बताइए:

A. खूँटियाँ   B. खूँटियों   C. खूँटिया   D. खूँटियों

Q.21 निम्न में शुद्ध शब्द है:

A. केकेयी   B. केकैयी   C. कैकेयी   D. केकई

Q.22 'योम' का पर्यायवाची शब्द नहीं है:

A. सूर्यकाल   B. दिवस   C. अह   D. काल

Q.23 निम्नलिखित में से कौन-सा शब्द 'अनैच्छिक' का विलोम शब्द है?

A. ऐच्छिक   B. उपकार   C. ऐक्य   D. कीर्ति

Q.24 'झाँसी वाली रानी थी बुन्देलों हरबोलो के मुह हमने सुनी कहानी थी।' में कौन-सा रस है?

A. वीर रस   B. श्रृंगार रस   C. करूण रस   D. हास्य रस

Q.25 निम्न में से कौन सा शब्द व्यक्तिवाचक संज्ञा है?

A. गाय   B. पहाड़   C. यमुना   D. आम

// स्मार्ट उत्तर पुस्तिका //

सही उत्तर — उन छात्रों का प्रतिशत जिन्होंने प्रश्नों का सही उत्तर दिया था। **छोड़ दिया** — उन छात्रों का प्रतिशत जिन्होंने प्रश्नों को छोड़ दिया था।

प्रश्न संख्या	उत्तर	सही उत्तर / छोड़ दिया
1	A	45.6 % / 1.9 %
2	D	51.08 % / 1.73 %
3	C	17.92 % / 4.98 %
4	C	84.8 % / 0.0 %
5	B	53.74 % / 1.84 %

प्रश्न संख्या	उत्तर	सही उत्तर / छोड़ दिया
6	B	49.77 % / 1.67 %
7	A	63.45 % / 1.64 %
8	A	53.96 % / 1.92 %
9	A	49.03 % / 1.67 %
10	B	61.98 % / 1.11 %

प्रश्न संख्या	उत्तर	सही उत्तर / छोड़ दिया
11	A	80.97 % / 0.0 %
12	C	18.02 % / 4.66 %
13	B	69.07 % / 1.63 %
14	D	56.46 % / 1.64 %
15	B	44.49 % / 1.53 %

प्रश्न संख्या	उत्तर	सही उत्तर / छोड़ दिया
16	C	44.19 % / 1.55 %
17	D	46.95 % / 1.4 %
18	B	14.92 % / 3.79 %
19	D	58.82 % / 1.98 %
20	A	80.37 % / 0.0 %

प्रश्न संख्या	उत्तर	सही उत्तर / छोड़ दिया
21	C	49.91 % / 1.56 %
22	D	60.78 % / 1.58 %
23	A	22.31 % / 4.16 %
24	A	68.09 % / 1.16 %
25	C	69.11 % / 1.11 %

//संकेत और समाधान//

1. सबसे आगे रहने वाला - अग्रणी

अत्यधिक बढ़ा–चढ़ा कर कही गई बात - अतिशयोक्ति

जिसका पता न हो - अज्ञात

जो इंद्रियों द्वारा न जाना जा सके - अगोचर

अतः विकल्प (A) सही है।

2. जो सर्वत्र उपस्थित हो - सर्वव्यापी

जिसका भाषा द्वारा वर्णन असंभव हो - अनिर्वचनीय

जो अपनी बात से टले नहीं - अटल

जो छूने योग्य न हो - अछूत

अतः विकल्प (D) सही है।

3. दिए गए विकल्पो में "प्रहेलिका - फूल" युग्म सही सुमेलित नहीं है।

"प्रहेलिका" का सही तद्भव "पहेली" होगा तथा "फूल" "पुष्प" का तद्भव है।
अतः विकल्प (C) सही है।

4. "श्रृंग" का उचित तद्भव शब्द "सींग" होगा।

"श्रृंग" का शाब्दिक अर्थ शिखर या चोटी होता है।
अतः विकल्प (C) सही है।

5. 'पिता जी समाचार सुनते है' इसमें वर्तमान काल हैं। क्रिया के जिस रूप से वर्तमान समय में मौजूद कोई स्थिति या किसी घटना के होने का संकेत मिलता है उसे 'वर्तमान काल' कहते हैं।

जैसे-

राम घर जाता है।

अत: विकल्प (B) सही है।

6. विराम चिह्न का अर्थ ठहराव या रुकना है। अर्थात वाक्य लिखते समय विराम को प्रकट करने के लिए लगाये जाने वाले चिन्ह को ही विराम चिह्न कहते हैं।

अतः विकल्प (B) सही है।

7. जहाँ वाक्य बीच में हल्का सा विराम लेना हो पर वाक्य को खत्म न किया जाये, वहाँ पर अर्द्ध विराम (;) चिन्ह का प्रयोग किया जाता है। जहाँ पूर्ण विराम की अपेक्षा कम विराम लेना हो और अल्प विराम (,) की अपेक्षा ज्यादा विराम (रुकना) हो वहां अर्द्ध विराम (;) का प्रयोग करते हैं।

अतः विकल्प (A) सही है।

8. "आगे कुआं पीछे खाई" लोकोक्ति का अर्थ "दोनों तरफ से मुसीबत आना अर्थात बचने का कोई रास्ता ना होना।" है।

अपना हाथ जगन्नाथ : किसी के भरोसे पर ना रहकर अपना कार्य स्वंय करना।

आंख का अंधा नाम नयन सुख : किसी का नाम उसके गुणों के बिल्कुल विपरीत होना।

अंधे की लकड़ी : किसी का अंतिम और एकमात्र सहारा।

अतः विकल्प (A) सही है।

9. मुहावरा – गूलर का फूल होना

अर्थ – लापता होना

वाक्य प्रयोग – वह तो ऐसा गूलर का फूल हो गया है कि उसके बारे में कुछ कहना मुश्किल है।

अतः विकल्प (A) सही है।

10. मुहावरा - गर्दन फँसना

अर्थ - झंझट या परेशानी में फँसना

वाक्य प्रयोग - उसे रुपया उधार देकर मेरी तो गर्दन फँस गई है।

अतः विकल्प (B) सही है।

11. 'वेदांत सो रहा है।' इसमें कर्ता कारक हैं।

कोई भी वाक्य जिसमें कार्य करने वाले का पता लगता है, उन्हें कर्ता कारक कहा जाता है।

अतः विकल्प (A) सही है।

12. 'मतैक्य' शब्द का संधि विच्छेद 'मत + ऐक्य' है।

'मतैक्य' शब्द में वृद्धि संधि है।

जब संधि करते समय जब अ, आ के साथ ए, ऐ हो तो 'ऐ' बनता है और जब अ, आ के साथ ओ, औ हो तो 'औ' बनता है। उसे वृद्धि संधि कहते हैं।

अतः विकल्प (C) सही है।

13. दिए गए विकल्पों में 'मोहन' शब्द में 'अन' प्रत्यय का प्रयोग हुआ है जिसका विच्छेद 'मोह + अन - मोहन' है।

प्रत्यय – ऐसे शब्दांश जो किसी शब्द के अंत में लगकर उसके अर्थ में परिवर्तन ला देता हैं, उन्हें प्रत्यय कहा जाता हैं।

जैसे – त्व, आ, इया, वाला, ना, नी, ता आदि।

अतः विकल्प (B) सही है।

14. 'अतिपावन' शब्द में 'अति' उपसर्ग का प्रयोग हुआ है। जिसमे मूल शब्द 'पावन' एवं उपसर्ग 'अति' है।

'अति' उपसर्ग से बने अन्य
शब्द अत्यधिक, अतिरिक्त, अतिक्रमण, अत्याचार आदि हैं।

अत: विकल्प (D) सही है।

15. "संतोष से बढ़कर सुख नहीं।" एक सरल वाक्य है। ऐसा वाक्य जिसमे एक ही क्रिया एवं एक ही कर्ता होता है या जिस वाक्य में एक ही उद्देश्य एवं एक ही विधेय होता है, वे वाक्य सरल वाक्य कहलाते हैं।

अतः विकल्प (B) सही है।

16. निम्न में से विशेषण का उदाहरण कड़वाहट नहीं है।

यहाँ पर मूल शब्द 'कड़वा' एक संज्ञा-विशेषण है जिसमें तद्धित प्रत्यय (भाववाचक तद्धित प्रत्यय) 'आहट' जुडने से बना शब्द 'कड़वाहट' भाववाचक संज्ञा शब्द कहा जाएगा।

संज्ञा या सर्वनाम की विशेषता बताने वाले शब्द को विशेषण कहते हैं।

जैसे- अच्छा लड़का, तीन पुस्तकें, नई कलम इत्यादि।

अतः विकल्प (C) सही है।

17. जिन सर्वनाम शब्दों से किसी वस्तु, व्यक्ति या स्थान की निश्चितता का बोध हो वे शब्द निश्चयवाचक सर्वनाम कहलाते हैं।

जैसे- यह, वह, ये, वे आदि।

अतः विकल्प (D) सही है।

18. पूर्ण वाक्य है - अनेक भाषाएँ बोलने वाले को बहुभाषी कहते हैं।

- दिए गए विकल्पों में से रिक्त स्थान के लिए उचित शब्द 'बहुभाषी' होगा।

- अनेक भाषाएँ बोलने वाला यह एक वाक्यांश है जिसके लिए एक शब्द 'बहुभाषी' होता है।

अन्य विकल्प:

- वक्ता - भाषण आदि देने वाला।
- शाकाहारी - जो मांस न खाता हो।
- कटुभाषी - कटु (कड़वा) बोलने वाला।

अत: विकल्प (B) सही है।

19. जिन स्वरों के उच्चारण में जिह्वा का पिछला भाग सक्रिय रहता है, उन्हें 'पश्च स्वर' कहते हैं। हिंदी वर्णमाला के कुल 11 स्वरों में 5 पश्च स्वर होते हैं. जो निम्नलिखित हैं – आ, ऊ, उ, ओ ,औ। दिए गए विकल्पों में से 'आ' पश्च स्वर है।

मुखाकृति के आधार पर स्वरों का वर्गीकरण निम्न प्रकार से किया गया है:

- अग्र स्वर
- पश्च स्वर
- संवृत्त स्वर
- अर्द्धसंवृत्त स्वर
- विवृत्त स्वर
- अर्द्धविवृत स्वर

अतः विकल्प (D) सही है।

20. 'खूँटी' शब्द का बहुवचन खूँटियाँ होगा।

इकारान्त या ईकारान्त स्त्रीलिंग संज्ञाओं में अन्त्य 'ई' को ह्रस्व कर अन्तिम वर्ण के बाद 'याँ' जोड़ने से बहुवचन बनता है।

जैसे - तिथि-तिथियाँ, नारी-नारियाँ, नीति-नीतियाँ, रीति-रीतियाँ इत्यादि।

अतः विकल्प (A) सही है।

21. 'कैकेयी' शुद्ध शब्द है। अन्य विकल्प असंगत है।

कैकेयी शब्द का अर्थ : 'केकय देश की राजकुमारी' या कैकेयी रामायण की प्रमुख पात्र हैं।

अतः विकल्प (C) सही है।

22. दिए गए विकल्पों में काल 'योम' शब्द का पर्यायवाची शब्द नहीं है।

योम के अन्य पर्यायवाची शब्द हैं - दिनमान, दिन, दिवस, अह, सूर्यकाल।

अतः विकल्प (D) सही है।

23. 'अनैच्छिक' का विलोम शब्द 'ऐच्छिक' है।

अपकार : उपकार

अनैक्य : ऐक्य

अपकीर्ति : कीर्ति

अतः विकल्प (A) सही है।

24. 'झाँसी वाली रानी थी बुन्देलों हरबोलो के मुह हमने सुनी कहानी थी।' में वीर रस है।

जब कोई कार्य करने अथवा किसी रचना आदि के पढ़ने पर मन में जो उत्साह का भाव उत्पन्न होता है, उसे वीर रस कहते हैं। वीर रस का स्थाई भाव उत्साह होता है।

अतः विकल्प (A) सही है।

25. 'यमुना' शब्द व्यक्तिवाचक संज्ञा है। जिन शब्दों से किसी विशेष व्यक्ति, स्थान अथवा वस्तु के नाम का बोध हो, उसे व्यक्तिवाचक संज्ञा कहते हैं।

जैसे- जयपुर, दिल्ली, भारत, रामायण, अमेरिका, राम इत्यादि।

अतः विकल्प (C) सही है।

Q.1 Direction: Identify the interjection in the sentence given below.

Ugh! I don't like this vegetable.

A. I   **B.** don't   **C.** Ugh!   **D.** Like

Q.2 Choose the correct spelt word out of the given alternatives.

A. Forcaust   **B.** Forcast
C. Forecaste   **D.** Forecast

Q.3 Select the correctly punctuated sentence.

A. Fortunately nobody was seriously injured in the accident?
B. Fortunately nobody was seriously injured in the accident.
C. Fortunately, nobody was seriously injured in the accident.
D. Fortunately nobody was seriously injured, in the accident!

Q.4 Select the correctly punctuated sentence.

A. Have you seen Smriti's new dress that she wore on Saturday.
B. Have you seen Smritis' new dress that she wore on Saturday?
C. Have you seen Smriti's new dress that she wore on Saturday?
D. Have you seen Smritis new dress that she wore on saturday!

Q.5 Which is interrogative pronoun in sentence "Why did you act like this? This matter has been perplexing me."

A. You   **B.** This   **C.** Why   **D.** Me

Q.6 Direction: Choose the correct verb to fill in the blanks.

It _________ since early morning.

A. has been raining   **B.** have been raining
C. had rained   **D.** is been raining

Q.7 Direction: Choose the correct tense in the given sentence.

"The man is searching for his pet dog."

A. Simple present tense
B. Present continuous tense
C. Present perfect tense
D. Present perfect continuous tense

Q.8 Direction: Select the word which means the same as the group of words given.

One who plans the steps and moves in a dance

A. Composer   **B.** Choreographer
C. Producer   **D.** Director

Q.9 Direction: Choose the meaningful word from the given jumbled words.

EATRH

A. Hart   **B.** Heart   **C.** Harte   **D.** Heatr

Q.10 Direction: Change the gender of the underlined noun and rewrite the sentence.

"My <u>sister</u> is sleeping"

A. My <u>brother</u> is sleeping
B. My <u>father</u> is sleeping
C. My <u>nephew</u> is sleeping
D. My <u>mother</u> is sleeping

Q.11 Which of the following is not an adjective?

A. Humble   **B.** Humane   **C.** Humid   **D.** Humor

Q.12 Direction: Select the related word from the given alternatives.

Delicacy : Pride :: Decent : ?

A. Gentle   **B.** Soft   **C.** Noble   **D.** Savage

Ques (13-20):Direction: Fill in the blanks with an appropriate word.

Q.13 He is not eligible ______ this post.
A. of   **B.** for   **C.** with   **D.** to

Q.14 Don't _________ me you've lost your keys again.
A. say   **B.** tell   **C.** speak   **D.** inform

Q.15 Would you like ____ apple?
A. a   **B.** an
C. the   **D.** no article

Q.16 Rohan ______ his leg when he played football last month.
A. broken   **B.** breaks
C. broke   **D.** was breaking

Q.17 After ______ (assess) the opposition, Abe suggested a strategy.
A. sizing up   **B.** bringing up
C. breaking up   **D.** showing up

Q.18 He was so afraid that his knees knocked ______ other.
A. Every   **B.** One   **C.** Each   **D.** None

Q.19 "We walked ______ the beach, collecting small crabs in a bucket."
A. along   **B.** below   **C.** under   **D.** over

Q.20 First language _________ the learning of second language.
A. hinders
B. works as an obstacle in
C. doesn't influence
D. supports

Ques (21-22):Direction: Choose the word which best expresses the opposite meaning of the word.

Q.21 BENEVOLENT
A. Generous   **B.** Friendly
C. Stingy   **D.** Liberal

Q.22 TACIT

[Territorial Army Officer, 2017]

| **A.** Order | **B.** Written |
| **C.** Oral | **D.** Understanding |

Ques (23-24):Direction: Select the most appropriate synonym of the given word.

Q.23 TIMID

A. Willful   **B.** Shy   **C.** Kind   **D.** Strong

Q.24 Bitterness

| **A.** Sourness | **B.** Hoarseness |
| **C.** Acrimony | **D.** Aspersion |

Q.25 Direction: Fill in the blanks with the most appropriate option.

There are ____ takers for animal fur today, while ___ of the yesteryear stars were proud owners of mink coats.

| **A.** few, quite a few | **B.** quite a few, a few |
| **C.** few, a few | **D.** a few, few |

// Smart Answer Sheet //

Correct — Percentage of students who answered correctly. **Skipped** — Percentage of students who skipped.

Q.	Ans.	Correct / Skipped	Q.	Ans.	Correct / Skipped	Q.	Ans.	Correct / Skipped	Q.	Ans.	Correct / Skipped	Q.	Ans.	Correct / Skipped
1	C	63.26 % / 1.23 %	6	A	46.53 % / 1.61 %	11	D	82.92 % / 0.0 %	16	C	46.26 % / 1.82 %	21	C	54.92 % / 1.3 %
2	D	52.07 % / 1.85 %	7	B	81.12 % / 0.0 %	12	D	88.98 % / 0.0 %	17	A	58.16 % / 1.71 %	22	C	57.89 % / 1.66 %
3	C	50.63 % / 1.49 %	8	B	45.73 % / 1.67 %	13	A	45.51 % / 1.53 %	18	C	51.28 % / 1.87 %	23	B	47.71 % / 1.3 %
4	C	49.84 % / 1.16 %	9	B	69.56 % / 2.0 %	14	B	66.74 % / 1.54 %	19	A	41.31 % / 1.79 %	24	C	52.21 % / 1.06 %
5	C	63.19 % / 1.5 %	10	A	85.53 % / 0.0 %	15	B	61.56 % / 1.06 %	20	D	49.39 % / 1.02 %	25	A	58.84 % / 1.62 %

//संकेत और समाधान//

1. Ugh! is interjection.

An interjection is a word or phrase that is grammatically independent of the words around it, and mainly expresses feeling rather than meaning.

Example : Oh! what a beautiful house

Hence, the correct option is (C).

2. The correctly spelt word is **forecast.**

Forecast means to say (with the help of information) what will probably happen in the future.

Example: Meanwhile, a tropical wave off the west coast of Africa is **forecast** to emerge offshore Sunday.

Hence, the correct option is (D).

3. The given sentence is a declarative sentence: a statement of fact.

There must be a comma (,) after "Fortunately" as it separates the imperative clause from the object clause, and makes it an easier sentence to read.

A period (.) marks the end of a declarative sentence.

Correct sentence: Fortunately, nobody was seriously injured in the accident.

Hence, the correct option is (C).

4. The given sentence is an interrogative sentence.

Interrogative sentences feature a word order with the predicate and primary verb before the subject.

"Have you seen Smriti's new dress that she wore on Saturday" is an Interrogative sentence, it must end with the question mark (?).

Structure: auxiliary verb + subject + verb...

Example: Have they lived together for over thirty years?

When a singular noun has possession over another noun (such as Mom's hat or the boy's dog), add an apostrophe (') + "S" to the end of the noun, so Smriti's is the correct format.

Example: The cat's kittens all began meowing at once.

Correct sentence: Have you seen Smriti's new dress that she wore on Saturday?

Hence, the correct option is (C).

5. An interrogative pronoun, like the name suggests, is used to ask questions. It refers to something or someone. What, which, who, whom and whose are the five interrogative pronouns in the English language.

In sentence **"Why did you act like this? This matter has been perplexing me."**

Why is interrogative pronoun.

Hence the correct option is (C).

6. The given sentence is in Present Perfect Continuous tense.

The present perfect continuous tense (also known as the present perfect progressive tense) shows that something started in the past and is continuing at the present time.

Structure: Subject + has\have + ing form of the verb + Object

Example : I have been reading War and Peace for a month now.

'Have' is used with the pronouns I, you, we, and they. 'Has' is used with he, she, and it.

In the given sentence, it is evident that the present perfect continuous tense is used to show that raining has started in the past and is continuing at the present time.

Thus, 'has been raining' is the correct option to fill in the blank.

Hence, the correct option is (A).

7. Present continuous tense is the correct tense in the given sentence.

Present continuous verb tense indicates that an action or condition is happening now, frequently, and may continue into the future.

Present Continuous Formula: to be [am, is, are] + verb [present participle] Aunt Christine is warming up the car while Scott looks for his new leather coat.

- Example: Children are going to school.

Hence, the correct option is (B).

8. Choreographer - one who plans the steps and moves in a dance. For Example: Lea Anderson is a choreographer who believes in making dance accessible.

Let's look at the meaning of the other options:

Composer: a person who writes music, especially as a professional occupation. For Example: The composer expresses his sorrow in his music.

Producer: a person, company, or country that makes, grows, or supplies goods or commodities for sale. For Example: a film producer.

Director: a person who is in charge of an activity, department, or organization. For Example: The director resigned in protest at the decision.

Hence, the correct option is (B).

9. The meaningful word from the words "JEUKAMTRXH" is "Heart".

"Heart" means the organ inside your chest that sends blood round your body.

Example: I could feel my heart pounding.

Hence, the correct option is (B).

10. The masculine of a **sister** is a **brother.**

The word **sister** describes a woman.

Hence, the correct option is (A).

11. Humor is not an adjective.

Humor is used as a noun. An adjective is a part of speech that can be used to describe or provide more information about a noun or pronoun that acts as the subject in a sentence. Adjectives are found after the verb or before the noun it modifies.

Hence, the correct option is (D).

12. Delicacy is the antonym of Pride.

Similarly;

Decent is the antonym of Savage.

Gentle is the antonym of Brutal.

Soft is the antonym of Hard.

Noble is the antonym of ignoble.

Hence, the correct option is (D).

13. Eligible always takes the fixed preposition 'for'.

It means to be suitable for something.

Eg: You may also not be eligible for the lowest interest rate, if you have poor credit.

Thus, the most correct option for the blank is - for.

Hence, the correct option is (A).

14. Correct sentence: Don't tell me you've lost your keys again.

Don't tell me you've lost your keys again.

- The verb 'tell' means to communicate information to someone in spoken or written words.
- The verb 'say' means to utter words so as to convey information, an opinion, a feeling or intention, or an instruction.
- The verb 'speak' means to say something in order to convey information or to express a feeling.
- The verb 'inform' means to give (someone) facts or information.

Hence, the correct option is (B).

15. Indefinite articles are used before unspecific, singular nouns. We use 'a' before nouns that begin with a consonant sound and 'an' before nouns that begin with a vowel sound.

Since 'apple' here refers to an unspecific one and begins with a vowel sound, we need to use the indefinite article 'an'.

Complete sentence: Would you like an apple?

Hence, the correct option is (B).

16. Complete sentence- Rohan broke his leg when he played football last month.

The past tense is used to express an action that has completed at some time in the past.

In the above sentence, the subject has done the action in the past.

The structure is- Subject + verb of the past form(V_2) + object.

Hence, the correct option is (C).

17. Correct sentence is "After sizing up (assess) the opposition, Abe suggested a strategy."

Meanings of the given options:

Size up = to examine something in order to make a judgment or form an opinion.

Break up = to make something separate into smaller pieces; to divide something into smaller parts.

Bring up = to mention a subject or start to talk about it.

Show up = to arrive where you have arranged to meet somebody or do something.

Hence, the correct option is (A).

18. He was so afraid that his knees knocked **each** other.

- From the given options, the correct choice to fill in the blank is 'each.'
- We know that each other is used to denote the mutual relationship between two people or things. Example: The sibling loves each other.
- From the above mentions information, it is clear that 'each' is the correct answer.

Hence, the correct option is (C).

19. Correct sentence: "We walked along the beach, collecting small crabs in a bucket."

A preposition is a word or group of words used before a noun, pronoun, or noun phrase to show direction, time, place, location, spatial relationships, or to introduce an object. Some examples of prepositions are words like "in," "at," "on," "of," and "to."

The preposition "along" means from one part of a road, river, etc., to another.

Hence, the correct option is (A).

20. First language supports the learning of second language.

First language: A native language or mother tongue that a child acquires since birth.

- use their previous knowledge when languages share identical rules.
- get motivated and gain a better understanding of how language works.
- feel secure and confident while building knowledge on prior experience.

Thus, it could be concluded that the first language supports the learning of the second language.

Hence, the correct option is (D).

21. The meaning of the given word:

- Benevolent- serving a charitable rather than a profit-making purpose.
- Stingy- unwilling to give or spend.
- Other words:

- Generous- showing kindness toward others.
- Friendly- kind and pleasant.
- Liberal- willing to respect or accept behavior or opinions different from one's own.

So from the given meanings, we find that Stingy is the antonym of benevolent.

Hence, the correct option is (C).

22. The meaning of the given words:

Tacit: The word 'Tacit' means understood or implied without being stated.

Oral: the word 'Oral' means relating to the transmission of information or literature by word of mouth.

So, from the given meanings, we find that tacit is the antonym for understanding.

Hence, the correct option is (C).

23. Let's look at the meanings of the given words:

- Timid- showing a lack of courage or confidence; easily frightened
- Shy- being reserved or having or showing nervousness or timidity in the company of other people
- Willful- (of an immoral or illegal act or omission) intentional; deliberate
- Kind- a group of people or things having similar characteristics
- Strong- having the power to move heavy weights or perform other physically demanding tasks

So from the given meanings, we find that Timid and Shy are synonyms.

Hence, the correct option is (B).

24. Bitterness: Sharpness of taste, lack of sweetness

Acrimony: Bitterness or ill-feeling

Sourness: Having an acid taste like lemon or vinegar

Hoarseness: Sounding rough and harsh, typically as the result of a sore throat or of shouting

Aspersion: An attack on the reputation or integrity of someone or something

Synonym of Bitterness is Acrimony.

Hence, the correct option is (C).

25. There are **few** takers for animal fur today, while **quite a few** of the yesteryear stars were proud owners of mink coats.

- Few: a small number of.
- Quite a few: being of a large but indefinite number.

It is appropriate to use 'few' and 'quite a few' respectively in the blanks of the sentence.

Hence, the correct option is (A).

Q.1 Direction: Choose the correct form of Adjective for the given word.

Danger

A. Dang
B. Dangerous
C. Dangerously
D. Dangers

Ques (2-9):Direction: Fill in the blank with the most appropriate alternative.

Q.2 I am having a dinner party for ___ close friends of mine at my residence.

A. Some
B. A few
C. Many
D. None of these

Q.3 May I ask you ___ questions?

A. A few
B. Little
C. A little
D. None of these

Q.4 My servant ____ with all my money.

A. Have escaped
B. Was run away
C. Has run off
D. Running away

Q.5 Hannah ___ her work till now.

A. Does not do
B. Did not do
C. Has not done
D. Will not do

Q.6 She ____ television when the accident occurred.

A. Watched
B. Was watching
C. Has been watching
D. Is watching

Q.7 He _______ in India.

A. live
B. lives
C. is living
D. are living

Q.8 After __________ smoking, they let the cigarette fall on the wood floor.

A. finished
B. finishing
C. had finished
D. finishes

Q.9 My brother is devoted _______ religion.

A. with
B. to
C. at
D. in

Q.10 Direction: Select the most similar meaning of the given word:

Enrage

A. Anger
B. Crowd
C. Answer
D. Anxiety

Q.11 Choose the correct spelt word out of the given alternatives.

A. Itinaray
B. Itinarery
C. Itinarery
D. Itinerary

Q.12 Choose the correctly punctuated sentence.

A. Bravo! You have recited the poem very well.
B. Bravo, You have recited the poem very well.
C. Bravo. You have recited the poem very well.
D. "Bravo" You have recited the poem very well.

Q.13 Choose the correctly punctuated sentence.

A. Do you know where the mall is!
B. Do you know where the mall is.
C. Do you know where the mall is?
D. Do you know where the mall is,

Q.14 Which is interrogative pronoun in sentence "To whom she was talking about?

A. was
B. she
C. to
D. whom

Q.15 Direction: Fill in blank with the correct option:

Please don't _____ (medal /meddle) in my business, I will ask for your _____ (advice/advise).

A. medal, advice
B. meddle, advise
C. meddle, advice
D. medal, advise

Q.16 Direction: Select the most appropriate word to fill in the blank.

I _____ something burning now.

A. smell
B. have smelt
C. smelt
D. have been smelling

Q.17 Identify the interjection from the following sentence:

Why, is it really Sujata on the phone?

A. Why
B. On
C. The
D. None of these

Q.18 Direction: Choose the word which is most OPPOSITE of the given word.

Static

A. Steadfast
B. Rooted
C. Mobile
D. Still

Q.19 Direction: Select the most similar meaning of the given word:

Wander

A. Think
B. Run
C. Roam
D. Sing

Q.20 Direction: Name the form of tense for the bold word.

I was going to play badminton but decided to stay indoors.

A. Simple Present
B. Present Perfect
C. Simple Past
D. Past Continuous

Q.21 Direction: Select the most appropriate one-word substitution for the given words.

A very large impressive residence

[SSC CGL, 2020]

A. Cottage
B. Cabin
C. Igloo
D. Mansion

Q.22 Direction: Change the gender of the underlined noun and rewrite the sentence:

When her <u>aunt</u> died, Katie moved in with Carmen.

A. When her brother died, Katie moved in with Carmen.
B. When her father died, Katie moved in with Carmen.
C. When her uncle died, Katie moved in with Carmen.

D.   When her mother died, Katie moved in with Carmen.

Q.23 Direction: In each of the following questions find out the alternative which will replace the question mark.

Ornithologist : Bird :: Archaeologist : ?

A. Islands   **B.** Mediators
C. Archaeology   **D.** Aquatic

Q.24 Direction: Rearrange the letters to form meaningful words.

LUFTETR

A. Fluttre   **B.** Flutter   **C.** Fluettr   **D.** Flutetr

Q.25 Direction: Choose the word which best expresses the opposite meaning of the word.

SAPIENT

A. Wise   **B.** Foolish   **C.** Wasteful   **D.** Culvert

// Smart Answer Sheet //

Correct Percentage of students who answered correctly. **Skipped** Percentage of students who skipped.

Q.	Ans.	Correct / Skipped	Q.	Ans.	Correct / Skipped	Q.	Ans.	Correct / Skipped	Q.	Ans.	Correct / Skipped	Q.	Ans.	Correct / Skipped
1	C	47.64 % / 1.41 %	6	B	46.2 % / 1.62 %	11	D	68.59 % / 1.64 %	16	A	43.79 % / 1.61 %	21	D	66.53 % / 1.5 %
2	B	42.04 % / 1.08 %	7	B	59.45 % / 1.08 %	12	A	12.11 % / 3.16 %	17	A	40.92 % / 1.9 %	22	C	41.15 % / 1.37 %
3	A	66.07 % / 1.5 %	8	B	58.25 % / 1.42 %	13	C	83.94 % / 0.0 %	18	C	50.29 % / 1.52 %	23	C	45.1 % / 1.34 %
4	C	62.82 % / 1.64 %	9	B	84.26 % / 0.0 %	14	D	59.34 % / 1.72 %	19	C	65.64 % / 1.94 %	24	B	46.08 % / 1.39 %
5	C	55.12 % / 1.07 %	10	A	49.07 % / 1.81 %	15	C	57.09 % / 1.65 %	20	D	49.53 % / 1.16 %	25	B	68.78 % / 1.0 %

//संकेत और समाधान//

1. The correct adjective form of the given Noun 'Danger' is **Dangerous**.

Danger (noun) means the possibility of harm or death to someone.

For example - He drove so fast that I really felt my life was in **danger**.

Dangerous (adjective) - A dangerous person, animal, thing, or activity could harm you.

For example - The men are armed and **dangerous**.

Hence, the correct option is (C).

2. A few means a small number of something.

Some means an unspecified number of something.

Many means a large number, amount of something.

A few fits appropriately in this context.

I am having a dinner party for **a few** close friends of mine at my residence.

Hence, the correct option is (B).

3. A few means a small number of something.

Little means small in size, amount, or degree.

A little also means small in size, amount, or degree but it refers to amount less than that of little.

A few fits appropriately in this context.

May I ask you **a few** questions?

Hence, the correct option is (A).

4. Has run off means a person who has run away already.

Have escaped means more than a person who have already escaped.

Was run away does not make sense as it is grammatically incorrect.

Running away means a present action in which someone is running.

Has run off fits appropriately in this context.

My servant **has run off** with all my money.

Hence, the correct option is (C).

5. Has not done means a task which was given earlier but it is not complete yet.

Does not do means a present action in which an action or a task is not done.

Did not do means to not have done something.

Will not do is a future action that tells that something will not be done.

Has not done fits appropriately in this context.

Hannah **has not done** her work till now.

Hence, the correct option is (C).

6. Was watching means a past action of seeing something.

Watched means that something has already been seen by someone.

Has been watching means that something is being still seen which was started earlier.

Is watching means to watch in the present moment.

Was watching fits appropriately in this context.

She **was watching** television when the accident occurred.

Hence, the correct option is (B).

7. Lives is a word in present tense and it means to stay somewhere. It is mostly used for a single being.

Lives fits appropriately in this context.

He **lives** in India.

Hence, the correct option is (B).

8. Finishing is a word in present continuous form which means to finish something in the present moment.

Finishing fits appropriately in this context.

After **finishing** smoking, they let the cigarette fall on the wood floor.

Hence, the correct option is (B).

9. The word **to** fits appropriately in this context. The other words with, at and in do not fit appropriately in this context.

My brother is devoted **to** religion.

Hence, the correct option is (B).

10. Let us see the meaning of Enrage:

Enrage: make (someone) very angry

Let us see the meanings of the words given in option:

Anger	fill (someone) with anger; provoke anger in
Crowd	(of a number of people) fill (space) almost completely, leaving little or no room for movement
Answer	say or write something as a reaction to someone or something
Anxiety	a feeling of worry, nervousness, or unease about something with an uncertain outcome

From the meaning of the given words, we can say that the word 'Anger' is the synonym of the word 'Enrage'.

Hence, the correct option is (A).

11. The correctly spelt word is **itinerary.**

Itinerary means a plan of a journey, including the route and the places that you will visit.

Example: On the Sea Paradise **itinerary** are several exciting dives each week, including a thrilling, must-do dive with manta rays

Hence, the correct option is (D).

12. The correct punctuated sentence is Bravo! You have recited the poem very well.

- Option (A) is the correctly punctuated sentence.
- Option (B) is incorrect. A comma is used when someone is directly addressed OR to separate two clauses/to separate ideas, objects, names in a sentence. Example: I will go to Goa, Mumbai and Pune.
- Option (C) is incorrect. The full stop is used at the end of a sentence. Example: She is my sister.
- Option (D) is incorrect. A quotation mark is used to introduce a direct speech. Example: She said, "I love cats."

Hence, the correct option is (A).

13. The correct punctuated sentence is Do you know where the mall is?

- Option (A) is incorrect. The exclamation mark is used to express strong feelings like sorrow, wonder, surprise or to emphasize. Example: I have found the lost photo album!
- Option (B) is incorrect. The full stop is used at the end of a sentence. Example: She is my sister.
- Option (D) is incorrect. The comma is used when someone is directly addressed OR to separate two clauses/to separate ideas, objects, names in a sentence.

Hence, the correct option is (C).

14. An interrogative pronoun, like the name suggests, is used to ask questions. It refers to something or someone. What, which, who, whom and whose are the five interrogative pronouns in the English language.

In sentence "**To whom she was talking about**?

whom is interrogative pronoun.

Hence the correct option is (D)

15. Let us see the meanings of the words in the brackets:

- Medal(noun): a metal disc typically of the size of a large coin and bearing an inscription or design, made to commemorate an event or awarded as a distinction to someone such as a soldier or athlete.
- Meddle (verb): interfere in something that is not one's concern.
- Advice (noun): guidance or recommendations offered with regard to prudent future action.
- Advise (verb): offer suggestions about the best course of action to someone.

Correct sentence: Please don't meddle in my business, I will ask for your advice.

Hence, the correct option is (C).

16. The given sentence is in the simple present tense, therefore the present simple tense form of the verb should be used.

Let us explore the given options:

- 'Smell' is the simple present form of the verb.
- 'Have smelt' is the past perfect form of the verb.
- 'Smelt' is the simple past form of the verb.
- 'Have been smelling' is the present perfect continuous form of the verb.

Complete Sentence: I **smell** something burning now.

Hence, the correct option is (A).

17. "Why" is used as an interjection.

As per the general rule, an interjection is a word or phrase that expresses something in a sudden or exclamatory way, especially an emotion.

Example:

- Congrats, You finally got your master's degree.
- Oh dear, I don't know what to do about this mess.

Here, in the given above examples, 'Congrats and Oh dear' can be used as an interjection.

Hence, the correct option is (A).

18. Static means 'staying in one place without moving, or not changing for a long time.

- Example: Oil prices have remained static for the past few months.

Marked option 'Mobile' means 'able to move or be moved freely or easily.

- Example: Hitesh remained fairly mobile despite his disabilities.

It is clear that Static and Mobile are opposite in meaning.

Hence, the correct option is (C).

19. Wander means 'to walk around slowly in a relaxed way or without any clear purpose or direction'

- Ex: We spent the morning wandering around the old part of the city.

Marked option 'Roam' means 'to move about or travel, especially without a clear idea of what you are going to do'

- Ex: After the bars close, gangs of youths roam the city streets.

It's clear that 'Wander' and 'Roam' are similar in meaning.

Hence, the correct option is (C).

20. Sentence in past continuous form is written as "Subject + was/were + ing + object".

Here, was going represents past continuous form.

Hence, the correct option is (D).

21. A very large impressive residence- Mansion

Cottage: a small and usually old house, especially in the country.

Cabin: a small room in a ship or boat, where a passenger sleeps.

Igloo: a small house that is built from blocks of hard snow.

Hence, the correct option is (D).

22. An opposite word can be defined as a word that expresses a meaning as opposed to the meaning of a particular word.

- In this case, the two words are called antonyms of each other.
- Let us explore the antonyms of the given options:
    - Brother: Sister
    - Father: Mother
    - Uncle: Aunt
    - Mother: Father
- Therefore, the gender of the underlined noun is "uncle."

Correct sentence: When her **uncle** died, Katie moved in with Carmen.

Hence, the correct option is (C).

23. As Ornithologist is a specialist of Birds similarly Archaeologist is a specialist of Archaeology.

Hence, the correct option is (C).

24. After rearranging 'LUFTETR' only meaningful word can be form - Flutter

Flutter : fly unsteadily or hover by flapping the wings quickly and lightly.

Hence, the correct option is (B).

25. Let's look at the meanings of the given word and marked option:

- Sapient- having or showing deep understanding and intelligent application of knowledge
- Foolish- showing or marked by a lack of good sense or judgment

Let's look at the meanings of the other given options:

- Wise- having or showing deep understanding and intelligent application of knowledge
- Wasteful- given to spending money freely or foolishly
- Culvert- a transverse drain

So, from the given meanings, we find that foolish and Sapient are antonyms.

Hence, the correct option is (B).

Ques (1-5):निर्देश: दिए गए व्यंजक को सरल कीजिए।

Q.1 $853 + ? \div 17 = 1000$

A. 2482   B. 2499   C. 2516   D. 16147

Q.2 $(? - 968) \div 79 \times 4 = 512$

A. 10185   B. 10190   C. 11075   D. 11080

Q.3 1-[5-{2+(-5+6-2) 2}]

A. -4   B. 2   C. 0   D. 2

Q.4 $1888 \div 4 \div 8 = ?$

A. 73   B. 94   C. 59   D. 47

Q.5 $549 \div 3 \times 54 - 25 \times 321 + 31 = ?$

A. 1888   B. 1887   C. 1886   D. 1898

Q.6 $36, 54$ और 72 का महत्तम समापवर्तक ज्ञात कीजिए।

A. 18   B. 3   C. 6   D. 12

Q.7 यदि (16470 में 6 का स्थानीय मान) $-$ (7605 में 6 का स्थानीय मान) $= 6 \times$ ____, तो रिक्त स्थान में आने वाली संख्या है:

[CTET Paper - I, 2016]

A. 800   B. 900   C. 600   D. 700

Q.8 निम्नलिखित संख्याओं को आरोही क्रम में व्यवस्थित करें: 65, 98, 58, 49, 36, 62

A. 36,49,58,62,65,98   B. 36,49,58,98,65,62

C. 49,36,58,62,65,98   D. 36,49,62,58,65,98

Q.9 42,365 में, 4 का स्थानीय मान ज्ञात कीजिए:

A. चार सौ   B. चालीस लाख

C. चार लाख   D. चार दस हजार

Q.10 धनात्मक अभाज्य पूर्णांकों की संख्या < 50 कितनी है?

[UPTET Paper - I, 2022]

A. 14   B. 25   C. 16   D. 15

Q.11 निम्नलिखित में से कौन सा पांच सौ साठ लाख, तिहत्तर हजार और आठ को मानक रूप में दर्शाता है?

A. 516,073,008   B. 506,073,008

C. 506,111,0008   D. 506,068,908

Q.12 दशमलव के रूप में $\frac{1}{8}$ क्या है?

A. 0.5   B. 0.125   C. 0.73   D. 0.42

Q.13 $(378 \times 236 \times 459 \times 312)$ के गुणनफल में इकाई का अंक होगा:

[UPTET Paper - I, 2022]

A. 6   B. 4   C. 2   D. 8

Q.14 यदि दो संख्याओं का अन्तर तथा गुणनफल क्रमशः 5 तथा 36 हो, तो उनके व्युत्क्रमों का अन्तर है:

[UPTET Paper - I, 2022], [UPTET Paper - I, 2019]

A. $\frac{5}{36}$ B. $\frac{9}{5}$ C. $\frac{5}{9}$ D. $\frac{31}{36}$

Q.15 एक पृष्ठ 25 सेमी लंबा और 20 सेमी चौड़ा है। इस पृष्ठ का परिमाप ज्ञात कीजिए:

A. 90 सेमी   B. 45 सेमी   C. 500 सेमी   D. 5 सेमी

Q.16 एक वर्ग का परिमाप 8 मीटर है। भुजा की लंबाई ज्ञात कीजिए।

A. 1 m   B. 2 m   C. 4 m   D. 8 m

Q.17 उस आयत का क्षेत्रफल ज्ञात कीजिए जिसकी लंबाई 15 सेमी और चौड़ाई 4 सेमी है।

A. 60 सेमी²   B. 50 सेमी²   C. 40 सेमी²   D. 30 सेमी²

Q.18 समय ज्ञात कीजिए जब:

मूलधन $=$ रु. 500, दर $= 7.5\%$ प्रति वर्ष और $S.I. =$ रु. 150

A. 20 वर्ष   B. 15 वर्ष   C. 10 वर्ष   D. 4 वर्ष

Q.19 2x-3=7 का हल है:

A. 5   B. 7   C. 12   D. 11

Q.20 1764 का वर्गमूल क्या है?

A. 47   B. 46   C. 48   D. 42

Q.21 कथन के लिए अभिव्यक्ति लिखें: तीन गुना x और 11 का योग:

A. x + 3 + 11   B. 3x + 11

C. 3 + 11x   D. 3x – 11

Q.22 इस श्रृंखला को देखें: 7, 10, 8, 11, 9, 12, ... आगे कौन सी संख्या आनी चाहिए?

[CLAT UG, 2018]

A. 7   B. 10   C. 12   D. 13

Q.23 80 का कितना प्रतिशत 36 है?

A. 45%   B. 25%   C. 30%   D. 50%

Q.24 एक व्यक्ति ने 45,000 रूपये में अपने घर के लिए एक बाइक खरीदी और उसके मरम्मत पर 10000 रूपये खर्च किये। उसने उसे 66,000 रूपये में बेच दिया। उसका लाभ या हानि ज्ञात कीजिये।

A. 10,000 रूपये   B. 11,000 रूपये

C. 12,000 रूपये   D. 13,000 रूपये

Q.25 यदि एक सांख्यिकीय आँकड़े का माध्य और माध्यिका क्रमशः 5 और 6 है, तो बहुलक का मान है:

A. 11   B. 9

C. 8   D. उपरोक्त में से कोई नहीं

// स्मार्ट उत्तर पुस्तिका //

सही उत्तर उन छात्रों का प्रतिशत जिन्होंने प्रश्नों का सही उत्तर दिया था।

छोड़ दिया उन छात्रों का प्रतिशत जिन्होंने प्रश्नों को छोड़ दिया था।

प्रश्न संख्या	उत्तर	सही उत्तर / छोड़ दिया
1	B	41.25 % / 1.65 %
2	D	44.56 % / 1.15 %
3	A	57.6 % / 1.99 %
4	C	62.1 % / 1.64 %
5	A	77.34 % / 0.0 %

प्रश्न संख्या	उत्तर	सही उत्तर / छोड़ दिया
6	A	76.42 % / 0.0 %
7	B	85.24 % / 0.0 %
8	A	42.31 % / 1.7 %
9	D	85.19 % / 0.0 %
10	D	87.71 % / 0.0 %

प्रश्न संख्या	उत्तर	सही उत्तर / छोड़ दिया
11	B	89.72 % / 0.0 %
12	B	43.04 % / 1.16 %
13	B	59.84 % / 1.93 %
14	A	77.79 % / 0.0 %
15	A	55.91 % / 1.81 %

प्रश्न संख्या	उत्तर	सही उत्तर / छोड़ दिया
16	B	84.13 % / 0.0 %
17	A	67.41 % / 1.15 %
18	D	57.14 % / 1.75 %
19	A	45.14 % / 1.18 %
20	D	88.05 % / 0.0 %

प्रश्न संख्या	उत्तर	सही उत्तर / छोड़ दिया
21	B	11.74 % / 4.45 %
22	B	40.47 % / 1.02 %
23	A	44.71 % / 1.96 %
24	B	64.64 % / 1.92 %
25	C	85.51 % / 0.0 %

//संकेत और समाधान//

1. मान लें,

$$853 + x \div 17 = 1000$$

फिर,

$$853 + \frac{x}{17} = 1000$$

$$\Rightarrow \frac{x}{17} = 1000 - 853 = 147$$

$$\Rightarrow x = 147 \times 17 = 2499$$

अत: विकल्प (B) सही है।

2. मान लें,

$$(x - 968) \div 79 \times 4 = 512$$

तब,

$$\frac{x-968}{79} \times 4 = 512$$

$$\Rightarrow x - 968 = \frac{512 \times 79}{4}$$

$$\Rightarrow x - 968 = 10112$$

$$\Rightarrow x = 10112 + 968$$

$$= 11080$$

अत: विकल्प (D) सही है।

3. 1 - [5 - {2 + (- 5 + 6 - 2) 2}]

= 1 - [5 - {2 + (- 1) 2}]

= 1 - [5 - {2 - 2}]

= 1 - [5 - 0]

= 1 - 5

= -4

अत: विकल्प (A) सही है।

4. $1888 \div 4 \div 8$

$$= \frac{1888}{4} \div 8$$

$$= 472 \div 8$$

$$= \frac{472}{8}$$

$$= 59$$

अत: विकल्प (C) सही है।

5. दिया है:

549 ÷ 3 × 54 - 25 × 321 + 31 = ?

183 × 54 - 25 × 321 + 31 = ?

9882 - 8025 + 31 = ?

9913 - 8025 = ?

? = 1888

∴ अभीष्ट उत्तर 1888 है।

अत: विकल्प (A) सही है।

6. दिया गया है:

संख्या 36,54 और 72 प्रयोग हैं।

उपयोग की गई अवधारणा:

महत्तम समापवर्तक (उच्चतम उभयनिष्ठ गुणक): यह सबसे बड़ा धनात्मक पूर्णांक है जो प्रत्येक पूर्णांक को विभाजित करता है। इसे कभी-कभी महत्तम सामान्य भाजक कहा जाता है।

$$36 \text{ के गुणक} = 1 \times 2 \times 2 \times 3 \times 3$$

$$54 \text{ के गुणक} = 1 \times 2 \times 3 \times 3 \times 3$$

$$72 \text{ के गुणक} = 1 \times 2 \times 2 \times 2 \times 3 \times 3$$

इसलिए हम कह सकते हैं कि उच्चतम सामान्य पूर्णांक $= 3 \times 3 \times 2 = 18$

∴ 36,54 और 72 का महत्तम समापवर्तक 18 है।

अतः विकल्प (A) सही है।

7. माना रिक्त स्थान में आने वाली संख्या ' a ' है।

16470 में 6 का स्थानीय मान $= 6000$

7605 में 6 का स्थानीय मान $= 600$

जैसा कि दिया गया है, $6000 - 600 = 6 \times a$

$$\Rightarrow 5400 = 6 \times a$$

$$\Rightarrow a = \frac{5400}{6}$$

$$\therefore a = 900$$

अत: विकल्प (B) सही है।

8. आरोही क्रम संख्याओं को सबसे छोटे मान से सबसे बड़े मान तक व्यवस्थित करने की एक विधि है।

यहाँ सबसे छोटा मान 36 है और सबसे बड़ा मान 98 है इसलिए दी गई संख्या का आरोही क्रम है: 36,49,58,62,65,98

अत: विकल्प (A) सही है।

9. 4 दस हजार के स्थान पर है। यह बताता है कि दस हजार के स्थान पर दस हजार के चार समूह हैं।

10,000+10,000+10,000+10,000 = 40,000

अत: विकल्प (D) सही है।

10. जैसा कि हम जानते हैं,

अभाज्य संख्या: वह संख्या जो केवल एक और स्वयं से विभाज्य हो।

जैसे: 2,3,5,7 आदि

2 एकमात्र सम अभाज्य संख्या है।

1 न तो अभाज्य और न ही मिश्रित संख्या है।

3 सबसे छोटी विषम अभाज्य संख्या है।

7 एक अंक की सबसे बड़ी अभाज्य संख्या है।

50 से कम अभाज्य संख्या $=$
2,3,5,7,11,13,17,19,23,29,31,37,41,43,47

∴ 50 से कम की कुल अभाज्य संख्या 15 है।

अत: विकल्प (D) सही है।

11. पांच सौ साठ लाख, तिहत्तर हजार और आठ के लिए मानक रूप 506,073,008 है।

अत: विकल्प (B) सही है।

12. विभाजन विधि का उपयोग करके $\frac{1}{8}$ को दशमलव के रूप में लिखना।

किसी भिन्न को दशमलव रूप में बदलने के लिए, हमें उसके अंश को हर से विभाजित करने की आवश्यकता है।

यहाँ, भिन्न $\frac{1}{8}$ है जिसका अर्थ है कि हमें $1 \div 8$ करने की आवश्यकता है।

यह उत्तर 0.125 के रूप में देता है।

इसलिए, $\frac{1}{8}$ एक दशमलव के रूप में 0.125 है।

अत: विकल्प (B) सही है।

13. हम 378,236,459 और 312 के इकाई अंक से $(378 \times 236 \times 459 \times 312)$ में गुणा करके इकाई स्थान का अंक प्राप्त कर सकते हैं।

378 का इकाई अंक 8 है।

236 का इकाई अंक 6 है।

459 का इकाई अंक 9 है।

312 का इकाई अंक 2 है

$(8 \times 6 \times 9 \times 2) = 864$

$(378 \times 236 \times 459 \times 312)$ में इकाई का अंक 4 है।

अत: विकल्प (B) सही है।

14. दिया गया है,

अन्तर $= 5$

गुणनफल $= 36$

जैसा कि हम जानते है,

किसी संख्या का व्युत्क्रम 1 संख्या से विभाजित होता है।

n का व्युत्क्रम $= \frac{1}{n}$

माना दो संख्याएँ a और b हैं।

a और b का व्युत्क्रम क्रमशः $\frac{1}{a}$ और $\frac{1}{b}$ है।

$a - b = 5$

$ab = 36$

उनके व्युत्क्रमों का अंतर है $\left\{\left(\frac{1}{b}\right) - \left(\frac{1}{a}\right)\right\}$

$= \frac{(a-b)}{ab}$

$= \frac{5}{36}$

अत: विकल्प (A) सही है।

15. दिया गया,

लम्बाई = 25 सेमी

चौड़ाई = 20 सेमी

आयत का परिमाप = 2(लंबाई + चौड़ाई)

$= 2(25+20)$

$= 2 \times 45$

= 90 सेमी

अत: विकल्प (A) सही है।

16. दिया गया:

वर्ग का परिमाप = 8 मीटर

वर्ग का परिमाप = 4 × भुजा की लंबाई

भुजा की लंबाई = वर्ग का परिमाप/4

$= \frac{8}{4}$

= 2 मीटर

अतः विकल्प (A) सही है।

17. दिया गया,

लम्बाई = 15 सेमी

चौड़ाई = 4 सेमी

आयत का क्षेत्रफल = लंबाई × चौड़ाई

$15 \times 4 = 60$

इसलिए आयत का क्षेत्रफल = 60 सेमी²

अतः विकल्प (A) सही है।

18. दिया गया है:

मूलधन $=$ रु. 500

दर $= 7.5\%$ प्रति वर्ष

$S.I. =$ रु. 150

जैसा कि हम जानते हैं,

$S.I. = \frac{P \times R \times T}{100}$

जहाँ, $P =$ मूलधन, $R =$ दर और $T =$ समय

$$\therefore T = \frac{S.I. \times 100}{P \times R}$$

$$\therefore T = \frac{150 \times 100}{500 \times 7.5}$$

$$\Rightarrow T = \frac{150}{5 \times 7.5}$$

$$\Rightarrow T = \frac{150}{37.5}$$

$$\therefore T = 4 \text{ वर्ष}$$

अत: सही विकल्प (D) है।

19. दिया हुआ:

$2x - 3 = 7$

$2x = 7 + 3 = 10$

$x = \dfrac{10}{2} = 5$

अत: विकल्प (A) सही है।

20. $\sqrt{1764} = \sqrt{42 \times 42}$

यहाँ 42 × 42 एक जोड़ी बनाता है इसलिए वे 1764 के लिए एक पूर्ण वर्गमूल बनाते हैं।

अतः विकल्प (D) सही है।

21. तीन बार x = 3x

तीन गुणा x और 11 का योग = 3x + 11

अत: विकल्प (B) सही है।

22. दी गई श्रृंखला में अगला 10 आएगा।

यह एक साधारण वैकल्पिक जोड़ और घटाव श्रृंखला है। पहले पैटर्न में, 3 जोड़ा जाता है; दूसरे में, 2 घटाया जाता है।

अत: विकल्प (B) सही है।

23. दो संख्याएँ हैं: 80 और 36

इसलिए,

$$= \frac{36}{80} \times 100\%$$

$$= \frac{9}{20} \times 100\%$$

$$= 9 \times 5\%$$

$$= 45\%$$

इसलिए, 80 का 45 प्रतिशत 36 है।

अतः विकल्प (A) सही है।

24. ⇒ बाइक का क्रय मूल्य = 45000 रु., उसने बाइक के मरम्मत पर खर्च किये = 10000 रु.

⇒ बाइक का वास्तविक क्रय मूल्य = (45000 + 10000) = 55000 रु.

⇒ बाइक का विक्रय मूल्य = 66000 रु.

⇒ अब लाभ = (66000 - 55000) रु. = 11000 रु.

अतः विकल्प (B) सही है।

25. किसी आंकड़ों के समूह का माध्य (औसत), आंकड़ों के समूह में सभी संख्याओं का योग करके और फिर आंकड़ों के समूह के मानों की संख्या से विभाजित करके प्राप्त किया जाता है।

जब किसी आंकड़ों के समूह को न्यूनतम से अधिकतम के क्रम में रखा जाता है तो मध्य मान ही माध्यिका होती है।

बहुलक वह संख्या होती है जो किसी आंकड़ों के समूह में सबसे अधिक बार आई होती है।

दिया गया है

माध्य = 5

माध्यिका = 6

बहुलक = 3(माध्यिका) – 2(माध्य)

बहुलक = 3(6) - 2(5)

⇒ 18 - 10 = 8

अत: विकल्प (C) सही है।

Q.1 72, 84 और 108 का लघुत्तम समापवर्त्य कौन सा है?

[Delhi Forest Guard, 2021]

A. 1632 **B.** 1234 **C.** 1512 **D.** 1108

Q.2 25450 को मानक रूप में अभिव्यक्त करने पर प्राप्त होता है:

[Jawahar Navodaya Entrance Class IX, 2021]

A. 2.545×10^{-4} **B.** 2545×10^1
C. 25.45×10^2 **D.** 2.545×10^4

Q.3 7 के चार क्रमागत गुणजों का योगफल 322 है। इनमें से सबसे छोटा गुणज ज्ञात कीजिए।

[Jawahar Navodaya Entrance Class IX, 2021]

A. 91 **B.** 84 **C.** 63 **D.** 70

Q.4 निम्नलिखित परिमेय संख्याओं में से, कौन-सी संख्या सबसे छोटी है?

[Jawahar Navodaya Entrance Class IX, 2021]

A. $\frac{2}{7}$ **B.** $\frac{-5}{7}$ **C.** $\frac{4}{-7}$ **D.** $\frac{3}{7}$

Q.5 269 में क्या जोड़ा जाए कि परिणामी संख्या एक पूर्ण वर्ग बन जाए?

[Jawahar Navodaya Entrance Class IX, 2021]

A. 13 **B.** 20 **C.** 55 **D.** 44

Q.6 निर्देश: निम्नलिखित संख्या श्रृंखला में प्रश्नवाचक चिन्ह (?) के स्थान पर क्या आयेगा?

$0.003 \times 0.0004 =?$

A. 0.0012 **B.** 0.00012
C. 0.000012 **D.** 0.0000012

Q.7 यदि एक रुपया से 60 वर्षों में साधारण ब्याज की दर से 10.2 रुपए का साधारण ब्याज प्राप्त होता है, तो प्रतिवर्ष ब्याज की दर क्या है?

A. 17% **B.** 14% **C.** 15% **D.** $12\frac{1}{2}\%$

Q.8 निम्नलिखित श्रृंखला को पूरा कीजिए

19, 24, 30, 37, 45,__?

A. 57 **B.** 64 **C.** 49 **D.** 54

Q.9 मोहन फलों को उनके लागत मूल्य पर बेचता है लेकिन 1 किग्रा के स्थान पर 850 ग्राम के बाट का उपयोग करता है। उसका लाभ प्रतिशत क्या है?

A. $17\frac{11}{17}\%$ **B.** $15\frac{11}{17}\%$ **C.** $17\frac{11}{15}\%$ **D.** $19\frac{11}{17}\%$

Q.10 निर्देश: निम्नलिखित को सरल करें।

$\frac{8080}{16} + 16 =?$

A. 552.5 **B.** 71 **C.** 568.5 **D.** 521

Q.11 यदि $0.13 \times p^2 = 13$, तो p बराबर है:

A. 10 **B.** 0.01 **C.** 0.1 **D.** 100

Q.12 25, 30 और 45 का लघुत्तम समापवर्त्य क्या है?

A. 25 **B.** 225 **C.** 450 **D.** 900

Q.13 निम्न में क्या सबसे बड़ा है:
0.9999, 0.0001, 0.0025 और 1

A. 0.9999 **B.** 0.0001 **C.** 1 **D.** 0.0025

Q.14 3240 के गुणनखण्डों का योग ज्ञात कीजिए

A. 10890 **B.** 11000 **C.** 10800 **D.** 10190

Q.15 40 के कारकों की संख्या ज्ञात कीजिए।

A. 2 **B.** 6 **C.** 8 **D.** 12

Q.16 $0.\overline{1}$ को परिमेय भिन्न में परिवर्तित कीजिए।

A. $\frac{10}{11}$ **B.** $\frac{1}{9}$ **C.** $\frac{1}{10}$ **D.** $\frac{9}{10}$

Q.17 यदि एक समकोण त्रिभुज का लम्ब 8 सेमी है और उसका क्षेत्रफल 20 वर्ग सेमी है, तो आधार की लम्बाई कितनी है?

A. 20 सेमी **B.** 05 सेमी **C.** 40 सेमी **D.** 08 सेमी

Q.18 ? का $45\% = 72.25$

A. 170 **B.** 165 **C.** 175 **D.** 160

Q.19 आँकड़ों 3,5,4,5,4,3 का बहुलक क्या है?

A. 3 **B.** 5
C. 4 **D.** कोई बहुलक नहीं है

Q.20 यदि ABC एक त्रिभुज है जहाँ AB = 3 सेमी, BC = 5 सेमी और AC = 4 सेमी है, तो इसका परिमाप ज्ञात कीजिए।

A. 12 सेमी **B.** 15 सेमी **C.** 18 सेमी **D.** 21 सेमी

Q.21 निर्देश: निम्नलिखित प्रश्न में प्रश्नवाचक चिन्ह (?) के स्थान पर क्या आना चाहिए?

$1.5 \times 78 \div 0.5 = ?$

A. 243 **B.** 234 **C.** 238 **D.** 216

Q.22 निर्देश: निम्नलिखित को सरल करें।

$238 \div 238 =?$

A. 0 **B.** 238 **C.** 28 **D.** 1

Q.23 एक वर्ग का परिधि ज्ञात कीजिए, जिसकी भुजा 4 मीटर है, __________ मीटर है।

A. 8 **B.** 16 **C.** 12 **D.** 10

Q.24 समीकरण -7x + 1 = 5 - 3x x = ?, के लिए संतुष्ट होंगे।

A. 2 **B.** 1
C. -1 **D.** इनमें से कोई नहीं

Q.25 निर्देश: निम्नलिखित को सरल करें।

102×103

A. 10506 **B.** 10505 **C.** 1050 **D.** 10504

// स्मार्ट उत्तर पुस्तिका //

सही उत्तर उन छात्रों का प्रतिशत जिन्होंने प्रश्नों का सही उत्तर दिया था।   **छोड़ दिया** उन छात्रों का प्रतिशत जिन्होंने प्रश्नों को छोड़ दिया था।

प्रश्न संख्या	उत्तर	सही उत्तर / छोड़ दिया	प्रश्न संख्या	उत्तर	सही उत्तर / छोड़ दिया	प्रश्न संख्या	उत्तर	सही उत्तर / छोड़ दिया	प्रश्न संख्या	उत्तर	सही उत्तर / छोड़ दिया	प्रश्न संख्या	उत्तर	सही उत्तर / छोड़ दिया
1	C	44.69 % / 1.46 %	6	D	51.11 % / 1.09 %	11	A	65.45 % / 1.25 %	16	B	57.08 % / 1.39 %	21	B	49.56 % / 1.15 %
2	D	68.49 % / 1.32 %	7	A	56.77 % / 1.8 %	12	C	60.33 % / 1.71 %	17	B	53.39 % / 1.96 %	22	D	68.42 % / 1.39 %
3	D	42.9 % / 1.37 %	8	D	41.74 % / 1.1 %	13	C	60.5 % / 1.54 %	18	D	64.43 % / 1.59 %	23	B	69.06 % / 1.64 %
4	B	81.08 % / 0.0 %	9	A	52.36 % / 1.25 %	14	A	65.0 % / 1.06 %	19	D	45.52 % / 1.24 %	24	C	53.26 % / 1.27 %
5	B	89.49 % / 0.0 %	10	D	47.82 % / 1.05 %	15	C	54.73 % / 1.97 %	20	A	45.79 % / 1.66 %	25	A	42.67 % / 1.97 %

//संकेत और समाधान//

1. अभाज्य गुणनखंडन:

$72 = 2 \times 2 \times 2 \times 3 \times 3$

$84 = 2 \times 2 \times 3 \times 7$

$108 = 2 \times 2 \times 3 \times 3 \times 3$

(72, 84 और 108) का लघुत्तम समापवर्त्य $= 2 \times 2 \times 2 \times 3 \times 3 \times 3 \times 7 = 1512$

∴ 72, 84, और 108 का लघुत्तम समापवर्त्य 1512 है।

अतः विकल्प (C) सही है।

2. दिया गया:

संख्या है: 25450

किसी भी संख्या के लिए मानक रूप संख्या को व्यक्त करने का एक तरीका है।

यह आमतौर पर बड़ी या छोटी संख्या को व्यक्त करने के लिए प्रयोग किया जाता है

किसी दी गई संख्या का मानक रूप है:

$= m \times 10^n$

जहाँ, m एक ऐसी संख्या है कि $1 \leq m < 10$ और n 10 का घातांक है

हम इस प्रकार अनुसरण कर सकते हैं:

चरण 1: दी गई संख्या को लिख लें

यहाँ, दी गई संख्या 25450 है

चरण 2: मानक रूप में व्यक्त करें:

25450

$= 2.5450 \times 10000$

$= 2.5450 \times 10^4$

$= 2.545 \times 10^4$

अतः विकल्प (D) सही है।

3. दिया गया है:

7 के लगातार चार गुणज

$7k, 7(k+1), 7(k+2), 7(k+3)$

योग $= 322$

$7k + 7(k+1) + 7(k+2) + 7(k+3) = 322$

$\Rightarrow 7(k + k + 1 + k + 2 + k + 3) = 322$

$\Rightarrow 7(4k + 6) = 322$

$\Rightarrow 4k + 6 = 46$

$\Rightarrow 4k = 40$

$\Rightarrow k = 10$

7 के गुणजों का मान रखने पर, हमें 70, 77, 84, 91 प्राप्त होता है,

सबसे छोटा गुणक $= 70$

अतः विकल्प (D) सही है।

4. दिया गया है:

$$\frac{2}{7}, \frac{-5}{7}, \frac{-4}{7}, \frac{3}{7}$$

हर को अंश से विभाजित करने पर, हम प्राप्त करते हैं

$0.2, -0.71, -0.57, 0.42$

विभाजित करने पर सही क्रम: $-0.71 < -0.57 < 0.2 < 0.42$

इसलिए, सबसे छोटी संख्या $\frac{-5}{7}$ है।

अतः विकल्प (B) सही है।

5. 269 का निकटतम पूर्ण वर्ग 289 है, अर्थात 17 का वर्ग।

$\Rightarrow 289 - 269 = 20$

अतः, 269 को पूर्ण वर्ग बनाने के लिए जोड़ी जाने वाली सबसे छोटी संख्या 20 है।

अतः विकल्प (B) सही है।

6. यहां,

$\Rightarrow 0.003 \times 0.0004$

$\Rightarrow \frac{3}{1000} \times \frac{4}{10000}$

$\Rightarrow \frac{12}{10000000}$

$\Rightarrow 0.0000012$

अतः विकल्प (D) सही है।

7. प्रयुक्त सूत्र:

$$I = \frac{(P \times t \times r)}{100}$$

$I = $ ब्याज $= 1$

$P = $ मूलधन $= 10.2$

$t = $ समय $= 60$

$r = $ ब्याज की दर

दी गई शर्त के अनुसार,

$$\Rightarrow 10.2 = \frac{(1 \times 60 \times r)}{100}$$

$\therefore r = 17$

∴ ब्याज की दर 17% प्रतिवर्ष है।

अतः विकल्प (A) सही है।

8. दिया गया है:

19, 24, 30, 37, 45,__?

$\Rightarrow 19 + 5 = 24$

$\Rightarrow 24 + 6 = 30$

$\Rightarrow 30 + 7 = 37$

$\Rightarrow 37 + 8 = 45$

$\Rightarrow 45 + 9 = 54$

∴ संपूर्ण श्रृंखला 19, 24, 30, 37, 45, 54 है।

अतः विकल्प (D) सही है।

9. दिया है:

मोहन फलों को उनके लागत मूल्य पर बेचता है लेकिन 1 किग्रा के स्थान पर 850 ग्राम के बाट का उपयोग करता है

प्रयुक्त सूत्र:

प्रतिशत = त्रुटि/वास्तविक मूल्य $\times$ 100

$\Rightarrow$ त्रुटि = 1 किग्रा -850 ग्राम = $1000 - 850 = 150$ ग्राम

प्रश्नानुसार,

$\Rightarrow$ प्रतिशत = त्रुटि/वास्तविक मूल्य $\times$ 100 = $\frac{150}{850} \times 100 = 17\frac{11}{17}$

इसलिए, लाभ प्रतिशत $17\frac{11}{17}$ % है।

अतः विकल्प (A) सही है।

10. दिया गया है:

$\Rightarrow \frac{8080}{16} = 505$

$\Rightarrow 505 + 16 = 521$

∴ सही उत्तर 521 है।

अतः विकल्प (D) सही है।

11. दिया गया है,

$0.13 \times p^2 = 13$

$\Rightarrow p^2 = \frac{13}{0.13}$

$\Rightarrow p^2 = \frac{13}{13} \times 100$

$\Rightarrow p^2 = 100$

$\Rightarrow p = 10$

अतः विकल्प (A) सही है।

12. दिया गया है:

25, 30, 45 का लघुत्तम समापवर्त्य

25 के गुणनखंड = $5 \times 5 \times 1$

30 के गुणनखंड = $2 \times 3 \times 5 \times 1$

45 के गुणनखंड = $3 \times 3 \times 5 \times 1$

अब, उपरोक्त संख्याओं का लघुत्तम समापवर्त्य = $2 \times 3 \times 3 \times 5 \times 5 \times 1 = 450$

अतः विकल्प (C) सही है।

13. दिया गया है,

$0.9999 < 1$

$0.0001 < 1$

$0.0025 < 1$

∵ सभी मान 1 से कम हैं।

अतः विकल्प (C) सही है।

14. दिया गया है:

3240

अवधारणा:

यदि $k = a^x \times b^y$, तो

a, और b अभाज्य संख्या होनी चाहिए

सभी गुणनखंडों का योग = $(a^0 + a^1 + a^2 + ... + a^x)(b^0 + b^1 + b^2 + ... + b^y)$

$3240 = 2^3 \times 3^4 \times 5^1$

गुणनखण्डों का योग = $(2^0 + 2^1 + 2^2 + 2^3)(3^0 + 3^1 + 3^2 + 3^3 + 3^4)(5^0 + 5^1)$

$\Rightarrow (1 + 2 + 4 + 8)(1 + 3 + 9 + 27 + 81)(1 + 5)$

$\Rightarrow 15 \times 121 \times 6$

$\Rightarrow 10890$

∴ अभीष्ट योग 10890 है।

अतः विकल्प (A) सही है।

15. प्रयुक्त अवधारणा:

किसी भी संख्या के गुणनखंडों की संख्या ज्ञात करने के लिए हम उस संख्या का अभाज्य गुणनखंडन करते हैं।

यदि $X = p_1{}^a \times p_2{}^b$, तो

$X = (a + 1) \times (b + 1)$ के कारकों की संख्या

जहाँ, $p_1, p_2 \rightarrow X$ के अभाज्य गुणनखंड

अब, $40 = 2^3 \times 5^1$

$\Rightarrow$ 40 के कारकों की संख्या = $(3 + 1) \times (1 + 1) = 4 \times 2 = 8$

∴ 40 के गुणनखण्डों की संख्या 8 है।

अतः विकल्प (C) सही है।

16. दिया गया है:

संख्या 0.1111

माना संख्या $0.1111 ...$ be x है।

$\Rightarrow x = 0.111$ .... (i)

$\Rightarrow 10x = 1.1111$ .... (ii)

समीकरण (i) को (ii) से घटाने पर,

$\Rightarrow 10x - x = (1.11 \ldots) - (0.111 \ldots)$

$\Rightarrow 9x = 1$

$\Rightarrow x = \frac{1}{9}$

अतः विकल्प (B) सही है।

17. दिया गया है:

समकोण त्रिभुज का लम्ब $= 8$ सेमी

क्षेत्रफल $= 20$ वर्ग सेमी

उपयोग किया गया सूत्र:

समकोण त्रिभुज का क्षेत्रफल $= \left(\frac{1}{2}\right) \times$ लम्ब $\times$ आधार

$\Rightarrow 20$ वर्ग सेमी $= \left(\frac{1}{2}\right) \times 8 \times$ आधार

$\Rightarrow$ आधार $= \frac{20}{4}$

$\Rightarrow 5$ सेमी

$\therefore$ आधार की लम्बाई 5 सेमी है।

अतः विकल्प (B) सही है।

18. प्रयुक्त सूत्र:

$$X\% = \frac{X}{100}$$

उपरोक्त सूत्र का उपयोग करने पर:

$\Rightarrow \frac{45}{100} \times ? = 72.25$

$\Rightarrow ? = \frac{72.25 \times 100}{45} = 160.55 \approx 160$

$\therefore$ सही उत्तर 160 है।

अतः विकल्प (D) सही है।

19. अवधारणा:

बहुलक $=$ अधिकतम बारंबारता

विश्लेषण:

आँकड़ों को बढ़ते क्रम में व्यवस्थित करने पर, हमें वितरण इस प्रकार प्राप्त होता है:

$3,3,4,4,5,5$

अधिकतम आने वाले अंक $3,4,5$ हैं।

$\therefore$ तो कोई बहुलक नहीं है।

अतः विकल्प (D) सही है।

20. दिया गया है,

ABC एक त्रिकोण है।

AB = 3 सेमी

BC = 5 सेमी

AC = 4 सेमी

जैसा कि हम सूत्र से जानते हैं,

परिमाप = तीनों भुजाओं का योग

P = AB + BC + AC

P = 3 + 5 + 4

P = 12 सेमी

अतः विकल्प (A) सही है।

21. दिया गया है:

$1.5 \times 78 \div 0.5 = ?$

$\Rightarrow 1.5 \times 78 \div 0.5$

$\Rightarrow 1.5 \times 156 = 234$

$\therefore ?$ का मान 234 है।

अतः विकल्प (B) सही है।

22. संख्या को स्वयं से भाग देने पर 0 को छोड़कर भागफल के रूप में 1 प्राप्त होता है।

यह 0 के लिए मान्य नहीं है।

अब प्रश्नानुसार

संख्या 238 स्वयं से विभाजित है।

$$238 \div 238 = \frac{238}{238} = 1$$

अतः विकल्प (D) सही है।

23. दिया गया है:

वर्ग की भुजा 4 मीटर है।

एक वर्ग का परिमाप = 4 × भुजा है

इसलिए, वर्ग का परिमाप = 4 × 4 = 16 मीटर

अतः विकल्प (B) सही है।

24. दिया गया है:

$\Rightarrow$ -7x + 1 = 5 - 3x

$\Rightarrow$ -7x + 3x = 5 - 1

$\Rightarrow$ -4x = 4

$\Rightarrow$ x = -1

इसलिए, x = -1 के मान के लिए, समीकरण संतुष्ट होगा।

अतः विकल्प (C) सही है।

25. दिया गया है:

102 में 103

$(100 + 2) \times (100 + 3)$

$[(x + a)(x + b) = x^2 + (a + b)x + ab]$ का प्रयोग करके

$= (100)^2 + (2 + 3) \times 100 + 2 \times 3$

$= 10000 + 5 \times 100 + 6 = 10000 + 500 + 6 = 10506$

अतः विकल्प (A) सही है।

$= (100)^2 + (2 + 3) \times 100 + 2 \times 3$

$= 10000 + 5 \times 100 + 6 = 10000 + 500 + 6 =$

Q.1 2024 ओलंपिक और पैरालिंपिक के शुभंकर के रूप में फ्रिजियन कैप का अनावरण किया गया है। 2024 ओलंपिक और पैरालिंपिक _________ में आयोजित किए जाएंगे।

A. पेरिस
B. सैन फ्रांसिस्को
C. न्यूयॉर्क
D. म्यूनिख

Q.2 अक्टूबर 2022 में _________ देश के साथ, भारत ने मिसाइलों, रॉकेटों और गोला-बारूद के निर्यात आदेश पर हस्ताक्षर किए हैं।

A. आज़रबाइजान
B. ईरान
C. मंगोलिया
D. आर्मेनिया

Q.3 एनएसडीसी इंटरनेशनल (एनएसडीसीआई) और पेरदामन ने _________ देश में भारतीय कुशल युवाओं और बाजार के अवसरों के बीच एक इंटरफेस बनाने के लिए भागीदारी की है।

A. ऑस्ट्रेलिया
B. जापान
C. दक्षिण कोरिया
D. न्यूजीलैंड

Q.4 भारत का चुनाव आयोग किस शहर में 31 अक्टूबर से 1 नवंबर तक 'चुनाव प्रबंधन निकायों की भूमिका, रूपरेखा और क्षमता' विषय पर एक अंतरराष्ट्रीय सम्मेलन की मेजबानी कर रहा है?

A. नई दिल्ली
B. लखनऊ
C. भोपाल
D. मुंबई

Q.5 केंद्रीय मंत्री और भारतीय लोक प्रशासन संस्थान (आईआईपीए) के राष्ट्रीय अध्यक्ष जितेंद्र सिंह ने 12 अक्टूबर 2022 को IIPA के 111 नए सदस्यों को मंजूरी दी। आईआईपीए के अध्यक्ष कौन हैं?

A. जगदीप धनखड़
B. अमित शाह
C. नरेंद्र मोदी
D. राजनाथ सिंह

Q.6 उत्तर प्रदेश का राजकीय पुष्प कौन सा है?

A. ऑर्किड
B. पलाश
C. कमल
D. सिरोई लिली

Q.7 निम्न में से कौनसा एक खनिज उत्तर प्रदेश में नहीं पाया जाता है?

A. चूना पत्थर
B. अभ्रक
C. बॉक्साइट
D. जिप्सम

Q.8 निम्न में से कौन उत्तर प्रदेश की पेयजल परियोजना है?

A. शारदा सहायक नहर परियोजना
B. ज्ञानपुर पम्प नहर परियोजना
C. गोकुल बैराज परियोजना
D. पथरई बाँध

Q.9 स्वतंत्रता के बाद उत्तर प्रदेश के पहले राज्यपाल कौन थे?

A. सुचेता कृपलानी
B. सरोजिनी नायडू
C. होर्मसजी पेरोशॉ मोदी
D. विश्वनाथ दास

Q.10 उत्तर प्रदेश पुलिस विभाग का मुख्यालय कहाँ स्थित है?

A. लखनऊ
B. गोंडा
C. बाराबंकी
D. कानपुर

Q.11 संयुक्त राष्ट्र सुरक्षा परिषद का अध्यक्ष/अध्यक्ष परिषद के सदस्यों के बीच हर _____ घूमता है।

A. हर 6 महीने में
B. हर 3 महीने में
C. हर साल
D. हर महीने

Q.12 आम आदमी बीमा योजना शुरू की गई?

A. 14 नवंबर, 2011
B. 5 मार्च, 2009
C. 10 मार्च, 2008
D. 2 अक्टूबर, 2007

Q.13 निम्नलिखित में से कौन सी नदी अरावली पर्वत से निकलती है?

A. साबरमती
B. केन
C. चंबली
D. बेतवा

Q.14 निम्नलिखित में से किन देश के एक तरफ काला सागर और दूसरी तरफ भूमध्य सागर है?

A. टर्की
B. अज़रबैजान
C. सीरिया
D. बुल्गारिया

Q.15 भारत में राष्ट्रीय विज्ञान दिवस कब मनाया जाता है?

A. 25 फरवरी
B. 28 फरवरी
C. 27 फरवरी
D. 24 फरवरी

Q.16 बिना पंखुड़ी वाले फूलों में परागण की सबसे सामान्य विधि निम्नलिखित में से कौन-सी है?

A. वायु
B. जल
C. कीट
D. उपरोक्त सभी

Q.17 निम्नलिखित में से कौनसा विटामिन रक्त के थक्के जमने में मदद करता है?

A. विटामिन A
B. विटामिन D
C. विटामिन K
D. विटामिन C

Q.18 न्यूटन की गति का द्वितीय नियम _____ की अवधारणा का परिचय देता है।

A. बल
B. कोणीय गति
C. वेग
D. त्वरण

Q.19 भारत, पाकिस्तान और श्रीलंका के अलावा वह कौन सा एशियाई देश है जहां की मुद्रा रुपया है?

[Soldier GD, 2021]

A. भूटान
B. म्यांमार
C. इंडोनेशिया
D. नेपाल

Q.20 निम्नलिखित में से कौन सी मिस्र की राजधानी है?

A. काहिरा
B. रोम
C. सिडनी
D. पेरिस

Q.21 _____ प्रसिद्ध व्यक्तित्व ने मराठी अखबार 'केसरी' की स्थापना की थी।

A. लोकमान्य तिलक
B. वल्लभभाई पटेल
C. लाला लाजपत राय
D. महात्मा गाँधी

Q.22 भारत के अधिकांश भाग में _____ से वर्षा होती है।

A. मार्च से जून
B. जून से सितंबर
C. अगस्त से नवंबर
D. नवंबर से फरवरी

Q.23 ऋतुओं का चक्र _____ के कारण होता है।

A. परिक्रमण
B. परिभ्रमण
C. आकर्षण-शक्ति
D. इनमें से कोई नहीं

Q.24 हमारे सौरमंडल का सबसे गर्म ग्रह कौन-सा है?

A. शुक्र
B. प्लूटो
C. मंगल
D. बुध

Q.25 किस भारतीय जन आंदोलन की शुरुआत महात्मा गांधी के प्रसिद्ध 'दांडी मार्च' से हुई थी?

A. खिलाफत आंदोलन
B. असहयोग आंदोलन
C. सविनय अवज्ञा आंदोलन

D. भारत छोड़ो आंदोलन

// स्मार्ट उत्तर पुस्तिका //

सही उत्तर उन छात्रों का प्रतिशत जिन्होंने प्रश्नों का सही उत्तर दिया था।   **छोड़ दिया** उन छात्रों का प्रतिशत जिन्होंने प्रश्नों को छोड़ दिया था।

प्रश्न संख्या	उत्तर	सही उत्तर / छोड़ दिया
1	A	45.29 %
		1.59 %
2	D	61.61 %
		1.96 %
3	A	51.56 %
		1.76 %
4	A	61.79 %
		1.93 %
5	A	23.36 %
		3.77 %

प्रश्न संख्या	उत्तर	सही उत्तर / छोड़ दिया
6	B	45.29 %
		1.75 %
7	B	64.35 %
		1.41 %
8	C	54.43 %
		1.58 %
9	B	83.29 %
		0.0 %
10	A	84.41 %
		0.0 %

प्रश्न संख्या	उत्तर	सही उत्तर / छोड़ दिया
11	D	86.64 %
		0.0 %
12	D	44.62 %
		1.66 %
13	A	53.4 %
		1.92 %
14	A	53.22 %
		1.06 %
15	B	63.2 %
		1.36 %

प्रश्न संख्या	उत्तर	सही उत्तर / छोड़ दिया
16	A	41.75 %
		1.66 %
17	C	47.97 %
		1.43 %
18	A	88.25 %
		0.0 %
19	D	11.27 %
		4.42 %
20	A	53.95 %
		1.93 %

प्रश्न संख्या	उत्तर	सही उत्तर / छोड़ दिया
21	A	88.5 %
		0.0 %
22	B	45.63 %
		1.1 %
23	B	43.57 %
		1.13 %
24	A	55.77 %
		1.09 %
25	C	59.5 %
		1.15 %

//संकेत और समाधान//

1. 2024 ओलंपिक और पैरालंपिक के शुभंकर के रूप में फ्रिजियन कैप का अनावरण किया गया है। 2024 ओलंपिक और पैरालंपिक पेरिसमें आयोजित किए जाएंगे।

ये लाल टोपियां पुरातन और फ्रांसीसी क्रांति में स्वतंत्रता की खोज का प्रतीक थीं। शुभंकर के पैरालंपिक संस्करण में एक कृत्रिम पैर है। पेरिस ओलंपिक का आयोजन 26 जुलाई से 11 अगस्त 2024 के बीच होगा। ओलंपिक इवेंट के रूप में ब्रेकडांसिंग की शुरुआत खेलों से होगी।

अतः विकल्प (A) सही है।

2. रक्षा निर्यात को बढ़ावा देने के लिए एक महत्वपूर्ण कदम में, भारत ने आर्मेनिया को मिसाइलों, रॉकेटों और गोला-बारूद के निर्यात आदेश पर हस्ताक्षर किए हैं। इस सौदे के तहत भारत द्वारा आर्मेनिया को 2,000 करोड़ रुपये से अधिक के सैन्य उपकरण निर्यात किए जाएंगे। इसमें स्वदेशी पिनाका रॉकेट लांचर के छह अतिरिक्त निर्यात भी शामिल हैं।

अतः विकल्प (D) सही है।

3. एनएसडीसी इंटरनेशनल (एनएसडीसीआई) और पेरदामन ने भारतीय कुशल युवाओं और ऑस्ट्रेलिया में बाजार के अवसरों के बीच एक इंटरफेस बनाने के लिए भागीदारी की है। एनएसडीसीआई विदेशों में रोजगार के लिए राष्ट्रीय और अंतर्राष्ट्रीय भागीदारी को संचालित करने में भूमिका निभाता है। पेरदामन पश्चिमी ऑस्ट्रेलिया में स्थित एक बहुराष्ट्रीय समूह है, जिसका विभिन्न प्रकार के बाजारों में भागीदारी में लंबे समय से ट्रैक रिकॉर्ड है।

अतः विकल्प (A) सही है।

4. भारत का चुनाव आयोग (ईसीआई) 31 अक्टूबर से 1 नवंबर तक नई दिल्ली में 'चुनाव प्रबंधन निकायों की भूमिका, रूपरेखा और क्षमता' विषय पर अंतर्राष्ट्रीय सम्मेलन की मेजबानी करेगा। ईसीआई, 'चुनाव अखंडता' पर कोहोर्ट के नेतृत्व के रूप में, ग्रीस, मॉरीशस और आईईएफईएस को कोहोर्ट के लिए सह-नेतृत्व के लिए आमंत्रित किया है। सम्मेलन का उद्घाटन मुख्य चुनाव आयुक्त राजीव कुमार करेंगे।

अतः विकल्प (A) सही है।

5. आईआईपीए के अध्यक्ष जगदीप धनखड़ (भारत के उपराष्ट्रपति) हैं। केंद्रीय मंत्री और भारतीय लोक प्रशासन संस्थान (आईआईपीए) के राष्ट्रीय अध्यक्ष जितेंद्र सिंह ने 12 अक्टूबर 2022 को आईआईपीए के 111 नए सदस्यों को मंजूरी दी। इसमें केंद्र में सहायक सचिव के रूप में कार्यरत 9 नवनियुक्त आईएएस अधिकारी शामिल हैं। आईआईपीए की सदस्यता पहले केवल सेवानिवृत्त अधिकारियों के लिए आरक्षित थी।

अतः विकल्प (A) सही है।

6. पलाश उत्तर प्रदेश का राजकीय पुष्प है।

उत्तर प्रदेश का प्रांतीय फूल पलाश या टेसू है। वैज्ञानिक नाम - ब्यूटिया मोनोस्पर्मा। आप इसे गर्मियों में पेड़ पर सभी लाल फूलों और बहुत कम पत्तियों के साथ देख सकते हैं।

अतः विकल्प (B) सही है।

7. अभ्रक, एक बहुपयोगी खनिज है जो आग्नेय एवं कायांतरित चट्टानों में खण्डों के रूप में पाया जाता हैं। इसे बहुत पतली-पतली परतों में काटा जा सकता है। यह रंगरहित या हलके पीले, हरे या काले रंग का होता है। अभ्रक, उत्तर प्रदेश में नहीं पाया जाता है।

अतः विकल्प (B) सही है।

8. गोकुल बैराज परियोजना उत्तर प्रदेश की एक पेयजल परियोजना है। यह परियोजना आगरा और मथुरा को पानी सुनिश्चित करने की परिकल्पना करती है। यह परियोजना गोकुल के पास यमुना नदी पर एक बैराज के निर्माण के माध्यम से पूरी हो रही है।

अतः विकल्प (C) सही है।

9. सरोजिनी नायडू आजादी के बाद उत्तर प्रदेश की पहली राज्यपाल थीं।

भारतीय स्वतंत्रता सेनानी सरोजिनी नायडू स्वतंत्र भारत में एक राज्य की पहली महिला राज्यपाल बनीं, जब उन्हें 1947 में संयुक्त प्रांत, अब उत्तर प्रदेश का राज्यपाल नियुक्त किया गया।

अतः विकल्प (B) सही है।

10. उत्तर प्रदेश पुलिस विभाग का मुख्यालय लखनऊ में स्थित है।

उत्तर प्रदेश पुलिस का मुख्यालय लखनऊ में गोमती नगर विस्तार के सिग्नेचर बिल्डिंग में है। 1863 में पुलिस अधिनियम, 1861 के तहत संयुक्त प्रांत के पुलिस महानिरीक्षक के कार्यालय के रूप में स्थापित किया गया। इसका नेतृत्व पुलिस महानिदेशक (डीजीपी) करते हैं।

अतः विकल्प (A) सही है।

11. संयुक्त राष्ट्र सुरक्षा परिषद की अध्यक्षता मासिक आधार पर उनके अंग्रेजी नाम के आधार पर सभी सदस्यों के बीच वर्णानुक्रम में घूमती है।

17 जनवरी 1946 को अपनी पहली बैठक में, यूएनएससी ने अनंतिम नियम 18 को अपनाया और राष्ट्रपति के चयन की निम्नलिखित विधि स्थापित की: राष्ट्रपति पद सुरक्षा परिषद के पंद्रह सदस्यों के बीच मासिक रूप से घूमता है। रोटेशन अंग्रेजी में सदस्य देशों के आधिकारिक नामों के वर्णानुक्रम में होता है। इस प्रकार, ऑस्ट्रेलिया पहला राष्ट्र था जिसने राष्ट्रपति पद धारण किया था। इस तरह का रोटेशन संयुक्त राष्ट्र के सभी अंगों के बीच राष्ट्रपति पद को अद्वितीय बनाता है। दिसंबर 1946 में ऑस्ट्रेलिया द्वारा दिए गए सुझाव को बदलने के लिए हर महीने की 17 तारीख को शर्तें शुरू हुईं और समाप्त हो गईं, इसलिए इस अवधि को बढ़ा दिया गया ताकि राष्ट्रपति हर महीने की पहली तारीख को घूमें। राष्ट्रपति संयुक्त राष्ट्र संघ के एकमात्र गैर-निर्वाचित प्रमुख हैं।

अतः विकल्प (D) सही है।

12. आम आदमी बीमा योजना 2 अक्टूबर 2007 को शुरू की गई थी। यह एक सामाजिक सुरक्षा योजना है, जो भारत के निम्न-आय वाले परिवारों की ओर लक्षित है।

अतः विकल्प (D) सही है।

13. साबरमती नदी अरावली पर्वत से निकलती है।

- साबरमती बेसिन राजस्थान और गुजरात राज्यों में फैला हुआ है, जिसका क्षेत्रफल 21,674 वर्ग किमी है, जिसकी अधिकतम लंबाई और चौड़ाई 300 किमी और 150 किमी है।

- यह 70°58' से 73°51' पूर्वी देशांतर और 22°15' से 24°47' उत्तरी अक्षांशों के बीच स्थित है।

- साबरमती नदी राजस्थान के उदयपुर जिले की कोटडी तहसील में अरावली पहाड़ियों से निकलती है।

- बेसिन उत्तर और उत्तर-पूर्व में अरावली पहाड़ियों, पश्चिम में कच्छ के रण और दक्षिण में खंभात की खाड़ी से घिरा है।

- बेसिन आकार में लगभग त्रिकोणीय है जिसका आधार साबरमती नदी है और शीर्ष बिंदु के रूप में वटरक नदी का स्रोत है।

- साबरमती राजस्थान के उदयपुर जिले में गांव तेपुर के पास 762 मीटर की ऊंचाई पर अरावली पहाड़ियों से निकलती है।

- दाएँ किनारे की सहायक नदियाँ सेई, सिरी और धमनी हैं।

- बाएँ किनारे की सहायक नदियाँ वकल, हरनव, हाथमती, खारी, वात्रक हैं।

अतः विकल्प (A) सही है।

14. तुर्की मध्य पूर्व में स्थित है, यूरोप और एशिया दोनों में क्षेत्र के साथ। यह देश बुल्गारिया, ग्रीस, इराक, सीरिया, आर्मेनिया, अजरबैजान, ईरान और जॉर्जिया के साथ सीमाएँ साझा करता है। यह काला सागर, भूमध्य सागर और

ईजियन सागर पर तटीय सीमाएँ भी हैं। लगभग 780,580 वर्ग किलोमीटर (301,382 वर्ग मील) के कुल क्षेत्रफल के साथ, देश टेक्सास राज्य से थोड़ा बड़ा है। तुर्की प्रशासनिक रूप से अस्सी प्रांतों में विभाजित है।

अतः विकल्प (A) सही है।

15. 28 फरवरी को भारत में राष्ट्रीय विज्ञान दिवस (एनएसडी) के रूप में मनाया जाता है। एनएसडी को 'रमन इफेक्ट' की खोज के उपलक्ष्य में मनाया जाता है, जिसके कारण सर चंद्रशेखर वेंकट रमन को नोबल पुरस्कार मिला।

देश भर के छात्र राज्य और राष्ट्रीय स्तर पर विज्ञान से संबंधित परियोजनाओं और नवाचारों को प्रस्तुत करते हैं। यह दिन युवाओं को विज्ञान के पहलुओं को समझने और उसमें रुचि विकसित करने के लिए प्रोत्साहित करने के लिए मनाया जाता है।

अतः विकल्प (B) सही है।

16. बिना पंखुड़ी वाले फूलों में वायु परागण का सबसे आम माध्यम है। परागण एक पौधे के नर भाग से पराग के पौधे के मादा भाग में स्थानांतरण को संदर्भित करता है जो निषेचन और बीजों के उत्पादन को सक्षम बनाता है, अक्सर एक जानवर या वायु द्वारा।

अत: विकल्प (A) सही है।

17. विटामिन K रक्त के थक्के जमने में मदद करता है।

विटामिन K रक्त के थक्के जमने के लिए आवश्यक 13 में से चार प्रोटीन बनाने में मदद करता है, जो घावों को लगातार बहने से रोकता है ताकि वे ठीक हो सकें। हृदय, फेफड़े, या पैरों में रक्त के थक्कों को बनने से रोकने के लिए जिन लोगों को एंटीकोआगुलंट्स (जिसे रक्त पतला भी कहा जाता है) निर्धारित किया जाता है, उन्हें अक्सर विटामिन K के बारे में सूचित किया जाता है।

अतः विकल्प (C) सही है।

18. न्यूटन के गति का द्वितीय नियम बल की अवधारणा का परिचय देता है। इसके अनुसार जब एक निरंतर बल एक विशाल शरीर पर कार्य करता है, तो एक स्थिर दर पर, इसके वेग को बदलने के लिए यह गति को तेज करता है। सरल भाषा में, किसी वस्तु पर लगाया गया बल, बल की दिशा में तेजी लाता है।

अतः विकल्प (A) सही है।

19. भारत, पाकिस्तान और श्रीलंका के अलावा वह नेपाल एशियाई देश है जहां की मुद्रा रुपया है।

रुपया भारत, इंडोनेशिया, मालदीव, मॉरीशस, नेपाल, पाकिस्तान, सेशेल्स और श्रीलंका की मुद्राओं और अफगानिस्तान, बहरीन, कुवैत, ओमान, संयुक्त अरब अमीरात (खाड़ी रुपये के रूप में) की पूर्व मुद्राओं का सामान्य नाम है। ब्रिटिश पूर्वी अफ्रीका, बर्मा, जर्मन पूर्वी अफ्रीका (रुपये/रुपये के रूप में), इंडोनेशिया और मालदीव में मुद्रा की इकाई को क्रमशः रुपिया और रूफिया के रूप में जाना जाता है।

अत: विकल्प (D) सही है।

20. काहिरा मिस्र की राजधानी है और अफ्रीका, अरब दुनिया और मध्य पूर्व में सबसे बड़ा शहरी समूह है। 21.9 मिलियन की आबादी वाला ग्रेटर काहिरा महानगरीय क्षेत्र जनसंख्या के हिसाब से दुनिया का 12वां सबसे बड़ा क्षेत्र है।

अतः विकल्प (A) सही है।

21. मराठी समाचार-पत्र 'केसरी' की स्थापना लोकमान्य तिलक ने की थी। केसरी अखबार मराठी भाषा का भारतीय अखबार है।

- अखबार की शुरुआत 1881 में भारतीय स्वतंत्रता आंदोलन के एक प्रमुख व्यक्तित्व, लोकमान्य बाल गंगाधर तिलक द्वारा की गई थी।

- केसरी अखबार की शुरुआत मूल रूप से अगरकर (पेपर के पहले संपादक), चिप्लुंकर और तिलक द्वारा एक सहकारी प्रयास के रूप में की गई थी, और तिलक के अंग्रेजी अखबार, महरात्ता के साथ प्रकाशित किया गया था, ताकि लोगों को विनम्र होने के बजाय उस

समय की दमनकारी व्यवस्था के खिलाफ उठने के लिए प्रोत्साहित करने के लिए किया गया।

- केसरी अभी भी पुणे में मूल कार्यालयों से प्रकाशित है। स्थानीय, राष्ट्रीय और अंतर्राष्ट्रीय समाचारों की रिपोर्ट करते हुए, यह पत्र आज भी महाराष्ट्र के प्रमुख दैनिक समाचार पत्रों में से एक है।

अतः विकल्प (A) सही है।

22. भारत के अधिकांश भाग में जून से सितंबर से वर्षा होती है।

भारत अपनी अधिकांश वर्षा दक्षिण-पश्चिमी मानसूनी हवाओं से प्राप्त करता है। दक्षिण-पश्चिम मानसून अवधि को जून से सितंबर के बीच की अवधि कहा जाता है। दक्षिण पश्चिम मानसून वर्ष से होने वाली मौसमी हवाएं हैं जो दक्षिण-पश्चिम दिशा में अरब सागर से भारत की मुख्य भूमि की ओर बहती हैं।

अतः विकल्प (B) सही है।

23. ऋतुओं का चक्र परिभ्रमण के कारण होता है।

ग्रह एक (अदृश्य) अक्ष के चारों ओर घूमता है। वर्ष के दौरान अलग-अलग समय पर, उत्तरी या दक्षिणी धुरी सूर्य के करीब होती है, जब यह परिभ्रमण के दौरान सूर्य के करीब और दूर होती है तो हमारे पास अलग-अलग मौसम होते हैं।

अतः विकल्प (B) सही है।

24. शुक्र हमारे सौरमंडल का सबसे गर्म ग्रह है।

शुक्र, सूर्य से दूसरा और हमारा निकटतम पड़ोसी ग्रह है। इसका घना वायुमण्डल एक ग्रीनहाउस प्रभाव में ऊष्मा को फंसा लेता है, जिससे यह हमारे सौर मंडल का सबसे गर्म ग्रह बन जाता है, जहां सतह का तापमान गर्म होता है।

अतः विकल्प (A) सही है।

25. सविनय अवज्ञा आंदोलन की शुरुआत महात्मा गांधी के प्रसिद्ध 'दांडी मार्च' से हुई थी।

सविनय अवज्ञा आंदोलन महात्मा गांधी के नेतृत्व में शुरू किया गया था। इसे 1930 में स्वतंत्रता दिवस के उपलक्ष्य में शुरू किया गया था। सविनय अवज्ञा आंदोलन की शुरुआत प्रसिद्ध दांडी मार्च के साथ हुई जब महात्मा गांधी 12 मार्च 1930 को अहमदाबाद के साबरमती आश्रम से 78 अन्य सदस्यों के साथ दांडी के लिए पैदल निकले।

अतः विकल्प (C) सही है।

Q.1 कैलिफोर्निया में आयोजित स्क्रीन एक्टर गिल्ड अवार्ड्स में 'एक प्रमुख भूमिका में एक महिला अभिनेता द्वारा उत्कृष्ट प्रदर्शन' का पुरस्कार किसने जीता?

A. जेसिका चैस्टेन

B. ब्राइस डलास हॉवर्ड

C. डायने क्रूगेर

D. मैकेंज़ी फ़ॉय

Q.2 भारत ने सिंगापुर वेटलिफ्टिंग इंटरनेशनल में कितने पदक जीते?

A. 4   **B.** 6   **C.** 8   **D.** 10

Q.3 नवंबर 2022 में सरकार ने भारत के ड्रग कंट्रोलर जनरल (DCGI) डॉ. वी.जी. सोमानी का कार्यकाल __________ तक बढ़ा दिया है।

A. एक साल   **B.** 3 महीने   **C.** 6 महीने   **D.** दो साल

Q.4 उत्तर प्रदेश में सबसे अल्प समय तक कौन मुख्यमंत्री के पद पर रहे?

A. हेमवती नंदन बहुगुणा

B. गोविन्द बल्लभ पंत

C. त्रिभुवन नारायण सिंह

D. इनमें से कोई नहीं

Q.5 क्षेत्रफल की दृष्टि से उत्तर प्रदेश का सबसे बड़ा जिला कौन सा है?

A. लखीमपुर खीरी

B. सोनभद्र

C. इलाहाबाद

D. शाहजहांपुर

Q.6 स्मार्ट शहर परियोजना के तहत उत्तर प्रदेश का पहला ट्रांसजेंडर शौचालय किस शहर के कामाख्या क्षेत्र में बनाया गया है?

A. आगरा   **B.** कानपूर   **C.** वाराणसी   **D.** लखनऊ

Q.7 बनारस हिंदू विश्वविद्यालय की स्थापना किसने की?

A. बाल गंगाधर तिलक

B. जवाहर लाल नेहरू

C. सर सयैद मोहम्मद

D. पंडित मदन मोहन मालवीय

Q.8 चेचक के टीकाकरण का आविष्कार किसने किया था?

A. सर फ्रेडरिक ग्रांट बैंटिंग

B. सर अलेक्जेंडर फ्लेमिंग

C. लुई पाश्चर

D. एडवर्ड जेनर

Q.9 रावतभाटा परमाणु ऊर्जा संयंत्र को किस देश के सहयोग से स्थापित किया गया है?

A. अमेरिका   **B.** फ्रांस   **C.** रूस   **D.** कनाडा

Q.10 यूनेस्को का मुख्यालय _____ में स्थित है।

A. लंदन   **B.** पेरिस   **C.** मास्को   **D.** वियना

Q.11 पेरियार वन्यजीव अभयारण्य ________ राज्य में स्थित है।

A. उत्तर प्रदेश

B. केरल

C. मध्य प्रदेश

D. महाराष्ट्र

Q.12 विटामिन K का रासायनिक नाम क्या है?

A. फाइलोक्विनोन

B. एस्कॉर्बिक एसिड

C. कोलेक्सिसिफेरोल

D. टोकोफेरॉल

Q.13 लाल लिटमस पेपर ________ के घोल में नीले रंग में बदल जाता है।

A. क्षार   **B.** अम्ल   **C.** लवण   **D.** कोई नहीं

Q.14 इनमें से किसकी आवृत्ति सबसे अधिक है?

A. गामा किरणें

B. रेडियो तरंगें

C. पराबैंगनी प्रकाश

D. अवरक्त किरणें

Q.15 बुल्गारिया की राजधानी क्या है?

A. बेरूत   **B.** बुखारेस्ट   **C.** सोफिया   **D.** ताशकंद

Q.16 निम्नलिखित में से कौन भारत की पहली ट्रांसजेंडर चुनाव राजदूत बनी?

A. गौरी सावंत

B. सत्यश्री शर्मिला

C. जोयिता मंडल

D. पृथिका यशिनी

Q.17 पुस्तक 'इंडिया विन्स फ्रीडम' किसके द्वारा लिखी गई थी?

A. जवाहर लाल नेहरू

B. महात्मा गांधी

C. वल्लभभाई पटेल

D. अबुल कलाम आज़ाद

Q.18 ग्रेट इंडियन डेजर्ट किसके साथ स्थित है:

A. भारत-पाक सीमा

B. भारत-चीन सीमा

C. भारत-अफगान सीमा

D. उपरोक्त में से कोई नहीं

Q.19 तंगरी नदी का उद्गम स्थल कहाँ है?

A. गंगोत्री

B. यमुनोत्री

C. मेवात हिल्स

D. शिवालिक पहाड़ियों की मोरनी पहाड़ियाँ

Q.20 निम्नलिखित में से किस हिमालय पर्वतमाला में बनिहाल दर्रा स्थित है?

A. ग्रेट हिमालय

B. पीर पंजाल

C. लद्दाख

D. जास्कर

Q.21 किस मोबिलिटी फर्म ने एवेल फाइनेंस पर हस्ताक्षर किए हैं?

A. उबर

B. कैबिफाइ

C. यांडेक्स टैक्सी

D. ओला

Q.22 भारतीय रिजर्व बैंक (RBI) ने किस शहर में रिजर्व बैंक इनोवेशन हब का उद्घाटन किया है?

A. नई दिल्ली   **B.** मुबई   **C.** बेंगलूरू   **D.** कोलकाता

Q.23 कोरिंगा वन्यजीव अभयारण्य भारत में निम्नलिखित में से किस राज्य में स्थित है?

A. तेलंगाना   **B.** आंध्र प्रदेश   **C.** कर्नाटक   **D.** केरल

Q.24 1965 में भारत-पाक युद्ध के दौरान भारत के प्रधानमंत्री कौन थे?

A. जवाहरलाल नेहरू

B. इंदिरा गाँधी

C. लाल बहादुर शास्त्री

D. राजीव गाँधी

Q.25 जब भारत आजाद हुआ तो उस समय कांग्रेस के अध्यक्ष कौन थे?

A. महात्मा गांधी

B. जवाहर लाल नेहरू

C. जे.बी. कृपलानी

D. सरदार पटेल

// स्मार्ट उत्तर पुस्तिका //

सही उत्तर	उन छात्रों का प्रतिशत जिन्होंने प्रश्नों का सही उत्तर दिया था।		छोड़ दिया	उन छात्रों का प्रतिशत जिन्होंने प्रश्नों को छोड़ दिया था।

प्रश्न संख्या	उत्तर	सही उत्तर / छोड़ दिया
1	A	45.4 % / 1.2 %
2	C	88.03 % / 0.0 %
3	B	52.29 % / 1.11 %
4	C	67.65 % / 1.45 %
5	A	66.78 % / 1.45 %

प्रश्न संख्या	उत्तर	सही उत्तर / छोड़ दिया
6	C	67.34 % / 1.64 %
7	D	69.75 % / 1.93 %
8	D	44.33 % / 1.45 %
9	D	11.94 % / 3.17 %
10	B	61.87 % / 1.91 %

प्रश्न संख्या	उत्तर	सही उत्तर / छोड़ दिया
11	B	83.02 % / 0.0 %
12	A	67.67 % / 1.06 %
13	A	43.29 % / 1.6 %
14	A	46.4 % / 1.82 %
15	C	26.99 % / 3.92 %

प्रश्न संख्या	उत्तर	सही उत्तर / छोड़ दिया
16	A	50.34 % / 1.23 %
17	D	64.32 % / 1.91 %
18	A	41.86 % / 1.24 %
19	D	65.63 % / 1.09 %
20	B	45.76 % / 1.96 %

प्रश्न संख्या	उत्तर	सही उत्तर / छोड़ दिया
21	D	68.49 % / 1.73 %
22	C	56.27 % / 1.8 %
23	B	42.96 % / 1.6 %
24	C	40.56 % / 1.48 %
25	C	63.32 % / 1.39 %

//संकेत और समाधान//

1. जेसिका चैस्टेन ने कैलिफोर्निया में आयोजित स्क्रीन एक्टर गिल्ड अवार्ड्स में 'एक प्रमुख भूमिका में एक महिला अभिनेता द्वारा उत्कृष्ट प्रदर्शन' का पुरस्कार जीता।

स्क्रीन एक्टर गिल्ड अवार्ड्स कैलिफोर्निया में आयोजित किए गए। एक प्रमुख भूमिका में एक महिला अभिनेता द्वारा उत्कृष्ट प्रदर्शन जेसिका चैस्टेन (द आइज़ ऑफ़ टैमी फेय) द्वारा जीता गया था। एक प्रमुख भूमिका में एक पुरुष अभिनेता द्वारा उत्कृष्ट प्रदर्शन विल स्मिथ (किंग रिचर्ड)। मोशन पिक्चर में एक कलाकार द्वारा उत्कृष्ट प्रदर्शन कोडा द्वारा जीता गया, जिसमें यूजेनियो डर्बेज़, डैनियल ड्यूरेंट, एमिलिया जोन्स, और बहुत कुछ शामिल थे।

अतः विकल्प (A) सही है।

2. भारत ने सिंगापुर वेटलिफ्टिंग इंटरनेशनल में 8 पदक जीते।

भारतीय भारोत्तोलक विकास ठाकुर और वेंकट राहुल रागला ने 27 फरवरी 2022 को सिंगापुर वेटलिफ्टिंग इंटरनेशनल में क्रमशः स्वर्ण और कांस्य पदक जीतकर राष्ट्रमंडल खेलों के लिए क्वालीफाई किया। इस प्रकार भारत ने 6 स्वर्ण, 1 रजत और 1 कांस्य सहित 8 पदकों के साथ प्रतियोगिता में अपना अभियान समाप्त किया।

अतः विकल्प (C) सही है।

3. सरकार ने ड्रग कंट्रोलर जनरल ऑफ इंडिया (DCGI) डॉ. वी.जी. सोमानी का कार्यकाल 3 महीने और बढ़ा दिया है।

उन्हें पहले अगस्त 2022 में विस्तार दिया गया था। डॉ. सोमानी को 14 अगस्त, 2019 को तीन साल की अवधि के लिए DCGI के रूप में नियुक्त किया गया था। DCGI केंद्रीय औषधि मानक नियंत्रण संगठन (CDSCO) का प्रमुख होता है, जो देश भर में गुणवत्तापूर्ण दवाओं की आपूर्ति सुनिश्चित करने के लिए उत्तरदायी होता है।

अतः विकल्प (B) सही है।

4. त्रिभुवन नारायण सिंह (8 अगस्त 1904 – 3 अगस्त 1982) भारत के एक राजनेता एवं उत्तर प्रदेश के मुख्यमन्त्री थे। वे 8 अक्टूबर 1970 से 4 अप्रिल 1971 तक मुख्यमन्त्री थे। बाद में 1970 से 1982 तक वे पश्चिम बंगाल के राज्यपाल रहे।

अतः विकल्प (C) सही है।

5. क्षेत्रफल की दृष्टि से लखीमपुर खीरी उत्तर प्रदेश का सबसे बड़ा जिला है।

लखीमपुर खीरी नेपाल की सीमा पर भारत के उत्तर प्रदेश का सबसे बड़ा जिला है। इसकी प्रशासनिक राजधानी लखीमपुर शहर है। लखीमपुर खीरी जिला 7,680 वर्ग किलोमीटर (2,970 वर्ग मील) के कुल क्षेत्रफल के साथ लखनऊ मंडल का एक हिस्सा है।

अतः विकल्प (A) सही है।

6. वाराणसी के कामाख्या क्षेत्र में उत्तर प्रदेश का पहला ट्रांसजेंडर शौचालय बनाया गया है।

- यह शहर की स्वच्छता में समुदाय की भागीदारी सुनिश्चित करेगा।
- इसका उद्घाटन शहर की मेयर मृदुला जायसवाल ने 18 फरवरी 2021 को किया था।
- सरकार शहर के विभिन्न स्थानों में चार और ट्रांसजेंडर शौचालय खोलने की योजना बना रही है।

अतः विकल्प (C) सही है।

7. बनारस हिंदू विश्वविद्यालय की स्थापना 1916 में पंडित मदन मोहन मालवीय द्वारा की गई थी।

- पंडित मदन मोहन मालवीय एक भारतीय सुधारक थे और वे अखिल भारतीय हिंदू महासभा के संस्थापक थे।
- बाल गंगाधर तिलक एक भारतीय राष्ट्रवादी और स्वतंत्रता आंदोलन के नेता थे।
- जवाहरलाल नेहरू भारत के पहले प्रधानमंत्री और सबसे लंबे समय तक रहने वाले प्रधानमंत्री थे।

अतः विकल्प (D) सही है।

8. एडवर्ड जेनर ने वर्ष 1796 में चेचक के टीकाकरण का आविष्कार किया था।

चेचक विषाणु के कारण होता है। लक्षणों में हल्का बुखार, शरीर में पित्त का प्रस्फुटन शामिल है।

आविष्कारक	आविष्कार	राष्ट्रीयता
सर फ्रेड्रिक ग्रांट बैंटिंग	इंसुलिन के सह-आविष्कारक	कैनेडियन
सर अलेक्जेंडर फ्लेमिंग	पेनिसिलिन	स्कॉटिश
लुई पाश्चर	पाश्चरीकरण	फ्रेंच
एडवर्ड जेनर	चेचक का टीका	इंग्लिश

अतः विकल्प (D) सही है

9. राजस्थान में स्थित रावतभाटा परमाणु ऊर्जा स्टेशन की स्थापना 1975 में हुई थी।

- इसे कनाडा सरकार के सहयोग से स्थापित किया गया था।
- यह भारत का दूसरा परमाणु ऊर्जा संयंत्र है।
- भारत का पहला प्रमुख परमाणु ऊर्जा संयंत्र तारापुर महाराष्ट्र (1969 में स्थापित) में है।
- रावतभाटा परमाणु ऊर्जा संयंत्र 1240 मेगावाट क्षमता वाला परमाणु संयंत्र है।
- तारापुर परमाणु संयंत्र की स्थापना संयुक्त राज्य अमेरिका की सहायता से की गई थी।

अतः विकल्प (D) सही है।

10. यूनेस्को का मुख्यालय पेरिस में स्थित है।

यूनेस्को का अर्थ संयुक्त राष्ट्र शैक्षिक, वैज्ञानिक एवं सांस्कृतिक संगठन है। इसका गठन 16 नवंबर 1945 को हुआ था। इसका मुख्यालय पेरिस, फ्रांस में है।

अतः विकल्प (B) सही है।

11. पेरियार वन्यजीव अभयारण्य केरल राज्य में स्थित है।

केरल में कुछ अन्य प्रसिद्ध राष्ट्रीय उद्यान और अभयारण्य हैं: -

- इडुक्की वन्यजीव अभयारण्य, परंबिकुलम वन्यजीव अभयारण्य, चिनार वन्यजीव अभयारण्य, थाटेकड पक्षी अभयारण्य, वायनाड वन्यजीव अभयारण्य, मुथांगा वन्यजीव अभयारण्य, अरूणा वन्यजीव अभयारण्य, एराविकुलम राष्ट्रीय उद्यान और साइलेंट वैली नेशनल पार्क।

अतः विकल्प (B) सही है।

12. फाइलोक्विनोन विटामिन K का रासायनिक नाम है और इसका रासायनिक सूत्र $C_{31}H_{46}O_2$ है। विटामिन K एक आवश्यक वसा में घुलनशील विटामिन है जो सामान्य जमावट को बनाए रखने में महत्वपूर्ण, कई थक्के कारकों और थक्कारोधी प्रोटीनों के सक्रियण में कोफ़ेक्टर के रूप में कार्य करता है। फ़ाइलोक्विनोन फाइलोक्विनोन के वर्ग का एक सदस्य है जिसमें क्रमशः 1,4-नैफ्थोक्विनोन मिथाइल और फ़ाइटल समूहों के 2 और 3 पदों पर होते हैं।

अतः विकल्प (A) सही है।

13. लाल लिटमस पेपर क्षार के मिश्रण में नीले रंग में बदल जाता है। लाल लिटमस एक कमजोर डिप्रोटिक एसिड को नियंत्रित करता है। एसिड-बेस

इंडिकेटर में इस्तेमाल होने वाले एक कमजोर एसिड में आमतौर पर एसिड फॉर्म और कंजुगेट बेस आयन फॉर्म के बीच एक अलग रंग होता है। यही कारण है कि इसमें पानी में घुलनशील क्षार को मिलाने पर यह नीला हो जाता है, और संयुग्मित आधार आयन के रंग की अनुमति देता है।

अतः विकल्प (A) सही है।

14. उपरोक्त विकल्पों में से गामा किरणों में उच्चतम आवृत्ति होती है। एक तरंग की आवृत्ति तरंगों की संख्या है जो एक सेकंड में एक बिंदु से गुजरती है। आवृत्ति को हर्ट्ज़ (Hz) की इकाई में मापा जाता है, 1 हर्ट्ज़ प्रति सेकंड एक बिंदु से गुजरने वाली एक तरंग के बराबर है। गामा किरणों की आवृत्ति 10^{19} हर्ट्ज से अधिक के क्रम में होती है। एक तरंग की ऊर्जा सीधे उसकी आवृत्ति से संबंधित होती है जो गामा किरणों को विद्युत चुम्बकीय विकिरण का सबसे उच्च ऊर्जा रूप बनाती है।

अतः विकल्प (A) सही है।

15. सोफिया बुल्गारिया की राजधानी है और यह लगभग 1.3 मिलियन लोगों की आबादी वाला यूरोपीय संघ का 15 वां सबसे बड़ा शहर है। इसे ग्लोबलाइज़ेशन और वर्ल्ड सिटीज़ रिसर्च नेटवर्क द्वारा बीटा शहर के रूप में स्थान दिया गया है। सोफिया में बुल्गारिया के कई प्रमुख विश्वविद्यालय, सांस्कृतिक संस्थान और वाणिज्यिक कंपनियां केंद्रित हैं।

अतः विकल्प (C) सही है।

16. गौरी सावंत मुंबई, भारत की एक ट्रांसजेंडर कार्यकर्ता हैं।

- वह सखी चार चौघी की निदेशक हैं जो ट्रांसजेंडर लोगों और एचआईवी / एड्स वाले लोगों की मदद करती है।
- उन्हें महाराष्ट्र में चुनाव आयोग का सद्भावना दूत बनाया गया था।
- सावंत का जन्म गणेश में और पालन पोषण पुणे में हुआ था।

अतः विकल्प (A) सही है।

17. पुस्तक 'इंडिया विंस फ्रीडम' को अबुल कलाम आज़ाद ने लिखा था। पुस्तक भारतीय स्वतंत्रता संग्राम का पहला विवरण देती है।

अबुल कलाम आज़ाद: वह 20 वीं शताब्दी की पहली छमाही में ब्रिटिश शासन के खिलाफ भारतीय स्वतंत्रता आंदोलन के नेताओं में से एक थे। इनका जन्म सऊदी अरब के मक्का में हुआ था। आज़ाद पत्रकारिता में तब सक्रिय हुए जब वह अपनी दिवंगत किशोरावस्था में थे, और 1912 में उन्होंने कलकत्ता, अल-हिलाल ("द क्रिसेंट") में एक साप्ताहिक उर्दू भाषा का समाचार पत्र प्रकाशित करना शुरू किया।

अतः विकल्प (D) सही है।

18. ग्रेट इंडियन डेजर्ट भारत-पाक सीमा पर स्थित है।

ग्रेट इंडियन डेजर्ट को थार मरुस्थल कहा जाता है। यह दुनिया के गर्म रेगिस्तानों में से एक है। इस क्षेत्र में कई राष्ट्रीय उद्यान और वन्यजीव अभयारण्य स्थित हैं। यह दुनिया का 17वां सबसे बड़ा रेगिस्तान और दुनिया का 9वां सबसे बड़ा उपोष्णकटिबंधीय रेगिस्तान है।

अतः विकल्प (A) सही है।

19. तंगरी नदी भारत में दक्षिण-पूर्वी हिमाचल प्रदेश के शिवालिक पहाड़ियों की मोरनी पहाड़ियों से निकलती है। यह भारत के हरियाणा राज्य में घग्गर नदी की एक सहायक नदी है।

अतः विकल्प (D) सही है।

20. बनिहाल दर्रा पीर पंजाल हिमालयन रेंज में स्थित है।

पीर पंजाल रेंज हिमाचल प्रदेश, भारतीय राज्य और जम्मू और कश्मीर, भारतीय केंद्र शासित प्रदेश के माध्यम से पूर्व-दक्षिण-पूर्व (ईएसई) से पश्चिम-उत्तर-पश्चिम (डब्ल्यूएनडब्ल्यू) तक फैले आंतरिक हिमालयी पहाड़ों की एक श्रृंखला है। पीर पंजाल लघु हिमालय की सबसे बड़ी श्रेणी है। पीर पंजाल रेलवे

सुरंग, 11,215 मीटर की एक रेल सुरंग जम्मू और कश्मीर की पीर पंजाल रेंज से होकर गुजरती है।

अतः विकल्प (B) सही है।

21. मोबिलिटी फर्म ओला ने नियो बैंक एवेल फाइनेंस का अधिग्रहण करने के लिए एक समझौते पर हस्ताक्षर किए हैं। यह अधिग्रहण मजदूर वर्ग को वित्तीय सेवाएं प्रदान करता है। अधिग्रहण से ओला को फिनटेक क्षेत्र में मजबूती मिलेगी।

अतः विकल्प (D) सही है।

22. आरबीआई गवर्नर शक्तिकांत दास ने बेंगलुरु में रिजर्व बैंक इनोवेशन हब (RBIH) का उद्घाटन किया। आरबीआई ने आरबीआईएच को कंपनी अधिनियम, 2013 के तहत धारा 8 के रूप में स्थापित किया है। आरबीआईएच 100 करोड़ रुपये के प्रारंभिक पूंजी योगदान के साथ आरबीआई की पूर्ण स्वामित्व वाली सहायक कंपनी है।

अतः विकल्प (C) सही है।

23. कोरिंगा वन्यजीव अभयारण्य दक्षिणी राज्य आंध्र प्रदेश में स्थित है। यह लगभग 24 प्रकार के मैंग्रोव, 120 प्रकार के पक्षियों और जानवरों आदि के साथ देश का दूसरा सबसे बड़ा मैंग्रोव खंड है। यह गंभीर रूप से लुप्तप्राय सफेद पीठ वाले गिद्ध और लंबे बिल वाले गिद्ध का घर है।

अतः विकल्प (B) सही है।

24. लाल बहादुर शास्त्री भारत के दूसरे प्रधानमंत्री थे। उन्होंने 1964 से 1965 तक भारत के प्रधान मंत्री के रूप में कार्य किया था।

1965 में भारत-पाक युद्ध के दौरान वह भारत के प्रधान मंत्री थे। उन्होंने 10 जनवरी 1966 को पाकिस्तान के तत्कालीन राष्ट्रपति मुहम्मद अयूब खान के साथ ताशकंद घोषणा पर हस्ताक्षर किए थे। वह विदेश में मरने वाले पहले प्रधानमंत्री हैं। उन्हें 1966 में भारत रत्न से सम्मानित किया गया था। वह मरणोपरांत भारत रत्न पाने वाले पहले व्यक्ति थे।

अतः विकल्प (C) सही है।

25. जब भारत 1947 में आजाद हुआ तब जे.बी कृपलानी कांग्रेस के अध्यक्ष थे।

जे.बी. कृपलानी एक भारतीय राजनीतिज्ञ, गांधीवादी समाजवादी, रहस्यवादी और स्वतंत्रता कार्यकर्ता थे। जे.बी कृपलानी की पत्नी सुचेता कृपलानी भारत की पहली महिला मुख्यमंत्री थीं, उन्होंने 1963 से 1967 तक उत्तर प्रदेश की मुख्यमंत्री के रूप में कार्य किया।

अतः विकल्प (C) सही है।

// टिप्पणियाँ //

// टिप्पणियाँ //

// टिप्पणियाँ //